Теофиль Готье
Путешествие в Россию

Москва «Мысль» 1990

Théophile Gautier

Теофиль Готье · Путешествие в Россию

Voyage en Russie

Теофиль Готье

Théophile Gautier · Voyage en Russie

Путешествие в Россию

ББК 26.8г
Г74

Редакции
географической литературы

Théophile Gautier
Voyage en Russie
Paris, 1867

Перевод с французского, комментарии и подбор фотоиллюстраций
Н. В. Шапошниковой
Рецензент А. П. Кулешов

Предисловие доктора филологических наук А. Д. Михайлова

Оформление художника Н. И. Калинина

Г $\frac{1805030000-074}{004(01)-90}$ 145-88

© Перевод на русский язык.
Предисловие. Комментарии. Оформление.
© Издательство «Мысль». 1990

ISBN 5—244—00187—6

Теофиль Готье — писатель и путешественник

Писатели великие велики прежде всего тем, что они разрывают мировоззренческие и эстетические рамки своей эпохи и создают характеры и ситуации не просто непреходящей художественной ценности, но такие, которые принято называть вечными, ибо они моделируют универсальные человеческие качества и отношения. Писатели значительные, но не великие, как правило, лучше всего выражают именно свою эпоху, ее сиюминутные интересы, мимолетные волнения, переменчивые вкусы, устойчивые предрассудки. В творчестве таких писателей с наибольшей полнотой и ясностью отражается сам смысл литературного процесса, его ведущие тенденции и доминанты. Такие писатели образуют пестрый и подвижный фон, неизбежный и необходимый, на котором ярко и рельефно выделяются фигуры титанов. Эти писатели второго ряда пишут обычно много и разнообразно, трудясь в наиболее типичных и популярных жанрах литературы своего времени. Но их творческое наследие все-таки предмет не только узкого интереса историков и эрудитов. И из-под их пера выходили подчас произведения значительные и самоценные, являющиеся примечательными памятниками своего времени. Произведения эти, конечно, прежде всего характеризуют их эпоху и их авторов, но могут представлять интерес и для читателей последующих эпох. К таким писателям относится и Теофиль Готье.

Друг Гюго и Бальзака, их верный и надежный соратник в литературной борьбе, Теофиль Готье вошел в историю литературы как незаурядный лирический поэт, как увлекательный рассказчик — автор большого числа романов, повестей и рассказов, как влиятельный в свое время литературный, театральный и художественный критик. Он был в той или иной мере причастен ко всем заметным явлениям культурной жизни эпохи. Будучи моложе своих более именитых современников примерно лет на десять, он всегда оставался «младшим», поэтому был не только сотоварищем, но и учеником. И, как всякий ученик, он бывал решительнее и радикальнее своих учителей, он подхватывал их начинания и идеи и как бы доводил их до логического конца. «Младший» романтик, Готье в то же время стал «старшим» для следующего поколения прозаиков и поэтов — Флобера, Бодлера, так называемых парнасцев. Тем самым в Готье воплотились непрерывность и преемственность литературных традиций.

С жизнью и творчеством Готье неразрывно связаны две легенды, как и всякие легенды, действительность несколько упрощающие и искажающие. Одна — это легенда о красном жилете как символе романтического бунтарства, отстаивания в литературе и искусстве всего самого передового и революционного. Действительно, Готье надел такой жилет и появился в нем на знаменитой премьере «Эрнани» Гюго 25 февраля 1830 года, когда молодые романтики дали решительный бой всему устаревшему, отжившему в искусстве, что вызвало решительный же отпор, но завершилось полной победой. В обывательском представлении этот красный жилет и буйная грива волос стали непременным атрибутом человеческого и писательского облика Готье. Позже, на склоне дней, в своей незавершенной «Истории романтизма» Готье вспомнит об этом жилете не без горечи. «Мои книги, мои стихи, мои статьи, мои путешествия — все забудется, — напишет он, — помнить будут только мой красный жилет. Эта искра не погаснет и тогда, когда все, что со мною связано, будет давно уже поглощено ночною тьмой, и выделит меня из толпы современников, которые писали не лучше, чем я, но при этом носили темные жилеты. Впрочем, я не возражаю против такого представления обо мне: этот гордый и вызывающий облик свидетельствует не только о дурном вкусе начинающего живописца, но и о довольно симпатичном презрении к общепринятому мнению и к показной благопристойности»[1]. В действительности Готье надел этот вызывающий жилет лишь однажды и, как увидим, не был столь последовательным, столь безоговорочным сторонником крайних новаций в литературе и искусстве, сторонясь романтических крайностей, отдавая должное отточенности стиля, чувству меры, национальным традициям.

С последним связана и вторая легенда о Готье, второе устойчивое и труднопреодолимое суждение о нем как о теоретике и пропагандисте теории «искусства для искусства»,— суждение, определившее если не однозначно отрицательную, то по крайней мере двойственную оценку его творческого наследия.

С этой легендой сложнее. Действительно, в многочисленных и разнородных работах Готье можно встретить немало утверждений и формулировок, подхваченных затем и развитых его последователями и учениками. Готье и вправду не раз писал о том, что искусство существует только в себе самом и для себя, что оно выше природы, тем более выше повседневной, приземленной действительности, что мысли о целесообразности и полезности искусства следует решительно отбросить. Отсюда был закономерен шаг к созданию образа творца — художника или поэта, отгородившегося от безучастной толпы, замкнувшегося в некоем уединении и создающего произведения уже не для немногих избранных, а лишь для одного себя. Сам Готье жил и творил иначе, но не раз высказывался в таком роде.

Высказывания Готье могут быть правильно поняты только при историческом подходе к самому писателю, к его творческому наследию, его эпохе.

Начнем с последней. Творчество Готье приходится на время Июльской монархии и Второй империи, когда буржуазные отношения и, что еще важнее, буржуазные нравы и буржуазные вкусы приобретали все большее распространение и вес. Поэтому романтизм Готье (как и его современника Альфреда де Мюссе) был во многом уже реакцией не на просветительство и связанную с ним революцию (как у консервативных романтиков типа Шатобриана), а на повсеместное наступление мещанства, его взглядов и его вкусов. Против этого «господства лавочников» в 30-х годах выступали многие (например, Стендаль). Теория независимости искусства, его поднятости над повседневной жизнью была вызвана неприятием Готье той жизни и того искусства, которые вырастали у него на глазах. Литература и искусство обуржуазивались, приобретали откровенно коммерческий характер, становились товаром. Но не делались от этого демократичнее. Это прозорливо подмечали многие, в том числе и Готье. Добавим также, что высокое представление о поэзии и поэте отчетливо не только у Готье; мы находим его в программных выступлениях и в творчестве молодого Гюго. Готье лишь развил и отчасти заострил его мысли.

Так, с молодой запальчивостью Готье писал в предисловии к своему роману «Мадемуазель де Мопен», одном из первых его своеобразных литературных манифестов: «Нет, болваны, нет, надувшиеся кретины, книга не желатин, и из нее супа не сваришь, из романа не скроишь пары сапог, из сонета не смастеришь клистира; драма не железная дорога, хотя все это — вещи весьма полезные и двигающие человечество по пути прогресса... Из метонимии не сошьешь ночного колпака, из сравнения не сделаешь домашних туфель, антитезу не используешь в качестве зонтика и, к сожалению, из звонких рифм не выкроишь жилета. Я глубоко убежден, что ода — плохая одежда на случай зимних холодов и что точно так же не одеться в строфы, антистрофы и эподы»[2].

---

[1] *Готье Т.* Избранные произведения: В 2 т. Т. 1. М., 1972. С. 530.

[2] *Gautier T.* Mademoiselle de Maupin. Paris, 1966. P. 20—21.

Готье стоял за высокое искусство, противопоставляемое им ремесленным поделкам и подделкам. Он был за мастерство, а не за мастеровитость, хотя отдавал должное чувству формы и владению профессиональным мастерством.

Отдавая приоритет форме, Готье никогда не противопоставлял ее идее произведения, то есть тому «пафосу» (если употребить излюбленное выражение Белинского), который произведение одушевляет и ради которого оно в конце концов и создается. Для Готье искусство было, конечно, отражением жизни, причем всей жизни, во всем ее противоречивом многообразии. Но право выбора, право определения «угла зрения», бесспорно, принадлежало художнику. Тем самым искусство для Готье — это отражение жизни и преображение жизни (отбором, заострением, привнесением понятия об идеале и т. д.). Вот откуда столь резкие суждения писателя о том, что искусство выше природы, столь часто подвергавшиеся критике. «Искусство не фотография,— писал однажды Готье,— оно должно идеально перевоплощать действительность»[1]. Или в другом месте: «Искусство больше, чем красота, больше, чем правда, оно более могущественно, чем натура; натура глупа, она не осознает себя, она без мыслей, без чувств»[2]. И все же природа, «натура» прекрасна: Готье превосходно чувствовал ее красоту и умел запечатлеть в своих книгах.

Отметим также интерес Готье к современным формам жизни, а следовательно, и к современным формам искусства, современным критериям и канонам прекрасного. И вот что примечательно: Готье тонко подметил вторжение в литературу, в поэзию искусства, его своеобразного языка, что произошло как раз в эпоху зрелого романтизма. В конце жизни Готье напишет: «Это вторжение искусства в поэзию было и осталось одной из главных особенностей новой школы (имеются в виду романтики, современники Готье.— А. М.) и позволяет понять, почему первые ее приверженцы вербовались чаще из художников, чем из литераторов. Великое множество предметов, образов, сравнений, которые прежде считались совершенно непригодными для поэзии, вошли в литературный язык и остались в нем. Область литературы расширилась, и теперь она вобрала в свой громадный круг изобразительные искусства»[3].

Писатель-романтик, Готье не был в своих предвзятостях и пристрастиях ограничен какой-то одной эпохой или видом творчества, и, как увидим, хронологический разброс изображаемого им был достаточно велик. Он часто писал о прошлом (а также о географически отдаленном или о нереальном, что одно и то же), но не меньше — о ему современном. Так, фантастические происшествия во многих его повестях происходят во вполне реальном Париже. И далеко не случайно он однажды заметил, что «мир стали и газа не менее прекрасен в своем движении, чем античный мир в своем мирном сне»[4]. Поэтому художник, по Готье,— человек своего времени и неизбежно разделяет его идеалы и предрассудки. Об этом иной сторонник «чистого искусства» сказал бы со вздохом сожаления, для Готье же это было нормальным положением вещей.

Нельзя забывать, что творческий путь Готье протекал в период распространения позитивизма и заметных успехов точных наук и техники. Последнее могло испугать и оттолкнуть, но могло сделать суждения и оценки более трезвыми. Не случайно от романтическо-

---

[1] Цит. по: *Турчин В. С.* Из истории западноевропейской художественной критики XVIII—XIX веков. М., 1987. С. 155.

[2] Там же.

[3] *Готье Т.* Избранные произведения: В 2 т. Т. 1. С. 487.

[4] Цит. по: *Турчин В. С.* Указ. соч. С. 156.

го бунта Готье очень скоро перешел к несколько ироническому изображению своих современников, тех молодых людей, которые воспринимали жизнь узко «романтически», то есть исключительно как жизнь поэта, навязывая жизни несвойственные ей страсти и конфликты.

Итак, отстаиваемая Готье теория «искусства для искусства» в его художественной практике, как и в теоретических выступлениях, оборачивалась представлением о высоком назначении искусства и его творца. Из этого нередко делались выводы о самодовлеющей роли формы в искусстве. Что же, форма в произведениях Готье и его наиболее талантливых последователей действительно обращает на себя внимание, но она — совершенна.

Современник и соратник выдающихся французских писателей своего времени — от Стендаля, Гюго, Бальзака до Бодлера и Флобера, Готье в своем многоликом творчестве как бы заполнял неиспользованные ниши, обозначал их и при этом оставался художником самобытным и оригинальным. На фоне движения литературы той эпохи его творческий путь может показаться несколько «неправильным»: в пору особой популярности «неистового романтизма» (Петрюс Борель, Жюль Жанен, Гюстав Друино и др.) с его пристрастием к изображению мира кровавых преступлений и чудовищных страстей, с его интересом к низменным формам жизни, в которых угадывалось и отгадывалось бурное столкновение противоречивых интересов и характеров, Готье создает совсем иные произведения: с одной стороны, ироничные, высмеивающие крайности романтизма, с другой — открывающие в серой повседневности высокую поэзию, скрытое очарование вещей. А в более поздние годы Готье как бы возвращается вспять и пишет исторический роман, пронизанный глубоким знанием национальной истории и национального характера, поисками того «местного колорита», который был краеугольным камнем романтической литературы конца 20-х и 30-х годов.

Творческий путь Готье был долгим. Писатель знал моменты безусловного литературного успеха, периода стойкой читательской популярности. Но значительно реже — успеха финансового. Даже напротив: Готье был неутомимым тружеником, но не раз стоял на грани настоящей нищеты. Он рано начал жить литературным трудом, не боялся этого труда, но очень часто остро тяготился им.

Теофиль Готье родился 30 августа 1811 года в семье чиновника налогового ведомства. Первые годы своей жизни будущий писатель провел на юге Франции, в Провансе, и внешне он был типичный южанин — смуглый цвет лица, курчавые темные волосы. Но вся его сознательная жизнь оказалась связанной с Парижем. Здесь он учился в коллеже, получил звание бакалавра, в юности брал начальные уроки живописи у известного в свое время художника Луи-Эдуарда Риу, позже публиковал все свои книги, здесь он умер 23 октября 1872 года, здесь же и похоронен.

Первые литературные опыты Готье были одобрены и поддержаны молодым Виктором Гюго, уже ставшим признанным главой новой школы. И эти одобрение и поддержка не были случайны: на ранних поэтических книгах Готье, прежде всего на его сборнике «Стихотворения» (1830), который он несколько раз перерабатывал и дополнял, переиздавая, лежит печать творчески воспринятых уроков Гюго. Мы находим здесь и необузданную восточную экзотику, и парафразы античных сюжетов и мифов, и безоглядное погружение в пленительный мир средневековья с его сумрачными, но такими очаровательными замками и с очаровательными же «безжалостными красавицами», и неподдельный интерес к современному городу с его острыми социальными конфликтами, несколько нарочитыми «тайнами» и своеобразной красотой узких улочек, старинных фасадов. Наконец, необычайно тонкое и очень личностное восприятие мира природы, отчасти перекликающееся с такими поэтическими циклами Гюго, как «Осенние листья» и «Песни сумерек». Уже здесь Готье обнаружил уверенное мастерство пейзажиста (уроки, полученные в мастерской Риу, не прошли даром): живописность стала отличительной чертой его творчества, его литературных приемов, его восприятия жизни.

Он научился в немногих словах, на первый взгляд почти случайных, выбранных наудачу, но стоящих именно на своем месте, набросать и картины прошлого — Древнего Египта, Греции, Рима, средневековой Франции (в них Готье выступил незаурядным мастером исторического пейзажа), и картины современности. С особым лиризмом и филигранной точностью он воссоздавал картины природы исконных французских провинций, причем не в экстремальные моменты ее существования, то есть не в грозу, бурю, не под ярким солнцем или в ледяных тисках, а в обычный серенький денек, порой слегка заштрихованный дождем, как, например, в замечательном стихотворении «Пейзаж»:

> Нигде ни единой птицы,
> Нигде не качнется лист,
> И только дрожат зарницы,
> И запад багров и мглист;
>
> Направо — земля сырая,
> Размокших полей штрихи,
> Над серым пятном сарая
> Кривой силуэт ольхи;
>
> Налево светится глухо
> Водой затопленный ров,
> По сизой глине старуха
> Бредет с вязанкою дров,
>
> А дальше только дорога,
> Петляя, словно тесьма,
> Уходит в сумерки лога
> За синий контур холма.
>
> *(Перевод А. Гелескула)*

Такие неброские пейзажи мы встретим затем на полотнах Коро и его последователей, художников барбизонской школы (со многими из них Готье дружил и охотно о них писал).

Чисто зрительным, живописным восприятием действительности отмечен и самый знаменитый лирический цикл Готье — его «Эмали и камеи» (1852—1872). Главное в книге — поэзия описательная. Опять, уже в который раз, Готье создает серию исторических пейзажей, отточенных, уравновешенных, четких по внутреннему ритму, ясных по словесному рисунку. Тут и Древний Египет, и античная Греция, и красочная Италия в пору венецианского карнавала, и загадочная, манящая Испания, и сумрачное средневековье. Но с наибольшей поэтической открытостью нарисованы в книге простые пейзажи и картины и отображены вызываемые ими простые же чувства — проносящееся по небу облако, начало весны в городе, просто чайная роза или фиалка и т. д. Но за всеми этими непритязательными набросками скрывается и определенный философский смысл — щемящее сожаление об изменчивости и быстротечности жизни, о мимолетности и одновременно нетленности природы и красоты. Поэзия обыденности, лирика «прозаических мелочей», раскрывающаяся в полной мере и в этом сборнике Готье, во многом предвосхищает аналогичные мотивы в творчестве таких крупных поэтов середины и второй половины века, как Бодлер и Корбьер. Но в «Эмалях и камеях» открывается перед читателем и иной талант Готье-лирика — его умение передать сложность и простоту любовного чувства. Эта тема в книге неизменно решается в элегическом ключе: книга была создана стареющим поэтом, много в своей жизни любившим и много страдавшим, но также очень многое в любви открывшим и преодолевшим; вот отчего любовные стихи сборника поражают правдивостью и какой-то проникновенной человечностью.

Теофиль Готье, видимо, писал стихи всю жизнь (отметим его раннюю поэму «Альбертус» и более поздний цикл «Испания»). Но не менее значительны его достижения и открытия в области прозы. Уже двадцатилетним молодым человеком он публикует фантастическую новеллу «Кофейница» (1831), навеянную творчеством Гофмана. Своеобразная романтическая фантастика, подчас трактуемая несколько иронически, надолго задерживается в его творчестве. Так появляется целый цикл новелл и повестей — «Омфала» (1834), «Мертвая возлюбленная» (1836), «Трубка опиума» (1838), «Ножка мумии» (1840), «Клуб любителей гашиша» (1846), «Аррия Марцелла» (1852), «Превращение» (1857) и др., а также «Роман мумии» (1857) и роман «Спирит» (1866). Одни из них написаны на квазиисторические темы, другие используют восточную экзотику или мотивы контактов с потусторонним миром. Но во всех этих произведениях на первом плане — ненавязчиво ироническая трактовка сюжета, обстановки, персонажей. Это ирония и по отношению к общим местам романтизма, его героям, его мироощущениям и чувствованиям, и по отношению к воспроизводимому прошлому, во многом условному, и по отношению к условному же Востоку, и к самой фантастике. Сложным коллизиям любовных отношений и переживаний посвящены повесть Готье «Фортунио» (1838), в которой один из героев предпочитает любимой женщине изображенную на портрете Тициана красавицу, новелла «Золотое руно» (1839), где герой влюбляется в портрет молодой женщины, написанный Рубенсом, а также небольшой роман «Милитона» (1847).

И в фантастических новеллах, и в реалистических произведениях Готье выступает и как тонкий стилист, и как мастер увлекательной интриги, и как вдумчивый наблюдатель непредсказуемых движений человеческого сердца. С удовольствием окунаясь в эту фантастику и экзотику, в сложный мир человеческих отношений, Готье блестяще воссоздает то обстановку античного театра, то двор фараонов, то атмосферу восточного гарема, то, напротив, повседневный быт парижских великосветских салонов, лавок антикваров, студенческих мансард.

Среди произведений молодого Готье следует отметить его сборник сатирических, насквозь ироничных повестей «Молодая Франция» (1833) и исторический роман «Мадемуазель де Мопен» (1835—1836). В первой из этих книг Готье изобразил с очень точными бытовыми и историческими приметами своих юных современников — молодых людей, либо романтически влюбляющихся и страдающих, остро переживающих разочарование в жизни, либо пребывающих в иллюзорном, выдуманном ими мире средневековья, но одновременно пускающихся в циничный загул, либо находящих утешение в непритязательной любви розовощекой горничной. Вторая книга должна была стать подлинным историческим романом во вкусе Дюма или Вальтера Скотта (по крайней мере этого ждал от автора издатель). Но роман получился странный. Во-первых, совершенно условной оказалась его историчность, хотя его героиней было вполне историческое лицо — известная певица и политическая авантюристка середины XVII века Аделаида де Мопен. Итак, Готье как бы описывал Францию XVII столетия, но подлинных примет времени, тем более «местного колорита» в книге не было. Получалось немного искусственное, условное прошлое — с замками, дуэлями, переодеваниями, всяческими любовными квипрокво, что стало затем часто воспроизводиться на оперной и балетной сцене, в том числе и в таком знаменитом балете, как «Жизель» (1841), созданном Аданом по либретто Готье. В романе разные сюжетные линии причудливо переплетаются, повествование ведется то от лица автора, то от лица его героев — юного д'Альбера или мадемуазель де Мопен. Д'Альбер выглядит разочарованным молодым человеком, каких было немало в романах и повестях первой половины XIX века, а похождения героини очень напоминают галантные приключения персонажей гривуазных сказочек предшествующего столетия. Мадемуазель де Мопен втягивается в романе в серию авантюрных похождений, в ходе которых ей приходится облачиться в мужское платье и принять имя Теодора. Д'Альбер, несмотря на свои двадцать лет, настолько уже разочаровался в жизни, что ищет в ней не смысла, а лишь красоты. Поэтому он — герой созерцательный, а следовательно, и пассивный. Его колебания между двумя героинями — просто красивой Розеттой и идеально прекрасной Мопен-Теодором — отражают не трудный выбор совершенства, а его относительность и в какой-то мере иллюзорность.

Другой знаменитый роман Готье — «Капитан Фракасс» (1863) — отстоит от первого почти на тридцать лет. Он тоже описывает далекий XVII век, но описывает глубоко и точно, хотя и не с археологической достоверностью Флобера, а в духе Вальтера Скотта — как век головокружительных авантюр, засад, погонь, покушений, кровавых дуэлей и роковых любовных поединков. Высокий мир возвышенных побуждений и страстей гротескно совмещен в романе с низким миром своекорыстных интересов и обыденных треволнений. Мир «плаща и шпаги» соприкасается в книге с миром бродячих комедиантов, нищих, воров и пьяниц. В романе Готье воссоздана красочная и яркая картина Франции, и в этой картине нашлось место и для роскошных дворцов вельмож, и для крестьянских лачуг, и для золота, мрамора, бархата и атласа, и для грязного тряпья или убогого реквизита провинциальных актеров. К их труппе пристал главный герой романа, обнищавший дворянин барон де Сигоньяк, проделывающий со своими новыми товарищами нелегкий путь по французским проселкам. На этом пути его ждет борьба и за собственное достоинство, и за правое дело — он оказывается в водовороте политической борьбы своего времени. Завершается роман и свадьбой, и неожиданно свалившимся богатством (на таком счастливом конце настаивал издатель Готье), но смысл произведения, конечно, не в этом торжестве справедливости. Положительными героями книги становятся люди благородные по своей натуре — искренне любящие, способные на самопожертвование, готовые к взаимовыручке, великодушию и доброте. И такими людьми оказываются не только носители старинной дворянской чести — отпрыски некогда могущественных феодальных родов, но и представители народа — крестьяне, торговцы, комедианты, то есть труженики. А это для мировосприятия Готье было очень важно.

Теофиль Готье хорошо знал XVII век; он был внимательным читателем его писателей и поэтов, а некоторым из них он посвятил блестящие очерки в своей книге «Гротески» (1844). Книга эта создавалась долго, с 1834 г., когда писатель начал печататься в газетах и журналах. К более активному сотрудничеству в прессе привлек Готье в 1835 г. Бальзак, пригласивший его в свой еженедельник «Кроник де Пари». С 1836 г. Готье становится постоянным «фельетонистом» газеты Эмиля де Жирардена «Ла Пресс», для которой он редактирует «романы с продолжением», пишет очерки, обзоры выставок, отзывы на театральные постановки, рецензии на новые книги и т. д. Печатается Готье и в других газетах, а также в наиболее популярных и влиятельных журналах своего времени. С 1855 г. он становится одним из самых видных сотрудников «Монитёр юниверсель», официальной газеты Второй империи.

Помимо книги «Гротески» Готье выпустил еще несколько сборников журнальных и газетных статей; так появились «Изящные искусства в Европе» (1856), «Современное искусство» (1856), «История драматического искусства во Франции за последние двадцать пять лет» (1858—1859).

В газетах и журналах печатались и многочисленные путевые очерки Готье.

Всю свою жизнь Теофиль Готье был неутомимым и любознательным путешественником. В почтовых каретах, на пароходах и по железной дороге, а порой и на верблюдах он объехал немало стран. Он бывал в Англии, Бельгии, Голландии, в Италии и Испании, в Германии, Греции и Швейцарии, в Турции, Египте, Алжире. Свои путевые заметки он нередко собирал в книги. После поездки в Испанию он выпустил замечательную книгу «За горами» (1843). Менее интересны его книги «Италия» (1852) и «Константинополь» (1853). Книга о путешествии по Северной Африке так и не была написана, сохранились лишь многочисленные подготовительные материалы. К числу интереснейших «путевых картин» следует отнести и описание его путешествий по России.

Во времена Готье путешествия не были редкостью. Не были редкостью и их описания. Жанр «путешествий» уже знал свои шаблоны. Готье выступил против них в газетном «фельетоне» и самими своими книгами. В описываемых странах он призывал искать не экзотику, не случайное и странное, а наиболее типическое, характерное. И искать, конечно, красоту и живописность — в природе, архитектуре и искусстве, в обычаях и нравах.

В Россию Готье приезжал дважды. Первое путешествие, ограничившееся посещением Петербурга и Москвы, было, однако, длительным: писатель выехал из Парижа 15 сентября 1858 года и вернулся домой лишь 27 марта следующего года. Ехал он собирать материалы для серии альбомов «Художественные сокровища древней и новой России». Издание, начатое в 1861 году, завершено не было. Второе путешествие Готье приходится на август—октябрь 1861 года. На этот раз писатель побывал на Волге и на Нижегородской ярмарке.

Путевые очерки Готье публиковались во французских газетах и журналах по мере их написания (первый очерк — 11 октября 1858 года); это значит, что автор работал над ними на месте, посылая готовый материал в Париж. Очерки, описывающие первое путешествие, печатались с перерывами до начала января 1860 года. Точно так и второе путешествие тут же находило отражение в печати (в газете «Монитёр юниверсель» с 31 октября по 12 декабря 1861 года). Но в 1864—1866 годах в журналах появились новые статьи Готье о России, в основном посвященные древнерусскому искусству. Все эти публикации были собраны автором в двухтомник небольшого формата, напечатанный издателем Шарпантье в 1867 году.

Книг о России во Франции появлялось немало. Их тональность, да и талантливость были, конечно, различными. Много шуму наделали путевые очерки А. де Кюстина «Россия в 1839 году» (1843), где была дана резко отрицательная оценка николаевского режима. Книга Кюстина, написанная во многом с помощью информации, полученной в русских либеральных кругах (А. И. Тургенев, П. А. Вяземский, П. Я. Чаадаев и др.), носила ярко выраженный политический характер. Иной предстала Россия в многословных и во многом недостоверных описаниях Дюма-отца. Его книга «Из Парижа в Астрахань» (1858) была, однако, пронизана искренней симпатией к России. Это следовало бы подчеркнуть, ведь книга появилась вскоре после окончания Крымской войны, когда во Франции еще не улеглись антирусские настроения.

Готье поехал первый раз в Россию в год выхода книги Дюма. Поехал тоже с открытым сердцем и с чувством симпатии к стране и ее народу. Отметим сразу же: в книге Готье совсем нет политики, нет оценок царского режима, нет рассказа об отмене крепостного права, а ведь второе его путешествие пришлось как раз на этот поворотный момент в истории России. Это не было, однако, какой-то близорукостью или индифферентностью. Просто перед Готье стояли иные задачи. Это книга путевых очерков, печатавшихся первоначально в газетах и журналах («фельетонность» книги не была преодолена автором при ее отдельном издании, и разножанровость очерков в ней чувствуется).

Книга Готье решительно отличается от книги Дюма. Перед нами произведение не только опытного газетчика-очеркиста, но и художественного критика и даже просто человека, наделенного художественным, живописным восприятием действительности. Этот художнический взгляд постоянно ощущается, ощущается с первых же страниц — так описано море, так описан зимний Петербург, катания на Неве, бал в Зимнем дворце, Щукин двор, Москва, Троица и т. д. Порой описания складываются в замечательные по тонкости, по чувству цвета пейзажные миниатюры. Вот, например, одна из волжских зарисовок: «Вот и еще раз долгие сумерки летних дней колдовски обволакивали окрестности: бесконечные оттенки оранжевого, лимонного цветов, отсветы хризопраза расцвечивали небо на заходе солнца. На этом сияющем фоне, словно фигуры на золотистом фоне византийских икон, по берегу реки темными силуэтами вырисовывалось все, что нам встречалось: деревья, пригорки, дома, далекие церкви. Небольшие слоистые черно-голубые облачка, растрепанные ветром, плыли клочьями наискось. Полускрывшееся за лесом солнце переливалось в листве миллионами световых пятен, река повторяла это восхитительное зрелище, слегка приглушая его яркость своими коричневыми водами. Ставшие видными в нарождающейся темноте искры кружились серпантином в дыму парохода, а в тени берегов блестели светлячками или бродячими звездочками фонари рыбаков, которые шли поднимать верши». Что это — стихотворение в прозе или описание картины какого-нибудь знаменитого пейзажиста? И подобных зарисовок в книге множество. Это и не случайно: автором книги был не только зоркий наблюдатель и настоящий поэт, но и талантливейший художественный критик. Разница лишь в том, что теперь перед ним была действительность не творимая, то есть все-таки в реальности не существующая, а истинная, им открываемая и познаваемая, но, конечно, новая и во многом неожиданная.

Неожиданная в двух отношениях: с одной стороны, просто незнакомая (природа, климат, нравы и т. д.), с другой же — ошеломляющая и своими просторами, и чертами характера местных жителей, и их обликом (Готье не раз пишет о спокойной красоте и силе простых русских людей), и высотами искусства, и культурой светского общества. Готье, как известно, не очень склонен был интересоваться экзотикой, но все-таки где-то сознавал, что едет в «страну северных оленей и белых медведей». Однако совершенно чужим оказался только климат (через всю книгу проходят довольно комичные жалобы на свирепость русских морозов), остальное Готье восхитило и понравилось.

Готье был наблюдателем зорким, но все же «посторонним»; поэтому он чего-то не заметил, на что-то не обратил должного внимания. Но то, что он описал, он описал подробно и красочно. Он описал Петербург, Москву, Ярославль, Нижний Новгород такими, какими они были на рубеже 50-х и 60-х годов прошлого века, какими они теперь давно уже перестали быть. И в этом еще одно из достоинств его книги, не утратившей значения и в наши дни.

А. Д. Михайлов

Тимм В. Ф. (1820—1895). Русский художественный листок. Знаменитые иностранцы, побывавшие в России. Портрет Теофиля Готье

16 ноября 1858 г. «Санкт-Петербургские ведомости» в разделе «Петербургская летопись» сообщали:

«...но вот и еще один французский писатель в Петербурге. Он явился к нам тихо, скромно, без шума, не так, как пресловутый Дюма-отец».

Часть первая　　　　　　　　　Зима в России

В номере от 11 января 1859 г. газета возвращается к этой теме:

«...для народов существуют общие характеристики; французов называют ветреными, англичан — себялюбивыми, русских — терпеливыми и т. д.; но боже мой, сколько каждый из нас встречал глубокомысленных французов, самоотверженных англичан и крайне нетерпеливых русских... Это вступление внушено нам двумя французскими писателями, из которых один недавно гостил в Петербурге, а другой и до сих пор еще живет среди нас, гг. Александр Дюма и Теофиль Готье. Оба они французы, оба писатели, оба, приехав к нам, не знали ни России, ни русских, оба пишут и о русских, и о России, а какая огромная между ними разница! Один нашумел, накричал, написал о нас чуть не целые тома, в которых исказил нашу историю, осмеял гостеприимство, наговорил на нас с три короба самых невероятных небылиц; другой приехал без шума, живет скромно, более, нежели скромно, знакомится с нами исподволь и пишет только о том, что успел изучить основательно... Мы могли бы, правда, описать наружность г. Готье, но кто же не знает этой умной, покрытой густыми волосами головы? Литография Лемерсье разнесла эту голову по всему свету».

Глава первая   По морю

В назначенный час пароход «Нева» отправился в путь, смиряя ход в извилинах реки Траве, берега которой застроены красивыми загородными домами, дачами богатых жителей Любека. Река ширилась с приближением моря, берега ее сглаживались. Бакены отмечали фарватер. Я очень люблю эти горизонтальные пейзажи: они более живописны, чем полагают некоторые. Дерево, дом, колокольня, парус обретают здесь особое значение и на неопределенном фоне убегающего пространства создают вполне законченный мотив для картины.

На узкой линии между бледной голубизной небес и перламутрово-серой водой встал силуэт города или большого поселка. Вероятно, это был Травемюнде. Затем берега еще более расширились, стали едва видными и вовсе исчезли. Перед нами вода все явственнее окрашивалась в зеленый цвет. Совсем слабое вначале волнение мало-помалу увеличивалось и превратилось в настоящие волны. Несколько барашков затрясли пенистой шерстью на гребнях волн. Горизонт вытянулся желто-голубой линией — то был словно росчерк океана. Мы вышли в открытое море.

Художники-маринисты почему-то стремятся к «прозрачности», и в отношении преуспевших в этом данное слово употребляется как хвалебный эпитет. Между тем море на вид тяжелое, плотное, в некотором роде даже твердое и как-то по-особенному непроницаемое — человеку внимательному невозможно спутать эту плотную, могучую воду с пресной водой. Конечно, если солнечный луч бьет сквозь волну, появляется некоторая

Пароходство из Санкт-Петербурга: пароходы «Нева» и «Траве».
Путь следования: Санкт-Петербург — Любек и обратно.
Цена местам: 1-го класса — 35 руб., 2-го класса — 25 руб.
Дети моложе 10 лет платят половину.
Плата за кушанья в этих ценах заключается.
Пассажирам дозволяется иметь 100 фунтов багажа бесплатно,
детям моложе 10 лет — половину означенного количества.
Плата за экипаж о 4-х лошадях — 35 руб.
— » — » — — 3-х лошадях   — 20 руб.
Лошадь (без корма)   — 35 руб.
Собака (без корма)   — 5 руб.
Паспорты представляются за день до отъезда в контору общества.

Указатель путешествий по России. СПб., 1868. С. 60.

прозрачность, но общий тон воды всегда плотный: мощь ее такова, что небо у горизонта будто обесцвечивается. В основе окраски, в ее интенсивности угадывается необычайная, непреодолимая энергия, огромная масса.

Оказавшись в открытом море, даже самые легкомысленные, самые смелые и искушенные испытывают некое чувство, отвечающее торжественности момента: вы покинули землю, где, безусловно, смерть может поразить вас, но где по крайней мере почва не разверзается под вашими ногами. Вы бороздите огромную соленую равнину, поверхность пропасти, в чреве которой столько погибших кораблей. От кипящей бездны вас отделяет лишь тонкая доска или слабая обшивка, которую строптивая упрямица волна может пробить, приподнять. Достаточно самой малости, внезапно налетевшего ветра, чтобы судно опрокинулось, и тогда ваше умение плавать только продлит агонию.

К подобным мрачным мыслям вскоре примешивается смутное недомогание, позывы морской болезни. Кажется, что враждебная стихия отбрасывает вас, как нечистоты, стремясь прибить к прибрежным водорослям. Исчезает воля, расслабляются мускулы. Вокруг вас искаженные, мертвенно-бледные, зеленые лица: губы становятся фиолетовыми и краска сбегает со щек, задержавшись лишь на кончике носа. Тогда каждый хватается за свою аптечку. Один начинает глотать мальтийские конфетки, другой откусывает лимон, нюхает английское снадобье или умоляет о чае, а толчок килевой или бортовой качки непременно выплеснет этот чай ему на рубашку. Самые храбрые, шатаясь, прогуливаются и, забыв о курении, жуют кончик сигары. Но в конце концов и они склоняются над бортовыми сетками. Вполне счастлив только тот, кто сохраняет присутствие духа и становится под ветер!

Между тем, сотрясаясь все более ощутимо, корабль продолжает подниматься и опускаться. Вокруг, сменяя одна другую, вздуваются, лопаются и вскидываются в пене волны. Вкатившаяся на палубу вода стекает с головокружительной быстротой, как будто море закидывает на палубу тюки, а они рассыпаются стекающим по шпигатам соленым дождем, пассажиры же при этом получают неожиданный душ. Ветер крепчает, резко свистит в снастях, подобный крику морской птицы. К великому удивлению неискушенных пассажиров, капитан объявляет, что погода прекрасная, и отдает команду водрузить парус на фоке, ибо встречный ветер переменился на боковой и теперь благоприятствует ходу корабля. С помощью фока корабль меньше перекатывается и ускоряет ход. Время от времени то близко, то вдалеке от нас проходят барки и бриги с парусами только на фок-мачтах. Верхние паруса убраны, нижние взяты рифами. Барки зарываются носом в пену и выделывают такие пиррики*, при виде которых невольно начинаешь подозревать, что, наверное, море не такое уж хорошее, как вам пытаются внушить.

---

* Пиррики, или пиррические танцы,— в Древней Греции военные танцы, исполнявшиеся в полном вооружении.

Отрывая вас от созерцания этой картины, слуга приходит предупредить, что обед подан. Спуститься вниз по лестнице — не простая операция: ступени прыгают под вашими ногами, как палочки-подножки таинственной подвесной лестницы, которую франкмасоны используют для своих испытаний, а стенки отшвыривают вас, как ракетки — теннисный мяч. Наконец вместе с несколькими отважными людьми вы усаживаетесь за стол. Прочие, укрывшись пальто, лежат в это время на палубе. Едите вы осторожно, рискуя выбить себе зубы вилкой, ибо корабль танцует все сильнее. Когда с предосторожностями эквилибриста вы пытаетесь что-нибудь выпить, ваш напиток самым естественным образом показывает вам пьесу Леона Гозлана «Буря в стакане воды».

Окончив это затруднительное упражнение, почти на четвереньках вы снова поднимаетесь на полуют, и свежий ветер подкрепляет ваши силы.

С расставленными ногами, балансируя при помощи рук, вы прогуливаетесь по палубе, а тем временем солнце опускается в слой серых облаков, краснея в их разрывах, но вскоре ветер сметает облака прочь. Горизонт пустеет, больше не видно кораблей. Под бледно-фиолетовым небом море хмурится и принимает зловещие тона, позже фиолетовый цвет переходит в голубовато-стальной. Вода совсем чернеет, и барашки поблескивают на ней, словно серебряные слезы на погребальном покрове. Мириады зеленовато-золотых звезд усеивают необъятное небо, и комета, пуская по ветру свою огромную шевелюру, будто стремится нырнуть головою в море. На миг узкое поперечное облачко перерезает ей хвост.

Сияющая безмятежность неба не мешает ветру дуть что есть мочи, и я чувствую, что замерзаю. Моя одежда пропитывается горькой изморозью, выхваченной ветром с гребней волн. От одной мысли вернуться в каюту и дышать жарким и удушливым

Гозлан Леон — французский писатель (1806—1866), автор рассказов, романов и пьес. Пьесы «Чучело льва», «Буря в стакане воды» и др. в России хорошо знали по многочисленным откликам в газетах и журналах, в частности по корреспонденциям журнала «Современник», в 1858—1859 гг. печатавшего «Парижские письма» своего сотрудника М. Л. Михайлова (1829—1865), поэта и революционного деятеля, посетившего Париж и Лондон в то же время, когда Готье был в России:

«Г-н Леон Гозлан написал комедию, содержание которой можно передать в двух словах. Главное действующее лицо — господин, очень весело проведший свою молодость. Наконец он перестал кутить, остепенился, во время последней войны отличился в Крыму и хочет жениться на девушке, которую любит и которою любим взаимно. Тут прошедшее его является препятствием его счастью...

Не правда ли, трудно найти в этом сюжете что-нибудь непозволительное с точки зрения какой угодно цензуры? Французская цензура рассуждает иначе. Герой пьесы (говорит она) — французский офицер... Стало быть, автор считает французских офицеров способными кутить и вести себя не совсем похвально?.. Пьеса с подобным неуважительным взглядом на нравственность французского офицера не может быть допущена к представлению.

Надеюсь, что драма Леона Гозлана найдет себе защитников...»

комнатным воздухом мне становится дурно, и я, вполне защищенный от ветра барабанами колес, усаживаюсь у трубы парохода, прислонившись спиной к теплой толевой стенке. Только очень поздно ночью я наконец добираюсь до каюты и засыпаю неспокойным сном, полным самых нелепых видений.

Утром солнце, с большим трудом раздвинув туманные завесы, встало с синяками под глазами, будто плохо выспалось. Бледно-желтые лучи его пробивались сквозь туман, продолжаясь в облаках, словно золотые полосы на церковных нимбах. Ветер все свежел, и корабли, нет-нет да и появлявшиеся на горизонте, выписывали странные параболы. Видя, как я, словно пьяный, спотыкаюсь на палубе, капитан счел нужным меня подбодрить: «Прекрасная погода!» Он и не подозревает, что сильный немецкий акцент придает его фразе ироническую интонацию.

Мы спустились к завтраку. Тарелки были укреплены между деревянными реечками, графины и бутылки крепко-накрепко заякорены: не будь таких предосторожностей, прибор убрался бы со стола сам собой. Неся блюда, официанты попутно выделывали удивительные гимнастические упражнения. У них был вид циркачей-эквилибристов, которые умеют на кончике носа удерживать в равновесии стул. По всей вероятности, погода была не так уж прекрасна, как утверждал капитан.

К вечеру небо покрылось тучами, пошел сначала редкий, затем частый дождик, и, по поговорке «Мелкий дождь сбивает сильный ветер», он сразу снизил резкость ветра. Время от времени в сумерках виднелся ровный или мелькающий, красный или белый свет маяка, предупреждавшего о близости берега. Мы вошли в залив.

Забрезжил рассвет, и справа обозначилась почти неразличимая между небом и водой низкая, плоская линия земли, которую невооруженным глазом можно было принять за утренний туман или водяную пыль. Иногда земля открывалась за неспокойной водой, а деревья, казалось, вереницами выходили прямо из воды. То же впечатление производили дома и маяки: их белые башни нередко можно было принять за паруса.

Слева от нас виднелся островок бесплодных скал, или по крайней мере так казалось на расстоянии. Движение лодок оживляло его берега, и, до того как посмотреть в бинокль, я было принял за фасады домов паруса, обращенные в сторону восходящего

Речь идет о комете Донати. Газета «Северная пчела» от 13 октября 1858 г. помещает следующие замечания из французской «Journal des Débats»:

«*Пятого числа сего месяца (сентябрь) нынешняя блистательная комета представляла удивительное зрелище, когда она с половины седьмого до половины осьмого часа пополуночи проходила пред яркою звездою Волопаса, называемою Арктуром. Эта звезда, самая яркая на нашем северном небе, между полюсом и экватором, имеет совместницами только Амальтею в Возничем и Лиру в созвездии того же имени. Большая часть парижан наслаждалась прекрасным зрелищем 5-го числа сего месяца... Не нужно говорить, что комета нимало не уменьшала света звезд, которых лучи проходили сквозь нее*».

солнца на фиолетовом фоне побережья. Но, разглядев остров яснее, я увидел, что он был пустынным и только наблюдательная вышка тянулась вверх над крутым берегом.

Море немного успокоилось, и к обеду, словно привидения из могил, из глубин кают вышли неизвестные мне лица, пассажиры, о существовании которых я и не подозревал. Бледные, изголодавшиеся, шатаясь, они тащились к столу, но все еще не могли пообедать: суп бушевал и бурно себя проявляло жаркое. После первых же ложек многие из них встали и, шатаясь, направились к каютам.

Третья ночь простерлась над водами. То была последняя ночь путешествия, так как на следующий день, в одиннадцать часов, если ничто не помешает ходу корабля, мы должны были оказаться в виду Кронштадта. Снедаемый лихорадочным любопытством, я допоздна простоял на полуюте, смотря в темноту, сквозь которую там и сям поблескивали красные огни маяков. Поспав два-три часа, я вновь поднялся наверх, опережая пробуждение зари, в тот день лениво валявшейся в постели,— так мне, по крайней мере, казалось.

Кто не познал беспокойную тягость предрассветного часа? Он влажен, пронизывающе холоден. Здоровые люди чувствуют невнятную тоску, больные изнемогают, тяжелее переносится усталость. Видения тьмы, ночные ужасы, исчезая, будто летучие мыши, касаются вас крыльями. Вы думаете о тех, кого уж нет, о тех, кто далеко. Вы меланхолично возвращаетесь мыслью к себе, раскаиваетесь, что по собственной воле покинули домашний очаг. Но при первом же луче солнца все забывается.

Справа проплыл пароход, понизу таща за собою длинный клуб дыма: он шел на запад из Кронштадта.

Залив становился все у́же, берега тянулись на уровне воды, то голые, то с лепившейся на них темной зеленью. Возникали сигнальные вышки. Парусные лодки, корабли шли в том и в другом направлении, следуя фарватеру, обозначенному буями или вешками. В соседстве с землей обмелевшее море изменило цвет. Первые чайки заскользили в изящном полете.

Впереди вдалеке виднелись два розовых пятна, оттененные черным, золотой блик, зеленый блик, несколько похожих на паутину нитей, несколько столбов белого дыма в неподвижном и совершенно чистом воздухе — это был Кронштадт.

Во время войны* в Париже я видел много верных или неверных планов Кронштадта с изображением перекрестного пушечного огня в виде множества линий,

---

* Имеется в виду Крымская война 1853—1856 гг., в которой Франция была на стороне противников России.

похожих на лучи звезды. С трудом я силился вообразить себе действительный вид порта, и мне это не удавалось. Самые подробные планы не дают ни малейшего представления об истинном силуэте города.

Лопасти колес, перемешивая спокойную, сонную воду, быстро продвигали пароход вперед, и я уже явно различал налево выступающий полукругом форт с четырьмя рядами амбразур и направо — квадратный бастион, откуда регулируется прохождение кораблей. Батареи были едва видны над водой. Желтый блик превратился в магически светящийся и как бы прозрачный золотой купол. Весь свет концентрировался на выпуклой части, а теневые стороны приняли невиданные мною нежные оттенки янтаря. Зеленый блик оказался куполом, покрашенным в цвет, который можно было принять за окись меди. Золотой купол, зеленый купол — с первого знакомства Россия представала передо мною в своем характерном колорите.

На бастионе поднималась большая сигнальная мачта, одна из тех, что так хороши в морском флоте, а за гранитным молом стояла масса военных судов, подготовленных к зимовке. Множество кораблей под флагами всех наций запрудили порт, и их мачты и канаты образовали словно полуочищенный от веток сосновый лес.

На углу набережной, заваленной грудами распиленных на четверти стволов, высились балки и блоки машины для установки мачт, а чуть позади выкрашенные в разные цвета городские дома под зелеными крышами шли очень низкой горизонтальной линией, над которой выступали только колокольни и маковки церквей. Эти города-крепости оставляют чужому глазу и неприятельским пушкам наименьшую возможность разобраться, где и что у них находится. Самое лучшее — это чтобы их вовсе не стало видно. Придет время, добьются и этого.

От здания с греческим фронтоном — кажется, таможни или полиции — отплыли лодки, гребя к нашему пароходу, бросившему якорь на рейде. Это напомнило мне визиты службы здравоохранения в водах Леванта*, когда гораздо более зачумленные, чем мы, четыре молодчика брали наши документы при помощи длинных пинцетов, дыша при этом перегаром, как отпетые воры. Сейчас же мы все собрались на палубе, а в лодке, которая, вероятно, ожидала пассажиров, выходивших после соблюдения всех формальностей в Кронштадте, я заметил первого мужика.

Это был человек лет двадцати восьми или тридцати, с длинными, причесанными на прямой пробор волосами, длинной светлой, слегка вьющейся бородой, какую живописцы любят изображать на портретах Христа. Ладный и стройный, он легко орудовал своим длинным веслом. На нем была розовая рубаха, перетянутая поясом, а ее подол поверх штанов походил на низ изящного кителя. Штаны из синей мате-

---

* Левант — общее название стран, расположенных по восточному берегу Средиземного моря.

23 По морю

Лагорио Л. Ф. (1827—1905).-Вид Кронштадтского рейда. 1876. Холст, масло. ГРМ

рии, широкие, в густую сборку, были заправлены в сапоги. Головной убор состоял из плоской шапочки с расширяющимся кверху отворотом. Эта пока единственная модель уже подтвердила мне правдивость рисунков Ивона.

Подплыв в лодке, таможенные и полицейские чиновники в длинных рединготах, с русскими фуражками на головах, большинство в орденах и медалях, поднялись на палубу и очень вежливо занялись исполнением своих служебных обязанностей.

Нам предложили спуститься в салон, чтобы там получить паспорта, которые при отплытии парохода мы сдали капитану. Здесь были англичане, немцы,

 Ивон Адольф — французский живописец (1817—1893), ученик Поля Делароша. Портретист и мастер исторической батальной живописи. В 1843—1845 гг. посетил Россию. Его карандашные рисунки, которые он посылал в Париж из России, заинтересовали французскую публику подробностями русского быта.

Плюшар Е. А. (1809—1880). Петербург. Отправление в Кронштадт. Середина XIX в. Литография. ВМП

французы, греки, итальянцы, люди других национальностей. К моему великому удивлению, офицер полиции, совсем молодой человек, обращался к каждому пассажиру на его родном языке и отвечал англичанину по-английски, немцу по-немецки и так далее, ни разу не перепутав национальности. Вероятно, как кардинал Анджело Маи, он говорил на всех языках. Когда настал мой черед, он отдал мне паспорт и сказал с самым чистым парижским произношением: «Вас уже давно ждут в Санкт-Петербурге». И то правда, я пустился путешествовать, как наивный школьник, и уже провел в дороге целый месяц, хотя можно было потратить на нее всего одну неделю. Вместе с паспортом мне была вручена бумага на трех языках, перечислявшая формальности, которые предстояло выполнить при въезде в град царей.

Маи Анджело — итальянский ученый (1782—1854), всю жизнь занимавшийся палеографией (изучение рукописей с точки зрения написания, формы букв). Член иезуитского ордена. С 1819 г.— главный библиотекарь Ватикана. С 1838 г.— кардинал. В своих

По морю

Вновь заработал двигатель парохода, и, стоя на носу, я жадным взглядом смотрел на необычайное зрелище, открывавшееся моим глазам. Мы вошли в залив, куда впадает Нева. Он скорее походил на озеро, чем на залив. Мы держались середины фарватера, поэтому берега с обеих сторон едва намечались. Гладь воды, казалось, простиралась выше земли, выглядевшей узкой черточкой, проведенной кистью на монотонной акварели. Стояла прекрасная погода. Яркий, но холодный свет струился с ясного неба: то была северная, полярная лазурь молочных, опаловых, стальных оттенков, о которой мы под нашим небом не имеем ни малейшего представления. Чистое, белое, звездное сияние исходило будто не от солнца, точно в сновидении я перенесся на другую планету.

Под этим молочным сводом огромная пелена залива окрашивалась в непередаваемые цвета, среди которых обычные тона воды вовсе отсутствовали. Как в створках некоторых раковин, возникали то перламутрово-белые оттенки, то неописуемой тонкости жемчужно-серые. Дальше — матовая или струйчатая голубизна, как на дамасских клинках, или еще радужные отсветы, похожие на поблескивание пленки на плавящемся олове. За зоной зеркальной глади следовала муаровая лента, и все такое легкое, расплывчатое, такое смутно-прозрачное, сияющее, что палитра и словарь оказываются бессильными перед эдакой красотой. Самый свежий тон кисти художника окажется грязным пятном на этой идеальной, божественной прозрачности, а слова, что я силюсь употреблять, описывая это чудесное свечение, производят впечатление чернильной кляксы, упавшей с пера на прекрасную лазурную веленевую бумагу*.

научных изысканиях путем изучения рукописей разных времен и народов сумел восстановить утерянные произведения или их части, принадлежавшие перу древних авторов, в том числе бо́льшую часть произведения Цицерона «О республике».

Журнал «Современник» за октябрь 1858 г. сообщал:
«Одна из петербургских газет объявила недели три тому назад, что в Петербург должен прибыть на днях г. Теофиль Готье, для того чтобы изучать художественные богатства галерей Эрмитажа и описать их. До какой степени это справедливо и действительно ли г. Готье уже в Петербурге — мы не знаем».

В номере за ноябрь 1858 г. «Современник» уже пишет:
«Г. Теофиль Готье действительно в Петербурге и приехал сюда с специальною целью — изучения Эрмитажа».

Французские идиоматические выражения «дорога школьника» — самая длинная дорога — и «дорога войны» — самая короткая дорога — существовали еще во времена Франсуа Рабле (1494—1553). Он объясняет их в «Гаргантюа и Пантагрюэле»:
«На моих глазах одного из таких людей задержало правосудие за то, что он ошибочно, вопреки здравому смыслу избрал путь школьника, то есть самый длинный, а другой, наоборот, похвалялся, что избрал путь самый короткий, то есть путь войны, и что благодаря столь удачному выбору он первый достиг своей цели».
Рабле Ф. Гаргантюа и Пантагрюэль. М., 1973. С. 662.

---

* Бумага высшего качества, имитирующая тончайший пергамент.

Делабарт Ж. (конец XVIII — начало XIX в.). Вид на Неву и Финский залив. Начало XIX в. Акварель. ГМП

    Если мимо нас проплывала вполне реальная лодка с мачтами цвета семги и четко очерченными деталями, посреди этой райской голубизны она походила на летающий в воздухе шар. Эта сияющая безбрежность казалась самой прекрасной феерией, какая только может привидеться в грезах.

    Вдали, между молочной водой и перламутровым небом, опоясанный венком зубчатой стены в башенках, медленно вставал прекрасный силуэт Санкт-Петербурга, аметистовые тона которого демаркационной линией разделяли две бледные безграничности — воздуха и воды. Золото куполов и шпилей сияло на самой богатой, самой изумительной диадеме, которую когда-либо мог нести город на своем челе. Вот и похожий на тиару Исаакиевский собор меж четырех колоколен вознес свой золотой купол, на

Адмиралтействе взметнулась сияющая стрела, церковь Михаила Архангела по-московски округлила свои купола, и Сторожевая церковь заострила пирамидальные, украшенные линиями, полосами ребристые верхушки, а далее засверкало металлическими отблесками множество колоколен.

Что может сравниться в великолепии с этим золотым городом на серебряном горизонте, над которым вечер белеет рассветом?

Петербург никогда не был заключен в городские стены. «Венком зубчатой стены в башенках», как говорит Т. Готье, очевидно, представлялись ему издали стены Петропавловской крепости.

Глава вторая Санкт-Петербург

Нева — красивая река шириной с Темзу у Лондонского моста, она не длинна, берет начало из Ладожского озера и совсем недалеко от него уже впадает в Финский залив. Еще раз прокрутились колеса парохода, и мы поплыли вдоль гранитной набережной, у которой выстроилась целая флотилия пароходиков, барж и лодок.

По другую сторону реки, то есть справа, если смотреть вверх по течению, видны крыши огромных судоремонтных помещений. Там находятся доки. Слева — монументальные линии больших зданий с дворцовыми фасадами. Как мне сказали, это были Инженерный институт и Морской кадетский корпус.

Не так-то просто переправить с борта на берег багаж: чемоданы, дорожные сумки, сундуки, шляпные картонки, всевозможные тюки, наваленные вперемешку на палубе парохода к моменту высадки пассажиров. Попробуйте отыскать свои вещи. Однако толпа мужиков живо разобрала всю эту гору и отнесла в находившуюся на набережной таможенную контору, а за каждым из мужиков следовал обеспокоенный хозяин вещей.

Почти все мужики носили поверх широких штанов розовые рубахи и сапоги до колен. Другие, хотя погода была необычайно теплой (10 октября)*, уже на-

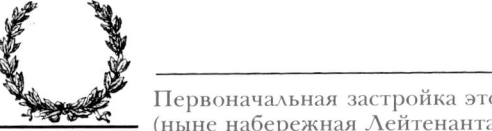

Первоначальная застройка этой части берега Невы, по которому ехал Т. Готье (ныне набережная Лейтенанта Шмидта), относится к первым десятилетиям XVIII в. Дома возводились здесь преимущественно по «образцовым» проектам, но позже все они были в той или иной мере перестроены. Упоминаемый Готье Инженерный институт — это Горный институт, ныне носящий имя Г. В. Плеханова, дом 45. Это одно из старейших учебных заведений такого профиля не только в нашей стране, но и в мире: оно было основано в 1773 г. и называлось Горным училищем, затем Горным корпусом. Здание Горного института было сооружено в 1806—1811 гг. по проекту архитектора А. Н. Воронихина и явилось результатом коренной перестройки находившихся на этом месте небольших домов. Крупное здание с ионической колоннадой в центре фасада (дом 17 по той же набережной) — бывшее здание Навигацкой школы, учрежденной в 1701 г. по указу Петра I и преобразованной в 1752 г. в Морской кадетский корпус. Здание для него строилось в 1796—1798 гг. по проекту архитектора Ф. И. Волкова. В 1886 г. училище окончил П. П. Шмидт. Морской кадетский корпус называется ныне Высшее военно-морское училище им. М. В. Фрунзе.

* Книга Теофиля Готье составлена из его корреспонденций в парижскую газету «Moniteur Universel», которые он отправлял в редакцию во время своего путешествия. Дата

дели тулупы или бараньи полушубки. Тулуп надевается мехом внутрь, и, когда он новый, дубленая кожа имеет довольно приятный для глаза бледно-розовый цвет семги. Он прострочен для красоты и в общем не лишен колорита. Но мужик верен своему тулупу, как араб — бурнусу. Раз надев, он уже его не снимает: это ему и одеяло и кровать. Он носит тулуп днем и ночью и по всем углам, на всех скамейках и печках, где придется, заваливается в нем спать. Таким образом, эта одежда скоро замусоливается, засаливается, начинает блестеть и принимает цвет битума, который так любят испанские художники, изображая смешные сценки из крестьянской жизни. Но не в пример моделям Риберы и Мурильо русский мужик чист под грязными своими лохмотьями, ибо он каждую неделю ходит в баню. Эти люди с длинными волосами и окладистыми бородами, одетые в шкуры животных, привлекают внимание иностранца своей крайней контрастностью с великолепной набережной, откуда со всех сторон видны купола и золотые шпили. Однако не подумайте, что у мужиков дикий и страшный вид. У русских мужиков мягкие, умные лица, а вежливое их обращение должно бы устыдить наших грубиянов носильщиков.

Таможенный досмотр моего чемодана прошел без особых происшествий, только сразу и очень просто там же, где лежало мое белье, были обнаружены «Бедные родственники» Бальзака и «Крылья Икара» Шарля де Бернара. Книги взяли, предупредив, что нужно зайти в комнату цензора, где мне их конечно же вернут.

После того как были выполнены все формальности, я свободно мог отправиться в город. Множество дрожек и возков для багажа ожидало перед таможенной конторой,

---

10 октября соответствует новому календарному стилю, принятому во Франции и в других странах Европы (григорианский календарь, утвержденный папой Григорием XIII в 1582 г.). В России же до 1918 г. пользовались старым календарным стилем (юлианский календарь, утвержденный римским императором Юлием Цезарем в 46 г. до н. э.), по которому 10 октября 1858 г. соответствовало 27 сентября.

Рибера Хосепе (1591 — 1652) — испанский живописец. Работал в основном в Неаполе, где создал школу живописи.

Мурильо Бартоломе Эстебан (1618 — 1682) — испанский живописец. Писал полные мистицизма картины на религиозные темы и реалистические полотна бытовых сцен.

Бальзак Оноре де (1799 — 1850) — знаменитый французский писатель. Автор 90-томной серии романов под общим названием «Человеческая комедия», повествующих о нравах и сценах парижской жизни. В эту серию вошли и «Бедные родственники» — произведение, состоящее из двух романов: «Кузина Бетта» (1846) и «Кузен Понс» (1847), вышедшие в русском переводе в 1875 г.

Бернар Шарль де (1804 — 1850) — французский писатель. Отличался изяществом стиля, не лишенным некоторого жеманства. Автор многих повестей и романов, среди которых — «Крылья Икара», впервые вышедший в Брюсселе в 1839 г.

Мартенс Ф. (1809—1875). Вид Горного института. 1830-е гг. Раскрашенная гравюра. ГРМ

и извозчики могли быть уверены, что получат седока. Я хорошо запомнил по-французски название места, где мне рекомендовали остановиться, но беда была в том, как его перевести кучеру на русский язык. Тут появился возница — слуга из тех, что, не зная ни одного иностранного слова, постепенно составляют для себя некий франкский язык, весьма похожий на жаргон псевдотурок в церемонии из «Мещанина во дворянстве». Он увидел мое затруднительное положение, кое-как понял, что я хотел бы добраться до гостиницы «Россия», к господину Клею*, сложил мои вещи на роспуски, взобрался на

---

* Гостиница «Россия», или Русская гостиница, находилась по адресу: Итальянская ул. (ныне ул. Ракова), д. 7 — и принадлежала петербургскому купцу 2-й гильдии, французу по происхождению г-ну Клею. Ныне это часть помещений гостиницы «Европейская».

повозку около меня — и вот я уже в дороге. Роспуски — это низкая телега самой примитивной конструкции: два едва обтесанных бревна положены на четыре небольших колеса, вот и вся сложность!

Только что я вышел из-под власти величественного и молчаливого царства морских пучин, и теперь вихрь людской суеты и суматоха большой столицы несколько оглушили меня: словно во сне, вы двигаетесь среди незнакомых предметов, жадно стремясь все увидеть, вы не видите ничего, вам кажется, что вы все еще качаетесь на волнах, особенно когда вас бросает из стороны в сторону и трясет на такой повозке без рессор, как роспуски, да еще по неровной мостовой. Но, несмотря на самую жестокую тряску, я ничего не терял из виду и пожирал глазами все новые картины, проплывавшие передо мною.

Скоро мои роспуски покатили по мосту, который, как я узнал позже, назывался Благовещенским или попросту Николаевским. К нему ведут две подвижные части, которые разводят, чтобы пропустить пароходы, и затем сводят таким образом, что мост образует букву «у» с короткими верхними разветвлениями. На месте их соединения стоит очень богато украшенная часовня, мозаики и позолоту которой я успел увидеть лишь мельком, на ходу*.

До конца проехав этот мост на гранитных быках и с железными арками, повозка свернула на Английскую набережную**, вдоль которой красовались фасады и колонны дворцов или не менее великолепных особняков, выкрашенные в веселые тона, с выступающими над тротуарами балконами и эркерами. Бо́льшая часть домов в Санкт-Петербурге, как в Лондоне и в Берлине, построена из кирпича, покрытого разной окраски штукатуркой, делающей более четкими архитектурные линии зданий и производящей прекрасный декоративный эффект. Проезжая мимо них и заглядывая в низкие окна, я любовался банановыми листьями и тропическими растениями, цветущими в натопленных квартирах, похожих на теплицы.

Английская набережная выходит на угол большой площади, где Петр Великий Фальконе, протягивая руку к Неве, вздымает на дыбы коня на вершине скалы, служащей цоколем памятнику. Я тотчас же узнал его по описаниям Дидро и рисункам, которые мне довелось видеть. В глубине площади величественно вставал гигантский силуэт Исаакиевского собора с золотым куполом, тиарой из колонн, четырьмя колокольнями и восьмиколонным фасадом. На ту же площадь выходила параллельная набережной улица, где на порфировых колоннах бронзовые статуи — кры-

---

* Ныне мост Лейтенанта Шмидта. В 1936 г. при перестройке моста с целью освобождения его от разветвлений, неудобных для интенсивного уличного движения, часовня была снята.

** Ныне набережная Красного Флота.

Шарлемань А. И. (1826—1901). Английская набережная в Петербурге. Середина XIX в. Литография Жана Жакотте. Изд. Дациаро. ГРМ

латые женские фигуры, символизирующие победоносную славу,— несли в руках пальмовые ветви. Все, что я, пораженный новыми городскими перспективами, смутно и наскоро заметил при быстрой езде, составило в моей голове чудесный ансамбль прекрасного вавилонского города.

Фальконе Этьенн Морис (1716—1791) — французский скульптор. Создавал аллегорические и мифологические статуи, с 1757 по 1766 г. руководил скульптурной мастерской Севрского фарфорового завода во Франции. Его талант скульптора-монументалиста раскрылся в период его пребывания в России (1766—1776) в его работе над памятником Петру I на Сенатской площади (ныне пл. Декабристов).

Дидро Дени (1713—1784) — французский писатель, философ-просветитель. В 1773—1774 гг. по приглашению Екатерины II посетил Россию. Пытался оказать влияние на политику Екатерины II, склонить ее к освобождению крестьян и проведению либеральных реформ.

Памятник Петру I. Рисунок Кнорре. Литография К. И. Беггрова. 1840—1850 гг. ГБЛ

Продолжая двигаться в том же направлении, я вскоре увидел огромный дворец Адмиралтейства. С крыши квадратной башни в форме храма, украшенной

На бывшем Конногвардейском бульваре (ныне бульвар Профсоюзов), между бывшими зданиями Синода и Манежа (ныне Выставочный зал), возвышаются две одинаковые колонны из сердобольского гранита. Бронзовые капители колонн увенчаны фигурой летящей богини победы Ники. Колонны посвящены боевым заслугам конного лейб-гвардейского полка в русско-французских войнах 1807, 1812—1814 гг. Они привезены были из Берлина в качестве ответного дара за две группы укротителей коней работы П. К. Клодта.

Диттенбергер Г. (1794—1879). Старик-каменотес на набережной Невы. Холст, масло. ГРМ

небольшими колоннами, устремилась вверх тонкая золотая стрела с флюгером в виде корабля. Ее видно издалека, и она бросилась мне в глаза еще из Финского залива. На деревьях аллей, окружающих Адмиралтейство, еще держалась листва, несмотря на то что была поздняя осень.

Далее, в центре следующей площади, на бронзовом цоколе поднималась к небу Александровская колонна — огромный монолит розового гранита, на котором водружена скульптура ангела, держащего крест. Я только мельком взглянул на нее, так как мои роспуски свернули в сторону и устремились по Невскому проспекту, который в Санкт-Петербурге все равно что улица Риволи в Париже, Риджент-стрит в Лондоне, Алкала в Мадриде, улица Толедо в Неаполе,— это главная артерия города, самое людное и оживленное место.

Невский проспект — торговая улица и в то же время самая красивая в Санкт-Петербурге. Лавки сдаются здесь не дешевле, чем на Итальянском бульваре в

Париже. Это в высшей степени своеобразная смесь магазинов, дворцов и церквей. На вывесках золотом сияют красивые буквы русского алфавита, в котором есть несколько греческих букв и четкая форма которых удобна для написания.

Роспуски неслись очень быстро, и всё видениями мелькало перед моими глазами. Прежде чем я успел опомниться, я уже оказался перед крыльцом гостиницы «Россия», хозяин которой здорово разругал возницу, усадившего мою милость на столь ничтожную повозку.

Расположенная на углу Михайловской площади*, рядом с Невским проспектом, гостиница «Россия» величиной с Лувр в Париже — ее коридоры длиннее многих улиц, и, пока их пройдешь, можно порядком притомиться. Нижний этаж занят обширным обеденным залом, украшенным комнатными растениями. В первом помещении на стойке были расставлены: икра, селедка, белый и черный хлеб, разного сорта сыры, бутылки горькой можжевеловой водки, кюмеля, простой водки. По русскому обычаю, эти кушанья подают для аппетита до еды. Закуски здесь подаются до еды, а я в своей жизни достаточно попутешествовал и не нахожу странным подобный обычай**. В каждой стране есть свои привычки — подают же в Швеции суп на десерт!

У входа в зал, за перегородкой, была устроена вешалка, где каждый мог оставить свое пальто, кашне, плед и галоши. Между тем было не холодно, и термометр показывал на улице семь-восемь градусов тепла. Столь тщательные предосторожности в такую теплую погоду удивили меня, и я посмотрел в окно, не побелил ли снег крыши. Но санкт-петербургские крыши окрашивал только слабый розовый свет заходившего северного солнца.

Однако повсюду были вставлены двойные рамы, огромные дровяные склады загромождали дворы. К зиме готовились должным образом. Окна моей комнаты тоже были законопачены, между рамами насыпан песок, в который поставлены розетки с солью,

 Петербургская гостиница Клея упоминается и другими авторами. Например, А. П. Боткина в книге о своем отце (Павел Михайлович Третьяков в жизни и искусстве. М., 1951. С. 72) пишет:
«На масленице 1861 года Павел Михайлович возил семью в Петербург. Он извещал некоторых друзей: Лагорио, Ипполита Горавского, что они будут в гостинице Клея на Михайловской улице и утром всегда от 9-ти до 11-ти будут дома» (Михайловская ул. — ныне ул. Бродского).

* Ныне площадь Искусств.

** Во Франции закуски (les hors-d'œuvres) подавались в дополнение к основным блюдам. Примечательно, что в наше время слово «закуски» объясняется во французских толковых словарях как «подаваемые до еды блюда».

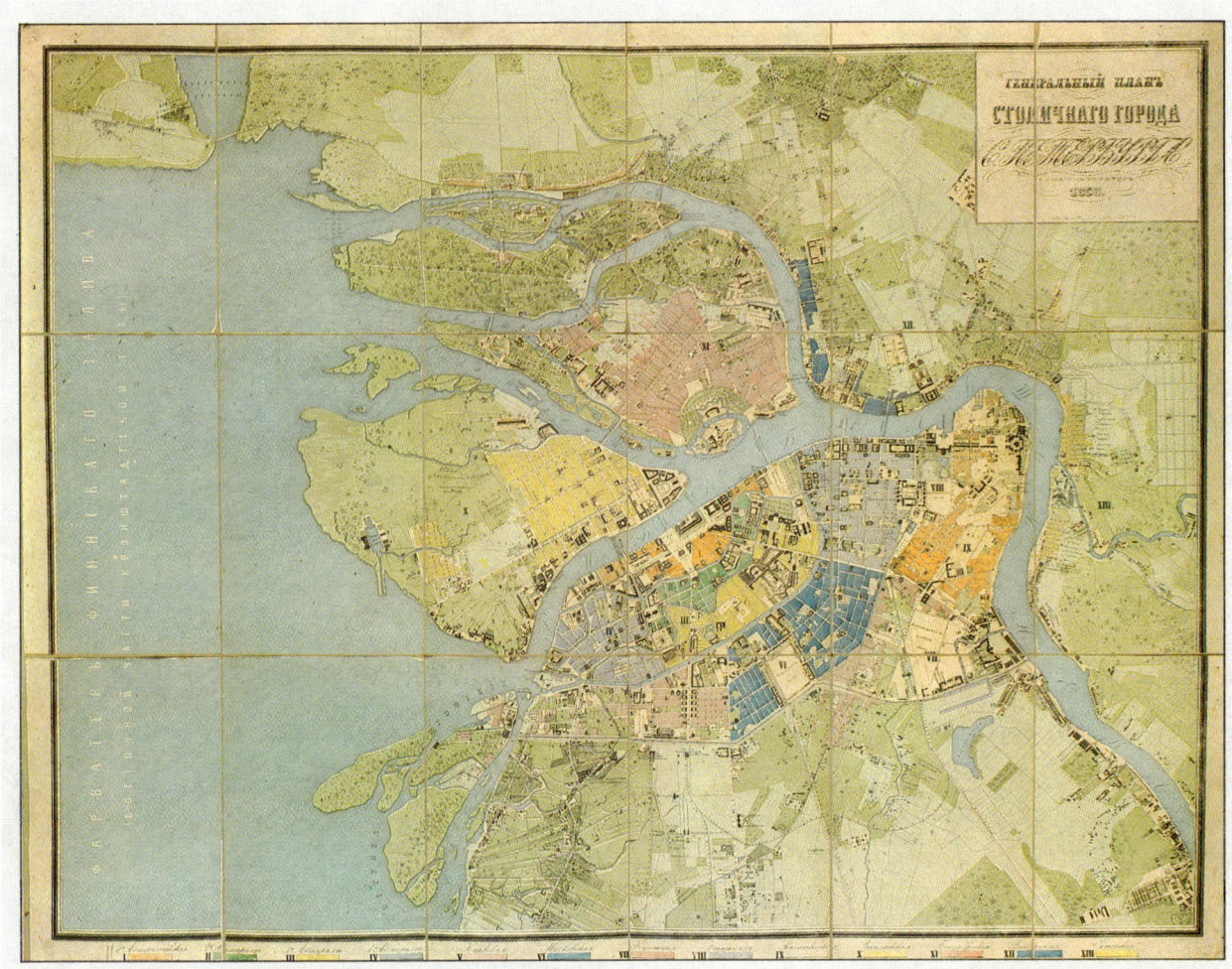

План Санкт-Петербурга. 1858. Раскрашенная печать. ГНИМА

так как соль впитывает влагу и предотвращает образование серебристых разводов на стеклах, когда наступают зимние морозы. Медные печные зевы, похожие на глотки почтовых ящиков, приготовились извергать потоки разогретого воздуха, но зима в этом году опаздывала против обыкновения, а двойные рамы уже создавали в комнатах приятную теплынь. В меблировке комнат не было ничего сколько-нибудь характерного, кроме огромного обтянутого кожей дивана, который встречается буквально повсюду в России. Эти диваны со множеством подушек, между прочим, более удобны, чем кровати, как правило очень плохие.

Первый и бесцельный выход в незнакомый город, о котором вы долго мечтали,— одно из самых ярких впечатлений путешественника. Оно с лихвой искупает усталость от дороги. Кстати будет сказать, что ночь своими тенями и внезапными отблесками света, своей таинственностью и фантастическими преувеличениями размеров окружающих предметов много способствовала этому упоительному путешествию. Что глаз не увидит, дополнит воображение. Реальность не предстает перед вами в слишком четких контурах, виды лишь намечаются широкими мазками, как на картине, которую художник только набросал и намерен закончить позже.

Итак, я иду медленным шагом вдоль тротуара, спускаясь по Невскому проспекту в сторону Адмиралтейства. Я смотрю то на прохожих, то на ярко освещенные лавки либо погружаюсь взглядом в подвалы, напомнившие мне берлинские погреба или гамбургские туннели. На каждом шагу за красивыми витринами я вижу выставки искусно разложенных фруктов: ананасы, португальский виноград, лимоны, гранаты, груши, яблоки, сливы, арбузы. Тяга к фруктам так же велика в России, как тяга к конфетам у немцев. Они стоят очень дорого, что, однако, подталкивает людей покупать их еще больше. На тротуарах мужики предлагают прохожим зеленые, на вид прекислые яблоки, и на них находятся покупатели. Эти яблоки почему-то продаются на всех углах.

Сделав свою первую вылазку, я вернулся в гостиницу. Если детей укачивают, чтобы они заснули, то мужчины предпочитают засыпать в неподвижности. В течение трех ночей море достаточно укачивало меня в моей пароходной колыбели, поэтому я просто мечтал поспать наконец в прочно стоящей на полу кровати. Но все же и сейчас сквозь сон я смутно чувствовал качку, как будто меня все еще болтало по морским волнам. Я уже много раз испытал это странное ощущение. Даже святая святых — столь ценимый Панургом пол в коровнике, кто бы вас в этом ни уверял, не является таким уж быстрым средством избавления от кошмаров, которые порядком истерзали вас в путешествии по движущейся поверхности водных равнин.

На следующий день я вышел рано утром, чтобы увидеть при свете дня картину, о которой мог только догадываться накануне в неясном свете сумерек и наступавшей темноты. Так как Невский проспект в некотором роде отражает лицо всего города, позвольте описать его в подробностях, что даст вам возможность тотчас же близко ознакомиться с Санкт-Петербургом. Заранее прошу прощения за некоторые, на первый взгляд инфантильные, слишком, может быть, тщательно перечисляемые мною подробности. Это и есть те самые мелочи, которыми обычно пренебрегают как слишком ничтожными и слишком само собою разумеющимися, но они-то и составляют отличие одного места от другого и предупреждают вас о том, что вы уже не на улице Вивьен и не на Пикадилли.

Невский проспект начинается от Адмиралтейской площади и тянется далеко, к стенам монастыря Святого Александра Невского, где и кончается после некоторого изгиба. Улица широкая, как и все в Санкт-Петербурге, посередине идет довольно ухабистый настил из булыжника, оба понижения которого к середине, встречаясь, образуют ложе сточного ручейка. С каждой стороны зона деревянной мостовой тянется рядом с лентой мелкого гравия, широкие плиты образуют тротуар.

Адмиралтейская стрела, похожая на мачту золотого корабля, водруженного на крышу греческого храма, образует в конце проспекта прекрасную перспективу. При самом слабом луче солнца на ней сияет отсвет и издалека радует глаз отовсюду, где только ее можно увидеть. Две соседние улицы пользуются таким же преимуществом и искусной комбинацией линий дают возможность увидеть тот же золотой шпиль. Но в данный момент мы повернемся к Адмиралтейству спиною и поднимемся по Невскому проспекту до Аничкова моста, достигнув самой оживленной его части. Дома по обеим сторонам высокие и широкие и имеют вид дворцов или особняков. Наиболее из них старые напоминают старинный, слегка итальянизированный французский стиль и представляют собою довольно величественное сочетание Мансара и Бернини: коринфские пилястры, карнизы, окна с фронтонами, консоли, круглые окна в виде раковин, двери с масками над ними, нижние этажи с прорезями и выступами, обычно выделяющимися на фоне основного розового тона штукатурки. Другие предлагают вашему взору различные фантазии стиля эпохи Людовика XV: раковины, цветки цикория, имитацию драпировок, декоративные вазы. В постройках же греческого стиля выделенные белым по желтому фону колонны и треугольные фронтоны выносятся дальше от стен. Совсем современные дома — в англо-немецком духе, и прототипами для них будто взяты великолепные особняки курортных городов, литографии которых так соблазняют путешественников. Этот ансамбль образует прекрасный вид, для которого название «проспект», данное этой улице, как и многим другим в Санкт-Петербурге, кажется мне очень удачным и чудесно соответствующим действительности. Все создано для оптического эффекта, и город, возникший разом, по воле, не знавшей препятствий, как будто готовым вышел из болот. Будто по свистку машиниста сцены появилась театральная декорация.

Если Невский проспект красив, то поспешим добавить, что он еще и пользуется своею красотою. На этой фешенебельной торговой улице чередуются дворцы и магазины. Нигде, может быть только еще в Берне, вывеска не выглядит так восхитительно, как здесь. И до такой степени, что этот вид декоративного украшения улиц и домов нужно было бы отнести к разряду ордеров современной

Ардуэн-Мансар Жюль (1646—1708) — французский архитектор. Расширил Версальский дворец, построил церковь Инвалидов, ансамбли площадей Вандом и Победы в Париже, дворцы в Трианоне и Марли.
Бернини Джованни Лоренцо (1598—1680) — итальянский архитектор и скульптор. Крупнейший мастер итальянского барокко. Строил только в Риме. Главное творение — грандиозный ансамбль площади Св. Петра (1657—1663).

архитектуры, прибавить его к пяти ордерам Виньолы. Золотые буквы выводят свой рисунок на голубом фоне, выписываются на стеклах витрин, повторяются на каждой двери, не пропускают углов улиц, круглятся по аркам, тянутся вдоль карнизов, используют выступы подъездов, спускаются по лестницам подвалов, изыскивают все способы привлечь внимание прохожих. Возможно, вы не знаете русского языка и форма этих букв, кроме орнаментального своего выражения, не имеет для вас никакого смысла? Но вот рядом вы видите перевод этих надписей на французский или немецкий языки. Вы еще не поняли? Тогда услужливая вывеска, прощая вам незнание этих трех языков, даже предполагая и тот случай, что вы вообще неграмотны, очень наглядно изображает те предметы, которые продаются в магазине. Вылепленные или нарисованные виноградные гроздья указывают винный магазин, далее ветчина, колбасы, говяжьи языки, банки с икрой вас извещают о том, что здесь помещается продуктовая лавка. Самые примитивные рисунки, изображающие сапоги, башмаки, галоши, сообщают не умеющим говорить ногам: «Войдите сюда, и вас обуют». Нарисованные крест-накрест перчатки говорят на языке, понятном для всех. Встречаются также изображения женских накидок, платьев, над которыми нарисованы шляпы или чепчики. Художник посчитал излишним пририсовывать к ним лица. Пианино приглашают вас испробовать их клавиши. Все это интересно фланирующему путешественнику и обладает особым колоритом.

У самого начала Невского проспекта парижанин прежде всего обратит внимание на вывеску с именем Дациаро над магазином эстампов. Такую же точно вывеску на Итальянском бульваре в Париже он, конечно, хорошо знает. Поднимаясь по правой стороне, вы оказываетесь перед магазином Беггрова, санкт-петербургского Дефоржа, который продает краски, в его витрине всегда бывает выставлена какая-нибудь акварель, какой-нибудь холст.

Виньола Джакомо Бароцци (1507—1573) — итальянский архитектор. Автор «Правила пяти ордеров архитектуры», написанного им под влиянием трактата «Об архитектуре» Витрувия, римского архитектора I в. до н. э.

Дациаро Стелла Юдита — владелица магазина эстампов (Невский проспект, дом 1). Жила в том же доме в кв. 9. В 40—50-х гг. XIX в. Дациаро издавала многочисленные литографии с видами Петербурга и Москвы, а также другие печатавшиеся в Париже в литографии Лемерсье.

Беггров Александр Карлович жил на Невском проспекте, дом 4, кв. 1. Был владельцем эстампного, как тогда называли, магазина и литографского заведения в том же доме. Сам занимаясь рисунком и литографированием, Беггров был также торговцем картин и широко общался с художниками и коллекционерами картин, оказывая им разные услуги. Через его магазин можно было осуществить пересылку картин. В письме П. М. Третьякову его посредник А. А. Риццони пишет: «...когда мы сняли Щедрина, я только увидел, что это за вещь... Я взял у него картину сейчас же и сам на извозчике повез к Беггрову, там будет сделан крепкий ящик и ... можно будет отослать» (*А. П. Боткина*. П. М. Третьяков. М., 1951. С. 72).

Многочисленные каналы бороздят город, выстроенный, словно северная Венеция, на многих островах. Три канала пересекают Невский проспект, нисколько его не прерывая: канал Мойки, Екатерининский канал* и далее канал Лиговки и Фонтанки**. Через Мойку перекинут Полицейский мост***, арочный изгиб которого замедляет быстрый ход дрожек. Казанский и Аничков мосты перекинуты через два других канала. Когда идешь по этим мостам и на воде еще не наступил сезон льда, взгляд приятно блуждает между домами, вдоль ленты воды, сдерживаемой гранитными набережными и усеянной лодками.

Лессингу, автору «Натана Мудрого», понравился бы Невский проспект, так как его идеи религиозной терпимости здесь прямо-таки претворены в жизнь, и самым либеральным образом. Буквально нет ни одного вероисповедания, какое не имело бы своей обители, своего храма на этой широкой улице.

Налево, в том же направлении, в каком я шел до сих пор,— голландская церковь, лютеранский храм Святого Петра, католическая церковь Святой Екатерины, армянская церковь, не считая в прилегающих улицах финской часовни и храмов других сект Реформации. Направо — русский Казанский собор, другая православная церковь и часовня старинного культа староверов или раскольников.

Все эти божьи обители стоят в одном ряду с жилищами людей, за исключением Казанского собора, который прерывает общую линию и изящным полукругом, напоминая восхитительную колоннаду собора Святого Петра в Риме, выходит на обширную площадь. Фасады соборов лишь незначительно отступают назад из общей линии домов. Они, не таясь, предлагают себя вниманию и религиозному усердию прохожих, узнать их можно по особому свойственному им архитектурному стилю. У каждой церкви есть дарованные царями большие участки богатой городской застройки, где дома или участки сдаются в аренду.

---

* Ныне канал Грибоедова.

** Фонтанка — река, ранее называвшаяся Безымянный Ерик, Лиговка — ее приток, ныне забранный в трубу.

*** Ныне Народный мост.

Лессинг Готхольд Эфраим (1729 — 1781) — немецкий драматург, теоретик искусства, литературный критик-просветитель. Основоположник немецкой классической литературы. Мысли Лессинга против церковной реакции и религиозной нетерпимости, в защиту гуманности и общечеловеческого равенства отражены в его драматической поэме «Натан Мудрый» (1779).

Шарлемань А. И. Петербург. Зимняя канавка. 1850-е гг. Акварель. ГЛМ

Следуя дальше по избранному пути, вы приходите к башне Думы. Это наблюдательная вышка, как башня Сараскира в Константинополе*. На ее крыше

---

* Вернее, уже в Стамбуле (турецкое название Константинополя), так как построена башня турками вскоре после завоевания ими города в 1453 г. Сараскир по-турецки означает «командующий армией в военной кампании». Так же назывались паши, командовавшие армией какой-нибудь провинции.

находится сигнальное устройство, благодаря которому по красным и черным шарам можно определить, где возникает пожар. Совсем рядом, с той же стороны, высится Гостиный двор — большое квадратное здание в два этажа галерей, немного напоминающих наш Пале-Руайаль*. Там находятся всевозможные лавки с роскошными витринами. Затем идет Императорская библиотека со скруглённым фасадом и ионическими колоннами. Дальше — Аничков дворец, дающий свое имя соседнему мосту, где на гранитных подставках четыре бронзовых коня встают на дыбы, а бронзовые конюхи стараются их сдержать.

Вот Невский проспект примерно и описан. Но, скажете вы, совсем как у турок, картина ваша безлюдна, на ней никого нет**. Но ради бога, подождите, будьте же терпеливы. Сейчас я оживлю мой вид и населю его фигурами. Писателю меньше везет, чем художнику, на его картине изображения появляются только по очереди, одно за другим.

Я обещал расставить людей по Невскому проспекту. Попробую набросать их сам, ведь, как это часто делают рисовальщики архитектурных видов, у меня нет возможности позаимствовать у кого-то другого его карандаш, более ловкий, чем мой собственный, и потом написать внизу: «Фигуры Дюрюи или Байо».

Между одним и двумя часами пополудни приток народа самый большой: кроме спешащих прохожих, быстрым шагом идущих по делам, появляются и гуляющие, фланирующие люди, единственная цель которых — людей посмотреть, себя показать и немного поразмять ноги. На случай, если им придет в голову фантазия сесть в карету, двуколки или дрожки ожидают их на условленном месте или даже следуют за ними вдоль по улице.

Прежде всего вам бросаются в глаза гвардейские офицеры в серых шинелях с указывающим на их чин погоном на плече. Почти всегда у них грудь в орденах, каска или каскетка на голове. Затем идут чиновники в длинных рединготах со складками на спине, сдвинутыми назад под затянутым поясом. Вместо шапки они носят темного цвета фуражку с кокардой. Молодые люди, не военные и не служащие, одеты в пальто на меху, цена на эти пальто удивляет иностранца, и наши модники отступились бы от такой покупки. Мало

---

* Ансамбль дворцовых зданий в Париже, созданный в 1633 г. архитектором Лемерсье для кардинала Ришелье, с 1643 г. — королевский дворец. В настоящее время в нем помещаются Государственный совет, Конституционный совет и другие административные учреждения.

** Автор намекает на то, что мусульманская религия запрещает воспроизведение человека и животных в изобразительном искусстве.

Дюрюи Жан Александр — французский художник XIX в. Родился в Париже, занимался литографией. Байо Адольф Жан Батист (1810 — ?) — французский живописец и литограф.

Беггров К. И. (1799—1875). Садовая улица в Петербурге. Раскрашенная литография. ГРМ

того, что они сделаны из тонкого сукна на куньем или нутриевом меху, на них еще пришиты бобровые воротники стоимостью от двухсот до трехсот рублей в зависимости от того, насколько у них густой или мягкий мех, темного ли он цвета и насколько сохранил белые шерстинки, торчащие из него. Пальто стоимостью в тысячу не представляет собою чего-то из ряда вон выходящего, бывают и более дорогие. Это и есть незнакомая нам русская роскошь. В Санкт-Петербурге можно было бы придумать поговорку: «Скажи, в какой мех ты одет, и я скажу, чего ты стоишь». Встречают по шубе.

— Да что там! — подумаете вы, читая это описание. — Уже и шубы в начале октября, в исключительно теплую погоду, которую северные люди должны были бы посчитать по-весеннему мягкой!

Да, русские не то, что о них в суете своей думают люди стран более умеренного климата, если полагают, что, закаленные своим климатом, как белые медведи, русские радуются и снегу и льду. Это так неверно! Напротив, они очень зябкие и, ограждая себя от малейшей непогоды, принимают меры предосторожности, которыми пренебрегают несведущие иностранцы, позже, однако, готовые их принимать... когда простудятся. Если вы видите, что кто-то легко одет, то по его оливковому цвету лица, длинной бороде и черным бакенбардам вы узнаете итальянца, южанина, чья кровь еще не остыла. «Наденьте пальто на вате, галоши, оберните шею кашне,— скажете вы мне.— Ведь термометр показывает пять или шесть градусов выше нуля». Однако, как и, например, в Мадриде, здесь бывает легкий ветер, который, возможно, не задует и свечи, но может вполне сдуть человека. Я надевал пальто в Мадриде при восьми градусах тепла, и у меня не было никакого основания не надеть зимнего пальто осенью в Санкт-Петербурге. Всегда нужно следовать народной мудрости. Пальто на легком меху — это демисезонное пальто в Санкт-Петербурге. С первым снегом вы водрузите на себя шубу и снимете ее только в мае.

Если венецианки ездят в гондолах, то женщины в Санкт-Петербурге — в каретах. Выходят они разве что сделать несколько шагов по Невскому проспекту. Шляпы и одежда здесь по парижской моде. Голубой цвет, кажется, любимый цвет русских женщин. Он очень идет к их белым лицам и светлым волосам. Об изяществе их фигур невозможно судить, по крайней мере на улице, так как от каблуков до затылка они закутаны в толстые шубы из черного атласа или иногда из шотландских тканей в большую клетку.

Кокетство уступает здесь требованиям климата, и самые прехорошенькие ножки без сожаления погружаются в огромную обувь. Андалузки предпочли бы умереть, но в Санкт-Петербурге слово «замерзнуть» все искупает. Эти шубы украшены соболями, сибирскими голубыми песцами и другими мехами, о стоимости которых мы, иностранцы, не можем и подозревать: роскошь в этом отношении немыслимая, и, если суровость неба принуждает женщин надевать на себя бесформенные мешки, будьте покойны, этот мешок будет стоить столько же, сколько стоят самые роскошные туалеты.

Сделав шагов пятнадцать, прекрасные петербургские небрежницы поднимаются в свои двуколки или коляски, едут с визитами или возвращаются домой.

Мой рассказ относится к женщинам из общества, то есть к женщинам высших рангов. Другие, пусть так же богаты, ведут себя скромнее, даже если они так же красивы: чин царит над всем. Вот немки, жены торговцев, их можно узнать по германским типам их лиц, мечтательной нежности, аккуратной одежде, но из материй попроще. Они одеты в национальные кофты и юбки, пальто, в глубоких шляпах, которые на Невском проспекте напоминают о Мабий или Фоли-Нувель*.

---

* Места развлечений и отдыха под Парижем.

Строго говоря, до настоящего момента вы можете думать, что не уезжали с улицы Вивьен и парижских бульваров. Немного терпения, и вы увидите русские типы. Посмотрите на этого мужчину в синем кафтане исключительной чистоты с застежкой на груди сбоку, как у китайцев, с собранными симметрично по бедрам складками: это артельщик или слуга купца. Фуражка с плоским дном и надвинутым на лоб козырьком дополняет его костюм. Волосы и борода у него разделены надвое, как у Иисуса Христа. Лицо честное и умное. Ему доверяется взыскивать деньги, принимать заказы, выполнять поручения, требующие от него честности.

В момент, когда вы станете сетовать на то, что в нарядах отсутствует живописность, рядом с вами в старинной национальной одежде проходит кормилица; на голове у нее повойник — нечто вроде шапки в форме диадемы из красного или синего бархата, украшенной серебряным шитьем. Повойник бывает поднят или опущен: поднятым его носят девушки, опущенным — замужние женщины. У кормилиц повойник с донышком, и из-под него по спине висят две косы. Девушки заплетают одну косу. Похожая на жакет, верхняя одежда из камки на вате с кокеткой, с недлинными полами, из-под которых видна юбка из менее богатой ткани, — так одета кормилица. Жакет у нее красного или синего цвета, как и повойник. Широкая золотая лента идет по краю жакета. Это типично русский костюм, и, если в него одета красивая женщина, он не лишен стиля и благородства. Парадная одежда статс-дам на праздниках при дворе кроится по этой патронке, и, сверкая золотом и бриллиантами, она немало способствует пышности праздника.

В Испании тоже считается чрезвычайно высоким тоном держать в доме кормилицу в старинном костюме «passiega»*. В Прадо** или на улице Алкала в Мадриде я любовался красавицами крестьянками в таких костюмах, состоящих из черных бархатных жакетов и широких юбок с золотой лентой. Можно подумать, что цивилизация, с развитием которой исчезает национальный колорит, стремится оставить своим детям хотя бы память о нем. Вот и приводят к детям женщину из деревенской глуши в старинном национальном костюме. Она являет собою как бы образ матери-родины.

Вспомнив о кормилицах, можно поговорить и о детях. Переход вполне естественный. Русские дети очень милы в голубых кафтанах и украшенных глазком павлиньего пера шляпках на манер sombrero calañes***.

На тротуаре вечно топчутся дворники или привратники. Они обязаны летом подметать, зимой — обивать лед на улице. Они редко сидят в своих будках, да их и нет в

---

* Кормилица (исп.).

** Прадо — Национальный музей Испании в Мадриде, где находится знаменитая коллекция живописи и скульптуры.

*** Шляпа с загнутыми полями, ковбойская шляпа (исп.).

Неизвестный художник, середина XIX в. Кормилица с ребенком. Холст, масло. ГРМ

том смысле, который я придаю этому слову. Они не спят всю ночь, не знают, что такое шнур — открывают сами дверь по первому зову. Удивительная вещь: они думают, что привратник существует именно для того, чтобы открывать дверь в три часа ночи, как и в три часа пополудни. Они дремлют по углам и никогда не раздеваются. Поверх нешироких штанов они носят синюю рубашку и тяжелые смазные сапоги — костюм, который с приходом первых холодов меняется на тулуп — одежду из бараньей шкуры мехом внутрь.

48 Зима в России

Грузинский П. Н. (1835—1892). Уличная сцена. 1861. Холст, масло. ГРМ

С картиной Грузинского перекликается уличный персонаж Ф. М. Достоевского:
«...та бедная, грешная баба... в лаптишках, с костылем, с плетеной котомкой за спиною и в рубище».
Рассказ «Господин Прохарчин», 1846—1847.

То и дело мальчишка, завернутый до половины туловища в фартук вроде набедренной повязки, затянутый на поясе веревкой, выходит из мастерской ремесленника, быстро пересекает улицу и чуть подальше входит в дом или лавку. Это подмастерье, которого послали с поручением.

Картина не будет полной, если я не нарисую несколько дюжин мужиков в засаленных и грязных тулупах: они продают яблоки или пироги, несут провизию в корзинах из переплетенных сосновых лучин или с топором в руках чинят деревянную мостовую, а то по четыре, по шесть вместе идут размеренным шагом и несут над головами пианино, стол или диван.

Совсем не видно простых женщин, то ли они живут в деревнях, в имениях хозяев, то ли занимаются домашними работами в городских домах своих господ. Те же, которых вдруг иногда увидишь издали, не отличаются ничем характерным. Завязанный под подбородком платок покрывает и обрамляет их голову, сомнительной чистоты ватное пальто из простой материи нейтрального цвета доходит до середины ноги, и из-под него видна ситцевая юбка с толстыми валенками в деревянных галошах. Они некрасивы, но вид у них грустный и нежный. Их бесцветные глаза не зажигает искра зависти при виде прекрасной, изящно одетой дамы, а кокетство, кажется, вовсе им незнакомо. Они принимают свое приниженное положение, чего у нас не сделает ни одна женщина, как бы низко ни было ее место в жизни.

В основном поражает пропорционально малое число женщин на улицах Санкт-Петербурга. Как на Востоке, только мужчины имеют привилегию выходить в город. Это прямо противоположно тому, что вы видите в Германии, где все женское население города постоянно на улице.

Пока я населил фигурами только тротуар. Мостовая представляет собою не менее оживленную картину. По мостовой полным ходом катит постоянный поток карет, и пересечь Невский проспект — дело не менее опасное, чем перейти бульвар между улицами Друо и Ришелье в Париже. В Санкт-Петербурге ходят мало и, чтобы сделать несколько шагов, уже садятся в дрожки. Карета существует здесь не как признак богатства, роскоши, а как предмет первой необходимости. Но все это опять же в обществе. Мелкий торговец и малооплачиваемый служащий ограничивают себя во многом и не в состоянии купить собственную карету, дрожки или сани. Считается, что людям определенного уровня ходить пешком не к лицу, не пристало. Русский без кареты что араб без лошади. Подумают еще, что он неблагородного происхождения, что он мещанин или крепостной.

Дрожки — это исключительно национальная повозка, аналогичной повозки нет ни в одной стране. Вот как раз у тротуара стоят дрожки в ожидании хозяина, ушедшего в какой-то дом с визитом. Они как будто специально для меня выставлены напоказ. Это роскошные дрожки, и принадлежат они молодому господину, охотнику до красивых экипажей. Дрожки — это маленькая открытая карета, очень низко посаженная на четыре колеса. Задние колеса не больше тех, какие были у наших открытых колясок — «американок» и «викторий». Передние колеса как у тачки. Четыре круглые рессоры поддерживают кузов с двумя разделенными между собой сиденьями: одним — для кучера, другим — для господина. Господское сиденье круглое, и в особенности элегантных дрожках (по прозванию «дрожки-эгоисты») может ехать только один человек, в других же есть обычно место для двоих, но оно так нешироко, что приходится обнимать за плечи своего соседа или соседку. С обеих сторон два обтянутых кожей, лакированных крыла над колесами защищают пассажира от грязи, они переходят в низкие подножки, всего в нескольких дюймах от земли, ведь у дрожек нет дверей. Под сиденьем кучера лебединой шеей выгнут передок, и по причине, о которой я расскажу в описании способа упряжки дрожек, на колесах нет передачи из стальной проволоки.

Цвет дрожек мало меняется. В основном дрожки цвета вороньего глаза, и по основному тону идет сетка из голубых или зеленых (цвета русской зелени) нитей накрест с зелеными же нитями цвета неспелого яблока. Но каков бы ни был этот сетчатый оттенок, фон всегда остается темным.

Сиденье обито сафьяном или сукном темных тонов. Под ногами — персидский ковер или мокет*. У дрожек не бывает фонаря, и ночью повозка несется, не освещая дороги двумя фонарями спереди, этими путеводными звездами, обычными спутниками карет. Прохожему приходится остерегаться, а кучер кричит: «Поберегись!» Право, не придумать более красивой, ласкающей взгляд, более легкой повозки, чем этот изящный экипаж, который, кажется, можно поднять рукой, словно он сделан каретным мастером царицы Меб.

Эта ореховая скорлупка запряжена великолепной лошадью, которая в мгновение ока перескочила бы с нею через барьер. Нетерпеливо и нервно пританцовывающий на месте, этот знаменитый орловский рысак, возможно, стоил хозяину до шести тысяч рублей. Он серо-стальной масти, с богатой гривой, серебристым хвостом, словно припудренным слюдяными блестками. Могучий кучер с большим трудом сдерживает лошадь, которая топчется и бьет копытом по мостовой.

Лошадь вся видна за оглоблями: никакая путаница сбруи не мешает любоваться ее красотой. На нее надето несколько легких, не шире сантиметра нитей кожаных уздечек, соединенных между собою серебряными или позолоченными маленькими украше-

---

* Ковер, покрывающий все помещение и прибиваемый к полу.

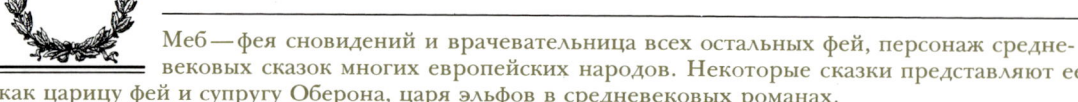
Меб — фея сновидений и врачевательница всех остальных фей, персонаж средневековых сказок многих европейских народов. Некоторые сказки представляют ее как царицу фей и супругу Оберона, царя эльфов в средневековых романах.

ниями, они не стесняют, не закрывают ее и не скрывают совершенства ее форм. Оголовье уздечки покрыто металлическими чешуйками, туда не вделывают тяжелых шор, которые, словно черные «ставни», закрывают самую что ни на есть лошадиную красоту — ее расширенный, полный огня зрачок. На голове лошади изящно пересекаются две серебряные цепочки. Уздечку делают из кожи, не желая холодным железом портить впечатление от изящных оглобель. Простой уздечки достаточно, чтобы править благородным животным. Легкий и гибкий хомут — единственная часть упряжки, соединяющая лошадь с повозкой, ибо у русских упряжек нет постром. Прямо к хомуту прилажены оглобли, затянутые ремнями, много раз закрученными на оглоблях, но без узлов и петель, без единой металлической пряжки. На месте соединения хомута и оглобель теми же ремнями затянуты веревки деревянной дуги, изгибающейся над загривком лошади, точно ручка корзины, у которой хотят сблизить концы. Эта несколько отклоненная назад дуга служит для поддержания расстояния между хомутом и оглоблями, чтобы последние не поранили животное. К дуге подводят ремешки, служащие для взнуздания лошади.

Оглобли прикреплены не к самой повозке, а к оси передних колес, которая торчит наружу дальше ступиц и проходит сквозь тонкую деревянную часть, закрепленную внешней чекой. Для большей крепости помещенная с внешней стороны постромка соединяется с системой хомутовых ремней. Такой способ упряжки позволяет передним колесам легко крутиться, так как тяга приходится на концы оси, как на рычаг.

Вот, может быть, слишком подробное описание дрожек. Но чего стоят расплывчатые описания? Возможно, парижским или лондонским спортсменам нелишне будет узнать, как сделаны и запряжены дрожки санкт-петербургских любителей конного спорта.

Так! Я же не говорил о кучере. Между тем русский кучер — это очень характерный персонаж, и в нем в полной мере проявляется местный колорит. Плотно сидящая на голове шапка, длинный синий или зеленый кафтан, застегнутый под левой рукой на пять крючков или пять серебряных пуговиц, собранный складками по бокам и затянутый черкесским поясом с золотыми нитями, открытая мускулистая шея, широкая окладистая борода, вытянутые, держащие вожжи руки — нужно признаться, торжественный и величественный вид! Чем кучер толще, тем больше ему положено жалованья. Случается, что, начав работать худым, он просит надбавки, если потолстеет.

Дрожками нужно управлять обеими руками, поэтому кнута не существует. Лошадь по голосу кучера понимает, когда ей нужно ускорить или убавить ход. Как испанские погонщики мулов, русские кучера то нахваливают, то ругают лошадь. То они с очаровательной нежностью перебирают уменьшительные эпитеты, то ругаются последними словами, да так живописно-чудовищно, что, послушный современному чувству меры, я не решаюсь здесь переводить их речи. Впрочем, президенту де Броссу ничего не стоило бы это сделать. Если лошадь, когда не нужно, замедлит шаг или взбрыкнет, легкого удара вожжами по крупу достаточно, чтобы погнать ее быстрее или приструнить. На улице кучера предупреждают вас криком: «Берегись!.. Берегись!» Если вы, предположим, замешкаетесь, кучер говорит лошади, с силой делая на словах ударение: «Берегись! Стой!» Из чувства собственного достоинства кучера высокопоставленных особ никогда не повышают голоса.

Но вот молодой господин садится в карету. Лошадь берет с места крупной рысью. Со стороны можно подумать, что лошадь танцует, а не бежит, но этот кокетливый ход рысью нисколько не снижает скорости.

Иногда в дрожки впрягают еще одну лошадь, которая называется пристяжной. Она идет галопом на единственной внешней уздечке, в то время как коренник идет рысью. Трудность заключается в том, чтобы оба разнородных хода лошадей объединить в равномерное движение повозки. В пристяжной лошади, которая как бы резвится возле упряжки и лишь из удовольствия увязалась за коренной лошадью, есть что-то веселое, свободное и изящное, и нигде больше вы не увидите ничего подобного.

Дрожки городские схожи своим устройством с господскими дрожками, разве что последние отличаются изысканностью формы, более тщательной отделкой и свежестью окраски. Городскими дрожками правит извозчик в голубом более или менее чистом кафтане с номером, выштампованным на медной дощечке, подвешенной на кожаном ремешке и ловко отброшенной за спину, чтобы сзади пассажир мог всегда ее видеть. Упряжка та же, и украинская лошадка, хоть и невысоких кровей, бежит от этого ничуть не медленнее. Есть еще и самые старинные, и самые типично русские длинные дрожки. Это всего лишь скамья, покрытая сукном, укрепленная на четырех колесах. На нее нужно садиться верхом или как в женское седло — боком. По улице там и сям проезжают дрожки, или упряжки стоят по углам улиц и площадей перед деревянными кормушками с овсом или сеном. В любой час дня и ночи в каком бы то ни было месте Санкт-Петербурга достаточно крикнуть два-три раза: «Извозчик!» — и галопом к вам бросится эта маленькая, неизвестно откуда возникшая повозка.

Бросс Шарль де (1709—1777) — французский представитель судебной администрации и писатель. Занимаясь этнологией и лингвистикой, де Бросс написал книгу о путешествии в Италию под названием «Письма друзей», в которой отразились его лингвистические изыскания. Две его книги «О фетишизме» были изданы в Москве издательством «Мысль» в 1973 г.

Готье несколько идеализирует положение дел с перевозкой пассажиров. Скептически настроенная петербургская газета «Северная пчела» от 20 октября 1858 г. так отзывается о городских экипажах и извозчиках:

«Все жители Петербурга, и оседлые, и приезжие, чувствуют в нашей столице недостаток хороших, удобных и недорогих публичных экипажей. Несколько тысяч оборванных, грубых, нередко и пьяных мужиков занимаются у нас извозом: экипажи безобразные, грязные, ломкие, тряские — времен царя Гороха».

Петербург зимой. Середина XIX в. Тонолитография. ГЦММКГ

Двухместные кареты, берлины, коляски беспрерывными потоками едут вниз и вверх по проспекту. Не отличаясь ничем характерным, они в общем кажутся сделанными на английских или венских фабриках. Очень часто они запряжены великолепными лошадьми и несутся во весь дух. На кучерах кафтаны, а иногда рядом с кучером сидит человек, некто похожий на солдата в медной каске, на макушке которой шарик вместо вымпела, как на гребне военной каски. Эти люди одеты в серое пальто, воротник которого обшит красными или голубыми лентами, указывающими на чин их хозяина — генерала или полковника. Привилегией иметь солдата рядом с кучером пользуются только кареты посольств. А вот этот экипаж запряжен четырьмя лошадьми, одна из которых — подседельная. На ней едет оруженосец в старинной ливрее, держа прямо в руке большой хлыст. Это карета архиепископа. Когда она проезжает, архиепископ благословляет народ. К вихрю изящных карет примешиваются самые простецкие телеги. Дичайшая грубость бок о бок соседствует здесь с самой высокой цивилизацией. В России часто видишь такие контрасты. Роспуски, состоящие из двух бревен, положенных на оси колес, где колеса закреплены грубым деревянным, вбитым прямо в ось клином, едут впритык с быстрой, сияющей лаком коляской. Упряжь та же, что и у дрожек, только более широкая, раскрашенная на удивление дуга заменяет обычную легкую дугу. Веревки заменяют тонкие кожаные ремешки, и мужик в тулупе или военной шинели сидит на роспусках среди свертков и тюков. Что касается лошади, то ее клокастая шерсть никогда не знала скребницы, и она трясет на ходу висящей до земли облезлой гривой. Этими повозками пользуются для переездов с квартиры на квартиру. При помощи досок их можно расширить, и мебель едет на них ножками вверх, туго стянутая веревками. Далее стог сена, кажется, идет сам собой: его тащит кляча, которую он почти совсем закрывает. Таким же образом медленно проплывает бадья с водой. Быстро проезжает телега, не обращая внимания на встряски,— на ее досках без рессор страдает офицер. Куда он едет? За пять-шесть сотен верст, а может быть и еще дальше, на окраины империи, на Кавказ или в сторону Тибета. Не все ли равно! Но будьте уверены в одном: эта тележка (другого названия ей невозможно придумать) все время будет мчаться во весь опор. Только бы два передних колеса крутились — этого достаточно.

  Посмотрите на эту телегу, дно и боковые стенки которой делают ее похожей на большое корыто на колесах. За ней тянется жердь, разделяя, словно перегородкой, двух привязанных сзади лошадей. Их не нужно держать рукой под уздцы. Так удобно и так просто!

  В Санкт-Петербурге вы не увидите тяжелых двухколесных телег, едва сдвигаемых с места пятью-шестью слоноподобными тяжеловозами, которых нахлестывает жестокий возница. Если требуется быстрая езда, лошадей, скорее резвых, чем сильных, нагружают очень мало. Все тяжелые части, которые можно разобрать, распределяются по разным повозкам, а не накладываются, как у нас, на одну. Повозки едут скопом и посреди города образуют караваны, вызывающие в воображении сцены быта и нравов жителей пустыни. Всадники редки, если только это не верховые стражники или казаки, выполняющие службу денщиков.

  Во всяком цивилизованном городе есть омнибусы*. На Невском проспекте тоже есть несколько омнибусов, развозящих пассажиров в отдаленные районы города.

---

  * Омнибусы (от лат. omnibus — для всех) появилась в Париже в 1662 году как первое в мире средство общественного транспорта. Введенная в употребление в эпоху выдающегося государственного деятеля Ж. Кольбера (1619—1683), способствовавшего расширению торговли, развитию промышленности, улучшению дорог в стране, эта большая крытая карета с лавками для пассажиров по бокам получила действительно широкое распространение во Франции и Англии только в 20-е годы XIX века. К середине XIX века омнибусы появились и в других странах Европы. Т. Готье говорит специально об этом виде транспорта в Петербурге, так как он был здесь новшеством, но в России омнибусы, как бы развивая идею почтовой кареты, так и назывались «почтовая карета», «карета».

Они запрягаются тройкой. В основном им предпочитают дрожки: плата за дрожки немногим больше, зато и везут они вас, куда пожелаете. Длинные дрожки стоят 15 копеек, дрожки с круглым сиденьем — 20 копеек, что-то около 12 или 16 су. Это недорого. Чтобы ходить пешком, нужно быть или очень скупым, или крайне бедным.

Но между тем опускаются сумерки, прохожие спешат к обеду, кареты разъезжаются, а на наблюдательной вышке Думы появляется сияющий шар — сигнал к тому, чтобы в городе зажгли газовые рожки*. Возвращусь-ка и я домой.

---

* В 90-е годы XVIII века французский инженер Филипп Лебон (1769—1804) начал опыты по получению светильного газа посредством сухой перегонки древесины. Тогда же Лебон создал свою термолампу. Не добившись признания во Франции, Лебон передал изобретение в Англию (1801), где идея освещения помещений и улиц получила широкое развитие. В России, исследуя дуговой разряд, ученый В. В. Петров (1761—1834) в 1802 году обратил внимание на сопровождавшие его световые явления. Его работы положили начало опытам по практическому применению электричества. Первые попытки создания газосветных трубок относятся к 1850-м годам.

Глава третья   Зима — Нева

Уже несколько дней назад температура заметно понизилась: по ночам сильно морозило, и северо-восточный ветер смел с деревьев на Адмиралтейской площади последние бурые листья. Зима хоть и запаздывала против обыкновения, но уже тронулась в путь из полярных краев, и природа вздрогнула, почувствовав ее приближение. Нервные люди испытывали смутное недомогание, свойственное тонким натурам в периоды, когда снег еще не выпал, но вот-вот должен пойти. Извозчики, у которых, правда, вовсе нет нервов, взамен их обладают точным знанием причуд погоды, как это бывает у животных с их природным инстинктом. Возницы поднимали глаза к затянутому огромной серо-желтой тучей небу и весело готовили сани. Но снег не шел, и люди обращались друг к другу с критическими замечаниями по поводу погоды, причем совсем в ином духе, чем это делают обыватели в других странах, извечно повторяющие свои метеорологические штампы. В Санкт-Петербурге люди жалуются, что погода недостаточно сурова, и, посмотрев на градусник, говорят: «Ну что там! Всего два-три градуса ниже нуля! Решительно климат меняется». И пожилые люди рассказывают вам о прекрасных зимах, когда начиная с октября и до самого мая людей «радовали» двадцатипяти- и тридцатиградусные добрые морозы.

Но вот наконец в одно прекрасное утро, поднимая штору на окне, я увидел сквозь запотевшие от ночного холода двойные стекла сверкающую белизной крышу на фоне бледно-голубого неба, на котором восходящее солнце золотило розовые облачка и столбы светлого дыма. Совсем как на рисунках по цветной бумаге, очерченных контуром белой гуаши, архитектурные линии дворцового фасада напротив моих окон покрылись серебряным налетом, а на земле толстым слоем, словно вата, лежал только что выпавший снег, на котором пока что виднелись лишь звездные цепочки голубиных следов. Голубей в Санкт-Петербурге так же много, как в Константинополе и Венеции. Птицы роились, серо-голубыми комочками выделяясь на фоне чистой белизны. Они прыгали, хлопали крыльями, казалось, с бо́льшим, чем обычно, нетерпением ждали у продуктовой лавки в подвале, когда наконец торговец бросит им зерен, что тот и делал каждое утро с милосердием брамина. Хотя снег и имеет вид скатерти, для птиц на ней не ставят приборов, поэтому голуби голодны. И какая же для них была радость, когда торговец открыл дверь! Крылатая банда фамильярно устремилась к нему, и на миг он исчез в облаке перьев. Несколько пригоршней брошенных подальше зерен вернули ему свободу, и, стоя на пороге, он улыбался своим маленьким друзьям и смотрел, как они с веселой жадностью клевали зерна и во все стороны разбрасывали снег. Вы, конечно, не сомневаетесь, что тем самым повезло и воробьям, этим упрямым воришкам, которых никто не приглашал. Они не давали упасть на землю ни одной крошке с пиршественного стола. Жить ведь нужно всем.

Сверчков Н. Е. (1827—1898). Петербург. Пара с пристяжной. 1852. Холст, масло. МК

31 октября 1858 г. «Северная пчела» сообщает:
«27-го поутру густой снег покрыл улицы Петербурга при четырех градусах мороза, и тотчас появились извозчики на санях. Говорят, что санные извозчики падают из облаков со снегом».

Город просыпался. Мужики, идя за продуктами с корзинами из сосновых лучин на головах, ставили огромные сапоги в еще не прибитый снег и оставляли за собою слоноподобные следы. Женщины в платках, завязанных под подбородком, в стеганых, как одеяло, пальто переходили улицу более легким шагом, и, словно серебристой слюдой, расшивался подол их юбок. Чиновники в длинных пальто с поднятыми до ушей воротниками весело проходили, направляясь в свои конторы. Вдруг появились первые сани. Сама зима в извозчичьем облачении управляла ими: в красной бархатной, оторенной мехом шапке и голубом кафтане на бараньем меху. На коленях у извозчика лежала старая медвежья шкура. В ожидании седоков он проезжался по улице, сидя на заднем сиденье своих саней и погоняя татарскую лошадку, которая почти мела снег длинной гривой. Никогда со времени моего прибытия в Санкт-Петербург я так отчетливо не чувствовал России; это было как внезапное озарение, и я понял сразу многие вещи, которые до сих пор оставались для меня непонятными.

Завидев снег, я тотчас наскоро оделся, а один только вид саней заставил меня натянуть шубу, надеть галоши и минутой позже быть уже на улице, крича как положено: «Извозчик! Извозчик!»

Сани остановились у тротуара, извозчик пересел на свое место*, я, хорошо запахнув полы шубы, протиснулся в полные сена сани и прикрыл ноги шкурой. Устройство саней очень простое. Представьте себе железные отполированные полозья, передние концы которых загибаются наподобие носков китайских туфель. На этих полозьях при помощи легкого металлического устройства крепится сиденье кучера и кузов саней, куда садится ездок. Кузов обычно покрашен в цвет красного дерева. Нечто вроде выгибающегося, словно грудь лебедя, щитка придает изящество саням и защищает извозчика и седока от снега, серебряной пеной взметающегося перед ними от легкого и быстрого бега упряжки. Оглобли соединяются с хомутом так же, как у дрожек, и сообщают тягу полозьям. Все сооружение ничего не весит, летит, подобно ветру, особенно если мороз затвердил снег и след уже проложен.

Вот я у Аничкова моста, в самом конце Невского проспекта**. Назвать это место извозчику мне пришло в голову лишь потому, что ехать было долго. Я, конечно, не собирался в столь ранний час разговаривать с четырьмя конями, украшающими мост по бокам, просто мне очень нравилось смотреть на напудренный зимою Невский проспект в парадном зимнем костюме.

Представить себе невозможно, как Невский проспект выигрывал под снегом: насколько хватает глаз, эта огромная серебристая лента тянется между двойной линией домов — дворцов, особняков, церквей, покрытых слоем снега по крышам, и производит поистине волшебное впечатление. Розовые, желтые, светло-желтые, мышино-серые цвета домов в другое время года могут показаться довольно пестрыми, а покрываясь сияющими морозными нитями и блестками, становятся очень гармоничными по тону. Казанский собор, перед которым я проехал, тоже явно преобразился: его итальянский купол оделся в русскую снежную шапку, а карнизы и капители окрасились чистой белизной; на террасу полукруглой колоннады легли массивные серебряные перила, подобные тем, что украшают иконостас собора; на ступени, ведущие ко входу, лег тонкий, мягкий, великолепный горностаевый ковер, по которому ступать пристало лишь золотой туфельке царицы.

---

* В ожидании седока извозчики садились на его место, чтобы таким образом согреть ему сиденье.

** См. ранее, в главе «Санкт-Петербург», где Готье точнее пишет о длине Невского проспекта. Часть же его до Аничкова моста считалась самой фешенебельной и интенсивно посещаемой.

Шарлемань А. И. Невский проспект зимой. 1855—1859. Литография. МИРГЛ

У Казанского собора, пересекая Невский проспект под мостом, проходит Екатерининский канал. Он совсем замерз, а под набережной и на лестницах намело снегу. Всего одной ночи оказалось достаточно, чтобы все покрылось снегом. Льдинки, которые в течение последних дней уже неслись по Неве, застыли, сковав, словно прозрачным литьем, корпуса поставленных на зимнюю стоянку кораблей.

Вооруженные широкими лопатами дворники очищали перед дверями тротуар и бросали снег на мостовую, точно щебенку на насыпную дорогу. Со всех сторон прибывали сани, и, удивительная вещь, за одну ночь столь многочисленные накануне дрожки исчезли напрочь. Уже нельзя было встретить на улице ни одной колесной

Петербург. Казанский собор. 1840-е гг. Раскрашенная литография Жюля Арну. ГМП

повозки. Казалось, что за ночь Россия вернулась к более низкой стадии цивилизации, когда колесо еще не было придумано. Роспуски, телеги, все повозки на колесах скользили теперь на полозьях. Мужики везли свои корзины на санках, дергая их за веревку. Шапочки с раструбом кверху исчезли и уступили место бархатным шапкам.

След хорошо проложен, и мороз затвердил снег — не сосчитать, какую экономию лошадиной силы представляет собою санная езда. Одна лошадь без труда и с удвоенной скоростью передвигает груз, в три раза больший, чем тот, который она могла сдвинуть в обычных условиях. В России в течение шести месяцев в году снег — это универсальная железная дорога, белые рельсы которой тянутся во всех направлениях и позволяют ехать куда хочешь. Эта серебряная дорога имеет то преимущество, что ничего не стоит в смысле прокладывания дорожных верст или километров, а в отношении дохода она экономична до такой степени, какой не смогут добиться самые ловкие инженеры. Может быть, именно поэтому на огромной территории России настоящие железные дороги проложены лишь в двух-трех местах.

Я возвратился домой очень довольный ездой. После завтрака и приятного процесса обращения сигары в пепел, что в Санкт-Петербурге является ощущением истинного удовольствия, так как здесь под страхом рублевого штрафа запрещено курить на улицах, я прогулялся пешком на берег Невы, чтобы полюбоваться зимней сменой декораций. Всего несколько дней назад я видел, как эта широкая река, течением перекатывая мраморные складки волн, в бесконечном движении своем отражала игру света. Ее без устали бороздили корабли, лодки, пароходы, барки. Она текла к Финскому заливу. Теперь река полностью изменила вид: на смену самой живой деятельности пришла смертельная неподвижность. Снег толстым слоем покрыл застывший лед, и между гранитными набережными далеко, как только видел глаз, тянулась белая долина, из которой там и сям торчали черные пики мачт полузасыпанных снегом барок. Колышки или сосновые ветки указывали место прорубей, устроенных для того, чтобы из них можно было набирать воду, и от одного берега до другого помечали безопасную дорогу, так как пешеходы уже пошли через реку. Из досок готовили спуски для саней и карет. Лед еще не был достаточно крепким, и рогатки пока загораживали проезд.

Чтобы лучше все рассмотреть, я встал на Благовещенском мосту, называемом часто Николаевским. Я сказал уже о нем несколько слов в описании своего приезда в Санкт-Петербург. На этот раз я имел полную возможность рассмотреть в подробностях очаровательную часовню, воздвигнутую в честь святого Николая Чудотворца на месте, где соединяются подвижные части моста. Это прелестное зданьице построено в типично византийско-московском стиле, который так хорошо соответствует православному культу и который я с удовольствием хотел бы видеть повсюду в России. Это строение сложено из голубоватого гранита, на каждом его углу помещена колонна с капителями в композитном стиле, посередине охваченная браслетом и прочерченная каннелюрами, да не прямыми, а ломанными вверху и внизу. Двойной цоколь поддерживает опору свода и выгранен торчащими наружу

Первая железная дорога с паровозной тягой на территории России была построена в 1834 г. в Нижнем Тагиле и предназначалась для заводского употребления. Первая пассажирская железная дорога Петербург — Павловск — Царское Село была введена в действие в 1837 г. В 1851 г. было закончено строительство железной дороги Петербург — Москва, затем последовала первая очередь железной дороги Петербург — Варшава; участок Петербург — Псков завершен в 1859 г.

Абутков Н. Г. (1833—1859). Зима. Петербургский вид. 1859. Холст, масло. ГРМ

остриями. По трем фасадам здания идут три проема, по четвертой стороне — сплошная стена, на ней в мозаике из драгоценных камней изображен святой покровитель церкви, в стихаре, с золотым нимбом над головой, с открытой книгой в руке и в окружении склоненных небесных фигур. Богато выделанные балконы слесарной работы завершают два боковых свода. Свод, к которому ведет лестница, является входом в часовню. Украшенные старославянскими надписями, со звездами на акротериях карнизы отделаны рядом орнаментов в форме сердец, которые перемежаются с вырезами в форме зубцов. Крыша пирамидальной формы, ребристая, с нервюрами на каждом квадрате, вся покрыта золотой чешуей. Наверху находится типично московский купол с расширением пузырем, которому нельзя придумать сравнения лучшего, чем с луковицей тюльпана. Купол усеян золотыми звездами и заканчивается православным крестом с полумесяцем внизу, под которым сияет золотой шарик. Мне удивительно нравятся эти позолоченные крыши, особенно когда снег присыплет их как бы серебряными опилками и придаст им вид старого серебра с полустершейся позолотой. Они начинают играть редкими, изысканными тонами, и эффекты такого рода совершенно неизвестны в других местах.

Перед иконой днем и ночью горит лампада. Проезжая мимо часовни, извозчики берут поводья в одну руку, другой приподнимают шапку и крестятся. Прохожие мужики прямо в снег кладут земные поклоны. Солдаты и офицеры, проходя мимо, произносят молитву, стоя неподвижно с непокрытой головой. И это в двенадцать или пятнадцать градусов мороза! Женщины поднимаются по лестнице и после многочисленных коленопреклонений целуют образ. Вы можете подумать, что подобное поведение принято только у простых, непросвещенных людей. Но нет, это не так. Никто не проходит мост, не проявив знаков уважения по отношению к святому покровителю часовни, и в копилки, поставленные по обе стороны часовни, льются рекой копейки. Но возвратимся к Неве.

Если смотреть в сторону города, то направо, за Английской набережной, видны все пять верхушек Сторожевой церкви конной гвардии с их слегка заледеневшими белёсо-золотыми куполами. Далее виден похожий на усеянную бриллиантами митру волхва купол Исаакиевского собора, а еще дальше — стрела Адмиралтейства и угол Зимнего дворца. В глубине и несколько левее вырисовывается изящный и дерзкий шпиль Петропавловской церкви, золотой ангел, возвышаясь над стенами крепости, блестит на фоне бирюзового неба в розовых облачках. Налево (я все время стою спиною к морю) берег не так богато разнообразит горизонт золотыми украшениями. Здесь меньше церквей, и они видны только в глубине Васильевского острова — так называется этот

Благовещенский (ныне Лейтенанта Шмидта) мост — первый постоянный мост через Неву. Он был сооружен в 1842—1850 гг. по проекту русского инженера С. В. Корбедза.

Строительство первого постоянного моста через Неву было важным событием в жизни Петербурга.

«*Самая постройка моста — дело гигантское*, — писала 16 сентября 1844 г. газета «Северная пчела». — *Едва ли в новые времена проводились работы по такому огромному плану, с такою удивительной точностью, изяществом, вкусом и из такого драгоценного материала! Горы гранита переброшены сюда из Финляндии и, как нежный воск, повинуются гениальной мысли человека! Паровые машины бьют сваи посреди быстрой и глубокой Невы, между тем как под водою устраивают прочные каменные фундаменты на укрепленном сваями грунте*».

4 декабря 1850 г. мост был торжественно открыт. Первоначально мост назывался Благовещенским, так как он начинался от Благовещенской площади (ныне площадь Труда) на левом берегу Невы. В 1854 г. на правом быке моста, в промежутке между крыльями разводного пролета, архитектором А. И. Штакеншнейдером была построена часовня «во имя святого Николая Чудотворца», а в следующем году и мост был переименован в Николаевский. В 1937 г. мост был полностью перестроен.

Виды Петербурга. 1860-е гг. Литография. Издание Генкеля. СПб. Отпечатано у Брокгауза и Ефрона в Лейпциге

район города. Между тем дворцы и особняки, выходящие на набережную, предстают перед вами в виде длинных монументальных линий, прекрасно выровненных снегом. До Биржевого моста* от здания Академии, большого дворца классической архитектуры,

---

* Ныне не существует. Почти на том же месте построен мост Строителей, соединяющий Васильевский остров с Заячьим островом, где находится Петропавловская крепость.

заключающего в своей квадратной ограде круглый двор, спускается к реке колоссальная лестница, увенчанная по бокам двумя большими сфинксами с человеческими головами. Привезенные из Египта, они удивляются и вздрагивают от холода под снежной попоной на их спинах из розового гранита. Посередине площади тянется вверх острие Румянцевского обелиска.

Если по Биржевому мосту вы дойдете до противоположного берега и мимо Зимнего дворца и Эрмитажа, чуть не доходя до Троицкого моста*, подниметесь вдоль реки до Мраморного дворца, то, обернувшись, вы откроете новый вид, на который стоит взглянуть: река делится на два рукава, Большую и Малую Неву, образуя остров, берег которого, смотрящий на вас, застроен с широким размахом.

С обеих сторон эспланады, идущей по берегу с этой стороны, высятся маяки или, скорее, Ростральные колонны из розового гранита с бронзовыми частями кораблей и якорями, на них помещены большие бронзовые фонари, а к колоннам прислонились спинами сидящие статуи**. Между этими двумя колоннами, которые сами по себе создают превосходный вид, находится Биржа, как и у нас, несколько напоминающая Парфенон***,— параллелограмм, окруженный колоннами. Только здесь они дорические вместо коринфских и корпус здания выступает дальше аттика обрамляющей его колоннады, как греческий фронтон, образуя треугольный щипец крыши, на котором открывается широкий сводчатый проем, наполовину закрытый скульптурной группой, установленной на карнизе портика. Справа и слева симметрично расположены университет и таможня—здания правильной и простой архитектуры. Оба маяка гигантскими и монументальными силуэтами очень облагораживают классические и несколько холодные линии зданий.

В рукаве Малой Невы собираются на зиму корабли и барки, расснащенные мачты которых штрихуют фон своими тонкими линиями. Теперь к этому общему рисунку по серо-жемчужной бумаге добавьте несколько белых мазков, и у вас получится вполне подходящий для вашего альбома набросок.

Сегодня мы не пойдем дальше. На этих набережных и мостах, где дует прилетевший прямо с полюса ветер, совсем не так уютно. Прохожие здесь ускоряют шаг. У обоих львов у причала императорского дворца, кажется, окоченели лапы, с трудом удерживающие шар.

---

* Ныне Кировский мост.

** Ростральные колонны воздвигнуты в 1805—1810 гг. архитектором Тома де Томоном на стрелке Васильевского острова во славу морских удач России и служили когда-то маяками. Все скульптурные украшения колонн выполнены Самсоном Сухановым, в том числе и аллегорические фигуры, изображающие реку Неву, Волхов, Волгу и Днепр.

*** Парфенон—храм богини Афины Парфенс, построенный на Акрополе в Афинах в 447—438 гг. до н. э. Иктином и Калликратом; скульптурная отделка была выполнена под руководством Фидия.

Теофиль Готье в России. 1858. Фото парижского фотографа Эмиля Ришбура. ГБЛ

  Биограф Т. Готье французский литературовед Бернар Дельвай в книге «Теофиль Готье» (Париж, 1968) указывает точные даты его путешествий в Россию: 15(3) сентября 1858 г. Т. Готье отправился в Россию. Он намеревался собрать материалы для большой работы, которая должна была называться «Сокровища русского искусства». Труд этот предполагалось составить из 20 выпусков по 20 листов каждый. Но эта работа принесла разочарование ее автору (вышло только три выпуска: «Исаакиевский собор», «Царскосельский дворец», «Арсенал в Царском Селе». Париж, 1859). Александр II, под покровительством которого должны были издаваться эти выпуски, по какой-то причине не пожелал далее субсидировать их. Однако поездки в Россию позволили Т. Готье сделать многочисленные записи и затем, в 1866 г., опубликовать книгу «Путешествие в Россию».

На следующий день будто ипподром Лоншан* направил на Английскую набережную и на Невский проспект все свои сани и открытые коляски. В городе, где нередки пятнадцати- и двадцатиградусные морозы, не правда ли странно, что так мало ездят в закрытых каретах? Лишь из последней крайности русские садятся в закрытую карету, а между тем они зябкие люди. Но шуба — это серьезное оружие против холода, и они превосходно владеют им, они смеются над погодой, в то время как в градуснике замерзает ртуть. Они накидывают шубу, продев в рукав одну руку, и глубоко запахивают ее, кладя руку в кармашек, сделанный на передней части. Уметь носить шубу — целое искусство, этому сразу не научишься. Незаметным движением шуба вскидывается за спину, рука продевается в рукав, шуба запахивается вокруг тела как детская пеленка. В течение некоторого времени мех сохраняет температуру прихожей, где шуба висит в доме, и полностью изолирует вас от внешнего холода. В шубе на улице вы остаетесь при той же температуре, что и дома, и, если вы, отказавшись от бесполезной элегантности шляпы, наденете ватную или норковую шапку, вам больше не помешает поднятый вверх воротник, который, таким образом, окажется мехом внутрь. Ваши макушка, затылок, уши обретают кров. Только нос торчит наружу между двумя меховыми стенками воротника и выставлен на непогоду. Если он белеет, вас милосердно предупреждают об этом, и, натерев его горстью снега, вы быстро возвращаете ему естественный красный цвет. Такие мелкие случайности могут стрястись с вами только в исключительно суровые зимы.

Пожилые денди, строгие поклонники лондонской и парижской моды, не могут согласиться с ватным картузом и делают себе шапки, у которых сзади нет бортика, а лишь спереди пришит простой козырек. Ведь нельзя и помыслить в мороз опустить воротник. Ветер надует вам в открытую шею, и вы пострадаете от его ледяного лезвия, которое так же пагубно, как и прикосновение стали к шее осужденного на смертную казнь.

Самые утонченные женщины не боятся прогуляться в коляске и, изнуренные тепличной атмосферой комнат, с часок подышать морозным воздухом, здоровым и тонизирующим, очищающим легкие. Разглядеть можно только их порозовевшие на морозе лица. Все остальное — ворох шуб, муфт, под которым трудно увидеть какие бы то ни было формы. На колени накинута большая шкура белого или бурого медведя, обшитая зубчиками ярко-красного цвета. Коляска походит, таким образом, на ладью, везущую меха, из которых выглядывает несколько улыбающихся лиц.

Путая голландские сани с русскими, я вообразил себе нечто совершенно другое, чем то, что мне пришлось увидеть в действительности. В Голландии скользят по замерзшим каналам в санях фантастических форм лебедя, дракона или морской раковины, сделанных, разукрашенных, позолоченных и разрисованных Гондекутером и Восом. Их живописные панно потом хранятся как драгоценные карти-

---

* Лоншан — старинное аббатство вблизи Парижа, в Булонском лесу. В 1863 г. там было закончено устройство ипподрома.

69 Зима — Нева

Сверчков Н. Е. Скульптор И. Юшков в санях на набережной Невы. 1849. Холст, масло. МК

ны. Такие сани запряжены лошадьми в попонах, перьях и колокольчиках, а еще чаще их толкают вручную конькобежцы. Русские сани вовсе не игрушка, предмет роскоши или развлечения на какие-то несколько недель. Это предмет ежедневного пользования и первой необходимости. Им придана только необходимая форма, и господские сани походят во всем, говоря о самом принципе конструкции, на сани городских извозчиков. Лишь железо полозьев лучше отполировано и более изящного изгиба, кузов из красного дерева или из тростниковой решетки, сиденье обито

Сверчков Н. Е. Пожарные ночью в Петербурге. 1845. Литография. Изд. Дациаро. ГЛМ

сафьяном, фартук из лакированной кожи, меховой мешок вместо сена, дорогой мех вместо старой, изъеденной молью шкуры, детали лучше отделаны и изящнее — вот и все. Роскошь заключается в одежде кучера, красоте лошади и быстроте езды. Как и в дрожки, в сани часто впрягают вторую лошадь — пристяжную.

Гондекутер Мельхиор де (1636—1695) — голландский живописец. Работал в Утрехте, Гааге и Амстердаме. Писал натюрморты, ловко делал «обманки», когда живописным искусством создается видимость подлинного предмета. Славился более всего изображениями птиц в полете, в жизни. Его называли Рафаэлем птиц.

Вос Мартин де (1531—1603) — фламандский живописец. Учился в Италии, Риме, Флоренции, у Тинторетто в Венеции. Умел на своих картинах создавать поразительную иллюзию пространства.

Но самая великолепная упряжка такого рода — это тройка, в высшей степени русская, очень живописная повозка типично местного колорита. Большие сани вмещают четверых сидящих друг против друга человек и кучера. В них запрягают трех лошадей. Средняя лошадь запряжена в оглобли и хомут с дугой над загривком. Две другие пристегиваются к саням лишь при помощи внешней постромки. Слабо натянутый ремень привязывает их к хомуту коренной лошади. Четырех поводьев достаточно, чтобы погонять трех лошадей. До чего приятно для глаз смотреть на тройку, несущуюся по Невскому проспекту или по Адмиралтейской площади в час прогулок. Коренная идет рысью прямо перед собой, две другие — галопом и тянут веером. Одна должна иметь вид злой, строптивой, непослушной, нести по ветру, создавать видимость скачков и лягания — это сердитая. Другая должна встряхивать гривой, скакать, принимать покорный вид, доставать коленями до губ, танцевать на месте, кидаться вправо и влево, повинуясь своему веселому и капризному нраву, — это кокетка. Оголовье уздечки с металлическими цепочками, упряжь легкая, словно нити, а в ней там и сям блестят изящные позолоченные украшения. Эти три благородные лошади напоминают античных коней, везущих на триумфальных арках бронзовые колесницы, тяжести которых они не чувствуют. Кажется, что они играют и резвятся перед санями только из собственного каприза. У средней лошади серьезный вид более мудрого друга по сравнению с двумя легкомысленными компаньонами. Вы сами можете себе представить, что вовсе не легко поддерживать такой чисто внешний беспорядок при большой скорости, притом что каждая лошадь тянет в разном беге. Иногда бывает, что сердитая прекрасно исполняет свою роль, а кокетка сваливается в снег. Поэтому для тройки нужен безупречно ловкий кучер. Какой очаровательный спорт! Я удивляюсь, что ни одному лондонскому или парижскому спортсмену — участнику бегов не придет в голову фантазия повторить его у нас. Правда и то, что в Англии и во Франции снег не лежит достаточно долго.

Езда на санях продолжалась, и через несколько дней на улицах появились двуколки, берлины и коляски на полозьях. Кареты, с которых сняли колеса, выглядят очень странно, как будто неоконченные экипажи поставили на подставки. Собственно сани бесконечно изящнее.

При виде шуб, саней, троек, карет на полозьях, градусника, показывавшего с каждым утром температуру на один-два градуса ниже, чем накануне, я подумал, что зима установилась окончательно. Но старые и опытные люди, привыкшие к климату, скептически покачивали головой и говорили: «Нет, это еще не зима». И действительно, это не была зима, настоящая зима, русская зима, арктическая зима, какой я ее увидел позже!

Глава четвертая Зима

В этом году зима изменила русской традиции и капризничала, совсем как парижская. То ветер с полюса морозил ей нос, а щеки становились восковыми, то юго-западный ветер растапливал ее ледяные одежды, и они истекали капелью. Сияющий снег становился серым, накатанный след, скрипящий под полозьями, словно мраморный порошок, сменялся топкой кашицей, еще худшей, чем раскисшая земля на наших бульварах. Или случалось еще, что за одну ночь в термометрах на перекрестках винный спирт падал на десять — двенадцать градусов, новая белая пелена покрывала крыши и исчезали дрожки.

Между пятнадцатью и двадцатью градусами мороза зима становится особенно своеобразной и поэтичной. Она столь же богата эффектами, сколь богато ими самое роскошное лето. Но живописцы и поэты до сих пор этого не заметили.

В течение нескольких последних дней я испытал настоящие русские холода и попробую показать некоторые их внешние проявления, ибо такой силы мороз не обязательно чувствовать на себе непосредственно, он прекрасно виден, заметен через двойные рамы хорошо натопленной комнаты.

Небо становится светло-голубым и ничего общего не имеет с южной лазурью, оно делается стального цвета или отливает такими редкими и приятными для глаза тонами голубоватого цвета льда, что еще ни одна палитра, даже палитра Айвазовского, не смогла его воспроизвести. Свет сияет, не давая тепла, и замерзшее солнце розовит щеки маленьких облачков. Бриллиантовый снег искрится, как паросский мрамор, становится еще белее и затвердевает на морозе. Запорошенные инеем деревья походят на огромные серебряные перья или на металлические цветы в волшебном саду.

Наденьте шубу, поднимите воротник, надвиньте до бровей меховую шапку, крикните первого попавшегося извозчика — он сломя голову кинется на ваш зов и остановит сани у тротуара. Как бы ни был он молод, будьте уверены, борода у него совсем белая. Дыхание покрывает инеем его фиолетовое от холода лицо и патриаршую бороду. Затвердевшие волосы висят жгутами по щекам, как замерзшие змеи, а шкура, которую он кладет вам на колени, усеяна миллионом белых жемчужин.

Вот сани тронулись. Резкий, пронизывающе-холодный, но здоровый воздух бьет вам в лицо. Разогревшись от быстрого бега, лошадь, как сказочный дракон, выдыхает клубы пара, а от ее боков в испарине ей вслед туманом вьется пар. Мимоходом у кормушек вы видите лошадей на стоянке. Испарина обледенела на их телах: они словно посыпаны сахаром и покрыты ледяной корочкой, похожей на стеклянную массу. Когда лошади снова пускаются в путь, корочка разбивается, опадает, тает и при первой же остановке вновь образуется. Эти чередования жара и холода, от которых английская лошадь сдохла бы через неделю, вовсе не портят здоровья местным лошадкам, в отношении непогоды на редкость выносливым. Несмотря на суровый климат, только дорогих лошадей покрывают попоной. Для породистых лошадей вместо наших и английских кожаных попон, украшенных по углам гербами, здесь на дымящийся круп чистокровной лошади набрасывают яркий ковер, привезенный из Персии или Смирны.

У водруженных на полозья карет окна покрыты плотным слоем льда — это зима опускает свои серебряные шторы, и они мешают вам и видеть, и быть видимым. Если бы не приходилось дрожать от холода в подобную погоду, для любовных утех санкт-петербургские кареты — приют не менее таинственный, чем венецианские гондолы.

Неву пересекают в карете. Несмотря на временные оттепели, когда тает снег, лед на реке в два или три фута толщины и тронется только весною, при большом ледоходе. Он достаточно крепкий, чтобы выдержать тяжелые, даже артиллерийские, повозки. Сосновыми ветками отмечены пешеходные и проезжие дороги и места, которых нужно избегать.

В некоторых местах лед пробит, чтобы можно было черпать воду из реки, которая продолжает течь под этим хрустальным полом. Вода менее холодна, чем воздух, и пар клубится над прорубями, как над кипящими котлами. Но все относительно, и не стоит доверяться ее теплу.

Когда проезжаешь по Английской набережной или прогуливаешься пешком по Неве, любопытно понаблюдать, как из лавок рыбаков выносят рыбу, предназначенную для снабжения города. Из ящиков ковшом достают рыбу и бросают на доски понтона, она прыгает, изогнувшись, два-три раза, но быстро замирает, словно в прозрачном чехле: вода на ней мгновенно замерзает.

В эти сильные морозы все замерзает с удивительной быстротой. Поставьте бутылку шампанского между стеклами в окне — в несколько минут она замерзнет лучше, чем в любых ведерках со льдом. С вашего позволения, расскажу лично со мной случившийся анекдот, ведь я анекдотами не злоупотребляю. В силу моих старых парижских привычек, выходя на улицу, я зажег великолепную гаванскую сигару. На пороге мне вспомнилось, что в Санкт-Петербурге запрещено курить на улицах под страхом штрафа в один рубль. Бросить чудесную сигару, когда вы успели только несколько раз затянуться, — вещь серьезная для заядлого курильщика. Так как я должен был пройти всего несколько шагов, я спрятал сигару в согнутой руке.

Нести сигару не является нарушением закона. Когда я попытался ее закурить в подъезде дома, куда направлялся с визитом, ее нажеванный и немного мокрый конец превратился в кусок льда, а с другой стороны щедрый и благородный «puro»* все еще горел.

Между тем мороз был ниже 17—18 градусов, и это еще не были те добрые морозы, большие холода, которые обычно наступают здесь к рождеству. Русские жалуются на мягкость зимы и говорят, что климат испортился. Еще даже не зажгли кострища под толевыми навесами у подъездов императорского Большого театра и Зимнего дворца, куда обычно кучера в ожидании хозяев приходят погреться. «Погода теплая!» Но однако, зябкий парижанин не может не вспомнить об Арктике, о Северном полюсе, когда, выйдя из оперного театра, он видит перед собой на большой и белой от снега площади в сиянии холодного света полной луны ряд частных карет, кучеров, словно посыпанных сахаром, с серебряными нитями в волосах, светящиеся дрожащим светом бледные звезды замерзших каретных фонарей. Из боязни замерзнуть по дороге он устремляется к саням. Шуба пропитана теплом и сохраняет вокруг него благодатную атмосферу.

Если он живет на Малой Морской** или на Невском проспекте, в месте, которое обязывает его проехать мимо Исаакиевского собора, пусть не забудет бросить взгляд на собор. Чистые белые линии выделяются на основных архитектурных его частях, а на куполе, наполовину скрытом в ночной темноте, на самой выпуклой части сияет отсвет, как раз напротив луны, которая будто смотрится в это золотое зеркальце. Эта точка настолько ярка, что ее можно принять за зажженную лампаду. Все угасшее в сумерках сияние купола собирается в этой магической точке. Впрочем, что еще может быть так же прекрасно, как этот большой храм из золота, бронзы и гранита, стоящий в голубых лучах зимней луны на чистом горностаевом ковре?

Неужто строят ледяной дворец, как в знаменитую зиму 1740 года? Длинные вереницы саней перевозят огромные куски замерзшей воды, похожей на выпиленные, прозрачные, как бриллиант, камни, как бы предназначенные для строительства прозрачных стен храма таинственного духа полюса. Вовсе нет. Это наполняют лéдники. Летом продукты хранятся в погребах, куда и свозят лед, выпиливая из Невы эти огромные, словно стеклянные, плиты с сапфировыми отсветами. На каж-

«В 1860 г. ... в Петербурге только что отменили институт будочников с алебардами, только что зажгли, и то на одном Невском, газовые фонари, еще не позволяли курить на улицах».

Из воспоминаний А. Ф. Юнге, дочери Ф. Толстого, вице-президента Петербургской Академии художеств.

---

* puro — чистый табак (исп.).

** Ныне ул. Гоголя.

Бланшар Ф. Возка льда в Петербурге. 1856—1859. Гравюра на дереве. ГБЛ

Будучи известным критиком-искусствоведом, Теофиль Готье написал статью «Акварели Бланшара» в «Санкт-Петербургский журнал». И. С. Тургенев также ценил творчество этого художника. В его переписке с Т. Готье читаем:

«*19 мая 1872. Париж.*

Дорогой г-н Готье,

в момент отъезда на достаточно длительный срок в Россию я испытываю настоятельное желание высказать Вам сожаление, что мы так и не увиделись более с того очаровательного обеда, на котором были с Вами вместе у друга Флобера...

...С самого моего первого посещения Салона я буквально влюбился в картину Бланшара (неудачно названную «Куртизанка»)... Я попросту хочу знать Ваше мнение, ибо при всей Вашей снисходительности я чувствую в Вас мастера критики, так же как вы являетесь и писателем-мастером...»

(ПБСЩ, рукописный отдел, ф. И. С. Тургенева, № 34).

дую повозку кладут по плите. Возницы садятся прямо на куски льда или облокачиваются на них, как на подушки, и, когда вереница саней из-за какого-то затора останавливается, лошади с чисто северным гурманством покусывают льдины перед собой.

Тройка подана. Большие сани на пять человек запряжены тремя лошадьми. Они у двери. Поторопитесь сойти вниз. Вы поставите ноги в полость из медвежьей шкуры, закутаетесь до подбородка в атласную шубу на кульем меху, прижмете к груди ватную муфту, опустите вуаль, уже усеянную тысячью блестящих точек. Мы ждем только вас, чтобы тронуться в путь и закрепить меховой ковер на четырех уключинах саней. Вам не будет холодно: ваши прекрасные глаза согреют даже в самую ледяную погоду.

Летом острова в Санкт-Петербурге похожи на наш Булонский лес, Отейль, Фоли-Сен-Джеймс. Зимою они гораздо меньше заслуживают названия островов. Мороз покрыл льдом каналы, а снег так все сровнял, что твердая земля соединилась с островами. В холодные месяцы есть лишь одна почва под ногами — лед.

Вы пересекли Неву и проехали последние проспекты Васильевского острова. Характер построек изменился. Дома стали менее высокими и стоят реже, они окружены садами с дощатыми заборами. Доски поставлены крест-накрест, как в Голландии. Повсюду дерево заменяет камень или, скорее, кирпич. Улицы превратились в дороги, и вы едете по нетронутому снегу, совершенно ровному покрывалу — это канал. По краю маленькими столбиками отмечен путь, чтобы среди всеобщей ровной белизны направить кареты в нужную сторону. У столбиков вид кобольдов* или гномов с высокими белыми шапками на головах, одетых в коричневую тесную сутану. Только мосты, балки которых смутно вырисовываются в снегу, наметенном ветром, указывают на то, что мы едем по замерзшему и заснеженному водному потоку. Вскоре появляется большой ельник, у его края стоит несколько трактиров и чайных, ведь на острова ездят гулять, и часто ночью. Температура на дворе такая, что ртуть стремглав убегает вниз по градуснику.

Что может быть красивее? Между темными занавесями елей огромные белые аллеи, где след от саней кажется полосой бриллиантов на матовом стекле. Ветер отряхнул ветви — снег прошел уже несколько дней назад, — и только кое-где, там и сям остались блестящие снежные мазки, похожие на блики, наложенные кистью умелого художника на темную зелень хвои. Стволы елей выстраиваются колоннами, и название «храм природы», данное романтиками лесам, таким образом, оказывается очень подходящим.

 Имеется в виду один из эпизодов царствования Анны Иоанновны (1693 — 1740, царствовала с 1730), когда в 1740 г. был устроен потешный ледяной праздник, явившийся впоследствии сюжетной основой книги И. И. Лажечникова «Ледяной дом», вышедшей в 1835 г.

* Кобольды — в германской мифологии домовые.

На островах. Русский художественный листок В. Тимма. 1860-е гг. Музей Ф. М. Достоевского. Ленинград

Пройти пешком по снегу в один-два фута — вещь невозможная. Да в длинной аллее пешеходов и не было вовсе. Встретилось нам только три-четыре мужика, даже не знаю, были ли это мужчины или женщины. Укутанные в тулупы, в сапогах или валенках, при каждом шаге они проваливались глубоко в снег. Несколько собак, черных или казавшихся таковыми из-за контрастности цветов на снегу и ярком солнце, бегали кругами, как

Федотов П. А. (1815—1852). Зимний денъ. 20-я линия Васильевского острова. Около 1851. Холст, масло. ГРМ

фаустовский барбет*, или подходили друг к другу с одними и теми же во всем мире знаками собачьего франкмасонства. Эта, возможно, несколько инфантильная подробность попросту доказывает, что собаки в Санкт-Петербурге — редкое явление, если где-то их вдруг замечаешь.

Этот остров называется Крестовским, и на нем есть очаровательная деревушка из маленьких дачек, занятых в теплую погоду целой колонией в основном немецких семей. Русские — большие мастера по части деревянных построек и режут по ели с такой же ловкостью, как это делают тирольцы и швейцарцы. Топором и пилой они вырезают

---

* В трагедии И. В. Гёте «Фауст» дьявол появляется в облике черного пуделя. Не зная немецкого, Готье читал это произведение в переводе на французский Ж. Нерваля (1842), который и сделал фаустовского пуделя барбетом.

кружева, цветочки, всякого рода орнаменты в зависимости от того, что придет им в голову. Домики на Крестовском, отделанные в этом швейцарско-московском стиле, летом, должно быть, прелестные жилища. Большой балкон или, скорее, низкая терраса, образующая как бы комнату под открытым небом, со стороны фасада занимает весь первый этаж. Здесь, среди цветов и кустов, сидят дачники в долгие, бесконечные июньские и июльские дни. Сюда ставят пианино, столы, диваны, чтобы понежить себя наконец сладостной жизнью на открытом воздухе после восьми месяцев заточения в тепличной атмосфере. При первых же погожих днях после ледохода на Неве происходит всеобщее переселение. Длинные караваны повозок, везущих мебель, тянутся из Санкт-Петербурга к виллам на острова. Как только дни укорачиваются и вечера становятся холодными, дачники возвращаются в город, и коттеджи закрываются до следующего года, но остаются не менее живописными под снегом, который превращает их деревянные кружева в серебряную филигрань.

Поезжайте дальше, и скоро вы окажетесь на большой поляне, где высятся, что называется во Франции, русские горки, а в России — катальные горки. В начале Реставрации* русские горки произвели большой фурор в Париже. Их устроили в Бельвиле и других публичных парках. Но разница в климате требовала другой их конструкции. Повозки на колесах скатывались по желобкам на крутых спусках и, несясь по инерции, взлетали на площадку, устроенную на меньшей высоте, чем точка их отправления. Часты были несчастные случаи, так как колеса повозок нет-нет да и выскакивали из желобков. Это и заставило отказаться от опасного развлечения.

Катальные горки в Санкт-Петербурге — это павильоны с площадкой наверху. Туда поднимаются по деревянной лестнице. Спуск сделан из досок с идущими по бокам бортами, подпертыми столбами. Спуск сначала крутой, затем мягче. Доски много раз поливают водой, вода замерзает, и образуется отполированный, как зеркало, каток. Каждая площадка имеет свой отдельный спуск, что избавляет от опасных столкновений. На санках, управляемых конькобежцами, держащими их сзади, спускаются вместе три-четыре человека. Спускаются и поодиночке на санях, управляя ими ногой, рукой или палкой. Бесстрашные люди кидаются головой вниз, лежа на санях на животе или в любой другой, случайной на первый взгляд, но безопасной в действительности позе. Здесь люди очень ловки в этом в высшей степени национальном развлечении. Оно им знакомо с детства. Они находят удовольствие в крайней скорости, развиваемой на сильном морозе. Это ощущение совершенно северное, и иностранцу, приехавшему из более теплых краев, сначала трудно его оценить. Но вскоре и он начинает его понимать.

Часто при выходе из театра или с вечера, когда снег блестит, как толченый мрамор, в ясном и холодном свете луны или, если луны нет, звезд, ярко мерцающих в морозном небе, вместо того чтобы ехать домой, в светлое, удобное и теплое жилище, вся

---

* Реставрация во Франции — период вторичного правления династии Бурбонов, свергнутой Великой французской революцией: I Реставрация — 1814—1815 гг. (затем «100 дней» возвращения к власти Наполеона I); II Реставрация — 1815—1830 гг.

Ледяные горы на Адмиралтейской площади в Петербурге во время масленицы. Середина XIX в. Литография. Изд. Фельтена. ГЛМ

компания хорошо укутанных в меха молодых людей и молодых женщин едет ужинать на острова. Садятся в тройку, быструю упряжку из трех лошадей, под бренчание бубенчиков, несущихся веером и поднимающих копытами серебряную пыль. Будят заснувшего трактирщика — свет зажигается, самовар закипает, леденеет шампанское «Вдова Клико», ставятся на стол тарелки с икрой, ветчиной, селедкой, заливным из рябчиков, пирожками. Вы едите, бокал за бокалом пьете шампанское, болтаете, курите, а на десерт катаетесь с ледяных горок, которые освещают мужики с фонарями в руках. Затем к двум или трем часам утра вы возвращаетесь в город, вкушая сладость мороза в вихре скорой езды на свежем, холодном и здоровом воздухе.

82 Зима в России

Неизвестный художник. Середина XIX в. Увеселительные строения на Исаакиевской площади в Петербурге. Сепия, акварель, тушь, карандаш. ГНИМА

Пусть Мери, который не терпит, когда говорят «добрый мороз», уверяя, что мороз всегда зол и уродлив, стучит зубами и натягивает еще одно пальто, читая эти покрытые инеем строки! Да, мороз — это наслаждение, опьянение свежестью, головокружение от снежной белизны, которое я, человек исключительно зябкий, начинаю ценить совсем как северный житель.

Если это описание русской зимы не выпало еще из рук заледеневшего читателя, если он достаточно смел, чтобы и дальше терпеть в моем обществе суровости погоды, пусть он после стакана горячего чая пойдет со мною прогуляться по Неве и посетить стойбище самоедов, которые только что пришли и встали на середину реки как на самое холодное и единственное удобное для них в Санкт-Петербурге место. Эти жители полярных краев походят на белых медведей. Температура от 12 до 15 градусов мороза кажется им слишком высокой, они при ней задыхаются от жары. Их миграции

Мери Жозеф (1797 — 1866) — французский поэт и писатель, автор героической поэмы «Наполеон в Египте», сборника «Поэтические мелодии», многих романов и нескольких драматургических произведений, собранных в сборнике «Салонный театр» (1861). Был в близкой дружбе с Т. Готье. Оба любили далекие страны и разговоры о путешествиях.

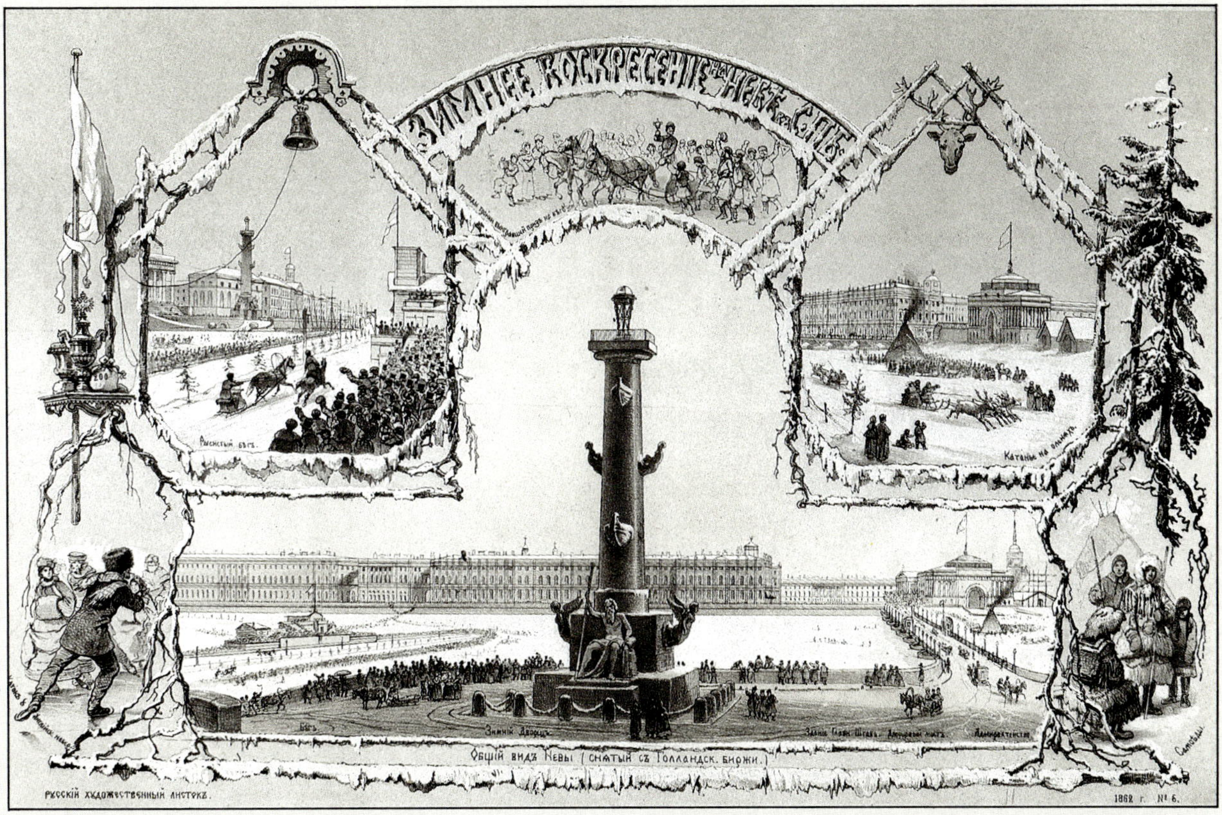

83 Зима

Тимм В. Ф. Русский художественный листок. Зимнее воскресенье на Неве в Петербурге. 1862. Литография. ГЦММКГ

нерегулярны и послушны неизвестным нам причинам или капризам. Уже много лет, как они здесь не появлялись, и мне повезло, что они пришли во время моего пребывания в граде царей.

Спускаемся к Неве лестницей у Адмиралтейства по утоптанному и скользкому снегу, не забыв при этом бросить взгляд на Петра Великого, которого снег наградил

 Готье говорит о приходивших в Петербург кочевых племенах с Кольского полуострова. Это были племена саамов, или лопарей, лапландцев, которых называли самоедами. Это также старое название народов, говорящих на самодийских языках: ненцев, энцев, нганасан, селькупов, которые в настоящее время называются самодийцами. Живут на севере Архангельской, Тюменской, Томской областей и в Красноярском крае.

белым париком и чья бронзовая лошадь должна бы подковаться льдом, чтобы удержаться в равновесии на скале из финского гранита, который служит цоколем статуе. Зеваки, толпясь у хижины самоедов, образуют черный круг на белом фоне покрытой снегом Невы. Я протиснулся между мужиком и военным в серой шинели и через плечо женщины стал смотреть на кожаный тент, натянутый при помощи колышков, забитых в лед, и похожий на большой кулек из бумаги, поставленный острием вверх. Низкое отверстие, через которое можно войти только на четвереньках, позволяет смутно различить в темноте какие-то меховые тюки. Это, вероятнее всего, сами самоеды, мужчины или женщины, не знаю, кто да кто... Снаружи на веревках вывешено несколько шкур, на льду стоит много лыж, а у саней самоед как будто услужливо предоставляет себя этнографическим исследованиям толпы. Он одет в мешок из шкур мехом внутрь, к которому пришит капюшон, плотно облегающий лицо, как трикотажные шапочки под названием «пропуск в горы» или как шлем без забрала. Большие варежки, надетые на рукава, чтобы не оставить ни щелочки холодному воздуху, толстые, стянутые ремнями белые валенки дополняют этот, безусловно, малоэлегантный, но герметически закрытый для проникновения холода, впрочем не лишенный своего особого колорита, костюм цвета выделанной самым примитивным способом кожи. Лицо в облегающем капюшоне — обветренное, покрасневшее на морозе, широкоскулое, нос приплюснут, губы толстые, глаза серо-стальные со светлыми бровями. Умное и мягкое, оно имеет грустное покорное выражение и небезобразно.

    Коммерция самоедов состояла в том, чтобы получать несколько копеек за езду по Неве в санях, запряженных оленями. Эти легкие сани снабжены лишь одним сиденьем, на котором лежит обрывок меха. Туда и садится желающий покататься. Встав сбоку на деревянные полозья, самоед погоняет, трогая оленя хлыстом, и тот замедляет ход или меняет направление бега. Каждая упряжка состоит из трех оленей вместе или четырех, запряженных попарно. Кажется необычайно странным видеть, как эти низкорослые и хрупкие на вид животные на тонких ногах и в тяжелой шкуре послушно бегут и несут свою ношу. Олени мчатся с большой скоростью, движения их быстры и чрезвычайно проворны. Но они приземисты, и я думаю, что орловский рысак без труда их обгонит, в особенности в продолжительном беге. В остальном так приятно смотреть, как изящно эти легкие упряжки выписывают большие круги по Неве, бегут по кругу и возвращаются на то же место, откуда тронулись, прочертив едва заметный след по льду реки. Знатоки говорят, что оленям слишком жарко (температура — 8—10 градусов ниже нуля). И действительно, одно из бедных животных начало задыхаться, его разнуздали и, чтобы привести в чувство, набросали на него снегу.

    Эти сани и олени в некоем полете взбалмошной ностальгической мечты перенесли мое воображение к их ледяной родине. Жизнь моя протекала в поисках солнца, а я вдруг почувствовал себя во власти странной любви к холоду. Очарование Севером, его колдовство оказали на меня свое магическое действие, и, если бы важная работа не удерживала меня в Санкт-Петербурге, я ушел бы кочевать вместе с самоедами. Каково же должно быть удовольствие лететь ветром на всей скорости в оленьей упряжке, приближаясь к полюсу, увенчанному северным сиянием, сначала через засыпанные снегом

Мезенские самоеды. Рисунок Виаля по оригиналам и к костюмам Русского Географического общества. Литография Винкельмана в Берлине. ГЦММКГ

еловые леса, березовые рощи, потом через огромный простор нетронутой белизны, по сияющему снегу, этому удивительному грунту, который своим серебряным цветом наводит вас на мысль о путешествии по Луне, в свежем холодном воздухе, прерывающем дыхание, ледяном, как сталь, который не допускает гниения даже в смерти. Я хотел бы прожить несколько дней под этим тентом, отлакированным льдом, полузасыпанным снегом, у которого топчутся олени, отыскивая под снегом низкорослый и редкий мох. К счастью, в одно прекрасное утро самоеды снялись и ушли, и, однажды отправившись на Неву, чтобы их увидеть, я обнаружил только сероватый круг на льду на месте их юрты. С ними исчезло и мое наваждение.

Раз уж я на Неве, расскажу об удивительном виде, который ей придают куски льда, вырезанные в толстом слое ее ледяного покрова и разбросанные там и сям, как лежат камни в каменоломне до тех пор, пока не придут и их не подберут. Эта картина походит на карьер по добыче горного хрусталя или алмазов. Прозрачные куски, преломляя свет, отсвечивают всеми цветами солнечного спектра. В местах, где они набросаны, можно подумать, что это развалины ледяного дворца, в особенности вечером, когда солнце садится на краю зелено-золотого неба в алых лентах на горизонте. Такие эффекты поражают глаз, но живописцы не осмеливаются браться за них из опасения, что их обвинят во лжи, а их произведения — в неправдоподобии. Представьте себе длинную снежную, образованную рекой и оканчивающуюся линией моста долину в розовых световых бликах и синих тенях, усеянную громадными бриллиантами, отбрасывающими огни, как сноп искр. На первом плане для контрастности рисунка несколько вмерзших в лед пароходов, фигуры прохожих или сани, пересекающие реку с одной набережной на другую.

Когда спускается ночь, обернитесь в сторону крепости: вы увидите, как за рекой зажигаются два ряда звезд — это газовые фонари, установленные на льду возле убранного на зиму Троицкого моста. Ведь для Санкт-Петербурга Нева, как только на ней образуется лед, становится вторым Невским проспектом. Она — главная артерия города. Мы — люди умеренных краев, у нас в самые суровые периоды года реки все-таки текут. Нам трудно удержаться от того, чтобы не почувствовать некоторого опасения, когда в карете или в санях пересекаешь огромную реку, а глубокие воды тихо катят под ее хрустальным полом, который может разбиться и захлопнуться над вами, как английский трап*. Но скоро спокойный и безмятежный вид местных жителей придаст вам смелости. И то правда, нужны были бы огромные тяжести, чтобы поддался этот слой льда в два-три фута толщиной. Снег одевает его, и река ничем не отличается от твердой земли, разве что стоящие то там, то здесь на зимовке пароходы, которых застали неожиданные холода, напоминают вам о текущей подо льдом воде.

Нева — это сила Санкт-Петербурга. Ей воздают почести и с большой помпой освящают ее воды. Эта церемония, которую называют крещением Невы, происходит 6 января по русскому стилю. Я присутствовал на ней, глядя из окна Зимнего дворца, доступ к которому мне был дозволен благодаря одной милостивой протекции. Несмотря на то что в тот день была очень мягкая погода, а в этот период обычно наступают великие холода, мне все-таки было трудно, недостаточно еще акклиматизировавшись, простоять час-два на улице с непокрытой головой, да еще на ледяной набережной, где

---

* Английский трап — театральный термин, который обозначал люк в полу сцены, при помощи которого артист мог мгновенно исчезнуть и над ним захлопывались отодвигавшиеся при его проходе створки.

Шарлемань А. И. Вид Зимнего дворца во время крещения на Неве 6 января. Середина XIX в. Литография Жана Жакотте и Обрена, фигуры Дюрюи. Изд. Дациаро. ГЛМ

Газета «Северная пчела» 7 января 1859 года:
«6-го числа, в праздник Богоявления, совершено освящение воды на Неве с обыкновенною церемониею. Было пасмурно и тепло. Термометр показывал градус мороза».

всегда дует резкий ветер. Обширные залы дворца были наполнены собравшейся элитой: высокие придворные чины, министры, дипломатический корпус, генералы, все в золотых позументах, увешанные орденами, прохаживались туда и обратно между рядами солдат в парадных мундирах в ожидании начала церемонии.

Сначала проходит церковная служба в часовне дворца. Встав подальше от колонны, я с уважением и интересом наблюдал ритуал этого неизвестного мне богослужения, отмеченного печатью таинственного восточного величия. Время от времени, в положенные моменты священник, почтенный старец с длинной бородой и длинными волосами, как волхв, с митрой на голове, облаченный в твердый от вышивки серебром и золотом стихарь, поддерживаемый двумя церковными служками, выходил из алтаря, врата которого открывались, и старческим голосом, но еще очень отчетливо и ясно произносил священные слова. В то время как он читал свои молитвы, в алтаре сквозь сияние золота и свечей видны были император и члены его семьи. Затем золотые врата вновь закрывались, а служба продолжалась перед сияющим иконостасом.

Певчие в парадных одеждах из бархата с золотыми галунами сопровождали службу и с чудесной точностью русских хоров подхватывали гимны, в которых можно было бы отыскать многие мелодии утерянных старинных греческих музыкальных тем.

После службы царский кортеж отправился через залы дворца к месту крещения или, скорее, освящения Невы. Император, великие князья в военных мундирах, служители церкви в облачениях из золотой и серебряной парчи, в красивых священнических одеждах византийского покроя, пестрая толпа генералов, офицеров высших чинов, проходя в залах сквозь плотную массу выстроенных в линию войск, являли собою великолепное и впечатляющее зрелище.

На Неве, напротив Зимнего дворца, у самой набережной, с которой его соединяла покрытая ковром лестница, был воздвигнут павильон или, скорее, часовня с легкими колоннами, поддерживающими решетчатый купол, покрашенный в зеленый цвет. Под куполом, окруженный лучами, парил Святой Дух.

Посередине площадки под куполом был устроен обрамленный перилами колодец-прорубь. На Неве в этом месте прорубили лед. Линия расставленных далеко друг от друга солдат ограждала на реке свободное пространство вокруг часовни. Положив около себя каски, солдаты стояли с непокрытыми головами, ноги их были в снегу; они держались совершенно неподвижно, так что их можно было принять за придорожные столбы.

Под самыми окнами дворца, сдерживаемые всадниками, били копытами землю лошади черкесов, лезгин и казаков, входивших в эскорт императора: очень странно видеть среди самой высокой цивилизации — не на ипподроме и не на подмостках сцены — прямо-таки средневековых воинов в кольчугах, вооруженных стрелами и луками или одетых по-восточному. Вместо седла они сидели на персидских коврах, вместо сабли бряцали дамасскими изогнутыми клинками, исписанными стихами из Корана. Подобные персонажи могли бы входить в кавалькаду какого-нибудь эмира или калифа.

Какие воинственные и гордые лица, какая дикарская чистота типов, какие тонкие, изящные и нервные тела, какое изящество движений! А костюмы особого покроя, приятных тонов, так хорошо пригнанные и подчеркивающие всю красоту человека! Цивилизованные люди полностью утратили чувство костюма.

Кортеж выехал из дворца, и из моего окна сквозь двойные рамы я увидел, как император, великие князья, священники вошли в часовню, которая вскоре наполнилась людьми до отказа, так что с трудом можно было проследить за жестами священников, отправлявших службу над прорубью. Выставленные на другом берегу, на Биржевой набережной*, пушки палили поочередно в кульминационные моменты службы. Большой шар голубоватого дыма, пронизанный молниями, рассеивался между снежным ковром реки и серо-голубым небом, затем слышен был взрыв, от которого дрожали стекла. Выстрелы раздавались один за другим совершенно регулярно. Как все, что представляет собою силу, пушки обладают элементами одновременно чего-то ужасного, торжественного и веселого. Их гремящий в сражениях глас прекрасно сочетается с праздниками. Пушки привносят в праздник ту частицу радости, которая была неизвестна древним, не имевшим ни колоколов, ни артиллерии... Грохот! Только он может говорить при большом стечении народа и быть слышим среди необъятных просторов.

Церемония окончилась, войска прошли парадным маршем, зеваки мирно разошлись, без заторов, без свалки, по обычаям самой спокойной в мире русской толпы.

---

* На стрелке Васильевского острова.

Глава пятая

Бега на Неве

— Так что же! Не возвратимся ли мы наконец домой? Право, не совестно ли держать меня так долго на улице, да при такой погоде! Вы, видно, поклялись, что я отморожу себе нос и уши?

— Мы обещали вам русскую зиму, вот мы вам ее и показываем. Да сейчас не больше семи-восьми градусов мороза, мягкая, почти весенняя погода, и самоеды, стоявшие стойбищем на льду реки, ушли. Им было слишком жарко. Не волнуйтесь и смело следуйте за нами. Тройка подана. Лошади нетерпеливо бьют землю копытами.

Сегодня бега на Неве. Не упустим случая узнать, что такое северный спорт с его изыском, особым изяществом и странностями. Здесь разжигаются не менее бурные страсти, чем на английских или французских спортивных состязаниях.

Невский проспект и улицы, выходящие на большую площадь с Александровской колонной посередине, этим гигантским монолитом из розового гранита, превосходящим колоссальные египетские монументы, во время бегов представляют собою чрезвычайно оживленное место, примерно как у нас на Елисейских полях, когда стипль-чез* призывает на бега все фешенебельные кареты Парижа.

Потряхивая санями, проезжают тройки, лошади несутся веером, и каждая в своем беге. Скользят на стальных полозьях сани, запряженные великолепными рысаками, которыми с трудом правят кучера в бараньих четырехгранных шапочках и в синих или зеленых кафтанах. Другие сани (на четыре места) и запряженные парой берлины — коляски, снятые с колес и водруженные на железные полозья с загнутыми концами, — направляются все в одну сторону, образуя как бы стадо более или менее спешащих карет. Иногда встречаются сани, сделанные по старинной русской моде, с кожаным фартуком от снега, натянутым как парус, а везущая их лошадка с растрепанной гривой, идя галопом рядом с рысаком, подвижная и быстрая, пробирается в запутанном лабиринте улицы, осыпая соседей белыми комьями.

В Париже подобные состязания производят большой фурор, создают много шума. Но в Санкт-Петербурге картина, если так можно выразиться, имеет только

---

* Стипль-чез — скачки с препятствиями.

вид шумной. Снег, словно лежащее на мостовых ватное одеяло, приглушает звуки. На этих дорогах, которые зима вымостила пуховиками, стальные полозья саней шумят не больше, чем алмаз, когда им водят по стеклу. Мужики не щелкают короткими кнутами. Закутанные в меха господа не разговаривают, так как, заведи они разговор, их слова, пожалуй, замерзли бы на лету, как те непристойности, которые Панург однажды встретил, оказавшись на Северном полюсе. В немом снежном вихре лошади и кареты движутся в молчаливой подвижности. Картина, как это ни парадоксально, несколько напоминает Венецию, хотя уж на нее-то что же может походить меньше, чем этот заснеженный город.

Редко встретишь пешехода, ибо никто в России не ходит, за исключением мужиков, которым их валенки позволяют двигаться по скользким тротуарам, очищенным от снега, но частенько поблескивающим опасным гололедом, особенно опасным для вас, ведь вы одеты в неизменные галоши.

Между Адмиралтейством и Зимним дворцом устроен на реке деревянный настил, спускающийся с набережной к Неве. В этом месте сани и кареты катят все в одну сторону, и кучера вынуждены замедлять ход и даже останавливаться в ожидании своей очереди на спуск.

Воспользуемся этим временем и рассмотрим соседей, которых нам послал случай. Мужчины в шубах и военных фуражках или в шапках из спинки бобра. Шляпы редки. Кроме того что они совсем не по сезону, их поля мешают поднять воротник шубы, и, таким образом, ваш затылок попадает под ледяное дыхание ветра. Женщины надевают меньше зимней одежды. Мне кажется, что они гораздо менее зябки, чем мужчины. Шуба из черного атласа на куньем меху или на сибирском голубом песце, муфта из того же меха — вот и все, что они надевают сверху на свой туалет для визитов в город, во всем похожий на самый элегантный парижский костюм. Их белые шеи, которые морозу не удается окрасить в красный цвет, открыты, видны и не укутаны палантинами. На голове лишь кокетливая французская шляпка, не закрывающая волос и лишь едва прикрывающая затылок. Я с ужасом смотрел на этих неугомонных прелестниц, рисковавших получить насморк, невралгию или ревматизм — и все ради того, чтобы одеться по моде или покрасоваться в роскошных шапочках в стране, где иногда, при определенной погоде, ответить на приветствие бывает уже губительно. Подогреваемые огнем кокетства, женщины, видимо, нисколько не страдают от холода.

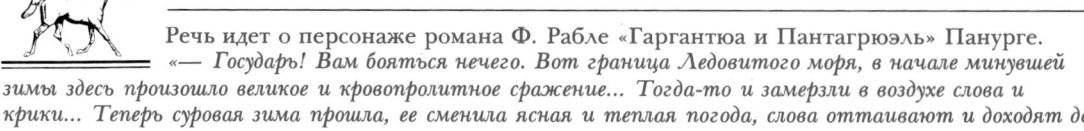

Речь идет о персонаже романа Ф. Рабле «Гаргантюа и Пантагрюэль» Панурге. «— *Государь! Вам бояться нечего. Вот граница Ледовитого моря, в начале минувшей зимы здесь произошло великое и кровопролитное сражение... Тогда-то и замерзли в воздухе слова и крики... Теперь суровая зима прошла, ее сменила ясная и теплая погода, слова оттаивают и доходят до слуха...»*

Рабле Франсуа. Гаргантюа и Пантагрюэль. М., 1973. С. 568—569.

Вид Арсенала и Литейного двора в Петербурге. Начало XIX в. Раскрашенная гравюра Дамам-Демартре. ГРМ

На огромном протяжении своих владений Россия вмещает много человеческих рас, и здесь встречаются очень разные типы женской красоты. Между тем можно отметить среди характерных черт крайнюю белизну кожи, серо-голубой цвет глаз, светлые или каштановые волосы, некоторую полноту, происходящую от недостатка упражнений и сидения дома в период семи-восьмимесячной зимы. При взгляде на русских красавиц можно подумать, что это одалиски, которых злой дух Севера держит взаперти в теплицах. Цвет их лица — это кольдкрем или снег с оттенками камелий, какой бывает у вечно ходящих в чадре женщин Востока, кожи которых никогда не касается солнце. Их тонкие черты полурасплываются в белизне кожи, как черты лика луны, и эти слабовыраженные линии образуют лица, светящиеся северной нежностью и полярным изяществом.

А вот в остановившихся возле нашей тройки санях наперекор моему описанию засияла совсем южная красота с бархатно-черными бровями, орлиным носом, удлиненным овалом лица, темной кожей, с гранатово-красными губами — это тип кавказской женщины, может быть, черкешенка, вчерашняя магометанка. То там, то здесь заметны узкие, вздернутые внешними уголками к вискам глаза, напоминающие о том, что одной своей стороной Россия граничит с Китаем. Славные финки с бирюзовыми глазами, бледно-золотыми волосами, бело-розовым цветом лица являют собою еще один северный тип красоты, контрастирующий с южным — прекрасными гречанками из Одессы, которых сразу узнаешь по прямым носам и по большим черным глазам, похожим на глаза византийских богородиц. Все это образует очаровательный ансамбль, и, словно зимние цветы, головки выглядывают из вороха мехов, сверху еще покрытых шкурами белых или бурых медведей.

К Неве едут по широкому настилу в виде спуска, довольно похожему на те, которые у нас когда-то в старом цирке «Олимп» соединяли зрительный зал и арену. Дощатый настил идет по набережной между бронзовыми львами, которые в летнее время определяют границы причала, когда свободная ото льда река бывает усеяна множеством лодок.

Небо в этот день не было ярко-лазурного цвета, какой можно наблюдать здесь при морозе в 18—20 градусов. Снеговая туча очень нежного и тонкого серо-жемчужного цвета огромным полотном потолка нависла над городом. Казалось, она опиралась на колокольни и шпили, как на золотые столбы. В этом спокойном и нейтральном освещении были видны все красоты зданий, окрашенных в светлые тона и покрытых морозной серебряной сеткой. Напротив, на другой стороне реки, имевшей вид полузасыпанной снежными обвалами долины, высились ростральные колонны из розового гранита на фоне колоссального здания биржи. На краю острова, где Нева раздваивается, шпиль Петропавловской крепости смело устремлялся вверх своим золотым острием, ярко сияющим на сером фоне неба.

Поперек реки простиралось беговое поле со сколоченными из досок трибунами, дорожкой, обозначенной веревками, привязанными ко вбитым в лед колышкам, и частоколом из сосновых веток. Приток народа был колоссальным. Трибуны заняли привилегированные лица, если, впрочем, можно назвать привилегией то, что вы продолжительное время остаетесь на морозе, сидя неподвижно на открытой трибуне. Вокруг бегового поля теснятся два-три ряда саней, троек, колясок и даже простых телег и прочих более или менее примитивных повозок, так как, мне кажется, нет никакого ограничения или препятствия для участия в этом народном развлечении. Ложе реки принадлежит всем. Чтобы лучше видеть, мужчины и женщины садятся повыше, на место кучера, на откидные сиденья. У барьеров стоят мужики в бараньих тулупах и валенках, солдаты в серых шинелях и другие лица, которые не смогли найти лучших мест. Вся эта толпа на ледяном поле Невы походила на черный муравейник, и меня до крайности беспокоила мысль, которая решительно никому не приходила в голову, что глубокая река шириной с Темзу у Лондонского моста протекала все-таки под этой ледяной коркой не более двух-трех футов толщиной, а на ней на одном и том же месте толпились тысячи зрителей и значительное число лошадей, не считая всевозможных экипажей. Но русская зима не подведет! Она не станет ненароком играть с толпой людей в ужасную игру, не откроет под людьми английского трапа и не поглотит все и вся.

Шарлемань А. И. Бег троек на Неве в Петербурге. 1859. Литография А. Петерсена, рисунок на камне А. Авлатамова и Врезе. МК

Воскресный петербургский журнал «Арлекин» (1859, № 7):
«18 января происходил первый рысистый бег на Неве. Это был бег как бег... но 1 февраля было ознаменовано тем, что на бег пущены были тройки, из которых замечательнее других были тройки: г-на Баскакова и прелестная гнедая тройка кн. Салтыкова... Интерес значительно возрос от появления на бегу простой вятской, чисто крестьянской тройки, которою управлял мужичок в сером армяке, в лаптях, в простых пошевнях. Его три бурые кобылки, из которых коренная — мать двух пристяжных, в веревочной сбруе, сначала возбудили смех, но потом обогнали очень бойко тройку г-на Баскакова. Тогда серый мужичок предложил гонку с тройкой князя Салтыкова, с которой постоянно ровнялся, но за полторы версты до цели пустил свою тройку так стремительно, что зрители поражены были быстротою бега, почти беспримерною и у лошадей высшего достоинства. В первый раз мужичок выиграл второй приз государственного коннозавода, а во второй раз получил, как слышно, первый главный приз, потому что лошади его проявили необычайную силу, легкость, быстроту, стремительность и безусталость. Охотники тут же на бегу давали мужичку за каждую его лошадь по тысяче рублей серебром, но он, как говорят, находит, что этого мало и что его лошади заслуживают несравненно большего».

За беговым полем кучера тренировали рысаков, которые еще не участвовали в бегах, или прогуливали, укрыв их персидским ковром и постепенно успокаивая уже участвовавших в состязании благородных животных.

Беговая дорожка образует вытянутый эллипс. Сани не все вместе начинают бег: они расставлены на равном расстоянии друг от друга. Во время бега эти расстояния сокращаются в зависимости от скорости рысаков. В ожидании сигнала к началу бега двое саней стоят перед трибунами, двое других — по концам эллипса. Иногда рядом с рысаком идет галопом верховой, чтобы заразить рысака духом соревнования и заставить показать все свои возможности. Запряженная в сани лошадь должна идти только рысью, и бывает, что ее бег оказывается настолько быстрым, что идущей галопом верховой лошади становится трудно угнаться за санной упряжкой. Увлеченный бегом, запущенный в состязание рысак оставляет верховую лошадь позади себя. Многие кучера, в глубине души уверенные в возможностях своих животных, пренебрегают этим средством вообще и пускают свою лошадь, отказавшись от какой бы то ни было поддержки. Но всякий рысак, который, нервничая, более шести раз собьется на галоп, выходит из состязания.

До чего же приятно смотреть, как по ровному, очищенному от снега льду, похожему на пласт темного стекла, проносятся великолепные животные, за которых часто плачены сумасшедшие деньги! Длинными струями пар вырывается из пунцовых ноздрей, туман окутывает бока, а хвосты будто осыпаны алмазной пудрой. Их подковы как бы кусают гладкую и скользкую поверхность, поглощая пространство с такой гордой уверенностью, как будто они бегут не по льду, а по прекрасно утрамбованной аллее. Подавшись всем телом вперед, кучера крепко держат в руках поводья: ведь такой силы лошадь, таща за собой незначительный вес и не имея права перейти на галоп, нуждается в том, чтобы ее скорее сдерживали, нежели понукали. Впрочем, в своем напряжении они находят точку равновесия, которая позволяет им в беге рысью развить всю возможную скорость. Какой восхитительный ход у рысистых лошадей, они как будто покусывают себе колени!

Как мне кажется, состязающимся не предписано никакого особого условия в отношении возраста или веса лошади. С них спрашивают только скорость, и время высчитывается по хронометру. По крайней мере так мне показалось. Нередко тройки состязаются с санями, запряженными одной или двумя лошадьми. Каждый выбирает повозку или упряжку, которая ему кажется наиболее подходящей. Иногда даже прибывшему в своих санях зрителю приходит в голову фантазия попытать счастья, и он входит в состязание.

Во время бегов, о которых я веду рассказ, произошел довольно живописный инцидент. Мужик, прибывший, как мне сказали, из Владимира с поклажей дров или мороженого мяса, смотрел на бега среди толпы зрителей с высоты своей деревенской тройки. На нем был засаленный тулуп, старая, облезлая меховая шапка и белые разношенные валенки. Всклокоченная темная борода вилась под подбородком. Его упряжка состояла из трех косматых лошадок, мохнатых, как медведи, страшно грязных,

Неизвестный художник. Середина XIX в. Зимние бега на Неве в Петербурге. Холст, масло. МК

в льдинках под животом, низко несущих голову. Они покусывали снег с сугроба. Высокая, как свод, раскрашенная линиями и зигзагами в яркие цвета дуга была самой тщательно отделанной частью его упряжки, безусловно изготовленная самим же мужиком при помощи топора.

Эта примитивная дикарская повозка поразительно не вязалась с роскошными санями, победоносными тройками и элегантными экипажами, лошади которых нетерпеливо били копытом, стоя вокруг бегового поля. То и дело иронические взгляды обращались в сторону жалкой повозки. По правде сказать, на фоне всего этого богатства она производила впечатление грязного пятна на горностаевом манто.

Между тем косматые обледенелые лошадки сквозь лохмы своих грив бросали снизу вверх взгляды на благородных животных, которые как бы с презрением отодвигались от них подальше. Огненная точка пламенела в темных зрачках деревенских лошадок, они били по льду мелкими копытцами на тонких и нервных ногах, заросших космами, походившими на перья на ногах орла.

Мужик, стоя на своем сиденье, наблюдал за бегами, нисколько не удивляясь быстроте рысаков. Под его обледенелыми усами то и дело даже бродила улыбка, его серый глаз хитро светился, и у него был вид человека, говорящего: «Это нам нипочем».

Вдруг он решился, въехал за перегородку и попытал счастья. Три его плохо вылизанных медвежонка с чувством гордости встряхнули головами, как если бы они понимали, что в данный момент защищали честь бедной деревенской лошадки. Не дожидаясь понукания, они пошли таким ходом, что другие участники бегов начали волноваться. Маленькие ножки лошаденок неслись ветром, они опередили всех чистокровных лошадей английской и орловской рысистой породы на одну минуту и несколько секунд. Мужик не очень-то многого ожидал от своей деревенской упряжки.

Ему был выдан приз — великолепная серебряная вещица чеканной работы модного в Санкт-Петербурге ювелира Вайана. Этот триумф вызвал шумный восторг у обычно молчаливой и спокойной публики.

У выхода из-за барьера победителя окружили и предложили ему продать лошадей. Ему предлагали до трех тысяч рублей, что составляло огромную сумму, не сравнимую ни с лошадьми, ни с возможностями бедного мужика. К чести мужика, надо сказать, он всем упрямо отказывал. Завернув свою серебряную вещицу в кусок старой тряпки, он сел на тройку и возвратился во Владимир, как и приехал, не захотев ни за какие деньги расстаться со своими милыми лошадками, которые, хоть и на миг, на одно мгновение, прославили его на весь Санкт-Петербург.

Бега кончились, кареты разъехались с реки в разные кварталы города. Выезд по дощатому настилу с Невы на набережную доставил бы художнику-лошаднику, например Сверчкову, сюжет для интересной и характерной композиции. Чтобы въехать по крутому настилу, благородные животные гнули шею, царапали копытами скользкие доски и напрягали до отказа свои нервные скакательные суставы. Сцена была полна живописных эффектов и, если бы не ловкость русских кучеров, могла стать опасной не на шутку. По четыре, по пять в ряд сани поднимались неровными волнами, и я несколько раз чувствовал затылком дыхание нетерпеливого рысака, который с удовольствием перескочил бы через наши головы, если бы его не удерживали силой. Нередко, падая с серебряных удил, струя пены попадала на шляпу испуганно вскрикивавшей женщины. Скопище карет походило на армию колесниц, берущую приступом гранитную набережную Невы, довольно похожую на бруствер крепости. Несмотря на сумятицу, несчастных случаев не было. При отсутствии колес сцепиться друг с другом труднее. И экипажи разъехались во всех направлениях с быстротой, которая напугала бы осторожных парижан.

После двух-трех часов, проведенных на свежем воздухе, на ветру, прилетевшем со снежных равнин Северного полюса, великое удовольствие — вернуться домой, снять шубу, освободить ноги от галош, обтереть усы, на которых тают льдинки, и зажечь сигару. Теплая атмосфера домашнего печного отопления ласково окутывает ваше замерзшее тело и возвращает подвижность вашим членам. Стакан горячего чая — в России не пьют чай из чашек — окончательно погружает вас в уют. Ваше нарушенное из-за продолжительного неподвижного сидения кровообращение налаживается, и вы наслаждаетесь сладостным домашним уютом, которого не знают жители Юга, где жизнь протекает вне дома. Но уже день клонится к ночи: в Санкт-Петербурге ночь приходит быстро, и с трех часов пополудни нужно уже зажигать лампы. Дымят трубы над крышами домов, распространяющих кулинарные запахи, повсюду в домах пылают кухонные плиты, так как в граде царей обедают раньше, чем в Париже. Шесть часов — это самый поздний срок, да еще у людей, которые попутешествовали и восприняли английские и французские привычки. Я как раз был приглашен на обед в город. Нужно было одеваться, натягивать на фрак шубу и опять изящные тонкие сапожки засовывать в тяжелые меховые галоши.

С приходом темноты температура понижается, настоящий арктический ветер метет снег, как дым, по тротуарам. Под полозьями саней скрипит снег. В глубине очищенного от туманов небосвода горят большие и бледные звезды, и сквозь тьму на золотом куполе Исаакиевского собора, словно неугасимая лампада, сияет лучистый отсвет.

Я до самых глаз поднял воротник шубы, получше закрыл колени медвежьей шкурой в санях и, не слишком страдая от разницы температур в 30 градусов между натопленной квартирой и морозом на улице, благодаря сакраментальным «налево» и «направо» вскоре добрался до перистиля дома, где меня ожидали в гости. Уже в самом начале лестницы тепличная атмосфера согревает вас и топит иней на вашей бороде. В прихожей слуга, старый, окончивший службу солдат, все еще носящий военную шинель, освобождает вас от мехов, которые он вешает среди прочих: ведь все гости уже пришли, ибо у русских есть правило — не опаздывать. В России Людовику XIV не понадобилось бы говорить: «Мне чуть было не пришлось ждать!»*

---

* Эмиль Жене объясняет в своем Словаре французских цитат (Dictionnaire des citations françaises. Paris, 1968), что король Людовик XIV произнес эту фразу однажды, когда его карета прибыла точно в назначенный час.

Глава шестая   В домах

Прихожая в России имеет совершенно особый вид. Висящие в огороженном перилами месте шубы с их обвислыми рукавами и прямыми складками на спинах смутно напоминают человеческие тела, галоши под ними походят на ноги, и в свете лампочек под потолком эти меховые изделия выглядят достаточно фантастично. Аким д'Арним глазами, полными мечты, отыскал бы здесь одежду господина Медвежья Шкура, Гофман населил бы эти таинственные складки призраками придворных архивариусов и советников. Я, как истинный француз, не иду дальше сказок Перро и вижу здесь семь жен Синей Бороды в его страшной комнате. Развешанные у печки шубы набираются тепла и сохраняют его потом на улице в течение двух-трех часов. Слуги обладают чудесной способностью помнить, кому принадлежит какая шуба. Даже когда многочисленность гостей превращает прихожую в магазин Мишеля или Циммермана *, они никогда не ошибаются и накидывают на плечи каждого его собственную шубу.

В комфортабельной русской квартире пользуются всеми достижениями английской и французской цивилизации. На первый взгляд можно подумать, что вы в самом деле находитесь в Вест-Энде ** или в предместье Сент-Оноре ***. Но очень скоро местный уклад жизни выдает себя множеством любопытных деталей. Прежде всего иконы в позолоченных серебряных окладах с прорезями на месте лиц и рук, отражая свет постоянно горящих перед ними лампад, предупреждают вас о том, что вы не в Париже и не в Лондоне, а в православной России, на святой Руси.

Арним Людвиг Иоахим (1781—1831) — немецкий писатель. Автор фантастических сказок. В одной из них есть история о человеке по прозванию Медвежья Шкура.

Гофман Эрнст Теодор Амадей (1776—1822) — немецкий писатель, композитор, музыкальный критик, дирижер и художник-декоратор.

Перро Шарль (1628—1703) — французский писатель и критик. Перро ввел сказку в систему литературных жанров. Его «Сказки» способствовали демократизации литературы и оказали влияние на развитие мировой традиции искусства сказок.

* Магазины конфекционных товаров, т. е. готового платья, обуви в Париже; магазин Циммермана был и в Петербурге на Владимирском проспекте.

** Предместье Лондона.

*** Предместье Парижа.

У здешнего климата есть свои требования, и их не обойдешь. Повсюду двойные рамы, а пространство, оставленное между стеклами, покрыто внизу слоем тонкого песка, который впитывает влагу и мешает льду покрывать стекла своей серебряной амальгамой. Там поставлены еще рожки с солью, а иногда песок, словно пеной, покрыт слоем ваты. По причине двойных рам окна в России не имеют ни ставней, ни жалюзи: невозможно было бы ни открыть, ни закрыть их, так как рамы закрываются на всю зиму и тщательно заделываются. Для проветривания служат маленькие форточки, и это неприятная и даже опасная операция из-за слишком большой разницы между температурой в доме и на улице. Тяжелые занавески из богатых тканей преграждают движение холодного воздуха от стекол, гораздо более теплопроводных, нежели мы привыкли думать.

Комнаты больше и шире, чем в Париже. Наши архитекторы, столь искусные в деле создания сот для человеческого улья, выкроили бы целую квартиру, а часто и в два этажа, из одной санкт-петербургской гостиной. Так как все комнаты герметически закрыты и дверь выходит на отапливаемую лестницу, в них неизменно царит температура минимум 15—16 градусов тепла, что позволяет женщинам одеваться в муслин и оголять руки и плечи. Медные глотки голландских печей постоянно, и ночью и днем, пышут жаром. Их широкие, монументальные поверхности покрыты красивыми белыми или цветными изразцами, они поднимаются до потолка и рассеивают тепло повсюду, куда печные зевы не выходят. Камины редки, и если они есть, то зажигают их только весной и осенью. Зимой камины охладили бы квартиру. На зиму их закрывают и ставят в них цветы. Цветы — вот поистине русская роскошь! Дома полны ими. Цветы встречают вас у двери и поднимаются с вами по лестнице. Исландский плющ вьется по перилам, жардиньерки стоят на лестничных площадках напротив банкеток. В амбразуре окон виднеются банановые пальмы с широкими шелковистыми листьями, магнолии и древовидные камелии своими цветами касаются позолоченных завитков карнизов, орхидеи бабочками летают вокруг лепных плафонов, у хрустальных, фарфоровых или из обожженной глины люстр изящной и очень любопытной отделки. Из японских или богемского стекла вазонов посреди столов или по углам буфетов растут экзотические цветы. Они живут здесь как в теплице, да и действительно все эти русские квартиры — это теплицы. На улице вы чувствуете себя как на Северном полюсе, а в домах вы как будто в тропиках.

Наверное, при помощи такого изобилия зелени глаз стремится отдохнуть, утешить себя от неизменной зимней белизны. Желание увидеть что-нибудь не белого цвета должно быть вроде некоей болезненной ностальгии в этой стране, где снег покрывает землю более чем на половину года. Нет даже удовольствия видеть зеленые крыши, так как и они только весной меняют свои белые рубахи. Если бы не старались здесь квартиры превратить в сады, зимой можно было бы подумать, что зеленый цвет навсегда исчез из природы.

Что касается мебели, она похожа на нашу, но большего размера, более обильна в соответствии с более просторными комнатами. Типично русской мебелью является ширма, или перегородка, из дорогого дерева с тончайшей сквозной резьбой, как на веерах. Она занимает угол гостиной, и по ней вьются растения. Получается нечто вроде

Гох И. А. Салон в доме барона Штиглица на Каменном острове в Петербурге. 1850-е гг. Акварель. МИРГЛ

исповедальни, места, удобного для интимного, отдельного разговора. За ширмой расставлены диваны, там хозяйка дома, уединясь от толпы гостей и оставаясь все же с ними, может побеседовать с двумя-тремя особо дорогими из них. Иногда такие кабинеты за ширмой увешаны цветными зеркалами, украшенными гравюрами, вделанными в панно из позолоченной меди. Часто за пуфами, тет-а-тетами*, глубокими креслами вы видите чучело гигантского белого медведя, из которого сделана целая софа, предлагающая

---

* Изящный гостиный диван на двоих.

Крамской И. Н. (1837—1887). В комнате. 1862. Холст, масло. ГРМ

гостю сиденье самого что ни на есть полярного свойства. А то и черные медвежата служат табуретками. Рядом со всевозможными изяществами современной жизни такие вещи напоминают о льдах Северного моря, огромных степях в снегу и дремучих сосновых лесах, то есть о настоящей России, о которой забываешь в гостиных Санкт-Петербурга.

Спальня обычно не обладает теми роскошью и изысканностью, какие полагаются ей во Франции. За ширмой или за одной из решетчатых перегородок, о которых я говорил, прячется низкая кровать, похожая на походную или на диван. Русские —

Самойлова Л. В., сестра актера. Гостиная в доме Самойловых. 1840-е гг. Холст, масло. ЛГМТМИ

восточные люди, и даже в высших слоях общества не стремятся к утонченности спального места. Они спят там, где находятся, повсюду, как турки, часто в шубах, на широких диванах, обтянутых зеленой кожей, которые встречаются в каждом углу. Мысль сделать из спальной комнаты нечто вроде святилища не приходит им в голову. Древняя привычка к кочевью как будто не покидает их даже в самой элитарной сфере современной цивилизованной жизни, все изящество и соблазн которой они, однако, прекрасно знают.

Бобров А. А. (1849—1899). В комнатах. 1869. Холст, масло. ГРМ

Дорогие обои покрывают стены, и, если хозяин дома заберет себе в голову коллекционировать картины, нет сомнений, что на фоне красной индийской камки или имитации парчи с темными орланами у него будут развешаны в богатых рамах картины Ораса Верне, Гюдена, Калама, Куккука, иногда Лейса, Маду, Тенкате или, если он хочет проявить патриотизм, это будут картины Брюллова и Айвазовского — самых модных русских художников. Наша современная школа сюда еще не проникла. Тем не менее я видел две-три картины Месонье и примерно столько же картин Труайона. Манера наших художников кажется русским недостаточно законченной.

Интерьер, только что описанный мною, вовсе не дворец. Это дом не буржуазный — это слово ничего не значит в России, — но, что называется, «приличный»: Санкт-Петербург начинен особняками и огромными домами, с некоторыми из которых я познакомлю моих читателей.

Теперь, осмотрев внутреннее устройство здешних домов, перейдем к обеду. Перед тем как сесть за стол, гости подходят к круглому столику, где расставлены икра, филе селедки пряного посола, анчоусы, сыр, оливы, кружочки колбасы, гамбургская копченая говядина и другие закуски, которые едят на кусочках хлеба, чтобы разгорелся аппетит. «Ланчен» совершается стоя и сопровождается вермутом, мадерой, данцигской водкой, коньяком и тминной настойкой вроде анисовой водки, напоминающей «раки» Константинополя и греческих островов. Неосторожные или стеснительные путешественники не умеют противиться вежливым настояниям хозяев и принимаются пробовать все, что стоит на столе, забывая, что это лишь пролог пьесы, и в результате сытыми садятся за настоящий обед.

Во всех таких домах едят на французский манер, однако национальный вкус обнаруживается в некоторых характерных дополнениях. Так, вместе с белым хлебом подают ломтик черного ржаного хлеба, который русские гости едят с видимым удовольствием. Они также находят очень вкусными соленые огурцы, которые сначала мне не показались приятными на вкус. Посреди обеда, после того как выпиты соки бордосских урожаев и шампанское «Вдова Клико», которое можно отведать только в России*, пьют

Верне Орас (1789 — 1863) — французский живописец, рисовальщик, гравер. Был директором Французской академии в Риме (1842 — 1855). Работал в Париже, Риме и России (1836, 1842 — 1843). Баталист, живописец исторического жанра, портретист.
Гюден Теодор (1802 — 1880) — французский живописец, литограф и гравер. Работал в Петербурге.
Калам Александр (1810 — 1864) — швейцарский живописец и гравер, автор многочисленных альпийских пейзажей.
Куккук Бернар-Корнелиус — голландский живописец (1803 — 1862). В основном пейзажист, выставлялся в 1840 и 1845 гг. в Париже. Член петербургской и роттердамской Академий художеств.
Лейс Хендрик Жан Огюст (1815 — 1869) — бельгийский живописец и гравер. Жил в Париже (1835 — 1839), где познакомился с французскими романтиками и сблизился с Эженом Делакруа. Писал исторические и бытовые картины, делал стенные росписи, подражая старым нидерландским и немецким мастерам.
Маду Жан Батист (1796 — 1877) — бельгийский живописец, литограф, иллюстратор.
Месонье Эрнест (1815 — 1891) — французский живописец. Автор жанровых и батальных сцен.
Труайон Констан (1810 — 1865) — французский живописец. Учился живописи по фарфору. Пейзажист и анималист.

---

* Готье имеет в виду то, что шампанское «Вдова Клико» было столь дорогим, что отведать его можно было, только если кто-то угощал, а в богатых домах России угощали широко.

портер, эль и особенно квас — напиток вроде нашего пива, который делается из проброженных корок черного хлеба. К его вкусу нужно привыкнуть, и иностранцам он не покажется достойным великолепных богемских бокалов или серебряных чеканных чарок, в которых обычно пенится этот коричневый напиток. Между тем после нескольких месяцев пребывания в России в конце концов привыкаешь к огурцам, квасу и щам — национальной русской кухне, которая начинает вам нравиться.

Щи — это мясное блюдо, приготовленное в горшке на огне. В него входят: баранья грудинка, укроп, лук, морковь, капуста, ячневая крупа и чернослив! Это довольно странное сочетание ингредиентов вместе создает своеобразный вкус, к которому быстро привыкаешь, особенно если тяга к путешествиям сделала из вас космополита в отношении кухни и подготовила ваши органы вкуса к любым самым неожиданным ощущениям. Другой довольно распространенный суп — это суп с клецками: в бульон, когда он кипит, бросают, капля за каплей, тесто, растертое с яйцом и пряностями. Кусочки теста, схваченные кипятком, так и варятся круглыми или овальными, примерно как яйца в мешочек в нашем парижском бульоне. Со щами подают булочки.

Все, кто прочитал «Монте-Кристо», помнят об обеде, когда за столом у бывшего узника замка Иф, как бы творящего чудеса при помощи золотой волшебной палочки, подают волжскую стерлядь. Вне России, даже на самых изысканных столах, это неизвестный гастрономический феномен. И надо сказать, стерлядь заслуживает своей репутации: это отменная рыба с белым и нежным, может быть, немного жирным мясом, по вкусу напоминающая нечто среднее между корюшкой и миногой. Стерлядь может быть большого размера, но рыбы среднего размера — самые лучшие. Отнюдь не презирая кухни, я все-таки не Гримо де ла Рейньер и не Брийа-Саварен, чтобы в лирических тонах говорить о стерляди. Но во Франции я жалею об этой утрате, ибо блюдо из стерляди достойно самых тонких гурманов. Один кусочек волжской стерлядки на изящной вилочке стоит путешествия.

Часто на русских столах появляются рябчики, их мясо пропитано запахом можжевеловых ягод, которыми эти птицы питаются. Они распространяют скипидарный дух, поначалу ударяющий вам в нос. Подают здесь и огромных тетеревов. Знаменитая медвежья ветчина иногда заменяет здесь йоркскую ветчину, а лосиное филе — вульгарный ростбиф. Это все блюда, не существующие в западных меню.

Рейньер Александр Балтазар Гримо де ла (1758—1838) — французский литератор и гастроном. Опубликовал несколько очень остроумных брошюр, но более всего известен своими гастрономическими сочинениями. Выпускал «Альманах лакомок» с 1803 по 1812 г.

Брийа-Саварен Антельм (1755—1826) — французский гастроном. Автор «Физиологии вкуса» (1826).

Каждый народ, даже когда его захватывает единообразие цивилизованного мира, сохраняет свой особый вкус, и несколько блюд, пахнущих его родной почвой, преобладают в его рационе, несмотря на то что иностранцы с трудом понимают, что у них приятный вкус. Так, холодный суп, где в ароматизированном бульоне с уксусом и сахаром плавают одновременно кусочки рыбы и льда, удивит самое экзотическое нёбо, как и, например, «la pacho»* андалузцев. Впрочем, этот суп подается только летом, говорят, что он освежает, и русские его очень любят.

Так как бо́льшая часть овощей поступает из теплиц, их зрелость не имеет определенного, связанного с сезоном периода, и первые овощи не обязательно бывают только весной: зеленый горошек едят в Санкт-Петербурге свежим во все месяцы года. Спаржа не знает зимы. Она большая, нежная, водянистая и совсем белая, на ней никогда нет зеленого пятна, которое всегда бывает у нас, и ее можно есть с любого конца. В Англии едят котлеты из сёмги, в России — куриные котлеты. Это блюдо стало модным с тех пор, как император Николай попробовал его на постоялом дворе близ Торжка и нашел вкусным. Рецепт куриных котлет был дан хозяйке постоялого двора одним несчастным французом, который не мог иначе заплатить за приют и таким образом помог этой женщине составить целое состояние. Куриные котлеты действительно вкуснейшее блюдо! Назову еще пожарские котлеты, которые с честью могут значиться в меню любых ресторанов.

Я рассказал только об особых различиях в нашей и русской еде. Но в здешних домах великих мира сего кухня — французская и повара — французы. Франция поставляет миру поваров!

Большой редкостью в Санкт-Петербурге считаются свежие устрицы. Их привозят издалека; летом они портятся от жары, зимой замерзают, поэтому иногда за них платят по рублю за штуку. К тому же устрицы, купленные по такой дорогой цене, редко бывают хорошими. Я слышал, что один ловкий мужик каким-то образом очень разбогател и благодаря бочонку со свежими устрицами, доставленному его хозяину в момент, когда их невозможно было нигде сыскать, получил свободу, за которую он безрезультатно предлагал огромные суммы денег — говорят, сто и пятьсот тысяч рублей. Я не гарантирую правдивости этой басенки, но она по крайней мере доказывает, даже если это и выдумка, что в некоторые периоды года устрицы — редкость в Санкт-Петербурге.

К десерту всегда подают корзину фруктов: апельсины, ананасы, виноград, груши, яблоки выстраиваются на столах красивыми пирамидами. Виноград обычно прибывает из Португалии, а иногда он наливается соком до цвета светлого янтаря в лучах калориферов на занесенной снегом земле хозяина дома. В январе я ел в Санкт-Петербурге землянику, которая краснела среди зеленых листьев в горшке с землей. Северные народы до страсти любят фрукты. Они за большие деньги покупают их за границей или наперекор

---

* Суп с оливами (исп.).

бунтующей природе северного климата выращивают их, умеют придать им роскошный вид, но вкус и запах у тепличных фруктов в значительной мере теряются: как бы хорошо ни была натоплена печь, она не заменит солнца.

Надеюсь, мне простят эти гастрономические подробности, ведь любопытно знать, как народ ест. «Скажи мне, что ты ешь, и я скажу, кто ты» — поговорка изменена, но не стала от этого менее правдивой. Подражая французской кухне, русские остаются верны некоторым национальным блюдам, и положа руку на сердце именно они-то и нравятся им более всего. То же самое происходит и с их характерами. Сообразуясь с последними изощрениями западной цивилизации, они продолжают хранить в себе некоторые первородные инстинкты, и немного нужно даже самому элегантному завсегдатаю светских развлечений, чтобы он взял и уехал к себе в имение, находящееся где-нибудь в деревенской глуши, в степи.

Когда вы сидите за столом, одетый в черное слуга при галстуке и в белых перчатках, безукоризненный в своей одежде, как английский дипломат, невозмутимо и с серьезным видом стоит за вами, готовый исполнить малейшее ваше желание. Вы уже подумали, что здесь как в Париже, но, если при этом вы случайно внимательно посмотрите на этого слугу, вы заметите, что он золотисто-желтого цвета, у него узкие темные глазки, приподнятые к вискам, выступающие скулы, приплюснутый нос и толстые губы. Проследив за вашим взглядом, хозяин произносит небрежно как нечто самое обыкновенное: «Это татарин, а то и монгол с границ Китая».

Этот татарин, магометанин или, может быть, идолопоклонник выполняет свои обязанности автоматически четко, и самый придирчивый дворецкий ни в чем его не упрекнет. Он одет как настоящий слуга, а мне бы больше понравилось, если бы он был одет в костюм своего племени: в рубашку, затянутую на талии металлическим поясом, и в шапку из бараньей шкуры. Это было бы живописнее, но менее по-европейски, а русские не хотят походить на азиатов.

Весь сервиз стола: фарфор, хрусталь, серебро, большие вазы — все вполне великолепно, но не имеет своего особого характера, за исключением все же очаровательных десертных, чайных и кофейных ложечек из платины, черненной золотом.

Миски с фруктами, широкие вазы перемежаются с корзинами цветов, и часто букетики фиалок окружают вазы с нугой, конфетами и печеньем. Хозяйка дома грациозно раздает эти букетики гостям.

Разговор постоянно поддерживается на французском языке, особенно если в доме есть гость-иностранец. В определенной среде все очень легко говорят на нашем языке, вставляя в свою речь словечки современного разговорного языка, модные выражения, как если бы они его изучали на Итальянском бульваре. Здесь поняли бы даже французский Дювера и Лозанна, такой специфический, такой глубоко парижский, что многие наши провинциалы понимают его с трудом.

У русских нет акцента, только легкая, не лишенная прелести мелодичность, которой в конце концов сам начинаешь подражать. Здесь употребляются некоторые выражения, безусловно происходящие от соответствующих привычных национальных выражений и слов. Они свойственны людям, даже очень хорошо говорящим на языке, не являющемся их родным. Например, странным образом употребляется слово «absolument». Вы говорите: «Est-ce qu'un tel est mort?» Вам отвечают: «Absolument» — в смысле французского «oui» или итальянского «si». Слова «donc» или «déjà» часто слышатся в разговоре и ставятся некстати, да еще со значением вопроса: «Avez-vous donc déjà vu Saint-Pétersbourg ou M-me Bosio?»*

Манеры русских вежливые, спокойные, совершенно городские. Я удивился, что здесь были в курсе всех мельчайших подробностей нашей литературной жизни. Русские много читают, и какого-нибудь малоизвестного во Франции автора здешние читатели прекрасно знают.

Женщины очень развиты. С легкостью, вообще характерной для славян, они читают и говорят на разных языках. Многие читали в подлиннике Байрона, Гёте, Гейне, и, если их знакомят с писателем, они умеют удачно выбранной цитатой показать, что читали его произведения и помнят об этом**.

Дювер Феликс Огюст (1795—1876) — известный и модный в свое время французский автор водевилей.
Лозанн Огюстен Теодор де Во-Руссель (1805—1877) — его соавтор и зять.

* Французское слово «absolument» в понимании русских соответствовало чисто русскому выражению «так точно», поэтому на вопрос француза «Умер ли такой-то?» ответ «absolument», т. е. «непременно», «совершенно», «совсем», «вовсе», «безусловно», звучал странно. Слова «donc» (стало быть, следовательно, итак) и «déjà» (уже) соответствовали в такой фразе, как «Вы уже видели Петербург или мадам Бозио?», часто употребляемым русскими выражением «Ну как, вы уже видели...» или «Так вы уже видели...», когда рядом с несовершенным видом глагола «видели» ставятся слова, подчеркивающие совершенность действия. Между тем во французском языке достаточно и до́лжно употребить только глагол в совершенном виде прошедшего времени: «Avez-vous vu...»
** Следя за литературными новинками в Европе, в том числе и за выходом произведений Т. Готье, журнал «Атеней» пишет в 1859 году: «Готье Теофиль. "Роман мумии". Один английский лорд находит мумию и в папирусе, лежащем в ее саркофаге, читает всю историю... Роман показывает близкое знакомство автора с книгой Шамполиона и вместе с тем и то обстоятельство, что французские повествователи повсюду ищут эффектных сюжетов: Мармье — на Шпицбергене, Готье — в Египте». «Театральный и музыкальный вестник» сообщает в № 1 за 1859 год, что вышли «в Париже и уже получены здесь, у книготорговца Клюзеля, пятый и шестой том сочинений Жюля Жанена о театре и сочинение Теофиля Готье о том же». Журнал «Время» в марте 1862 года дает «Очерки последнего литературного движения во Франции»: «Поэзия во Франции перестала занимать общество. Она не стоит больше во главе литературы, как это было... во времена царствования Виктора Гюго и Ламартина. Каждый из них тащил за собой длинную свиту подражателей. Наконец, в одно прекрасное утро, к двум великим лирическим голосам присоединился насмешливый голос молодого человека... Альфреда Мюссе... И всему молодому поколению захотелось пить из этого стакана, и оно пьет

Зеленский А. А. (1812—?). Портрет молодой женщины у фортепьяно. 1858. Холст, масло. ГРМ

Что касается туалетов, то русские женщины очень элегантны и еще большие модницы, чем сама мода. Кринолины так же широки в Санкт-Петербурге, как и в Париже, и на них великолепные ткани. Бриллианты сияют на прекрасных плечах очень

из него еще до сих пор... Два или три поэта составили, однако же, исключение... Теофиль Готье хотел уподобить поэзию пластическим искусствам. Его стихи похожи на чекан самой тонкой работы Бенвенуто Челлини. Под оригинальным и довольно удачным названием «Эмали и камеи» он издал ряд небольших стихотворений, очень похожих на собрание редкостей».

декольтированных дам, а на запястье бывает надето несколько золотых браслетов с плоскими цепочками, сделанных в Черкесии, на Кавказе, и в туалете дамы единственных свидетелей того, что вы находитесь в России.

После обеда гости расходятся по гостиным. На столах лежат альбомы, книги с прекрасными иллюстрациями, альбомы для стихов, альбомы с пейзажами. Все это служит поддержкой смущенным или вообще стеснительным по натуре людям. Крутящиеся стереоскопы предлагают свое развлечение — посмотреть на движущиеся картины. Иногда, уступая уговорам, какая-нибудь женщина поднимается, садится за пианино и поет, аккомпанируя себе, какую-нибудь национальную русскую мелодию или цыганскую песню, в которой северная меланхоличность сочетается с южной пылкостью. Она походит на своеобразно звучащую качучу, которую обычно танцуют при луне, но здесь ее нужно было бы танцевать на снегу.

Глава седьмая   Бал в Зимнем дворце

Расскажу о празднике, на котором я присутствовал, не участвуя в нем, или где сам я не присутствовал, но глаз мой был гостем. Бал при дворе! Оставаясь невидимым, я все видел, и при этом я не надевал на палец кольца Гигеса, на голове я не ношу, как кобольд, зеленой войлочной шапки и никакого другого талисмана у меня нет.

На покрытой снежным ковром Александринской площади* стояло множество карет, а мороз был такой, что от него заледенели бы парижские кучера, да и лошади тоже. Но русским он не казался настолько страшным, чтобы зажигать костры под расставленными рядом с Зимним дворцом навесами из толя с остроконечными китайскими крышами. Усыпанные бриллиантами инея деревья у Адмиралтейства походили на большие белые перья, воткнутые в землю, а триумфальная колонна словно обмакнула свой розовый гранит в слой льда, похожий на сахар. Встававшая чистой и ясной луна лила мертвый свет на ночной белесый снег, синила тени и придавала фантастический вид неподвижным силуэтам экипажей, чьи замерзшие фонари, эти полярные светлячки, усеяли желтыми огоньками всю площадь. В глубине ее колоссальный дворец пылал всеми окнами, словно гора с отверстиями, освещенная внутренним пламенем.

Полная тишина царила на площади. Суровая погода прогнала любопытных, которые у нас не преминули бы собраться стадом, поглазеть на такой праздник, даже если его можно было видеть только издалека, с улицы. Да если бы и образовалась толпа, то подходы ко дворцу столь просторны, что она бы рассеялась и затерялась в этом огромном пространстве, которое заполнить можно только целой армией.

Сани пересекли по диагонали большую белую простыню, по которой тянулась тень от Александровской колонны, и затерялись на темной, отделяющей Зимний дворец от Эрмитажа улице, которой ее воздушный переход придает некоторое сходство с Соломенным мостом в Венеции.

Несколькими минутами позже глаз, который нет необходимости присовокуплять к какому-то телу, уже летал вдоль карниза над портиком одной из галерей дворца. Ряды свечей, поставленных в лепнине антаблемента, заслоняли его пылающей изгородью

Гигес (687 — 652 до н. э.) — лидийский царь. Легенда приписывала ему обладание кольцом, которое делало его невидимым.

* Готье имеет в виду Дворцовую площадь с Александровской колонной посередине.

и вовсе не позволяли снизу заметить его слабой искорки. Свет прятал его лучше, чем это сделала бы тень: он исчезал в ослепительном сиянии.

Все взгляды толпы обратились к двери, через которую должен был войти император. Створки распахнулись: император, императрица, великие князья прошли галерею между двумя мгновенно образовавшимися рядами гостей. Затем вся императорская группа исчезла в двери, находившейся напротив той, в которую она вошла. За ней последовали высшие должностные лица государства и дипломатический корпус, генералы, придворные.

Только кортеж прошествовал в бальный зал, как глаз, снабженный на этот раз хорошим лорнетом, устремился туда же. Весь зал походил на жаркое сияющее пламя, пламенеющее сияние — можно было даже подумать о пожаре. Огненные линии тянулись по карнизам, в простенках между окнами, торшеры в тысячу свечей горели как неопалимая купина, сотни люстр спускались с потолка, словно созвездия, горящие фосфоресцирующим туманом. И все эти огни, скрещивая свои лучи, создавали самую ослепительную иллюминацию «a giorno»*, которая когда-либо зажигала свое солнце над каким-либо праздником.

Первое ощущение, особенно когда стоишь наверху, наклонившись над бездной света, — это головокружение. Сначала ничего нельзя различить сквозь взрывы яркого света, излучения, сияние, отсветы, искры свечей, зеркал, золота, бриллиантов, драгоценных камней, тканей. Мишурящий свет мешает различать формы предметов. Затем довольно скоро зрачок привыкает к ослепительному свету и прогоняет черных бабочек, порхающих перед ним, как это бывает, когда посмотришь на солнце. Из конца в конец глаз осматривает гигантский зал, весь из белого мрамора или его имитации, полированные поверхности которого отсвечивают, как яшма и порфир в вавилонской архитектуре на гравюрах Мартина, смутно отражая свет и предметы.

Калейдоскоп с его бесконечно движущимися сыпучими частичками, которые образуют все новые рисунки, хроматоскоп с его расширениями и сужениями, где кусок простого холста на вращающемся валике становится цветком, затем меняет свои лепестки на зубцы короны и в конце концов солнцем кружится вокруг бриллиантового центра, переходя от рубина к изумруду, от топаза к аметисту, — только эти два аппарата и могут, увеличенные в миллионы раз, дать представление об этом зале в драгоценных камнях и цветах, в бесконечном движении, меняющем свои сияющие арабески.

---

* Силы дневного света (итал.).

Мартин — известное семейство французских живописцев XVIII в., живших в Париже.

Бал в Зимнем дворце

Юшков Ф. О. (1819—1876). Готический зал в Зимнем дворце. 1840-е гг. Рисунок. ГРМ

При появлении императорской семьи весь этот движущийся блеск замер, и сквозь успокоившееся сверкание можно было наконец рассматривать лица.

В России балы при дворе открываются полонезом. Это не танец, а нечто вроде процессии, имеющей свой ярко выраженный особый колорит. Присутствующие теснятся по сторонам, чтобы освободить середину бального зала, где образуется аллея из двух рядов танцующих. Когда все занимают свои места, оркестр играет музыку в величественном и медленном ритме, и процессия начинается. Ее ведет император, дающий руку княгине или даме, которой он желает оказать честь.

Император Александр II в этот вечер был одет в элегантный военный мундир, который прекрасно сидел на его высокой, подтянутой и непринужденной фигуре. Мундир на нем был вроде длинного кителя белого цвета, доходившего до середины бедра, с золотыми петлицами, оторочен по вороту, запястьям и низу сибирским голубым песцом, грудь сбоку усеивали высокие ордена. Небесно-голубые узкие панталоны обтягивали ноги и заканчивались изящными ботинками. Волосы императора коротко пострижены и открывают ровный, хорошей формы лоб. Его совершенно правильные черты лица кажутся вырезанными в золоте или бронзе медали. Голубые глаза приобретают особый оттенок на загорелом лице, менее белом, чем лоб, обычно закрытый во время его частых путешествий и регулярных упражнений на свежем воздухе. Четкие контуры рта совершенно греческие и рельефные. На лице выражение величественной, но отнюдь не каменной твердости, которую иногда смягчает легкая улыбка.

За императорской семьей шли офицеры высшего состава армии и охраны дворца, высшие должностные лица, каждый из которых подавал руку даме.

Все это сплошь были военные мундиры, золотые позументы, эполеты, усеянные бриллиантами орденские планки, знаки отличия, украшенные эмалью и драгоценными камнями и образующие на груди очаги света. Некоторые лица из самых высших чинов на вороте носят орден, очень почетный, но еще более свидетельствующий о дружеском расположении к ним; портрет царя в оправе из бриллиантов, но таких орденов мало, их можно сосчитать.

Процессия продвигается, и к ней присоединяются новые пары: какой-нибудь господин отделяется от ряда зрителей, подает руку даме, стоящей напротив, и новая пара пускается в путь, замедляя или убыстряя шаги, в ногу с теми, кто идет впереди. Наверное, не так-то просто идти, касаясь друг друга лишь кончиками пальцев, под огнем тысячи глаз, с такой легкостью становящихся ироничными: здесь видны как на ладони самая малая неуклюжесть в движениях, самая легкая неуверенность в ногах, самое неуловимое непопадание в такт. Военная выправка спасает многих, но какая трудность для дам! Однако большинство превосходно выходит из положения, и о многих из них можно сказать: «Et vera incessu patuit dea» *. Женщины шествуют под перьями, цветами, бриллиантами, скромно опустив глаза или блуждая ими с видом совершенной невинности, легким движением тела или пристукиванием каблука управляя волнами шелка и кружев своих платьев, обмахиваясь веерами так же непринужденно, как если бы они прогуливались в одиночестве по аллее парка. Пройти с благородством, изяществом и простотой, когда со всех сторон на вас смотрят! Даже большим актрисам не всегда это удавалось.

---

* Слова римского поэта Вергилия (70—19 гг. до н. э.): «Богиню видно по походке» (лат.).

Особенностью русского двора является то, что время от времени к процессии присоединяется, например, молодой черкесский князь с осиной талией и грудью колесом в элегантном и пышном восточном наряде, какой-нибудь лезгинский военачальник или монгольский офицер, солдаты которого до сих пор вооружены луком, колчаном и щитом. Под белой перчаткой цивилизации прячется, держа за руку княгиню или графиню, маленькая азиатская рука, привыкшая играть рукояткой кинжала, сжимая его своими нервными темными пальцами. И никому это не кажется удивительным: да разве это не естественно, что магометанский принц танцует полонез в паре с православной высокородной санкт-петербургской дамой! Не подданные ли они оба императора всея Руси?

Военные и парадные мундиры мужчин так великолепны, так богаты и разнообразны, так усыпаны золотом, вышивкой и орденами, что женщины с их современной элегантностью и легким изяществом, как и полагается по последнему крику моды, с трудом соревнуются с эдаким тяжеловесным блеском. Но, не имея возможности быть роскошнее, они прекраснее мужчин: их оголенные плечи и грудь сто́ят всех золотых позументов. Чтобы соответствовать великолепию мужчин, им нужно было бы, как византийским мадоннам, надеть платья из золота и серебра, нагрудники из драгоценных камней и нимбы, усыпанные бриллиантами. Но все же, танцевать в серебряных окладах!

Не подумайте, однако, что женщины просто одеты! Эти простые платья сшиты в Англии, и две-три накинутые на плечи вуали стоят больше, чем стихарь из золотой и серебряной парчи. Эти букеты на юбке из тарлатана или газа прикреплены бриллиантовыми булавками, эта бархатная лента пристегнута камнем, который, можно подумать, взят из царской короны. Что проще белого платья из тафты, тюля или муара с несколькими жемчужными гроздьями и прически к нему: сетка из жемчуга или две-три нитки жемчуга, вплетенные в волосы! Но жемчуг стоит сто тысяч рублей, и никакой искатель жемчуга не принесет более круглых и более чистых жемчужин из глубин океана! Впрочем, женщины просто одеты потому, что они придворные дамы императрицы, которая предпочитает элегантность пышности. Но будьте уверены, что Маммон* ничего здесь не теряет. Только на первый, брошенный наскоро взгляд можно вообразить, что русские женщины одеты менее роскошно, чем мужчины: это заблуждение. Как и все женщины, они умеют сделать газ дороже золота.

Когда в полонезе пройдены были зал и галерея, бал начался. Танцы ничем характерным не отличались: это были кадрили, вальсы, редовы**, как в Париже, Лондоне, Мадриде, Вене, повсюду в высшем свете. Исключение, однако, составляет мазурка, которую танцуют в Санкт-Петербурге с невиданным совершенством и элегантностью. Национальный колорит повсюду склоняется к исчезновению, и прежде всего он дезертирует из высших слоев общества. В поисках его нужно отдалиться от центров цивилизации и спуститься в народные глубины!

---

* В сирийской мифологии бог богатства.

** Польский танец, полька.

Впрочем, картина перед моими глазами была очаровательная: среди огромной расступившейся толпы фигуры танца образовывали симметрии. Вихри вальсов раздували платья, и в быстроте движений бриллианты, серебряное и золотое оружие у мужчин, словно молнии, сияли зигзагообразными линиями. Маленькие, затянутые в перчатки руки, положенные на плечи вальсирующих мужчин, имели вид белых камелий в вазах из массивного золота.

Среди гостей красовались великолепными так называемыми городскими костюмами вельмож первый секретарь посольства Австрии и посол Греции в национальной шапочке, в обшитой сутажом верхней одежде.

После двух-трех часов созерцания с высоты птичьего полета глаз по таинственным и запутанным коридорам перенесся под арки другого зала, где далекий шум оркестра и празднества слышался лишь как смутный шепот. Относительная темнота царила в этом необъятном зале: здесь шли приготовления к ужину. Многие соборы меньше этого зала. В глубине в темноте вырисовывались белые линии столов, по углам зала смутно сияли гигантские скопища золота и серебра, поблескивая внезапными молниями отсветов от пришедшего неизвестно откуда света. Это были серванты. На покрытом бархатом помосте, к которому вели ступени, был поставлен стол в виде подковы. Заканчивая последние приготовления, бесшумно двигались туда и обратно лакеи в парадных ливреях, мажордомы, распорядители. Редкие огни пробегали по этому темному фону, как искры по сгоревшей бумаге.

Между тем бесчисленные свечи заполняли канделябры, шли шнуром по фризам или по контурам аркад. Белея, они выступали из перегруженных торшеров, как пестики из чаши цветов, но на их концах не дрожали сияющие звездочки. Подобный шуму падающей воды, уже слышался рокот приближающейся толпы. Император появился на пороге, и это было как «fiat lux»*. Чуть видный огонек побежал от одной свечки к другой, с быстротой молнии все разом зажглось, потоки света, как по волшебству, мгновенно залили огромный зал. Этот внезапный переход от полутьмы к самому яркому свету был настоящей феерией. Но в наш прозаический век нужно, чтобы всякое чудо было объяснено: нити пироксилина идут от свечи к свече, фитили пропитаны воспламеняющимся веществом, и огонь, зажженный в семи-восьми местах, мгновенно завоевывает пространство. Таким же способом зажигаются большие люстры в Исаакиевском соборе, с них свешиваются над головами верующих, словно паутины, нити пироксилина. Аналогичного эффекта можно добиться при помощи газового освещения, убавляя или зажигая его во всю силу. Но газ не применяется в Зимнем дворце. Здесь горят свечи из настоящего воска. Только в России и сохранился уклад жизни, при котором пчелы еще вносят свою лепту в освещение домов.

Императрица, окруженная несколькими лицами высокого ранга, взошла на помост, где был поставлен подковообразный стол. За ее золоченым креслом, словно

---

* Да будет свет! (лат.)

Зичи М. А. Бал в Зимнем дворце. 1859. Рисунок. МИРГЛ

Премацци Л. О. (1814—1891). Внутренний вид залы в Зимнем дворце. Карандаш. ГРМ

гигантский растительный фейерверк, распускалась огромная, распластанная по мраморной стене ветвь бело-розовой камелии. Двенадцать высоких негров, выбранных среди самых красивых представителей африканской расы, одетых мамлюками в белых тюрбанах, в зеленых куртках с золотыми обшлагами, широких красных шароварах, схваченных кашемировым поясом и по всем швам расшитых сутажом и вышивкой, ходили туда и обратно по лестнице помоста, передавая тарелки лакеям или беря блюда из их рук. Движения негров, даже в услужении, были полны изящества и достоинства, столь типичных для восточных людей. Забыв Дездемону, эти сыны Востока величественно исполняли свои обязанности, и благодаря им вполне европейский ужин выглядел азиатским пиршеством в лучших традициях.

Места не были распределены, и гости расселись за расставленные для них столы по своему усмотрению. Во главе стола сидели дамы в богатых платьях, расшитых серебром и золотом, с фигурами или цветами, мифологическими сценами или орнаментальными фантазиями. Канделябры перемежались с пирамидами из фруктов и высокими предметами утвари роскошно накрытого стола. Сверху сияющая симметрия хрусталя, фарфор, серебро и букеты цветов видны были лучше, чем внизу. Два ряда выступающих из кружев женских бюстов, искрящихся бриллиантами, царили вдоль скатертей, выдавая свои прелести невидимому глазу, который мог прогуляться заодно и по проборам на светлых и темных волосах, видневшимся среди цветов, листвы, перьев и драгоценных камней.

Император переходил от стола к столу, обращаясь с несколькими словами к тем, кого хотел отметить, иногда присаживаясь и пригубляя бокал шампанского, затем шел дальше. Эти остановки на несколько минут считаются большой честью.

После ужина танцы возобновились, но становилось поздно. Пришло время уходить: события на празднике могли только повторяться, и для меня, всего лишь зрителя, бал уже не представлял прежнего интереса. Сани, которые раньше пересекли площадь и остановились у маленькой двери, выходившей на улочку, разделявшую Зимний дворец и Эрмитаж, появились вновь и направились в сторону Исаакиевского собора, увозя шубу и меховую шапку, не позволявшие видеть лица. Будто небо пожелало соперничать с земным великолепием, северная Аврора рассыпала по ночи свой полярный фейерверк из серебряных, золотых, пурпурных и перламутровых ракет, гасивших звезды своим фосфоресцирующим свечением.

> Газета «Северная пчела» 28 февраля 1859 г. писала: «Зима наша выдерживает свою разнохарактерность. Видно, приноравливается к духу времени. 11 февраля в двенадцатом часу ночи было северное сияние, довольно значительное, однако ж не со всеми принадлежностями: лучи прыскали из облака густыми пачками и достигали до зенита; сияние, или сполох, чуть ли не первое нынешнею зимою. 12-го и 13-го опять были сияния, это предвестники наступающих морозов».

Глава восьмая Театры

У театров в Санкт-Петербурге монументальный и классический вид. По архитектуре в общей сложности они напоминают парижский Одеон или театр в Бордо. Они стоят посреди обширных площадей, поэтому при съездах и разъездах публики не создается толчеи. Однако я предпочитаю какой-нибудь более оригинальный стиль, и мне кажется, что его можно было бы создать из собственно русских архитектурных форм, способных дать новые эффекты. Но этот укор не адресуется специально России. Скучное восхищение перед античностью населяет все столицы Парфенонами, более или менее точно скопированными при большой поддержке строительного камня, кирпича и известки. Только нигде, как в Санкт-Петербурге, эти бедные греческие ордеры не имеют такого ностальгически-несчастного вида. Привыкшие к лазоревому небу и солнцу, они в течение долгих зим дрожат от холода под снегом, который покрывает их плоские крыши. Правда, при каждом снегопаде крыши тщательно чистят, что и является самой лучшей критикой выбранного стиля. Ледяные сталактиты в акантах коринфских капителей?

Что вы об этом скажете? Сейчас здесь зарождается романтическое направление в пользу московско-византийской архитектуры, и я желаю ему удачи. Любая страна, когда ее не насилуют во имя так называемого хорошего вкуса, рождает свои монументы, как рожает своих детей — людей, животных и растения в соответствии с особенностями климата, истории, истоков, и России, по-моему, подходит греческий стиль Византии, а не афинский греческий стиль.

После такого отступления мне остается только хвалить. Большой театр, или Итальянская опера, великолепен, он колоссальной величины и своими размерами может соперничать с «Ла Скала»* и «Сан Карло»**. Кареты стоят на огромной площади и подъезжают к театру без столкновений и беспорядка. Два-три вестибюля с застекленными дверями не позволяют холодному воздуху врываться снаружи в зал, и благодаря им с 10—15 градусов мороза вы переходите в 20—25 градусов тепла. Солдаты-ветераны в шинелях ожидают вас у входа, чтобы освободить от шуб, мехов и галош. Потом они возвращают вам их, никогда не ошибаясь. Эта память на то, кому принадлежит шуба, кажется мне русской специфической способностью. Как и в Королевском лондонском

---

* В Милане.

** В Неаполе.

Жуковский Р. К. (1814—1886). Разъезд из Александринского театра. 1843. Литография. ЛГМТМИ

театре, в санкт-петербургскую оперу не ходят без фрака, белого галстука, соломенного или другого светлого цвета перчаток, кроме этого допускается только форма какого-нибудь военного или гражданского чина, что здесь более всего распространено. Женщины одеты в вечерние туалеты, с париками на головах, декольтированы и с открытыми руками. Таков этикет, и он мне нравится. Он немало способствует блеску спектакля.

Партер оперного театра разделен посередине широким проходом, сзади его охватывает еще один, полукруглый проход, по которому тянутся ложи бенуара, что позволяет во время антракта разговаривать со знакомыми, занимающими эти ложи. Здесь же можно вставать с места и возвращаться на него, никому не мешая. Столь удобное расположение, которому следуют большие театры всех столиц, за исключением парижских, должно быть использовано и у нас, когда будет произведена окончательная реконструкция нашей Оперы.

При входе в зал прежде всего бросается в глаза императорская ложа. Она устроена не как у нас, между колоннами авансцены, а по самой середине, напротив сцены и актера. По высоте она занимает два яруса лож, огромные позолоченные и украшенные лепниной стояки поддерживают бархатные, подернутые золотыми шнурами с кисточками занавеси, где изображен гигантский, фантастической геральдики, гордый герб России.

Театры

Вид площади и Большого театра в Петербурге. Середина XIX в. Литография. Изд. Дациаро. ЛГМТМИ

Занавес здесь не обычная бархатная занавеска с широкими складками. На нем изображен вид Петергофа с арками, портиками, статуями и крышами, выкрашенными по русской моде в зеленый цвет. Выступы лож, идущих, как в Италии, ровными ярусами друг над другом, украшены белыми медальонами в золотой лепной оправе, в них изображены разные фигуры, выполненные в легких и нежных пастельных тонах по розовому фону. Нет ни галерей, ни балконов. Авансцену вместо колонн поддерживают те же большие стояки в позолоченной лепнине, довольно похожие на опоры восточных шатров. Такое устройство и изящно и ново.

Непросто определить стиль зала, можно, правда, воспользоваться для этого испанским словом «platoresco», которое буквально означает «золото-серебряный стиль» и определяет вид архитектуры, в котором орнаментация без удержу и правил играет тысячью капризных выдумок беспечной роскоши. Это все раковины, завитки, розаны, цветочки, тысячью сияющих отсветов отражающие свет люстр на бесконечных своих золотых выступах. Общий вид — веселый, роскошный, приятный для глаза, и великолепие зала прекрасно обрамляет блеск самого спектакля. Это упоение орнаментацией мне нравится больше, чем тоскливо-правильная архитектура. Немного экстравагантности приятнее педантизма. Бархат, золото, изобилие света — что еще нужно?

Первый ярус лож над бенуаром здесь называется бельэтажем, и, хотя и нет по этому поводу каких-либо формальных предписаний, кресла бельэтажа остаются за высшей аристократией, за высшими должностными лицами двора. Ни одна женщина, если у нее нет титула, как бы ни была она богата и уважаема, не осмелится показаться в бельэтаже. Ее присутствие в этом привилегированном месте удивило бы всех, и прежде всего ее саму. Здесь миллиона недостаточно, чтобы стерлись различия в происхождении.

Первые ряды партера, по обычаю, остаются за лицами высших чинов: в самом первом ряду видны только министры, офицеры высших чинов, послы, первые секретари посольств и другие значительные и значимые лица. Какая-нибудь знаменитость из иностранцев тоже может занять там место. Два следующих ряда еще очень аристократичны. Четвертый ряд начинает впускать банкиров, иностранцев, определенного разряда чиновников, артистов. Но торговец не осмелится проникнуть ближе пятого или шестого ряда. Эта привычка поддерживается со всеобщего молчаливого согласия; об этом никто не говорит, но все подчиняются принятому этикету.

Непринужденная привычка людей такого высокого положения садиться в партер сначала поразила меня. Я видел там первых лиц империи. Впрочем, свое кресло в партере не мешает господину купить ложу для семьи, но на спектаклях кресло партера предпочитается, и эта привычка, конечно, и породила ту сдержанность ординарной публики, которая спокойно рассаживается на несколько рядов дальше от сцены. Подобная традиция не должна шокировать иностранца в России, где Чин делит общество на четырнадцать очень различных категорий, первая из которых включает в себя лишь двух-трех человек.

В Санкт-Петербургском оперном театре опера и балет не даются в один вечер. Эти два совершенно самостоятельных спектакля имеют каждый свой день. Цена абонемента на балет менее высокая, чем на оперу. Так как в иные вечера только танец занимает все представление, балеты здесь распространены больше, чем у нас. Они длятся до четырех и пяти актов со многими картинами и сменой декораций, или их дают по два за один вечер.

Самые знаменитые певицы и танцоры появлялись на сцене этого театра. Эти звезды, одна за другой, приезжали посиять под северным небом и не лишались здесь ни одного из своих лучей. Под воздействием рубля и хорошего приема артисты побороли иллюзорный страх потерять голос или получить ревматизм. Ничье горло,

Занавес Большого театра в Петербурге в 1850—1900 гг. Фотография. ЛГМТМИ

ничье колено не пострадали в этой снежной стране, где холод видишь, даже когда его не чувствуешь, когда не показываешь носа на улицу. Рубини, Тамбурини, Лаблаш, Марио, Черрито, Тальони, Эльслер, Карлотта были здесь приняты, и ими любовались. Рубини была даже награждена. Похвалы оживляют усердие артистов и показывают им, что их глубоко ценят, хотя часто они поздновато решаются на такое далекое путешествие.

Итальянские певцы— Джованни Батиста Рубини (1794—1854), Антонио Тамбурини (1800—1876), Луиджи Лаблаш (1794—1858), Джованни Марио (1810—1883), Энрико Тамберлик (1820—1889), Энрико Кальцоляри (1823—1888), Джорджо Ронкони

В этом году Тамберлик, Кальцоляри, Ронкони, госпожи Бозио, Лотти, Бернарди, Доттини составили основу великолепной труппы. Госпожа Феррарис, самая прекрасная в мире балерина после Карлотты Гризи, танцевала в балете, сочиненном для нее Перро, этим несравненным хореографом. В Санкт-Петербурге не очень-то просто заставить публику себе аплодировать. Русские — большие знатоки балета, и блеск их лорнетов опасен. Тот, кто выдержал его с победой, может быть уверен в себе. Русская балетная школа поставляет замечательных танцоров. Если говорить о единстве, точности и быстроте движений, со здешним кордебалетом не может сравниться никакой другой кордебалет. Истинное удовольствие доставляет смотреть на идеально прямые ряды, четкие группы, распадающиеся только в нужный момент, чтобы затем перестроиться в другой фигуре. Эти отбивающие такт маленькие ножки, эти хореографические батальоны никогда не ошибаются в своих маневрах! Здесь не перекинутся словечком или смешком, не подмигнут на авансцену или в оркестр. Это настоящий мир пантомимы, где слово отсутствует, действие не выходит из установленных рамок. Танцоры кордебалета отбираются очень тщательно среди учеников балетной школы. Многие красивы, все молоды и хорошо сложены и знают со всей серьезностью, на каком они счету или, если вам так больше нравится, каковы их возможности.

Все это множество богатых, тщательно сделанных декораций создают немецкие художники. Часто их композиции очень хитроумны, поэтичны и ловко придуманы, но подчас бывают перегружены бесполезными деталями, которые отвлекают глаз и мешают общему эффекту. Цвет декораций в основном бледный и холодный. Немцы, как известно, небольшие колористы, и этот недостаток чувствуется, когда приезжаешь из Парижа, где колдовство декорационного искусства не имеет пределов.

Театр превосходно оснащен всякого рода приспособлениями: полеты, исчезновения, превращения на глазах, игра электрического света вообще способствуют обаянию спектакля, неизменно требуются при постановке и выполняются быстро и уверенно.

Как я уже сказал, зрительный зал театра великолепен. Дамские туалеты превосходно смотрятся на фоне пурпурного бархата лож, и для иностранца антракт не менее интересен, чем сам спектакль. Повернувшись к занавесу спиной, он может без помехи какое-то время рассматривать в бинокль здешних дам, типы которых столь разнообразны и для него представляют собой нечто новое. Какой-нибудь благожелательный сосед, а таковой всегда найдется, аристократ до мозга костей, назовет ему, пройдясь взглядом по светлым и темным головкам, всех княжон, графинь и баронесс. В женских лицах здесь северная мечтательность удивительно соединяется с восточной невозмутимостью, так же удачно, как в их одежде соединяются цветы и бриллианты.

(1810—1890), Феличе Ронкони (1811—1875), Анджолина Бозио (1830—1859) — составляли целую эпоху в исполнительском искусстве.
Певицы Лотти, Бернарди и Доттини менее известны.
О танцовщицах Черрито, Тальони, Эльслер, Карлотте Гризи, Амалии Феррарис и балетмейстере Жюле Перро см. в главе «Санкт-Петербургский оперный театр».

Садовников В. С. (1800—1879). Зрительный зал Михайловского театра в Петербурге. 1854. Акварель. ЛГМТМИ

Журнал «Современник» (февраль 1859 г.):
«Французский петербургский театр обнаруживает большую деятельность и очень скоро передает нам парижские новости. Все пьесы, имевшие более или менее значительный успех в Париже... были разыграны в последнее время на Михайловском театре».

Редакция петербургской газеты «Северная пчела», однако, имела свое собственное мнение о Французском, т. е. Михайловском, театре в Петербурге:
«Французский театр в Петербурге служит приятным развлечением, а иногда он дает возможность даже наслаждаться искусством. Но судить по представляемым на нем пьесам о состоянии драматического искусства во Франции нельзя, потому что мы видим здесь на сцене не все пьесы, которые являются на парижских театрах... Это выбор из французского репертуара, зависящий от разных условий и обстоятельств».

В полумраке бенуара смутно сияет несколько театральных звезд, две-три московские цыганки в странных одеяниях и некоторое количество птичек, экспортированных из парижского полусвета, всем известные лица которых не требуют перечня их имен.

Французский театр, или, как его еще называют, Михайловский театр*, расположен на площади того же названия. Внутри он удобно устроен, украшен небедно, партер, как и в Большом театре, занят в первых рядах русскими и иностранными лицами высших чинов. Театр много посещается, и труппа не оставляет желать лучшего: Вольнис, Напталь-Арно, Терик, Мила, Бертон, Дешамп, Варле, Верне, Лемениль, Пешна, Тетар играют комедии, водевили, драмы, и нет необходимости хвалить их французским читателям. Актеры оспаривают друг у друга новые роли для бенефисов, которые устраиваются по субботам или по воскресеньям и определяют спектакль на неделю. Премьеры пьес в Санкт-Петербурге даются почти одновременно с премьерами их в Париже.

Возможно ли не испытать некоторой гордости при виде того, что наш язык за шестьсот или семьсот лье от Парижа, под шестидесятым градусом северной широты настолько распространен и понятен, что можно наполнить зрителями целый театр, в котором представление идет исключительно на французском языке. То, что в Санкт-Петербурге называют французской колонией, не заполнит, конечно, и половины зала. Михайловский театр был только что перестроен по плану, предполагавшему больший размах и богатство отделки. Торжественное открытие началось стихами, которые очень удачно написал Варле, а Бертон произнес с большим мастерством, чувством и увлечением.

Во время моего пребывания в Санкт-Петербурге здесь же находился известный актер — американский негр Айра Олдридж. Он участвовал в спектаклях, проходивших в помещении цирка, поблизости от Большого театра. Айра Олдридж стал любимцем Санкт-Петербурга, и нужно было за много дней, заранее доставать приличные места в театре. Сначала он играл Отелло. Его выход на сцену был великолепен. Это был сам Отелло, как его создал Шекспир, с полуприкрытыми глазами, словно опаленными солнцем Африки, восточной беспечной манерой держаться и этой негритянской непринужденностью, которой ни один европеец не может повторить. В Санкт-Петербурге в это время не было английской труппы, была только немецкая, и Айра Олдридж произносил шекспировский текст, а его партнеры — Яго, Кассио, Дездемона — отвечали ему переводом Шлегеля. Оба этих языка саксонского происхождения и не слишком мешали друг другу, особенно на мой слух: не зная ни английского, ни немецкого, я смотрел в основном на игру мимики, на пантомиму и пластику роли. Все же подобное смешение языков должно было казаться странным тем, кто знал их оба. Я приготовился к энергичной, беспорядочной, необузданной манере, дикой и варварской, в духе Кина, но великий негритянский трагик, конечно, чтобы показаться как можно более цивилизованным, как если бы он был

---

* Ныне Малый оперный театр на площади Искусств (бывшей Михайловской).

белым, вел свою игру мудро, продуманно, величественно, в классической манере, сильно напоминающей игру Макреди. В финальной сцене его ярость не преступает границ, он душит Дездемону умело и вполне прилично рыча. Одним словом, он показался мне скорее талантливым, чем гениальным, у него больше умения, чем вдохновения. Однако поспешу сказать, что он произвел огромное впечатление на публику и поднял бесконечную бурю аплодисментов. Более неистовый и жестокий Отелло, может быть, преуспел бы меньше. В конечном счете Отелло уже давно живет среди христиан, и лев святого Марка успел за это время приручить льва пустыни.

Репертуар негритянского актера, казалось бы, должен был ограничиться пьесами с участием цветных, однако, если хорошенько подумать, можно прийти к заключению, что, если белый актер мажет себя краской, играя роль черного, почему бы и негритянскому актеру не побелить себя свинцовыми белилами, чтобы сыграть роль белого? Это и случилось. Айра Олдридж играл на следующей неделе короля Лира и произвел самое благоприятное впечатление. Картонный череп телесного цвета, из-под которого падали серебряные пряди, скрывал шерстяную шевелюру актера до самых бровей. Приплюснутый нос был исправлен восковой горбинкой. Толстый слой румян покрывал его черные щеки, и длинная седая борода, спускаясь на грудь, скрывала остальную часть лица. Превращение было полным. Корделия не могла бы заподозрить,

---

Олдридж Айра Фредерик (ок. 1805—1867) — американский актер, негр. В 1850-х гг. совершил длительную гастрольную поездку по странам Европы. Был первым американским актером, завоевавшим всемирную известность исполнением шекспировских ролей.

Шлегель Август Вильгельм (1767—1845) — немецкий переводчик. Ему принадлежит перевод на немецкий язык семнадцати пьес Шекспира. В 1801 г. Шлегель издал восемь томов пьес Шекспира.

Кин Эдмунд (1787—1833) — английский драматический актер, игравший роли Отелло, Гамлета, Ричарда III и др.

Макреди Уильям Чарльз (1793—1873) — английский актер, ставший соперником Эдмунда Кина, игравший короля Лира, Макбета. Макреди не только играл, но и сам ставил спектакли, например «Макбета» Шекспира.

Имеется в виду, что легендарный библейский крылатый лев, якобы приручённый святым Марком в пустыне и всегда изображаемый рядом с этим святым, являлся эмблемой Венецианской республики, а святой Марк считался ее покровителем. Изображение этого льва установлено на колонне посреди главной в Венеции площади — Св. Марка. Таким образом, Т. Готье подразумевает, что лев пустыни христианского святого успел уже обратить в христианство льва пустыни «Венецианского мавра» — Отелло, которого исполнял такой же «лев пустыни» Айра Олдридж. Такой игрой слов он подчеркнул, что манера исполнения актера была вполне европейской.

Шевченко Т. Г. Американский актер Айра Олдридж.
25 декабря 1858. Рисунок. ГБЛ

что отцом ее был негр. Искусство грима не заходило еще так далеко. Впрочем, кокетства ради, и его вполне можно понять, Айра Олдридж не побелил себе руки. Я нашел, что он с большим искусством исполняет роль старого короля, преследуемого злыми дочерьми, он играет эту роль лучше, чем роль венецианского мавра. Здесь, в Лире, это игра, в Отелло же он просто показывает самого себя. У него были великолепные порывы негодования и ярости, чередовавшиеся с моментами слабости, старческой дрожи и сонливого повторения одного и того же, как это бывает у столетних старцев, которые, оказавшись под тяжестью нестерпимых несчастий, переходят от идиотизма к безумию. Удивительная вещь, показывающая, насколько Айра Олдридж владеет собой: крепкий человек в расцвете сил, он во

Айра Олдридж в роли Отелло. 1858. Фотография. ЛГМТМИ

Айра Олдридж в роли короля Лира. 1858. Фотография. ЛГМТМИ

Интересная запись об Айре Олдридже есть в «Дневнике» А. В. Никитенко (Т. 2. М., 1955), датированная 10 ноября 1858 г.:

«*В театре, на представлении «Отелло». Мулат, или, как назвали его в афише, африканец, Олдридж, приехавший сюда на несколько дней, играл Отелло на английском языке с немецкими актерами. Я не говорю и не понимаю по-английски, но хорошо знаю пьесу и поэтому поехал в театр — и не жалею. Этот Олдридж — большой артист. Трудно идти дальше в выражении сильных и глубоких страстей. В третьем акте, в сцене с Яго, он до того страшен, что людям слабонервным трудно его выносить, а в сцене отчаяния в последнем акте вас душат слезы.*

Игра его без всякой аффектации. Это чистейшая природа с ее грозными вулканическими потрясениями. Все у него просто и благородно — и голос чудесный. Я долго не мог заснуть в эту ночь, а во сне мерещился мне этот Отелло со своею тигровой яростью, со своими потрясающими сердце воплями, со своею беспорядочною скорбью в последнем акте».

Групповой портрет ведущих актеров Александринского театра, снятый для представления американскому актеру Айре Олдриджу в 1858 г. Фотография. ЛГМТМИ

весь вечер не сделал ни одного движения, которое бы выдавало его молодость. Голос, походка, жесты — все в нем напоминало глубокого старца.

Успехи негритянского трагического актера вызвали дух соперничества у Самойлова, великого русского актера, который тоже с шекспировским пылом и силой играл в Александринском театре Отелло и короля Лира. Самойлов — это гениальный актер примерно типа Фредерика. Он неровен, своенравен, очень часто великоле-

Самойлов В. В. (1812—1887). Автопортрет в мастерской. Холст, масло. ЛГМТМИ

Журнал «Библиотека для чтения» за январь 1859 г. пишет:

«...В игре г. Самойлова было много ума и понимание роли, но у него недоставало тех физических средств, которые необходимы для выполнения роли Лира... Не мудрено, что сцена, например, дочери, правда, прекрасно прочитана, но все-таки не более как прочитанная г-ном Самойловым, заставила сейчас же вспомнить ту же сцену на немецкой сцене, сцену, в которой Олдридж был так великолепно ужасен... Как бы то ни было, но искренняя благодарность г. Самойлову за такое серьезное дело, как выбор роли Лира...»

Самойлов В. В. Именины начальника репертуарной части петербургских театров драматурга П. С. Федорова. Холст, масло. ЛГМТМИ

Самойлов В. В. (1813—1887) — знаменитый русский актер. С 1835 по 1875 г. играл в Александринском театре в Петербурге (ныне Драматический театр им. А. С. Пушкина). Самойлов много занимался также живописью. Его картины находятся в Русском музее и Третьяковской галерее.

пен, полон молний и вдохновений. Он может быть одновременно ужасен и по-шутовски смешон, и, если он превосходно изображает героя, не менее великолепно он играет и пьяницу. Кроме того, Самойлов — светский человек с прекрасными манерами. Артист до корней волос, он сам рисует свои костюмы и набрасывает карандашом остроумные и ловко исполненные карикатуры. На его выступлениях было много народу, но не так много, как на представлениях с Айрой Олдриджем. По совести, не мог же Самойлов превратиться в негра!

Леметр Фредерик (1800—1876) — один из лучших французских актеров своего времени.

Глава девятая   Щукин двор

У каждого города есть свое тайное, удаленное от центра место, где собирается всякий сброд. Вы можете его и не увидеть, так как, даже долго пробыв в городе, вы по привычке прогуливаетесь в сети одних и тех же аристократических улиц. Место, о котором я говорю,— это свалка мусора, куда свозят омерзительные, неузнаваемые, неприглядные остатки прежней роскоши, еще пригодные для потребителей пятой или шестой руки. Здесь заканчивают свой век кокетливые шляпки, изящные шедевры знаменитых модисток, теперь уже вытянутые, выцветшие, засаленные, впору разве что на голову дрессированному ослу; черные фраки из тонкого сукна, когда-то украшенные орденами и блиставшие на великолепных балах, теперь дырявая ветошь; вечерние платья, сброшенные в один прекрасный вечер на руки горничной, пожелтевшие, с разорванными кружевами, с облезлыми мехами; вышедшая из употребления мебель — одним словом, перегной и наслоения прошедших эпох. В Париже это Тампль, в Мадриде — Рестро, в Константинополе — Блошиный рынок, в Санкт-Петербурге — Щукин двор*, нечто вроде Пале-Руайяля с рядами живописных лавочек. В районе рынка** скажите извозчику сакраментальное «налево», и, проехав три-четыре улицы, вы окажетесь по нужному адресу.

Если ваше обоняние не слишком утонченно, вы войдете через ряды обуви и кож. Сильный запах кожи в соединении с навязчивым духом тухлой капусты очень типичен для этих мест. Иностранцу к нему трудно привыкнуть. Но когда хочешь все увидеть, не стоит разыгрывать из себя претенциозного франта.

Лавки на Щукином дворе сколочены из обрезков досок, это грязные трущобы, и нетронутый белый снег, который в этот день посеребрил их крыши, выставил напоказ всю эту грязную, тухлую гадость.

---

* Известный историк Ленинграда П. Н. Столпянский в книге «Петербург» (Петроград, 1918) пишет на с. 294: «Участок графа Чернышова по Садовой ул. (угол Садовой и Чернышова пер., ныне ул. Ломоносова) был впоследствии продан купцу Щукину, отсюда затем появился Щукин двор, купленный Екатериной II для Главного правления народных училищ, впоследствии реформированного в министерство народного просвещения. Рынок помещался во дворе этого дома до 1870-х годов, когда пожар уничтожил все его деревянные постройки».

** Очевидно, здесь речь идет о Сенном рынке на Сенной пл. (ныне пл. Мира). Часть Садовой ул., от Невского проспекта до Сенной пл., состояла почти сплошь из торговых рядов и рынков: справа — Гостиный двор (существует по сей день), слева — Щукин двор на одном углу Садовой и Чернышова пер. ныне существующий Апраксин двор — на другом ее углу по той же стороне.

Гирлянды старых кожаных ботинок (и каких ботинок!), одеревеневшие кожи, ужасающе карикатурными силуэтами напоминавшие форму животных, которых они когда-то покрывали; замызганные и изодранные тулупы как бы сохраняли форму человеческого тела — всё это разношёрстное барахло висело прямо перед лавкой, на улице, под низким желтовато-серым небом, кое-где присыпанное снегом, и имело вид чего-то ничтожно-скорбного, жалкого. Продавцы были не чище своего товара. Однако, царапая иглой покрытую лаком медную дощечку, Рембрандт сделал бы с этих бородатых, закутанных в бараньи шкуры людей несколько чудесных офортов. Из этих безобразных персонажей вышли бы очень характерные типы, ведь искусство повсюду найдёт себе модель.

Сеть проулков разделяет ряды лавок на Щукином дворе. Каждый квартал относится к определённому виду торговли. По углам перекрёстков сияют часовеньки, в которых в свете лампад с улицы видны серебро и позолота миниатюрных иконостасов. На Щукином дворе запрещено зажигать огонь: одной искорки хватило бы, чтобы воспламенить это нагромождение досок и старья. Здесь рискуют зажигать только лампады перед образа́ми. В этом тёмном и убогом месте массы золота и серебра церковной утвари особенно режут глаза. Проходя мимо этих часовен, покупатели и торговцы быстро и много крестятся. Некоторые из них, особенно усердные или попросту менее занятые, падают ниц лбом в снег, шепча молитву, и, вставая, бросают копейку в кружку, поставленную у двери.

Один из самых любопытных рядов на Щукином дворе — тот, где продают иконы. Если я вдруг забыл бы, какое в тот день было число, я мог бы подумать, что очутился в средневековье, настолько стиль рисунка икон был архаичен, а ведь большинство из них исполнено было просто накануне. Своими образа́ми Россия с абсолютной верностью продолжает византийскую традицию.

В одной из этих лавок я нашёл подделанную под православную богоматерь «Мадонну с просвирой» Энгра. Её поза со скрещенными в молитве руками, с изящно касающимися друг друга пальцами, несмотря на известную трудность в её исполнении, удалась неплохо, и голова вполне сохраняла характер оригинала. Я меньше всего ожидал встретить на Щукином дворе это напоминание о великом живописце. Как и какими путями его шедевр прибыл сюда и послужил моделью для русской иконы? Я прицени́лся. Просили всего десять рублей, потому что икона была без оклада.

Энгр Жан Огюст Доминик (1780—1867) — французский живописец, рисовальщик и музыкант. С 1834 по 1841 г. — директор Французской академии в Риме. Создавал картины на литературные, исторические, религиозные сюжеты, портреты (Паганини, Гуно, Лист), отличавшиеся глубокой психологической характеристикой. Обращался к изображению обнажённой натуры. Классицистские тенденции творчества Энгра оказали большое влияние на развитие академизма во французском искусстве.

Волков А. М. (1827—1873). Сенная площадь в Петербурге. 1860-е гг. Здесь располагался рынок, о котором говорит Т. Готье. ГРМ

Торговцы иконами лучше одеты, чем их соседи — торговцы кожами. В основном на них старинные русские костюмы: суконный синий или зеленый кафтан, застегнутый на одну пуговицу у плеча и схваченный на талии тугим поясом, большие кожаные черные сапоги, длинные, висящие по обеим сторонам волосы разделены на прямой пробор. Они короче подстрижены на затылке, чтобы не мешать на вороте. Вьются светлые или орехового цвета бороды. У многих прекрасные, серьезные, умные и добрые лица. Они сами могли бы позировать для портретов Христа, которые продают, если бы византийское искусство допускало подражание природе в исполнении освященных церковью образов. Завидев, что вы останавливаетесь перед лавкой, они вежливо приглашают войти, и, даже если вы ограничитесь покупкой нескольких пустяков, они покажут вам весь свой арсенал, не без гордости останавливая ваше внимание на самых дорогих, хорошо исполненных вещах.

Для иностранца эти типично русские лавки очень интересны. Но опростоволоситься здесь легко: вы можете купить совершенно новую вещь, приняв ее за древность.

В России часто старинная иконопись на самом деле выполнена чуть ли не накануне, так как здесь веками неизменно повторяются одни и те же формы всяческой религиозной символики. Икона, которую знатоки, даже эксперты могли бы принять за греческое произведение IX или X века, зачастую выходит из соседней мастерской, и золотой лак на ней только что успел просохнуть.

Считают здесь на счетах по китайскому способу: при помощи абаки — рамы с протянутыми в ней проволочными линиями и нанизанными на них шариками, которые передвигают, производя сложение.

Не все посетители покупают на Щукином дворе. Туда ходят побродить, и в его рядах толпится пестрый люд: мужик в тулупе, солдат в серой шинели стоят рядом со светским человеком в меховой шубе или антикваром, надеющимся напасть на какую-нибудь редкую вещь, что становится все труднее. Наивность давно улетучилась с этого базара, из страха ошибиться и просчитаться торговцы за любую безделицу запрашивают феноменальные цены. Горестное воспоминание о том, что раньше они задешево уступали редкие вещи, цены́ которым они не знали, сделало их еще более подозрительными, чем недоверчивые овернцы с улицы Лапп в Париже.

В этом хаосе вы найдете все: есть квартал старых книг, французские, английские, немецкие фолианты, книги всех стран мира набросаны здесь, прямо на снегу, среди разрозненных, измятых, в пятнах, изъеденных червями и мышами книг на русском языке. Иногда пытливый и терпеливый человек вдруг может открыть в ворохе хлама какую-нибудь первопечатную книгу, первое издание, потерянный том давно распроданного и вышедшего из употребления опуса, прибывшего на Щукин двор после целой вереницы приключений, могущих послужить сюжетом для какой-нибудь юмористической одиссеи. Некоторые из книготорговцев не умеют читать, но это не мешает им превосходно знать свой товар.

Есть и лавки эстампов, черных и раскрашенных литографий. Часто там можно увидеть портреты царей, великих князей и княгинь, высших должностных лиц и генералов предыдущих царствований. Выполненные больше увлеченной, чем умелой, рукой, они дают очень странное представление об августейших особах. Понятно, конечно, что «Четыре времени года», «Четыре стороны света», «Предложение руки», «Свадьба», «Ночь новобрачной» или «Утро новобрачной» — вся эта ужасная пачкотня бумаги с нашей улицы Сен-Жак встречается здесь во множестве.

Женщин меньшинство среди фланирующих людей и покупателей. У нас было бы наоборот. Русские женщины, хотя ничто их не принуждает, как будто сохраняют восточную привычку к домашнему заточению. Они мало выходят. Редко, когда издали заметишь простую женщину в платке, подвязанном под подбородком, в суконном или плюшевом балахоне, надетом, как мужской редингот, на толстые юбки. В грубых смазных сапогах она топчется в снегу, оставляя следы, о которых не подумаешь, что они принадлежат представительнице прекрасного пола. Женщины, которые останавливаются у

Тимм В. Ф. *Извозчик у Сенного рынка.* Холст, масло. ГРМ

выставленного товара, в основном немки, иностранки. В лавках Щукина двора, как и на базарах Смирны или Константинополя, продавцы — мужчины. Не могу вспомнить, чтобы хоть раз мне пришлось увидеть русскую торговку.

В рядах подержанной мебели можно пройти курс домашней экономии и получить сведения о русской частной жизни, по этим более или менее сохранившимся останкам узнать историю их прежних владельцев: здесь в наличии все стили. Моды, одна за другой, откладывали здесь свои слои. Каждая эпоха залегала здесь своим пластом вышедших из употребления, ставших смешными форм. Но преобладали большие диваны, обтянутые зеленой кожей,— типично русская мебель!

В другом месте продаются чемоданы, дорожные сумки, корзины и другие необходимые в дороге предметы, разложенные прямо на снегу до середины прохода. Затем идут старые кастрюли, железный хлам, горшки с оббитым горлышком, дырявые деревянные миски, пришедшая в негодность утварь, то, что не имеет больше названия ни на одном языке, рассыпающийся хлам, годный разве только одному старьевщику. Если бы не было 12—15 градусов мороза, прогулка в подобном месте могла бы иметь свои опасности самого определенного свойства. Но все насекомые дохнут при такой низкой температуре.

В случае более теплой погоды эта опасность увеличилась бы для меня еще и тем, что рядом тащился шарманщик, упорно следовавший за мной по пятам в надежде на несколько копеек, в которых я некоторое время ему отказывал из-за нежелания приоткрывать на морозе шубу. У этого шарманщика была нелепая и очень колоритная физиономия. Его голова была обвязана смешной грязной, обтрепанной тряпицей. Старая медвежья шкура, служившая когда-то фартуком для дрожек, покрывала его плечи, оттопыриваясь там, где висела шарманка, и создавая бедняге уродливый готтентотский круп, никак не вязавшийся с его худобой. Поначалу невозможно было даже объяснить себе этот горб, странным образом спускавшийся ему на бедра, так как только ручка шарманки выглядывала из-под облезлого меха, а рука, крутившая ее, своим жестом напоминала лапу усердно чесавшейся обезьяны. Подобие обмохрившегося внизу грубошерстного плаща и валенки дополняли его костюм, достойный граверного штихеля Калло.

Уже одни только валенки были целой поэмой нищеты и человеческого падения. Разношенные, деформированные, смятые спиралью, они наполовину слезли с ног, а носки их торчали вверх на манер крыши китайской пагоды, так что казалось, будто его ноги кривились дугами под тяжестью туловища и шарманки, как будто они не держались на большой берцовой кости. Несчастный как будто шел на двух серпах.

Что же касается его лица, то природа просто развлекалась, лепя его по маске Томаса Вирлока, этого мощного создания Гаварни: нос-двенадцатигранник, выступая из хаоса морщин, между скуластых щек, над широким оскалом зубов был на этом лице самой уловимой чертой, ибо кустистые волосы и борода с вмерзшими в нее льдинками мешали увидеть контуры его лица. Между тем сквозь клокастые брови с этого лица светился маленький, стального цвета глаз, выражая некую забавную и философствующую хитрость, а русская зима раскрасила красным цветом эту копию парижской литографии во плоти и в тряпье. Он был похож на выглядывавший из пакли помидор.

Когда старик принимался измываться над своей шарманкой, из-под медвежьей шкуры она слезливо стонала, просила пощады, астматически вздыхала, кашляла, задыхалась, как на смертном одре. Несколькими зубцами, еще остававшимися на ее валике, она пыталась надкусывать то там, то сям два-три мотива прошлого века, дрожащие, старенькие, дряхлые, мрачно-комичные мелодийки, настолько фальшивые, что при их звуках принимались выть собаки. Но все-таки они были трогательны, как песенка прежних времен, которую разбитым голосом напевает, не в силах совладать со свистящим дыханием, впавший в детство столетний дед. В конце концов эти призраки песен стали наводить на меня ужас.

Уверенный в действии своего инструмента и видя, что имеет дело с иностранцем, ибо по отношению к русскому он не позволил бы себе подобной настойчивости, плут был говорлив, как макака, крутил ручку, «молол» свои песенки и сделался так невыносим, что пришлось увесистой пригоршней меди заставить его наконец замолчать. Он, улыбаясь, принял мои копейки и, чтобы доказать мне свою благодарность, тотчас же остановил начатый было вальс. Шарманка с удовлетворением и облегчением глубоко вздохнула.

Все, что я рассказал,— это живописная и, по-моему, наиболее приятная сторона Щукина двора. Кроме того, там есть еще и крытые ряды лавок, торгующих всевозможными припасами провизии: копченые судаки для православного великого поста, оливы, прибывшие из Одессы, сливочное масло кусками, похожими на те, что продают в Константинополе, моченые яблоки, красные ягоды, с которыми делают пироги. Есть и новая мебель, одежда, обувь, ткани и золотые и серебряные изделия простого употребления. Все это любопытно, но уже не так своеобразно, как тот рассыпавшийся по снегу восточный базар.

Гаварни Поль (1804—1866)—французский рисовальщик, иллюстратор. В 1836—1850 гг. в журнале «Шаривари» в Париже Гаварни публиковал серию литографий о жизни Парижа и Лондона, сопровождавшуюся сатирическим текстом. Иллюстрировал роман Эжена Сю «Вечный жид», «Сказки» Гофмана и т. д. В 1845 г. появились его избранные произведения в сопровождении текстов Жюля Жанэна, Оноре де Бальзака и Теофиля Готье. Братья Гонкур написали о нем биографический и критический очерк.

Глава десятая   Зичи

Если в Санкт-Петербурге вы гуляете по Невскому проспекту, а избежать такой прогулки здесь так же трудно, как в Венеции не пройтись по площади Святого Марка, в Неаполе — по улице Толедо, в Мадриде — по Пуэрта-дель-Соль, у нас — по Итальянскому бульвару, вы наверняка заметите лавку Беггрова. Перед ней вечно стоит толпа любопытных. Люди рассматривают картины, часто в семи-восьмиградусный мороз. Облако от дыхания людей образует здесь как бы постоянный туман. Дождавшись свободного места перед витриной, когда кто-то из зрителей вдруг, и очень кстати, вспомнит, что у него есть еще дела в другом конце города, за Аничковым мостом, на Лиговке или по другую сторону реки, на дальнем проспекте Васильевского острова, вы, конечно, смешав свое дыхание с дыханием толпы, протиснитесь к ней. Но если вы еще не очень привыкли к климату и суровость его вас еще пугает, уверенно поверните ручку двери и смело войдите в само святилище. Беггров, молодой человек с приятными манерами, настоящий джентльмен, даже если вы у него ничего не купите, примет вас с превосходной вежливостью и любезно покажет свои богатства. Сам он художник, вполне светский и образованный человек, так что любитель искусства входит к нему, как в Париже входят к Дефоржу. Здесь можно полистать альбомы, просмотреть новые гравюры, поговорить на эстетические темы и узнать новости мира искусства.

Однажды, когда я рассматривал там гелиогравюры, большая акварель, помещенная в углу на мольберте, своими сочными тонами и роскошным видом решительно привлекла мое внимание, хотя сумерки уже пригасили дневной свет. Часто, однако, картины, в особенности если они действительно хороши, в этот час суток как-то магически фосфоресцируют. Кажется, будто они еще на какое-то время задерживают и собирают в себе уходящий свет.

Я подошел и оказался перед шедевром, который никак не мог приписать ни одному из известных мне мастеров и который любой из них подписал бы с гордостью. Это не был Бонингтон, это не был Эжен Лами, ни Каттермоль, ни Эжен Делакруа, ни Декан, ни один из тех, кто сумел бы передать в акварели силу и богатство масляной живописи. Совершенно новая манера письма этого оригинального произведения явилась для меня сюрпризом, открытием. Я открывал неизвестные, нетронутые земли искусства, не уступающие самым прославленным, чьи соки, аромат, вкус были резки, но восхитительны.

Бонингтон Ричард Паркс (1801—1828) — английский живописец и график, крупный мастер пейзажной акварели и литографии.

Изображена была флорентийская оргия XVI века. Знатные старцы, заправские развратники, древние осколки былого изящества, заканчивали ужин с молодыми куртизанками. На опустошенном и разгромленном столе поблескивали кувшины, вазы, бонбоньерки, коробки с пряностями, созданные великим Бенвенуто Челлини, остатки вин искрились рубинами и топазами в графинах и бокалах, фрукты с еще не увядшими листьями скатились со своих эмалевых подносов. В глубине, за прозрачной кисеею, сквозь которую просвечивали группы лиц, виднелись полузатененные фрески или ковры. Буфеты, серванты, зеркала со скульптурными украшениями рельефно проступали сквозь голубоватую кисею. Широкие парчовые занавесы, сильно собранные в складки, были выписаны в горячих и глубоких тонах, а в переплетающихся сотах потолка больше угадывались, нежели были видны, роскошные позолоченные арабески. По свободе движения, по разнообразию поз, схваченных художником на лету, по смелому ракурсу, по свободному и чистому рисунку фигур на акварели я понял, что передо мною был уверенный, опытный талант живописца, питаемый серьезным трудом. Художник обладал чувством истинной живописи и под любым углом умел изогнуть человеческое тело так, как даже сама модель не сумела бы показать себя с той великой легкостью, которая является уделом только настоящих мастеров. Молодые женщины в легкомысленных, словно растерзанных туалетах, смеясь, запрокидывались назад, показывая свою искусственную веселость куртизанок, и лишь слегка противились выходкам старцев, зная про себя, что те безопасны. Под румянами и за их деланным смехом сквозили, однако, усталость, отвращение и скука. Одна, слегка отвернувшись, мечтала, возможно, о своем молодом возлюбленном или о годах своей ранней молодости, другая в порыве иронического настроения будто забрала себе в голову безумную мысль сорвать парик с дряхлого развратника, с трудом стоящего перед нею на коленях в галантной позе давно прошедших времен. Но могущество жестокого металла обуздывало и подавляло все эти порывы. По услужливому, полному тайной почтительности их виду было понятно, что женщины такого сорта никогда по-настоящему не считают смешными богатых мужчин, даже если те стары и уродливы. Несмотря на печать старости и развращенности, которые явно чувствовались в сих вельможах, может быть, именно из-за тщетных стараний их скрыть, старцы обладали еще некоей величавостью в своих чересчур элегантных одеждах, которые напоминали великолепные костюмы Витторе Карпаччо и покрой которых, рассчитанный на юношей, лишался своих чистых линий на разбитых телах, костлявых и отяжелевших членах. В этих подштукатуренных морщинах порою читались глубокие мысли, достойные Макиавелли, и злое удовлетворение пресыщенного старика, ценой золота оскверняющего нежные цветы красоты и молодости. Некоторые из них казались счастливыми, как улитка на розах.

Лами Эжен (1800—1890) — французский живописец. Изображал нравы и моды своего времени.

Каттермоль (1800—1868) — английский живописец, акварелист. Иллюстрировал произведения Ч. Диккенса.

Делакруа Эжен (1798—1863) — французский живописец и график. Глава романтической школы, ярчайший выразитель ее прогрессивных, а в ряде работ и революционных тенденций. Творчество его относится к вершинам мировой живописи XIX в.

Декан Александр Габриель (1803—1860) — французский живописец. Ориенталист, представитель романтической школы.

Другие своим угрюмым видом являли скорбную печаль изнуренного естества, рухнувшего под тяжестью порока. Все это было превосходно в отношении цвета, выдумки, штриха, мастерства. С легким, но вовремя остановленным намеком на карикатуру, ибо живопись — серьезная вещь, а неподвижная гримаса очень быстро невыносимо надоедает. В углу этого шедевра значилось странное имя венгерского написания и итальянского звучания: Зичи.

Я горячо выразил свое восхищение, а Беггров ответил просто: «Да, это Зичи», находя, по-видимому, вполне естественным, что Зичи написал великолепную акварель. Он открыл папку, в которой оказалось много сепий молодого мастера, да таких разных по характеру, таких противоположных друг другу, что их легко можно было принять за произведения кисти разных художников.

Прежде всего это была патетическая и душераздирающая сцена: бедное семейство, затерянное зимой в степи. Несчастная женщина, изнуренная усталостью, промерзшая, пронизываемая ветром, ослепленная снегом, нашла временное и ненадежное укрытие под ледяной глыбой. От сильного холода за непреодолимым желанием заснуть, что само по себе уже является скорее замерзанием, чем сном, последовала смерть: нос заострился, веки конвульсивно сжались, губы, застывшие в момент смерти, отдали последний, мгновенно заледеневший вздох. Около матери вытянулся маленький мертвый ребенок, полузавернутый в лохмотья, поразительно смелым ракурсом ловко выписанный с головы. Мальчик тринадцати — четырнадцати лет, чья молодая и живучая кровь лучше противостояла холоду, беспокоится и суетится вокруг матери. В страхе, потерянный, он зовет ее, трясет, старается разбудить от упрямого сна, которого он не понимает. Чувствуется, что он никогда не видел, как умирают, и между тем по его внутреннему испугу, по его тайному ужасу мы видим, догадываемся, что он почуял смерть. Скоро уже эта так горячо любимая мать испугает его как привидение, ее тело превратится для него в труп, а потом все покроет снежный саван.

Далее была изображена супруга дожа Марино Фальеро, с мечтательным интересом слушающая, как молодой виртуоз играет перед ней на цимбалах в богатой венецианской зале, выходящей на балкон, украшенный маленькими колоннами и трили-

---

Челлини Бенвенуто (1500—1571) — итальянский скульптор, ювелир и писатель. Испытал влияние Микеланджело. Работал во Флоренции, Пизе, Болонье, Венеции, Риме, Париже и Фонтенбло. В своих виртуозных скульптурных и ювелирных работах изображал изящные, преувеличенно вытянутые фигуры, часто в сложных поворотах. Всемирную славу Челлини как писателю принесли его мемуары «Жизнь Бенвенуто Челлини».

Карпаччо Витторе (ок. 1455 — ок. 1526) — венецианский живописец. Искусный рассказчик и большой художник, он написал жития святых Жерома, Георгия и святой Урсулы.

Зичи М. А. (1827—1906) — член петербургской Академии художеств. Выходец из Венгрии, он навсегда поселился в России. Писал портреты, жанровые сцены, акварели, иллюстрировал книги.

стниками в ломбардском или мавританском стиле. Зичи, как Гюстав Доре, очень остро чувствует эпоху средних веков, он знает ее архитектуру, мебель, оружие, костюмы, контур, он воспроизводит все это без изнурительного труда, выписывая многочисленные архаические подробности в легкой и свободной манере, как если бы модели позировали перед его глазами или если бы он сам жил с ними в непосредственной близости. Он не стремится, как Доре, к гротескному, фантастическому элементу, с большей охотой он показывает изящество эпохи, избегая все же изображать трубадуров и рыцарские сцены, какие мы видим у Маршанжи.

Третий рисунок совсем сбил меня с толку. Два первых напоминали один — патетическую чувствительность Ари Шеффера и Октава Тассера, другой — офорты Шассерио на тему «Венецианского мавра», и ни один, ни другой не походили на большую акварель, изображавшую флорентийскую оргию. То, что я теперь увидел перед собою, казалось мне одним из лучших, самых живых и остроумных рисунков сепией кисти Гаварни. Это был офицер, спаги или охотник в Африке в момент, когда, спеша за своими товарищами, он с самым воинственным хладнокровием выслушивал прощальные слова нежной красавицы, которая в трогательной позе плакала и всхлипывала на его плече. Спаги, этот Улисс, всегда уходящий и привыкший к жалобам Калипсо, покинутых на островах, где он служил в гарнизоне, принимал росу слез, как дождь на спину, со скучающим видом, терпеливо и хмуро, стряхивая ногтем мизинца белый пепел с кончика сигареты и подмяв под себя ногу внутрь, как человек, совсем не заботящийся о своей элегантности... Вы не представляете себе всего остроумия, тонкости и откровенности этого легкого рисунка, сделанного с великолепной уверенностью штриха кончиком кисти на первом попавшемся клочке бумаги.

От Гаварни я перепрыгнул к фантастическому автору «Капричос» — к Франсиско Гойе, в «Свадебную ночь» — другой рисунок Зичи. Старик женился на прекрасной

Марино Фальеро, дож Венеции, занявший этот пост в 1354 г. в возрасте 76 лет. У него была молодая и красивая жена, которую он страшно ревновал ко всем. Молодой патриций Стено, один из начальников Суда сорока, высшего органа власти в Венеции, оскорбил Марино Фальеро, ухаживая за его женой. Марино Фальеро захотел, чтобы Суд сорока осудил виновного. Но суд вынес крайне мягкий приговор. Тогда Марино Фальеро возненавидел патрициев и вошел в заговор против них с целью уничтожить всех патрициев города. Заговор был раскрыт, и Марино Фальеро был казнен прямо на ступенях лестницы собственного дома.

Доре Гюстав (1832—1883) — французский живописец, график. Его иллюстрации к «Гаргантюа и Пантагрюэлю» Рабле, «Божественной комедии» Данте, «Дон-Кихоту» Сервантеса, «Озорным рассказам» Бальзака полны фантазии и юмора, в них живут живописно-динамичные и гротескно-выразительные образы.

Маршанжи Луи Антуан де (1782—1826) — французский судебный деятель и литератор. Основные труды: «Поэтическая Галлия» (1813), где рассматривается история Франции в ее связи с поэзией, риторикой и искусствами, «Тристан-путешественник, или Франция XIV века» (1826).

бедной девушке, и пришел час свадебной ночи. Муж снимает одну за другой не только одежды, но и некоторые части своего тела. Под снятым париком обнаруживается сияющий лысиной череп. Стеклянный глаз, положенный в стакан с водой, чернеет там, как то самое отверстие в черепе, где в склепе паук плетет свою паутину. Вставная челюсть, брошенная на ночной столик, отвратительно поскрипывает своими поддельными зубами и подражает обнажающим зубы вульгарным ухмылкам смерти. Что может быть ужаснее этого одинокого смеха, отделенного от головы, освобожденного от узды губ и веселящегося сам собой где-то в углу. Это напомнило мне ужасное видение Эдгара По, зубы его Береники.

Несчастное дитя — новобрачная думала, что вышла замуж просто за старика, а не за этот живой скелет, и, преодолевая девичий стыд при мысли о старой матери, которой теперь лучше живется, о младшей сестре, спасенной от греха, отступает в страхе перед этим костлявым, более чем созревшим для могилы привидением, протягивающим к ней дрожащие от похоти и дряхлости подагрические руки. Она кинулась с кровати, и сквозь легкое облако ее батистовой рубашки проступают чистые и пленительные контуры ее прелестного тела, охваченного стыдливой тенью, которая, однако, не утаивает ни одной из ее прелестей. Вульгарность, которую могла бы при другой манере исполнения содержать мысль о «брачной ночи молодой супруги», здесь исчезает за игрой затененных деталей и сильного, своеобразного эффекта. Если я прибегаю к аналогиям, чтобы дать

Шеффер Ари (1795—1858) — французский иллюстратор, оформлявший книги на исторические темы, сказки и поэтические произведения.

Тассер Октав (1800—1874) — французский живописец и литограф. Занимался исторической жанровой живописью и портретом.

Шассерио Теодор (1819—1856) — французский живописец, декоратор, рисовальщик. В живописи занимался в основном портретом.

Улисс, или Одиссей, — греческий герой, легендарный царь Итаки, один из главных героев Троянской войны. Его странствия и возвращение в родной дом составляют сюжет «Одиссеи» Гомера.

Калипсо — в греческой мифологии нимфа, царица острова Огигии в Ионическом море. Она подобрала Улисса (Одиссея) после кораблекрушения и задержала его при себе на десять лет.

Гойя Франсиско Хосе де (1746—1828) — испанский живописец. Придворный портретист, он без снисхождения писал членов королевской семьи. Был свидетелем ужасов войны с Наполеоном (1810—1814). Гойя обратился к экспрессивно-энергичным, обличающим, разоблачающим темам, какими явились «Капричос», «Бедствия войны» и др.

По Эдгар Аллан (1809—1849) — американский писатель и критик. Поэт в начале своей творческой деятельности, По в 1832 г. пишет первые рассказы. Является родоначальником детективной литературы (рассказы «Убийство на улице Морг», «Золотой жук»), предвосхитил жанр научно-художественной прозы («Эврика»), некоторые черты его творчества (иррациональность, мистицизм, склонность к изображению патологических состояний) предвосхитили декадентскую литературу. «Ужасное видение» связано с рассказом писателя «Береника».

представление о неизвестном в Париже художнике, не подумайте, что Зичи — это подражатель, копиист, имитатор. Нет, он — гениальная натура, он черпает все в самом себе. Никогда в жизни не встречал он на дорогах искусства мастеров, на которых, по моему мнению, он походит. Некоторые из этих имен никогда даже не достигали его слуха.

— Как же получилось,— говорил я Беггрову,— что Зичи ничего не послал на Всемирную выставку, что я никогда не видел ни одной его работы, хотя бы в гравюрах, никогда не встречал его картин или рисунков в коллекциях? Видно, ревнивая Россия хранит его в тайне, только для себя самой и монополизировала этот тонкий, такой новый и своеобразный талант?

— Да,— спокойно ответил мне Беггров,— Зичи много работает для двора и для города. Его рисунки долго не лежат в моей лавке, и, если вам удалось увидеть их здесь сразу несколько, это только случай. Просто для них делаются рамы. «Флорентийскую оргию» уже берут вечером, вы вовремя пришли.

Я вышел из магазина и, подобно восхищенному недавним чтением Варуха Лафонтену, встречавшему всех вопросом: «Вы читали Варуха?», начинал разговор со всеми вопросом: «Знаете ли вы Зичи?»

— Конечно же,— всегда отвечал мне собеседник. И в один прекрасный день господин Львов, директор Рисовальной школы, сказал мне: «Если вы хотите сами познакомиться с ним, я могу доставить вам это удовольствие».

В Санкт-Петербурге есть нечто вроде клуба под названием «Пятничные вечера». Это общество состоит из художников, которые собираются по пятницам, о чем и говорит его название. Клуб этот не имеет постоянного помещения, и каждый из его членов поочередно принимает своих собратьев у себя дома. Когда же список исчерпывается, круг начинают сызнова.

На длинном столе расставлены колпачки ламп, разложены веленевая бумага или торшон, картоны, карандаши, пастель, акварель, сепии, тушь и, как сказал бы господин Скриб, все, что нужно для рисования. У каждого члена общества есть свое место за столом, и он должен за вечер сделать рисунок, набросок, сепию, эскиз и оставить свое произведение в собственность обществу. Продажей этих произведений или разыгрыванием их в лотерее собираются средства в помощь бедствующим художникам или тем из них, кто испытывает временные затруднения. Сигареты и папиросы (так называют сига-

---

Барух, или Варух,— один из двенадцати малых предсказателей из племени Иуды, жил примерно в 606 г. до н. э. После взятия Иерусалима Навуходоносором ушел в Египет вместе с прорицателем Иеремией, затем после его смерти отправился в Вавилон. Здесь он записал свои предсказания, в которых заключено красноречие, восхитившее Лафонтена.
Лафонтен Жан де (1621—1695) — французский поэт.

Зичи М. А. На художественных пятницах. 1850-е гг. По акварели офорт В. А. Боброва (1842—1918). Изображены (слева направо): кн. В. Н. Максутов, И. К. Айвазовский, В. Ф. Тимм, А. К. Лавеццари, И. А. Гох, М. К. Клодт, И. И. Соколов, М. А. Зичи, Ф. Ф. Львов, Н. Е. Сверчков, Е. И. Мюссар, П. К. Клодт, полковник Рюль

А. Штакеншнейдер, дочь известного архитектора и вице-президента петербургской Академии художеств А. И. Штакеншнейдера, в «Дневнике и записках» пишет: «Львов приносит действительно много пользы своей деятельностью; но приносил бы еще больше, если бы средства, им располагаемые, были лучше. Теперь он возобновил пятницы в кругу художников, устроенные некогда Осиповым, Гохом, Лагорио, Трутовским и Хлопониным, т. е. вечера раз в неделю, именно по пятницам, у кого-нибудь из художников по очереди. На этих вечерах рисуют, и таким образом составляется альбом, отдельные рисунки которого продаются. Теперь этот альбом у императрицы; купила ли она что-нибудь из него, неизвестно еще. В нем рисунки самого Львова, Соколова, Зичи, Сверчкова, Гоха, Рюля и князя Максутова».

реты в Санкт-Петербурге), словно стрелы из колчанов, торчат из расставленных между пюпитрами рожков резного дерева или глазурованной глины, и каждый художник, не прерывая работы, берет гаванскую сигару или папиросу, и клубы дыма тотчас обволакивают его пейзаж или фигуру. Ходят по кругу стаканы чая с печеньем. Небольшими глотками отпивается чай, художники за беседой отдыхают. Те, кто не чувствует себя в ударе, ходят, рассматривая работы других, и часто возвращаются на свои места, под впечатлением увиденного как бы озаренные внезапным светом.

К часу ночи подается легкий ужин, царит самая искренняя сердечность, разговор оживляют споры об искусстве, рассказы о путешествиях, остроумные парадоксы, легкомысленные шутки, вызывающие всеобщий неудержимый смех, устные карикатуры, более удачные, нежели бывают в комедиях, тайну коих открывает художнику постоянное наблюдение природы. Затем все расходятся, создав каждый хорошее произведение, а иногда и шедевр и развлекшись от души, что тоже является редчайшим удовольствием. Я очень хотел бы увидеть подобное общество в Париже, где художники в основном видятся так редко и знают друг о друге почти исключительно как о соперниках.

Мне оказали честь, сделав меня членом Пятничных вечеров, и на одном из них я впервые увидел Зичи.

На этот раз пятница происходила на Васильевском острове, у Лавеццари, художника, который все видел и все рисовал. Иногда, наполовину скрываясь за гигантскими листьями тропических растений (тепличная атмосфера квартир позволяет в России украшать ими внутренние помещения домов), стены покрывали акварели, на которых я узнавал Альгамбру*, Парфенон, Венецию, Константинополь, пилоны Карнака**, могилы Ликии***.

Молодой человек тридцати — тридцати двух лет с длинными светлыми волосами, падавшими беспорядочными локонами, с голубовато-серыми глазами, полными огня и ума, со светлой, чуть вьющейся бородой, с приятными и тонкими чертами лица

XIX века.

Скриб Огюстен Эжен (1791—1861) — французский драматург. Автор около 150 пьес, составивших основу комедийного репертуара французского театра

---

* Альгамбра — резиденция мавританских властителей в Гренаде (Испания). Архитектурный ансамбль с великолепным садом, в котором в 1526 г. Карл V, германский император, построил дворец в итальянском стиле.

** Карнак — деревня, выросшая на развалинах древнего города Фивы в Египте. Там находится знаменитый храм Амона.

*** Ликия — древняя страна в Малой Азии между Карией, Писидией и Памфилией Мела. О ней писали Овидий Назон и Плиний Старший.

Зичи М. А. Автопортрет. 1856. Акварель. ГРМ

«Готье в своем панегирическом очерке о художнике описывает около двадцати работ Зичи. Понятно, что его в первую очередь прельщали произведения романтического характера... Однако, наряду с повышенно-эмоциональными, зрелищно-эффектными произведениями Зичи 50-х годов... Готье отмечает также реалистическую жанровую сцену... изящные и в то же время документальные эскизы... блестящие натюрморты, сцены из средневекового быта».

Алешина Л. А. Михай Зичи. М., 1975. С. 5—6.

стоял у окна, раскладывая свою бумагу, акварельные кисти и ставя стакан с водой. Он ответил серебристым, поистине детским смехом на шутку, которую только что отпустил один из его товарищей. Это был Зичи.

Нас представили друг другу. Я выразил ему, как мог, глубокое восхищение от его «Флорентийской оргии» и рисунков, которые видел у Беггрова. Он слушал меня с видимым удовольствием, ибо не мог поставить под сомнение мою искренность, и со скромным, конечно ненаигранным, удивлением.

Казалось, он говорит про себя: «Такой ли уж я великий человек?» Не то чтобы Зичи не сознавал своего таланта, но он не придавал ему должного значения. То, что он делал с легкостью, и казалось ему в действительности легким. Его несколько удивляло восхищение других при виде вещи, которая ему стоила трех-четырех часов работы за курением и разговорами. Гениальность, если она действительно существует, в своем проявлении не заставляет себя в человеке долго ждать. Зичи же был действительно наделен ею.

Он галантно принялся импровизировать композицию на тему, взятую из «Царя Кандавла» — рассказа на античный сюжет моего сочинения, которому оказали уже честь своим вдохновением Прадье, создавший скульптуру, и Жером, написавший картину. Карандаш Зичи бегал по бумаге без остановки, как если бы он копировал невидимую остальным модель.

А в это время другие участники Пятничных вечеров трудились с пылом и удивительным проворством: Сверчков рисовал цветными карандашами лошадь, дружески положившую голову на шею своему спутнику жеребцу. Как Орас Верне, Альфред де Дрё, Ахилл Жиру, Сверчков великолепно рисует играющие муаром шелковистые крупы породистых лошадей, он превосходно знает их нервные, пружинистые скакательные суставы, умеет переплетать вены на их дымящихся шеях, искрить огнем их зрачки и дымящиеся ноздри. Но у него есть слабость к низкорослым украинским лошадям, косматым, лохматым, неухоженным, к бедной мужицкой лошаденке. Он рисует ее запряженной в роспуски, телегу или сани, которые она тащит по льду или снегу в сосновых лесах под отяжелевшими от снега ветвями. Чувствуется, что он любит этих славных животных, сдержанных, терпеливых, мужественных, таких выносливых. Он словно Стерн с этими милыми животными, и страница из «Сентиментального путешествия», посвященная ослу, жующему лист артишока, не более трогательна, чем любой из набросков Сверчкова. Я встретил здесь одного моего старинного приятеля, Фарамона

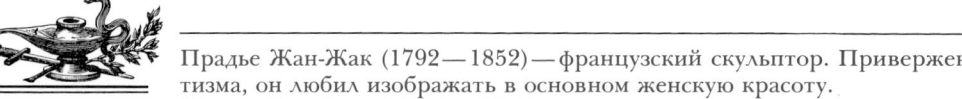

Прадье Жан-Жак (1792—1852) — французский скульптор. Приверженец романтизма, он любил изображать в основном женскую красоту.

Жером Жан Леон (1824—1904) — французский живописец, скульптор и рисовальщик. Писал картины на сюжеты из жизни Древней Греции, Рима, стран Востока и на темы из французской истории.

Портрет Фарамона Бланшара. Гравюра на дереве. Опубликована во французской газете «Иллюстрасьон» 20 декабря 1873 г. ГБЛ

Шевченко Т. Г. Портрет скульптора П. К. Клодта. 1861. Рисунок. ГБЛ

Ф. Бланшар жил в России с 1856 по 1859 г. В Петербурге он попытался создать акционерное общество по устройству зимнего сада для публики. Не закончив переговоров в Петербурге, Бланшар вынужден был уехать во Францию.

Скульптор П. К. Клодт (1805—1867) был участником художественных пятниц в Петербурге и посещал их вместе с Т. Готье в зиму 1858/59 г.

«...Теперь все живущее стало достойно внимания художников. Сперва красивая, породистая лошадь, а потом даже худая, заморенная кляча служат предметами изучения и воспроизведения. Барон Петр Карлович Клодт первый обратил внимание на эту область. Он с огромными знаниями, вкусом и большой наблюдательностью представил животный мир, открыв красоту, о которой прежде не подозревали».

Грабарь И. Э. История русского искусства. Т. V. Скульптура. 1914. С. 334.

Бланшара, как раз в тот момент, когда он на своей сепии бросал на скалы пенистые волны маленького водопада. Я никогда не встречал его в Париже, но мы провели вместе многие месяцы в Мадриде, Смирне, Константинополе. Нужно было приехать именно в Санкт-Петербург, чтобы встретить его после шести лет разлуки.

    Попов, русский Тенирс, с очаровательной наивностью набрасывал крестьянскую сценку чаепития. Лавеццари вел араба с волами по узким улицам восточного города, а Шарлемань, автор столь правдивых, столь верных видов Санкт-Петербурга, красующихся в витринах Дациаро, на свой страх и риск создавал еще один остров в Лаго-Маджоре и покрывал его феерическими конструкциями, могущими разорить принцев Бороме, несмотря на их богатство. Немного дальше Львов, директор Рисовальной школы, зажигал горячим лучом солнца площадь в Тифлисе. Князь Максутов устремлял галопом команду пожарников, перед которой неслись во весь опор дрожки, чертя колесами по стене. Премацци, в своих прозрачных и теплых акварелях придавший пристани у Адмиралтейства живописность венецианских причалов, сделавший с Фонтанки рисунок, который подписал бы и Каналетто и Гварди, и своей особой магией красок сумевший повторить византийское великолепие Московского Кремля и его пестрых церквей, сидя здесь, выписывал изящные колонны полукруглого портика монастыря, выделяя его белый фасад на голубом фоне озера. Гох, заканчивая женскую головку, примешивал к чистому римскому ее типу, столь любимому Леопольдом Робером, нечто от изящества Винтерхальтера. Щепоткой графита и кусочком ваты Рюль на скорую руку создавал в клубах пара Гюденов и Айвазовских. Тот самый Рюль, который к концу ужина умеет поочередно становиться в кругу друзей то Макалузо, то Анри Монье, если только, легкими пальцами бегая по клавишам, он не наигрывает мелодии из недавно поставленной оперы или не импровизирует новую.

    Дрё Альфред де (1810—1880) — французский живописец. Писал жанровые сцены из жизни светского общества, охоту, портреты, любил изображать лошадей.
    Жиру Ахилл (1820—1854) — французский живописец, рисовал лошадей.
    Сверчков Н. Е. (1817—1898) — русский самобытный художник-живописец, анималист. Был очень известен в 1860—1870-х гг. Писал лошадей, жанровые сцены, охоту, исторические и батальные сюжеты. Занимался также литографией, скульптурой, росписью по фарфору.

    Стерн Лоренс (1713—1768) — английский писатель. Крупнейший представитель сентиментализма. Пересматривает литературные каноны и традиционные представления о человеке: роман «Сентиментальное путешествие по Франции и Италии» (1768, русский перевод — 1793).

    Попов А. А. (1832—1896) — русский живописец, член петербургской Академии художеств. Писал по преимуществу сцены из крестьянской жизни.
    Тенирс Давид (Старший, 1582—1649) и его сын Тенирс Давид (Младший, 1610—1690) — фламандские живописцы. Изображали фламандские народные сцены.

Со своей стороны я должен был как-то проявить себя, ибо непосвященные не имели права регулярно посещать эти вечера. Исключение здесь делалось только для господина Мюссара за удивительный его вкус, остроумие и образованность. Он был освобожден от обязанности рисовать, однако с условием, чтобы взамен он непременно рассказывал. Карандашный набросок головки, которая могла бы сойти за Офелию с цветочками и соломинками в волосах, был благосклонно принят как вступительная работа, и в узком обществе Пятничных вечеров мне оказали любезность не посчитать меня филистером. На каждом заседании у меня было свое место у пюпитра, и моя мазня попадала в общий портфель.

Шарлемань А. И.— Боде-Шарлемань (1826—1901) — русский живописец, член петербургской Академии художеств. Писал много акварельных видов Петербурга, занимался также театрально-декорационным искусством.

Бороме — сказочные принцы островов Бороме, четырех красивейших островов на альпийском озере Лаго-Маджоре.

Львов Ф. Ф. (1820—1895) — художник-любитель. Занимал чиновничьи должности в Академии художеств. Был директором петербургской Рисовальной школы при Обществе поощрения художеств.

Максутов В. Н., князь (1826—1886) — русский художник-любитель. Писал жанровые сцены.

Премацци Л. О. (1814—1891) — итальянский живописец. Работал в России с 1834 г. Много писал виды Петербурга и интерьеры дворцов.

Каналетто — Джованни Антонио Каналь (1697—1768) — итальянский живописец и гравер. Работал в Венеции, Риме и Лондоне. В Англии был избран членом Королевской академии. Писал виды Венеции и ее окрестностей.

Гварди Франческо (1712—1793) — итальянский живописец. Работал в Венеции, член Венецианской Академии. Писал виды Венеции, сцены городских празднеств и интерьеры зданий.

Гох И. А. (1823—1878) — русский художник, член Академии художеств. Работал в Петербурге. Преподавал в Рисовальной школе. Известен его портрет архитектора А. И. Штакеншнейдера. Исполнил восемь медальонов на сюжеты «Душеньки» Богдановича. В павильонном зале Малого Эрмитажа исполнил медальоны «Времена года» над дверьми и на потолке в переходе из Малого в Большой Эрмитаж.

Робер Леопольд Луи (1794—1835) — швейцарский живописец. Писал сцены из жизни итальянского народа и аллегории. Работал преимущественно в Италии.

Винтерхальтер Франц Ксавер (1805—1873) — немецкий живописец. Поселившись во Франции, под покровительством королевы Марии-Амалии, супруги Луи-Филиппа, а затем императрицы Евгении, супруги Наполеона III, писал портреты и куртуазные сюжеты.

Рюль Карл — художник-любитель середины XIX в. Был офицером. Сочинял музыку, ловко показывал фокусы.

Журнал «Современник», (1859. № 3) писал:

«В одно время с артистами к великому посту съезжаются в Петербург, как известно, чародеи, маги и фокусники. В сию минуту находятся у нас два таковых: гг. Шово и Макалузо.

Г. Макалузо еще не появлялся на публике, но про него уже пишут и рассказывают чудеса, потому что он дал несколько представлений в частных домах. Г. Макалузо соединяет, по признанию тех, кто его видел, утонченность джентльмена с ловкостью фокусника».

Монье Анри (1799—1877) — французский живописец и карикатурист. Создал тип ленивого и любящего нравоучения буржуа, названного им Жозеф-резонер.

Бланшар Ф. Иллюминация в Москве. 1856. Акварель. ГРМ

Французский художник Ф. Бланшар прибыл в Россию как представитель парижского журнала «Иллюстрация» по случаю коронации Александра II. По этому поводу министр императорского двора граф Адлерберг писал князю Г. Г. Гагарину, уполномоченному руководить всем, что касалось художественного сопровождения этого события:

«Государь император высочайше разрешить соизволил употребить для рисования картин, долженствующих войти в предположенное издание описания коронования их величеств, г-на Бланшара, дозволив ему вместе с тем доставлять эскизы для парижской «Иллюстрации»...»

Крамской И. Н. Портрет художника И. К. Айвазовского. Холст, масло. ГРМ

Каролюс-Дюран Э. А. Ш. (1838—1917). Портрет художника А. А. Попова. Выполнен в Риме в 1865 г. и подарен автором А. А. Попову. ГЭ

Журнал «Современник». 1859. № 6:
«Последним петербургским интересом могла бы быть годичная выставка Академии художеств, но мы должны сказать к глубокому прискорбию, что эта выставка, за исключением двух-трех пейзажей, не представляла почти ничего замечательного. К лучшим ее произведениям, таким, которые бы могли украсить всякую выставку, принадлежит «Сцена в харчевне» г. Андрея Попова, картина, полная жизни и истины и выполненная художественно».

Тем временем Зичи усердно писал акварелью и начинал набрасывать на рисунок игру света и тени, в которой он так ловок и силен. Но вот объявили об ужине. Сочные макароны безупречного итальянского вкуса составили превосходную часть меню. Прелестный итальянский профиль на стене, возможно, и объяснял это классическое совершенство.

На следующий день я получил письмо от Зичи, в котором он мне писал, что, перечитав «Царя Кандавла», разорвал на тысячу кусочков свой рисунок — варвар! вандал!

Лавеццари А. К. Дворик, Роскоф (Франция). 1870. Акварель. ГРМ

      Автор многочисленных художественно-критических статей, искусствовед, старший хранитель Эрмитажа А. И. Сомов (1830—1909), составитель ценных фактическими сведениями каталогов картинной галереи петербургской Академии художеств, оставил характеристики многих художников, забытых в наше время, но, однако, имевших свои достоинства. Таким художником является Андрей Карлович Лавеццари (1817—1880) — живописец-акварелист, художественное образование получил в Академии художеств, ученик А. П. Брюллова по классу архитектуры. Многократно предпринимал путешествия в разные страны и посвятил себя акварельной перспективной живописи, за которую в 1850 г. был удостоен степени академика. Оставил огромное количество видов любопытных в историческом и художественном отношении памятников зодчества Константинополя, Палестины, Египта, Греции, Италии, Испании, Алжира, Франции и т. д. — рисунков, отличающихся верною передачею перспективы и ловким приемом кисти.

      Из журнала «Аполлон». 1911. № 9.

Хилкова Е. Н. (1827—1876). Внутренний вид женского отделения петербургской Рисовальной школы. 1855. Холст, масло. ГРМ

П. Н. Столпянский в книге «Старый Петербург и Общество поощрения художников» (Л., 1928) рассказывает о петербургской Рисовальной школе:

«Учениками в этой школе начали такие художники, как Крамской, Репин, с другой стороны, на всех более или менее художественных предприятиях, например на фарфоровом заводе, на фабрике бронзы Шопена и т. д., работали ученики этой же школы.

Общество поощрения художников открывало бесплатно отделения своей школы в пригородных частях Петербурга — по Шлиссельбургскому тракту и Петергофскому шоссе, там, где скопились петербургские фабрики (для детей и взрослых)».

Рюль К., художник-любитель. Пейзаж. 1861. Акварель. ГРМ

Одновременно он приглашал меня отобедать у него с целью показать мне между обедом и ужином работы, наиболее достойные внимания и способные оправдать хорошее мнение, которое у меня сложилось о нем. К письму был приложен маленький план, нарисованный его рукой, чтобы мне легче было найти его дом,— весьма нелишняя предосторожность, если принять во внимание мое полное незнание русского языка. С помощью плана и четырех слов, которые составляют основу диалога иностранца с извозчиком: «прямо», «направо», «налево», «стой», я благополучно доехал до Вознесенского моста*, неподалеку от которого жил Зичи.

Несмотря на сдержанность, которую я всегда стремился соблюдать в описаниях моих путешествий в отношении частной жизни тех лиц, с которыми мне доводилось

---

* Вознесенский мост находится на пересечении проспекта Майорова (бывший Вознесенский) и канала Грибоедова (бывший Екатерининский).

Брюллов К. П. Парный конный портрет Е. И. Мюссара и Эмилии Мюссар. 1846. Акварель. ГТГ

Евгений Иванович Мюссар (1814—1892) был секретарем герцога Максимильяна Лейхтенбергского, президента Академии художеств. Е. И. Мюссар и его супруга Эмилия Мюссар изображены на двух акварелях К. П. Брюллова, одна из них здесь представлена.

встречаться в пути, я проведу читателя вместе с собою к Зичи, не думая, что злоупотреблю оказанным мне гостеприимством: мне кажется, что если не положено переступать порог интимного очага, то дверь мастерской художника приоткрыть дозволяется. Зичи простит мне, что я приведу к нему нескольких посетителей, которые не были по законам вежливости предварительно ему представлены.

Всякая квартира в России начинается со своего рода гардеробной, где каждый приходящий скидывает шубу на руки слуге, а тот вешает ее на вешалку. Затем снимаются галоши, как на Востоке снимают туфли при входе в мечеть или в саламлик. Свалка туфель на первом плане, так сильно поразившая парижан на картинах Жерома «Молитва арнаутов»*, встречается здесь во всех прихожих, независимо от того, могуществен, известен, любезен ли хозяин дома. В гардеробе у Зичи всегда бывает изобилие сапожных изделий. Однако в этот день ни галош, ни меховых сапог, ни фетровых бот не стояло внизу и не висело в прихожей ни одной шубы: Зичи запретил принимать, чтобы мы могли вдоволь наговориться.

Сначала мы прошли довольно просторную гостиную, одну из стен которой занимали восхитительные охотничьи принадлежности. Здесь были ружья, карабины, ножи, охотничьи сумки, пороховницы, развешанные на оленьих рогах и шкурах рыси, волка и лисицы, которые были и жертвами и моделями Зичи, совсем как в доме обер-егермейстера или спортсмена-охотника. Но затененный, как картины Рембрандта, оттиск гравюры, изображающей пророка в пещере и выполненной Анрикелем Дюпоном с «Гемицикла» Поля Делароша, «Смала» Ораса Верне в черной манере и еще несколько пустых рам, ожидавших полотен, свидетельствовали о том, что здесь живет художник.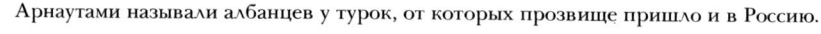

Вазоны с тепличными широколистными растениями стояли на окне. Художнику более, чем любому другому, важно поддержать традицию зелени, которая в России каждый год исчезает на восемь месяцев.

Посередине комнаты стоял большой круглый стол, предназначенный для Пятничных вечеров.

Далее шла вторая, гораздо меньшая комната. Угловой диван украшал в ней сразу две стены в глубине, напротив изящной резной перегородки. Такие перегородки —

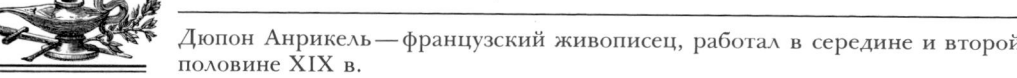

* Арнаутами называли албанцев у турок, от которых прозвище пришло и в Россию.

Дюпон Анрикель — французский живописец, работал в середине и второй половине XIX в.

Деларош Поль (Ипполит — настоящее имя, Поль — прозвище, 1797—1856) — французский живописец. Автор религиозных и исторических композиций. Ему принадлежит роспись гемицикла, то есть стен амфитеатра, в Национальном высшем училище изящных искусств в Париже.

Зичи М. А. Маленькие неприятности из жизни художников. 1858. С рисунка литографии А. К. Беггрова. Журнал «Знакомые». 1858. Т. 2. Лист XXVII. ПБСЩ

это шедевры национального столярного искусства. Дерево, словно согнутое, как кованое железо, повинуется всяческим капризам фантазии мастера: здесь и древовидный орнамент, и завитки, и решетки, и арабески. Плющ и другие вьющиеся растения тянутся из жардиньерок, свешивая свои настоящие листья на резные деревянные, и все вместе выглядит самым очаровательным образом.

При помощи этих красивых ажурных, сквозных перегородок, какими бывают лопатки для рыбных блюд или бумажные кружева, можно полууединиться посередине или в углу гостиной, можно составить себе спальню, кабинет, будуар — словом, путем «компрессии», как говорят знатоки готики, можно уединиться и в то же время продолжать находиться в общей атмосфере дома.

На консолях, образуемых выступами узоров орнамента перегородки, стояли стройные статуэтки Полле «Утренняя звезда» и «Ночь», выполненные в воске, а сквозь решетку виднелись развешанные по стене национальные костюмы черкесов, лезгин, казаков с кавказских границ. В темной части комнаты яркими, пестрыми тонами они образовывали богатый, горячий фон, на котором выделялся на свету тонкий рисунок перегородки.

По боковым стенам я заметил с одной стороны «Разгром гуннов» и «Разрушение Иерусалима» — великолепные немецкие гравюры с фресок Каульбаха, украшающих лестницу Берлинского музея. Они висели над рядом медальонов работы Зичи — пастельных портретов участников Пятничных вечеров. С другой стороны — «Убийство герцога Гиза» Поля Делароша, несколько набросков, гипсовых слепков и других безделиц.

В комнате, где меня принимал Зичи, взгляд привлекали детские доспехи XVI века, стоявшие во весь рост на камине на месте, которое обыватели украшают часами. Зеркало было очень удачно заменено в том же духе: вместо него там висели доспехи разных народов. Здесь была масса оружия: толедские шпаги, голубые дамасские клинки, кабильские фессахи, ятаганы, малайские кинжалы, кортики, ружья с длинными черными стволами, с инкрустированными бирюзой и кораллами прикладами. Иного рода трофеи — колчаны, луки, большие мушкетоны, пистолеты, грузинские кольчужные шлемы, наргиле из корассанской стали, персидские штыки, африканские дротики и еще тысяча предметов, которые люди любят коллекционировать из-за их живописного своеобразия, покрывали целую стену. Зичи — завсегдатай Щукина двора в Санкт-Петербурге и рынков в Москве. В Константинополе он не уходил с базара, где продавалось оружие и доспехи. Это его страсть, он повсюду выискивает оружие, покупает, выменивает, меняет на рисунки, ему его дарят, и, как только он откапывает себе какое-нибудь варварское, жестокое и невероятное орудие разрушения, он наконец возвращается домой. Показывая все эти старинные предметы, Зичи может сказать, как Рембрандт: «Вот мои древности».

Полле Жозеф Мишель-Анж (1814—1870) — французский скульптор.

Каульбах Вильгельм фон (1805—1874) — немецкий живописец. Писал портреты и картины на исторические темы.

По всей вероятности, речь здесь идет не о Рембрандте, а о фламандском художнике Питере Пауэле Рубенсе (1577—1640). Его дом в Антверпене был украшен богатой коллекцией картин и памятников античного искусства. Как коллекционер Рубенс особенно был

Другая сторона комнаты была занята библиотекой полиглота, свидетельствовавшей о вкусе и познаниях художника, который читает в подлиннике шедевры почти всех европейских литератур. По двум другим стенам шли окна, ибо это была угловая комната. Простенки между окнами занимали незначительные предметы, которые не стоит описывать.

Возможно несколько уставший от этого длинного описания, читатель напомнит: «Вы обещали провести нас в мастерскую Зичи, а до сих пор рассказывали о трех более или менее живописно обставленных комнатах». Это не моя вина, все дело в том, что у Зичи нет мастерской, ни у него, ни у любого другого художника в Санкт-Петербурге. Живопись не была предусмотрена в этом городе, который, однако, является северными Афинами. Владельцы домов об этом не подумали. Таким образом, искусство здесь устраивается как может и часто тщетно ищет в городской квартире место для мольберта и уголок с хорошим освещением. Между тем здесь нет недостатка ни в месте, ни в средствах.

Зичи работал за пюпитром на углу стола у окна, поспешно пользуясь остатками тусклого света. Он заканчивал большой рисунок тушью в манере гравюры. Это был Вертер* в последний миг перед самоубийством. Добродетельный любовник Шарлотты, осудив свою любовь как постыдную и преступную, готовился исполнить приговор, вынесенный им самому себе. За столом, покрытым ковром, происходило нечто вроде суда: за ним был Вертер, судья самому себе, судья Вертер. Догорала лампа, свидетель ночного спора. Художник изобразил Вертера стоящим, как магистр, и читающим вердикт и в тот момент, когда после прочтения приговора его губы закрылись, слегка опустив уголки, тонкая рука его, рука мечтателя и праздного человека, ощупью искала уже среди бумаг рукоятку пистолета.

Освещенное лампой снизу лицо выражало презрительное спокойствие человека, уверенного, что отныне для него нет душевной боли, смотрящего на жизнь уже из другого мира. Известно, до какой степени пудра, взбитые волосы, мода 1789 года не соответствовали трагическому образу. Между тем, несмотря на виньетки той эпохи и на знаменитый голубой фрак, Зичи нашел, как сделать из Вертера идеальное поэтическое создание, выдержанное в определенном стиле. Эффект имел силу, достойную Рембрандта: идущий снизу свет накладывал на предметы неожиданные тени или световые блики, превращая реальность в фантастическую волшебную картину. За любовником Шарлотты, словно призрак, до потолка поднималась тень. Кажется, что призрак стоит здесь, совсем близко, чтобы подменить собою человека, который сейчас исчезнет. Трудно представить

известен своим собранием гемм, камей и инталий, среди которых находились ценнейшие экземпляры древнегреческого и древнеримского искусства. Кроме того, известно, что дом Рубенса отличался театрализованной пышностью достаточно экзотического вида, что, очевидно, и навело Т. Готье на мысль о подобном сравнении при виде вполне экзотического и оригинально декорированного интерьера дома Зичи в Петербурге.

---

* Герой романа И. В. Гёте «Страдания молодого Вертера».

себе мощную силу цвета, достигнутую в этом рисунке тушью, которая обычно бывает так холодна.

Как я уже сказал, Зичи — это разносторонняя натура: вы думаете, что уже знаете его, вы относите его к определенному ряду художников, к определенной манере, жанру, и вдруг он ставит перед вами новое произведение, которое мигом сбивает вас с толку и делает вашу предыдущую оценку неполной. Кто бы ожидал после Вертера увидеть три больших акварельных натюрморта, изображающие лису, волка и рысь, шкуры которых висели в гостиной и которых он сам убил? Ни Бари, ни Жадэн, ни Делакруа не сделали бы лучше. Уже этого было бы достаточно в Париже, чтобы дать представление о Зичи, а ведь это всего только незначительные его произведения. Верность тона, композиция, свобода штриха, умение показать свою мысль, понимание всякого естества — степени превосходства всех приемов художника невозможно себе представить. Каждое животное в смерти сохранило свой нрав. Кажется, что лиса с полузакрытыми глазами, с более вытянутой, чем обычно, мордочкой, собрав тонкие морщинки по углам пасти, обдумывает свою последнюю хитрость, которая ей не удалась. Волк ощерился, как если бы он, лютый зверь, кинулся сейчас на пронзившую его пулю. Рысь великолепна в своей дикой жестокости, бессильной ярости, в своем протесте: ее конвульсивный оскал в ужасной гримасе доходит до глаз, вокруг которых, как от сардонического смеха, образовались морщины и в которых застекленевает зрачок. Она как герой-дикарь, которого изменнически убил белый человек неизвестным ему оружием. В последней конвульсии она бросает человеку свое презрение.

На каждую из этих акварелей Зичи потратил не более дня работы. Быстрое разложение моделей требовало от него большой скорости исполнения, которая, впрочем, не заставила его чем-либо пожертвовать или от чего-либо отказаться. Его глаз так точен, рука так уверенна, что всякий штрих попадает в цель.

Теперь, если у вас возникнет мысль отнести Зичи к анималистам, вы ошибетесь самым невероятным образом. В такой же мере он и художник-историограф: посмотрите на его замечательные композиции пером, изображающие древние битвы под Москвой, введение христианства на Руси, произведения его молодости, где чувствуется еще немецкое влияние его учителя Вальдмюллера. Вы не удивитесь, если услышите, что эти рисунки, выдержанные в превосходном стиле, полные героического вдохновения, героической патетики, изобилующие выдумкой, принадлежат кисти Каульбаха. Я даже сомневаюсь, чтобы Каульбах смог, изображая татарских воинов, показать этих жестоких и любопытных варваров, ибо в его работе отсутствие исторических документов оставляло бы всю широту фантазии за художником. Этим очень све-

Бари Антуан Луи (1795—1875) — французский скульптор и акварелист. Им исполнен идущий лев на Июльской колонне в Париже.
Жадэн Луи-Готфруа (1805—1882) — французский художник-анималист. Исполнял охотничьи сцены в гравюрах, натюрморты и пейзажи.

жим, очень законченным рисункам недостает только, чтобы их увеличили по квадратам и создали из них великолепные картины, которые красовались бы в виде фресок на стенах какого-нибудь дворца или государственного здания.

А что вы скажете, если за его строгими композициями (будь они выставлены в витрине Гупиль*, как выставляются там гравюры произведений Корнелиуса или Овербека, они казались бы истинными творениями суровой школы Дюссельдорфа) следовала легкомысленная фантазия, мечта о невозможной любви, улетающей в голубизну неба и уносимой химерой в черных вьющихся волосах,— карандашный рисунок, изящный, воздушный, как у Видаля? Розовое облако, возникшее на лазоревом небе от дыхания прихотливого разврата. «Хорошо! — воскликнете вы.— Наш молодой художник — это современный Ватто, Буше с примесью английского изящества резца Бобинзона и Фендана, того, что мы находим в прелестной книге «of beauty» **. Безусловно, это суждение останется неверным, ибо Зичи со свойственным ему веселым детским смехом быстро вынет из своей папки темную, импровизированную однажды вечером у лампы сепию, которую можно будет сравнить с самыми неистовыми и самыми склонными к драматизму рисунками мастеров.

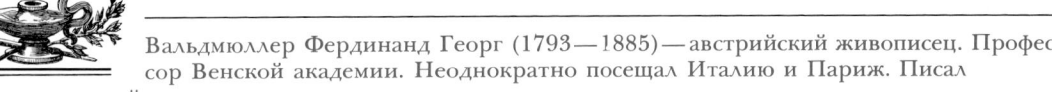

Вальдмюллер Фердинанд Георг (1793—1885) — австрийский живописец. Профессор Венской академии. Неоднократно посещал Италию и Париж. Писал портреты, пейзажи, жанровые сцены.

* Магазин, художественный салон в Париже.

** «о красоте» (англ.)

Корнелиус Петер фон (1783—1867) — немецкий живописец. Относится к группе назарейцев — немецких художников, поселившихся в Риме (1813) и вдохновлявшихся наивным идеализмом старых итальянских мастеров.

Овербек Фридрих (1789—1869) — немецкий художник. Автор мистических композиций. Живя в Риме, входил в группу назарейцев.

Дюссельдорфская школа — наиболее влиятельная из немецких школ живописи XIX в. Сложилась в связи с основанием в 1819 г. Академии художеств в Дюссельдорфе. Ее первый директор — Петер фон Корнелиус — стремился придать ей далекое от жизни направление в духе академизма и реакционного романтизма. После революции 1848 г. установилось жанровое направление живописи: художники изображали крестьянский быт, воспринимая его патриархальный уклад в несколько идиллическом духе.

Видаль Венсен (1811—1887) — французский живописец. Автор тонких пастельных рисунков с изображением женских фигур, бретонских пейзажей, жанровых композиций. Видалю принадлежит портрет Александра Дюма.

Ватто Жан Антуан (1684—1721) — французский живописец и рисовальщик. Умел внести особую интимность и лирическую взволнованность в изображаемые им жанровые сцены. Творчество Ватто положило начало новому этапу в развитии французской живописи, графики и декоративного искусства.

Сцена происходит на кладбище. Ночь. Слабый лунный свет проникает сквозь тяжелые дождевые тучи. Черные деревянные кресты, надгробные памятники, колонны, урны, украшенные креповой драпировкой, гении смерти, умирающие у подножия факела жизни,— все мрачное разнообразие надгробной архитектуры темными силуэтами проступает в полной таинственности перспективе, грозящей и ужасной.

На первом плане, среди раскиданной земли, стоят два заступа, воткнутые в глину. Чудовищное трио занимается делом, которому нет названия,— вспомните колдуний из «Макбета». Кладбищенские воры, гиены о человеческих головах, роются в могилах, чтобы украсть у смерти ее последнее достояние: золотое кольцо у женщины, серебряную погремушку у ребенка, медальон возлюбленной или возлюбленного, образок у верующего. Они отрыли богатый гроб, приоткрытая крышка которого обита черным бархатом с серебряными украшениями. Под крышкой видна голова молодой женщины, лежащая на кружевной подушке. Сдвинутый саван приоткрывает опущенный на грудь подбородок. Она в том самом положении глубокого раздумья, которое наполняет гробовую жизнь. Рука ее лежит на навеки остановившемся сердце, которое в могильной тиши уже точит червь. Один из воров, со звериным выражением лица, с видом каторжника, в отвратительном картузе, держит огарок свечи, который он прикрывает рукой от порывов ночного ветра. Дрожащий, мертвенно-бледный, тусклый свет падает на бледное лицо умершей. Другой, полускрытый в яме бандит с дикими чертами лица, напоминающего отрезанную рыбью голову, не особенно, впрочем, отличающуюся от омерзительных рыл его сотоварищей, поднимает своими лапами хрупкую, бледную, как воск, руку, которую труп отдает ему с безразличием призрака. Он срывает с безымянного пальца, который, может быть, ломается от его святотатства, драгоценное кольцо, конечно обручальное! Третий негодяй — на страже: на горке могильной земли, приложив к уху свой колпак, он прислушивается к отдаленному лаю собаки, почуявшей бандитов, или к еле различимым шагам сторожа, делающего свой ночной дозорный обход.

Мерзкий страх искажает его черты, его черное в ночной тени лицо, а гнусные, намокшие от росы складки его штанов, измазанных в жирной кладбищенской земле, облепляют его обезьяньи ноги. Невозможно пойти дальше в изображении романтически-ужасающей сцены. Я расхваливаю рисунок, который увидит весь Париж. Он принадлежит мне: Зичи оказал мне честь, подарив его мне, и это его шедевр. Когда его разглядываешь, на память приходит то Лазарь Рембрандта, то самоубийца Декана, то Гамлет с могильщиками Эжена Делакруа, и эти знаменитые ужасные сцены нисколько не умаляют творения Зичи. Какова магическая сила света и тени, какова мощь эффекта, достигаемого такими простыми средствами! Спереди немного рыжеватой сепии, в глубине немного туши. Такого превосходного результата не дала бы и самая богатая палитра.

Буше Франсуа (1703—1770) — французский живописец. Яркий представитель художественной культуры рококо. Писал плафоны, панно, картины с мифологическими, пасторальными и жанровыми сюжетами, народно-кокетливые портреты, идеализированные пейзажи.

Бобинзон и Фендан — английские литографы первой половины XIX в.

Вслед за этой ужасной сценой, которую с первого взгляда можно принять за трапезу вампиров, последовала «Вакханка, настигнутая Сатиром» в таком чисто античном стиле, что вы спрашиваете себя, с какого камня, с какой камеи, помпейской фрески или греческой вазы взята эта превосходная композиция.

Если бы Месонье писал акварелью, он взялся бы за это именно как Зичи. Я видел его ландскнехта*, крутящего после выпивки длинный серый ус, сидя за столом, на который возле бутылки с пивом и кубка он положил свою каску. Эта сцена была бы хороша на табакерке, одной из тех, что носил при себе Фридрих Великий**. Но не верьте, что миниатюра отделана и терпеливо пройдена пунктиром. С редкой легкостью и четкостью все подчеркнуто неровным штрихом. Рука, теребящая ус,— шедевр: фаланги пальцев, косточки, ногти, вены вплоть до шероховатой и загорелой кожи солдата — вы здесь находите все. Кираса отливает металлическим блеском, а на буйволовой коже, истертой от долгого употребления, трение металла оставило свой голубоватый след. В глазах пьяницы, едва ли с булавочную головку, есть точка света, свободно видны зрачок, радужная оболочка зрачка. Ни одна деталь этой зажженной солнцем и вином пьяной физиономии не опущена, не забыта. Его микроскопическая мимика имеет рельеф и силу живописи маслом в натуральную величину, и, рассматривая его несколько минут, вы уже наизусть знаете его характер. Это грубый и добрый малый с хитринкой, большой пьяница и большой мародер. Он, безусловно, убил нескольких врагов, но что за Ахиллес*** в курятнике и сколько же раз его рапира превращалась в вертел!

Никто так не далек от Месонье, как Эжен Лами. Зичи, однако, равным образом превосходно напоминает их обоих, и, что странно, он никогда не видел картин этих столь различных художников. Гибкость таланта и условности сюжета — уже это позволяет ему находить различные манеры исполнения. Эскизы акварелей, представляющие сцены коронации, являются чудесами ума, изящества и аристократической элегантности, так блестяще, богато, с такой помпой он подает свои шествия, свиты, церемонии и парадные представления. Кисть художника искрится, когда она изображает блистательную и радостную сутолоку праздников; она приобретает стиль, когда нужно рисовать внутренние помещения византийских церквей с золотой мозаикой, с бархатными драпировками, на которых иконами выглядят головы августейших и религиозных лиц.

Рисунок официального представления в московском театре — одна из исключительно ловко использованных, невозможных для изображения ситуаций, которую только можно увидеть. Перспектива открывается с балкона: тянутся этажами изогнутые линии ярусов, сидят женщины, словно звездами усыпанные бриллиантами, высокопоставленные

---

* Ландскнехт — в средние века в Германии наемный солдат, в переносном смысле слова — продажный вояка.

** Фридрих II Великий — прусский король (1740—1786).

*** Ахиллес — один из самых знаменитых героев Гомера.

лица, увешанные орденами и крестами. Белые и желтые точки гуаши усеивают плоские тона акварели и создают видимость ослепительного сверкания золота и драгоценных камней. Вы узнаете знакомые всем некоторые черты известных исторических и официальных лиц, и все эти красоты и великолепие плавают в позолоченной, бриллиантовой, раскаленной атмосфере яркого освещения, так трудно воспроизводимого средствами живописи.

Теперь, чтобы пополнить рассказ о Зичи, я покажу вам его соперником Гранта, Ландзера, Жадэна, Альфреда де Дрё и других мастеров охотничьих сцен. Наш художник выполнил изысканнейшего вкуса обрамление в виньетках для преподнесенной русскому императору великолепной книги об охоте. На каждой странице текст, заключенный в фигурную рамку, расположен так, что остаются широкие поля. На каждом из этих полей, самым искусным образом преодолевая трудность, которую представляла собою рамка, художник нарисовал различные охоты: на медведя, на рысь, лося, волка, зайца, тетерева, рябчика, дрозда, бекасов, да еще все со специальными охотничьими костюмами и пейзажами, которые им соответствуют. То это снег, то туман, восход или сумерки, густой лес или кустарник в зависимости от нрава и привычек зверей. Хищные звери, всякого рода дичь, чистокровные лошади, породистые собаки, ружья, ножи, пороховницы, рогатины, сети и все охотничьи приспособления изображены тонко, верно, поразительно точно, в легком тоне, который не перебивает светлую гамму орнамента и гармонирует с серебристыми, рыжими и голубоватыми тонами пейзажа. Каждая охота ведется знатным вельможей, головы их величиной с ноготь, однако являют собою прекрасные портреты в миниатюре. Альбом заканчивается превосходной шуткой. Среди всех Немродов*, великих охотников господа бога, должен был найти себе где-то место и граф А**, который, однако, никогда не охотился. Зичи изобразил его спускающимся по ступенькам дворцовой лестницы и идущим навстречу возвращающемуся с охоты императору. Таким образом, он фигурирует в охотничьем альбоме, что все-таки не грешит против действительности.

Я останавливаюсь, ибо нужно же когда-то это сделать. Но я не все сказал. Одна только охотничья книга, которая содержит пятнадцать — двадцать страниц, требует целой статьи, а я заметил, что обошел молчанием изображение колдуний у костра

Грант Фрэнсис (1810—1878) — английский живописец-портретист и автор охотничьих сцен.
Ландзер Эдвин Генри (1802—1873) — английский живописец, скульптор, гравер. Анималист, любивший изображать охотничьи сцены, охотничьи трофеи, спортивные сюжеты.

---

* Немрод — сказочный царь, которому многочисленные арабские и персидские легенды приписывают основание Вавилонского царства. В Священном писании он назван сильным охотником бога.

** Граф Адлерберг, министр императорского двора.

Омфалы* со шкурой льва на голове и в позе Фарнезе** геркулесовского сложения — прелестный символ грации, смеющейся над силой. Но Зичи, как Гюстав Доре, — это чудесный гений, используя латинское выражение — «portentum» ***, это кратер, постоянно извергающий талант. Моя статья далеко не полна, но я все же написал достаточно, чтобы можно было понять, что Зичи — это одна из самых удивительных личностей, которые я встречал после 1830 года, этого климактерического периода искусства.

---

* Омфала — в греческой мифологии царица Лидии. Она вышла замуж за Геракла, попавшего к ней в плен, полностью подчинив его себе.

** Фарнезе Александр (1545—1592) — герцог Пармский, правитель Нидерландов при Филиппе II Испанском, противник французского короля Генриха IV.

*** Чудо, чудесное явление (лат.).

Глава одиннадцатая. Исаакиевский собор

Когда путешественник по Финскому заливу приближается на пароходе к Санкт-Петербургу, купол Исаакиевского собора, словно золотая митра, водруженная над силуэтом города, уже издали привлекает взгляд. Если небо чисто и сияет солнце, перед вами волшебная картина. На этом первом впечатлении и остановитесь: оно правильно. Исаакиевский собор блещет в первом ряду церковных зданий, украшающих столицу всея Руси. Это только что завершенный храм, целиком построенный в наши дни. Можно сказать, что это наивысшее достижение современной архитектуры. Немногим храмам выпало на долю прожить меньшее количество лет между тем, когда был заложен первый камень фундамента, и тем, когда встал на свое место завершающий камень всей постройки. Замысел французского архитектора Огюста Рикара де Монферрана выполнялся от начала и до конца без изменений, без других переработок, кроме внесенных им самим в собственный план во время строительных работ. На долю этого архитектора выпало редкое счастье завершить им же самим начатое строительство, которое по своему размаху, казалось, должно было поглотить жизнь не одного художника.

Начатый в 1818 году при Александре I, продолженный при Николае и завершенный в 1858 году при Александре II, Исаакиевский собор — это полностью законченный снаружи и изнутри храм, обладающий превосходным единством стиля. Это не медленный продукт времени, как многие другие веками создававшиеся, подобно сталактитам, соборы, на которых каждая эпоха оставляла свой след. Зачастую, чтобы довести строительство до конца, так и не хватало со временем стихавшего или угасавшего вовсе порыва религиозного усердия. Ставшие уже символическими леса на некоторых храмах, например на соборах в Кёльне или в Севилье, никогда не появлялись на фронтоне Исаакиевского собора. Непрекращавшиеся строительные работы менее чем за 40 лет привели его к тому совершенству, которым сегодня мы не устаем любоваться.

 Когда-то я слышал в Кёльне, как маленький мальчик спрашивал у матери, почему не достраивают наполовину готовые соборы. Это был хорошенький мальчик, и я поцеловал его в умные глаза, а так как мать не могла ответить ему толком, то я сказал, что люди сейчас заняты совсем другим делом.
Гейне Г. Путевые картины // Собр. соч.: В 6 т. Т. 3. М., 1982. С. 223.

Кафедральный собор в Кёльне (ныне ФРГ) строился с 1248 г. в течение шести столетий и был завершен только в 1861 г. В Севилье (Испания) кафедральный собор является памятником архитектуры XV в., тогда как его строительство завершилось тоже только в XIX в.

Внешний вид Исаакиевского собора напоминает гармоничный синтез собора Святого Петра и Пантеона Агриппы в Риме, соборов Святого Павла в Лондоне, Святой Женевьевы в Париже, купола собора Инвалидов в Париже. Воздвигая купольную церковь, архитектор Монферран непременно должен был изучить такого рода строения и, не утратив собственной индивидуальности, воспользоваться опытом предшественников. Он нашел самую изящную форму для своего купола, кроме того, являвшего собою и превосходно прочное сооружение. Он окружил его диадемой из колонн и поставил между четырьмя колокольнями. Каждый из его архитектурных ансамблей несет на себе печать красоты.

Глядя на четкую простоту его плана, всякий увидит и сразу поймет, что Исаакиевский собор, без сомнения, содержит в своей, казалось бы, столь единой конструкции фрагменты предыдущей церкви, части которой удачно вписались в него. Это была посвященная тому же святому церковь, исторически связанная с именами Петра Великого, Екатерины II и Павла I, каждый из которых в той или иной мере способствовал ее обогащению, не находя, однако, при этом возможности довести ее до окончательного совершенства.

Представленные Огюстом Рикаром де Монферраном императору Александру I планы были приняты, и работы начались. Но вскоре у многих возникли сомнения, возможно ли соединить новые части будущего здания со старыми на твердом фундаменте, избежав при этом всякой угрозы оседания почвы и, как его следствия, разрушения сооружения. Нужно было прочно воздвигнуть храм и поднять на огромную высоту его купол с круговым рядом колонн. От разных связанных с искусством людей стали даже поступать докладные записки, направленные против проекта де Монферрана. Строительные работы замедлились, хотя в карьерах продолжали выпиливать гигантские монолиты камня для колонн фронтона и купола. Затем тщательный пересмотр планов привел к признанию их выполнимыми*. Работы продолжились и завершились полным успехом, что доказало, насколько правильными были предположения архитектора.

Я не стану подробно рассказывать о хитроумных сооружениях, придуманных для установки на болотистой почве этого гигантского массивного строения, прочного и

В 1710 г. была сооружена деревянная церковь Исаакия Далматского, названная так в честь Петра I по имени святого, день которого, 30 мая старого стиля, совпал с датой рождения Петра. В 1717 г. строение было заменено каменным, в середине XVIII в. разобрано. В 1768—1802 гг. был сооружен на недавно созданной городской площади (ныне Исаакиевская) Исаакиевский собор (проект архитектора А. Ринальди, строил архитектор В. Ф. Бренна). Недостроенный и не соответствующий торжественной застройке центра города, этот собор стал частичной основой при возведении нынешнего Исаакиевского собора.

---

* Проект архитектора де Монферрана был доработан специальной комиссией (1821—1825), в которую входили В. П. Стасов, А. А. Михайлов 2-й и др.

Рикар де Монферран. Исаакиевский собор от бульвара Адмиралтейства. 1850. Издание братьев Тьерри. Париж. Литография Бенуа. ГБЛ

созданного навечно. Нужно было еще издалека привезти и поднять на большую высоту монолитные колонны. Эти работы вызывают не меньший интерес, чем все остальное. Я же берусь судить лишь о самом здании и его пластике.

План собора Святого Исаакия Далматского, почитаемого греческого святого, не имеющего ничего общего с патриархом из Ветхого завета, представляет собою равносторонний крест, в чем и отличается от латинского креста, у которого нижняя часть всегда длиннее трех остальных. Необходимость ориентировать собор в сторону восходящего солнца и сохранить уже освященный иконостас осложнялась еще и тем, что своим главным портиком, в точности повторенным с противоположной стороны, собор должен был смотреть на Неву и на статую Петра Великого. Это не позволило традиционно установить главный вход напротив алтаря. Так, оба входа с двух сторон главных портиков оказались боковыми по отношению к алтарю, перед которым открывается дверь, выходящая наружу малым восьмиколонным портиком в один ряд колонн, симметрично повторенным с противоположной стороны. Ритуал православной церкви требует такого расположения, и архитектор вынужден был принять его и соотнести с внешним видом здания, которое к тому же невозможно было повернуть к реке одним из его приделов, а не главным входом, который должен был выходить на широкую площадь. По этой причине золоченые кресты на куполе и колокольнях параллельны не фасаду, а иконостасу алтаря, и, таким образом, у собора обнаруживается определенное противоречие между религиозной и архитектурной его направленностью. Это неизбежное в данной ситуации разногласие двух начал маскируется с такой ловкостью, что нужно быть очень внимательным, чтобы его обнаружить. Изнутри его невозможно даже предположить. Заметить этот феномен позволило мне крайне подробное изучение собора.

Если встать на углу сквера у Адмиралтейства, Исаакиевский собор предстанет во всем своем великолепии, и с этой точки можно судить о здании в целом. Отсюда полностью видны главный фасад и один из боковых портиков, три из четырех малых куполов. Осененный крестом большой купол с ротондой колонн и фонарем сияет золотом на фоне неба.

С первого же взгляда все радует глаз. Строгие, сдержанные классические линии монумента благоприятнейшим образом подчеркиваются богатством и цветовой гаммой самых совершенных материалов: золота, мрамора, бронзы, гранита. Не опускаясь до пестроты систематической архитектурной полихромии, Исаакиевский собор благодаря этим материалам приобретает гармоничное разнообразие тонов, чистота которых тем самым усиливает красоту всей постройки. Здесь нет ничего раскрашенного, фальшивого, ничто в этой роскоши не обманывает глаз. Массивный гранит поддерживает вечную бронзу, неразрушимый мрамор покрывает стены, чистое золото сияет на крестах и куполах, придавая зданию восточный, византийский вид греческой церкви.

Гранитный цоколь Исаакиевского собора, по-моему, мог бы быть повыше. Дело не в том, что он не соответствует зданию в целом, но монумент этот, стоящий обособленно, в центре обрамленной дворцами и высокими зданиями площади, выиграл бы в перспективе, будь основание его выше. Как ни ровна большая площадь, она всегда кажется немного вогнутой в центре. Этот бессознательно ощущаемый оптический эффект создает, несмотря на действительную гармонию пропорций, видимость того, что Исаакий слишком низко поставлен. Недостаток, который, впрочем, не стоит преувеличивать. Его можно было бы исправить, создав легкую покатость площади от основания собора к ее краям.

К каждому портику, по плану соответствующему одной из сторон греческого креста, можно подняться по трем колоссальным гранитным ступеням, рассчитанным на

Плюшар Е. А. (1809—1880). Портрет архитектора Рикара де Монферрана. Холст, масло. ГРМ

«В 50-х годах, ко времени открытия собора, когда принципы истинного благородства в архитектуре — простоты и спокойствия — были забыты, Монферран оказался самым серьезным из современников. Лучше всего ему удались внушительные портики с грандиозными гранитными колоннами».

Грабарь И. Э. История русского искусства. Т. III. М., 1912. С. 575.

Тимм В. Ф. (1820—1895). Русский художественный листок. Художники — участники строительства Исаакиевского собора в Петербурге. 1858. Литография. ГРМ. Изображены (наверху, слева направо): К. К. Штейбен, В. К. Шебуев, И. П. Витали; (внизу) П. В. Басин, О. Р. де Монферран, Ф. А. Бруни

ноги гиганта и беспечно безжалостным по отношению к человеческому шагу. Но у трех перистилей дверей лестница разделена на девять ступенек меньшего размера, которые ведут прямо к трем дверям. Четвертый портик не имеет лестницы такого устройства: изнутри здесь находится алтарь, поэтому не может быть двери, и гранитная лестница, достойная храмов Карнака, торжественно восходит вверх, не дробясь, только с каждой стороны, с углов, ее ступени на узком пространстве опять же делятся каждая из трех на три малые ступеньки, чтобы можно было и с этой стороны подняться на площадку портика.

Весь цоколь из красноватого, в серых точках финского гранита с египетским совершенством собран, установлен, отполирован и легко выдерживает храм, который долгие века еще будет опираться на него всей своей тяжестью.

Выходящий на Неву главный портик, как и все другие, восьмиколонный, то есть снабжен рядом из восьми монолитных коринфских колонн с бронзовыми цоколями и капителями. Две помещенные сзади группы из четырех подобных же колонн поддерживают потолок и крышу треугольного фронтона, архитрав которого покоится на первой линии колонн. В общем шестнадцать колонн образуют роскошный и великолепный перистиль. Портик фасада с противоположной стороны в точности повторяет этот. У двух других тоже восьмиколонных портиков только один ряд колонн того же стиля и того же материала. Их добавили в процессе строительных работ, их не было на первоначальном плане, но теперь они превосходно отвечают своему назначению украсить несколько оголенные боковые стороны здания.

Когда вы проходите девять малых ступенек, выпиленных в трех гигантских гранитных ступенях, из которых верхняя служит подножием колоннаде, вас поражают огромные размеры колонн, скрытые издали изяществом их пропорций. Эти громадные монолиты имеют не менее восьми футов в диаметре и пятидесяти шести в высоту. Вблизи они походят на башни, снизу охваченные бронзой, а поверху — бронзовым литьем растительного сюжета. На всех четырех портиках насчитывается 48 колонн, не считая колонн вокруг купола, правда, высотой всего лишь 30 футов! После Помпейской колонны* и колонны, установленной в честь императора Александра I перед Зимним дворцом, это самые большие монолиты, которые рука человека выточила, округлила и отполировала. В зависимости от того, как падает дневной свет, голубой луч стальным отсветом бежит, вздрагивая, вдоль зеркально отполированной поверхности, и чистота этих световых линий, которую не прерывает ни один изъян, доказывает цельность чудовищного куска камня, при виде которого вы перестаете верить собственным глазам.

Нельзя себе представить, какую идею силы, мощи и вечности выражают на своем немом языке эти гигантские колонны, в едином броске устремленные вверх и

---

* Помпейская колонна — монолит из красного гранита близ Александрии в Египте. Высота — 32 м. Сооружена в честь императора Диоклетиана (243—313 или 316) пресектором Помпеем.

несущие на своих головах Атлантов легкий в сравнении с ними вес фронтонов и статуй. Они долговечны, как кости самой Земли, и если рассыплются, то только вместе с нею.

Все 104 монолитные колонны, установленные при строительстве Исаакиевского собора, прибыли из карьеров, находящихся на двух островах Финского залива, между Выборгом и Фредериксгамом*. Известно, что Финляндия — самая богатая гранитом страна. Какие-то доисторические космические катаклизмы нагромоздили здесь огромные массы этого прекрасного материала, неразрушимого, как сама природа.

Продолжим же описание основных линий собора. По обе стороны выступа фасада, образуемого портиком, в мраморной стене открываются монументальные окна с украшенными бронзой карнизами, которые опираются на две колонки из гранита с бронзовым цоколем и капитель с балюстрадами балконов, поддерживаемых консолями. Зубчатые карнизы с аттиками наверху отмечают большие архитектурные разделы здания и своими выступами отбрасывают красивые тени. По углам, на коринфских колоннах с каннелюрами, помещены фигуры ангелов со сложенными крыльями.

Четырехугольные колокольни исходя из основной линии здания на каждом углу фронтона повторяют мотив монументального окна, гранитные колонны, бронзовые капители, балкон с балюстрадой, фронтон с тремя вершинами, дающий возможность сквозь арки видеть колокола, подвешенные при помощи особого механизма без видимой несущей конструкции. Круглый позолоченный купол с крестом, торжествующим над полумесяцем, венчает каждую из колоколен, пронизанных светом, в котором струятся бронзовые голоса колоколов.

С двух сторон фасада коленопреклоненные ангелы протягивают гирлянды к античной формы фонарям. На акротериях фронтонов помещены группы и отдельные фигуры, изображающие апостолов.

Вся эта толпа статуй удачно оживляет силуэт здания и очень кстати перебивает горизонтальные линии.

Вот примерно основное расположение того, что можно было бы назвать первым этажом здания. Перейдем к куполу, который от квадратной площадки, крыши церкви, смело устремляется вверх.

Круглый цоколь, состоящий из трех широких охватов, идущих лесенкой, служит основанием башне и подножием двадцати четырем гранитным монолитам высотой тридцать футов с бронзовыми капителями и цоколями, идущими вокруг купола ротондой

---

* Фредериксгам — город в 100 км западнее Выборга, называвшийся ранее Векхалакс и переименованный в честь прусского короля Фридриха I (1657—1713). Был взят войсками Петра I в 1712 г. Ныне г. Хамина в Финляндии.

Шлихтинг Э. Г. (1812—1890). Архитектор Рикар де Монферран на ломке гранита в Финляндии. Холст, масло. ГРМ

колонн, похожей на воздушную диадему, в которой играет и сияет свет. В промежутках между колоннами видны двадцать окон, а на их капители опирается круглый карниз, над которым устроена балюстрада с двадцатью четырьмя пьедесталами и стоящими на них столькими же ангелами с разверстыми крыльями. Они держат в руках атрибуты небесной иерархии.

Над этой красующейся на челе собора короной из ангелов, начиная с карниза, круглится сияющий золотом огромный купол с рельефными ребрами, идущими вверх над колоннами. Восьмигранный фонарь с целиком позолоченными круговыми колоннами возвышается над куполом и заканчивается колоссальным сквозного рисунка крестом, который, скажем уже как по шаблону, победно сияет над полумесяцем.

В архитектуре, как и в музыке, есть гармонично-симметричные маршевые ритмы. Чаруя зрение и слух, они никогда не беспокоят ни глаз, ни ухо. С внутренним удовольствием вы заранее ждете повторения мотива в определенном месте. Исаакий обладает таким же свойством: в своей чистой и классической теме он разворачивается как прекрасная фраза религиозного песнопения, не мешая глазу ни одним диссонансом. Розовые колонны, словно согласные хоры, повторяют ту же мелодию на всех четырех фасадах здания. Коринфские аканты выводят свои зеленые бронзовые фиоритуры на всех капителях. Гранитные ленты, словно нотные линейки, тянутся по фризам, а под ними статуи в контрастных или согласных друг другу позах подобны инверсиям фуги. Огромный купол в сопровождении четырех его окружающих колоколен взметает к небесам свою наивысшую ноту.

Мотив прост, как все, что исходит из греческой и римской древности, но как великолепно исполнение! Какая симфония мрамора, гранита, бронзы и золота!

Выбор архитектурного стиля собора вызывает некоторую досаду у людей, полагающих, что византийский или готический стиль более отвечает поэзии и требованиям христианского культа. Но пусть они вспомнят, что классический стиль, не подвластный ни моде, ни веяниям времени, и поныне остается вечным и всеобъемлющим, веками восхищая человека!

Задуманная архитектором классическая строгость плана не допускает возможности использовать различные украшения во внешней отделке этих строго античных линий — капризы резца, гирлянды, ветвевидные орнаменты, фигурки торжествующих детей или маленьких духов, то есть атрибуты, весьма мало соответствующие зданию и годные лишь на то, чтобы прикрыть ими пустоты. За исключением акантов и редких непременных по архитектурным правилам орнаментов, все украшение Исаакиевского собора составляет скульптура: барельефы, скульптурные группы, бронзовые статуи — вот и все. Превосходная строгость стиля.

Как я уже говорил, на карнизе купола помещен целый сонм ангелов. Высота, на которой они находятся, мешает различить черты их лиц, но скульптор сумел придать им изящные и тонкие профили, которые вполне видны снизу.

Таким образом, на карнизе купола, на акротериях, аттиках и на антаблементе здания пятьдесят две статуи в три человеческих роста создают на соборе его вечный бронзовый наряд. Они стоят в разных позах, но, подобно некоему архитектурному хору, подчинены каденциям линейного ритма.

Набросок, который я только что сделал, настолько же верен, насколько это позволяет несовершенство слова. Я должен предостеречь читателя от того, чтобы он, узнав о благородных, чистых, суровых линиях, сдержанных и редких украшениях, строгом античном стиле собора, не подумал, что Исаакий в своей доведенной до совершенства правильности линий имеет холодный, монотонный и скучноватый вид монумента так

Бодри К. П. Скульптор И. П. Витали за работой. 1841. Холст, масло. ГРМ

«Витали, подобно Карлу Брюллову, одинок среди окружающих его искателей условной красоты. Он слишком индивидуален по таланту, этот чужеземный цветок, выросший на Севере. Он мощен и сдержан, порывист и спокоен одновременно... Он лепит бюсты и барельефы, прелестные, грандиозные композиции и декоративные орнаменты и группы».

Грабарь И. Э. История русского искусства. Т. V. М., 1914. С. 282, 293.

Вид Исаакиевского собора с моста в Петербурге. Середина XIX в. Литография Бишбуа, фигуры В. Адама. ГБЛ

называемой классической архитектуры. Золото его куполов, богатое разнообразие составляющих его материалов не дают ему попасть в такой просак, а климат красит его игрой света, неожиданными эффектами, которые из римского преображают его в совершенно русский храм. Северные феерии разыгрываются вокруг сурового монумента и приобщают его к этой северной стране, не лишая в то же время грандиозно античного вида.

Зима в России обладает особой поэзией, ее суровость восполняется красотой, чрезвычайно живописными эффектами и видами. Снег покрывает серебром золотые купола Исаакия, подчеркивает сияющими линиями антаблементы и фронтоны, вкрапляет белые штрихи в бронзовые аканты, покрывает сияющими точками выступы статуй и магическими перестановками меняет все сочетания тонов. В таком виде Исаакиевский собор приобретает очень русский характер. Он восхитителен по цвету: то, одетый в белую шапку, он вырисовывается на фоне пелены серых облаков, то силуэт его возносится к бирюзово-розовым небесам, сияющим в Санкт-Петербурге, когда мороз сух и снег, как стеклянный порошок, скрипит под ногами. Иногда, после оттепели, ледяной северный ветер в одну ночь сковывает на теле монумента влагу на граните и мраморе. Сеть жемчуга, более тонкого, более округлого, чем капли росы на растениях, покрывает гигантские колонны перистиля. Красноватый гранит становится самого нежного розового цвета и по краям воспринимает бархатисто-персиковый, как цветок оливы, цвет. Он преображается в неведомый материал, похожий на драгоценный камень, из которого мог бы быть построен небесный Иерусалим. Замерзший кристаллами пар покрывает здание бриллиантовой пылью, которая отбрасывает огоньки и искорки, когда луч солнца коснется его, словно это собор из драгоценных камней в граде божием.

    Каждый час дня создает свой мираж. Если смотреть на Исаакиевский собор утром с набережной Невы, в ореоле молочно-розового свечения он кажется аметистовым и топазовым. Молочный туман, стелющийся у основания храма, как бы отделяет его от земли, собор будто плывет на облаках. Впрочем, при определенной игре света с угла Малой Морской, когда окна собора пронизывают лучи солнца, он кажется пылающим изнутри пожаром. Оконные проемы ярко горят на темных стенах. Порою, во время туманов, когда небо низко нависает над землей, облака спускаются на купол, покрывая его, точно вершину горы. Однажды я наблюдал удивительную картину: купольный фонарь и верхняя половина купола исчезли в белом тумане. Облако, своей ватной массой скрывая золотую полусферу купола, придало собору видимость здания необычайной высоты, словно это была Вавилонская башня.

    В других краях ночь набрасывает свой непроницаемый креп на весь город. Здесь же она не в силах совсем погасить Исаакий. Его купол всегда виден под черным балдахином небес, сияя бледным золотом, словно огромный полусветящийся пузырь. Никакой мрак, даже темень самых беспросветных декабрьских ночей, не может его погасить.

    Если же тьма менее густа, если блеск звезд и неясное свечение Млечного Пути позволяют различать призраки предметов, огромная масса собора величественно вырисовывается и принимает волшебно-торжественный вид. Его гладкие, как зеркало, колонны только намечаются внезапными отсветами, и смутно проступающие на аттиках статуи кажутся небесными стражами, охраняющими священный храм. Весь рассеянный по небу свет собирается на какой-нибудь точке купола с такой интенсивностью, что ночной прохожий может принять эту единственную золотую блестку за зажженный фонарь. Иногда создается еще более волшебный эффект: сияющие мазки снега светятся по краям каждого рельефного углубления, бороздящего купол, и звездной короной, диадемой из звезд венчают золотую тиару храма. В век, когда вера была сильнее, а наука менее развита, люди вполне могли бы поверить в чудо, настолько впечатление это ослепляет, хотя и происходит от естественного явления и только кажется волшебным и необъяснимым.

При полной луне на чистом небе, в ее опаловом свечении Исаакий к середине ночи приобретает пепельные, серебристые, белесые, фиолетовые, необычайно изысканные оттенки. Розовые тона гранита переходят в цвет гортензий, бронзовые одежды статуй белеют, словно саваны, золотые купола отсвечивают прозрачно-бледным янтарем, полосы снега по карнизам то там, то сям зажигаются внезапными отсветами. Из глубины голубого, холодного, как сталь, северного неба звезда словно глядится своим серебряным ликом в зеркало купола, и отраженный ее луч напоминает электрум древних — сплав золота и серебра.

Феерии, которыми время от времени Север утешает себя за продолжительность ледяных ночей, во всем своем великолепии расцветают над собором. Северное сияние выбрасывает за темным силуэтом монумента свой необъятный полярный фейерверк. Букет ракет, разрядов, излучений, фосфоресцирующих лент расцветает в серебряных, перламутровых, опаловых, розовых молниях, от которых меркнут звезды и кажется черным всегда такой сияющий купол собора. Но не угасает светящаяся точка — золотая лампада храма, которую ничто не в силах погасить.

Я попытался изобразить Исаакиевский собор в зимние дни и ночи. Лето не менее богато столь же новыми, сколь и восхитительными, эффектами.

В эти длинные дни, едва ли не на один только час прерывающиеся полупрозрачной ночью или одновременно вечерней и утренней зарею, залитый светом Исаакиевский собор высится с величавой четкостью классического монумента. Исчезают зимние миражи, и мы видим великолепную действительность, а когда прозрачная тень окутает город, солнце продолжает блистать на колоссальном куполе. Из-за горизонта, куда заходит и откуда немедленно обратно выходит солнце, его лучи освещают золоченый купол храма без перерыва. Так бывает в горах, где высокий пик еще освещен пламенеющим закатом, а вершины пониже и долины уже давно купаются в вечернем тумане. По золотому шпилю свет, будто нехотя, скользит вверх и поднимается к небу, тогда как купол никогда не покидает его сияющее свечение. Пусть все звезды погаснут на небесном своде, всегда останется одна — на Исаакии!

Обычно в собор входят через южную дверь, но постарайтесь попасть так, чтобы была открыта западная дверь, та, что находится напротив иконостаса. Это та точка, откуда весь внутренний вид здания предстает наилучшим образом. С первых же шагов вас охватывает изумление: гигантский размах строения, обилие самых редких мраморов, великолепие позолоты, фресковый колорит настенной живописи, зеркальная поверхность полированного пола, в котором отражаются предметы, — все соединяется воедино, чтобы произвести на вас ослепляющее впечатление, особенно если ваш взгляд упадет, а этого не избежать, на иконостас. Иконостас — это великолепное сооружение, храм в храме с фасадом из золота, малахита и лазурита, с вратами из массивного серебра, а ведь это только внешняя часть алтаря!

Внутреннее членение собора просто, глаз и разум схватывают его сразу: три придела подходят к трем вратам иконостаса крестообразно, соответствуя снаружи трем выступам портиков. Над точкой их пересечения возвышается купол, по углам симметрично идут в архитектурном ритме четыре купола колоколен.

На мраморный подиум опирается коринфский ордер: колонны и пилястры с каннелюрами, с цоколями и рельефными капителями из позолоченной бронзы, украшающей здание. Над ордером, по стенам и массивным столбам, поддерживающим своды и крышу, идет разделенный пилястрами аттик, образуя панно и обрамления для живописных частей. На аттике наложены наличники, поле которых украшено религиозными сюжетами.

В интервалах между колоннами и пилястрами снизу, до карниза, стены облицованы белым мрамором, на котором выделяются панно и отсеки из генуэзского зеленого мрамора, красного крапчатого мрамора, мрамора цвета сиенской охры, разноцветной яшмы, красного финского порфира. Словом, сюда собрано все, что смогли поставить самые богатые карьеры, и самого превосходного качества. Глубокие, украшенные росписями ниши, опираясь на консоли, удачно разнообразят ровные поверхности. Розетки и консоли софитов из позолоченной гальванопластической бронзы отделяются от мраморных своих оснований сильными выступами. Девяносто шесть колонн и пилястров прибыли из карьеров Твиди, поставляющих прекрасный мрамор с серыми и розовыми прожилками. Белый мрамор поставлен сюда из карьеров Серавецци. Микеланджело предпочитал этот мрамор тому, что поставляет Каррара*. Этим все сказано, ибо кому лучше знать мрамор, как не архитектору собора Святого Петра в Риме и автору усыпальницы Медичи!

Вот несколько довольно общих слов о внутреннем виде собора. Теперь перейдем к куполу, который, словно зев пропасти, раскрывается над головой посетителя, высоко и неотвратимо прочно установленный так, что составляющие его железо, бронза, кирпич, гранит, мрамор, эти вечные и стойкие материалы, в соединении с законами математики являют собою превосходно продуманную конструкцию.

---

* Твиди, Серавецца и Каррара — мраморные карьеры в Италии.

Собор Св. Петра в Риме (Ватикан) построен в 326 г. римским императором Константином I Великим (306—337). Начиная с 1506 г. собор перестраивался по планам Росселлино, Рафаэля, Микеланджело, Карло Мадерны и Бернини.

Усыпальница рода Медичи во Флоренции, в церкви Сан Лоренцо, создана Микеланджело в 1520—1534 гг. и является одним из самых великолепных шедевров его творчества и всей эпохи позднего Возрождения.

В фонаре, на огромной высоте, колоссальное изображение Святого Духа с разверстыми белыми крыльями сияет в исходящих от него лучах. Ниже круглится полукупол с золотой ветвью по лазоревому фону, затем идет главный сферический свод купола, окруженный у своего верхнего отверстия карнизом, фриз которого украшен гирляндами и позолоченными головами ангелов, основанием своим он опирается на антаблемент из двенадцати коринфских пилястров с каннелюрами, которые расположены между окнами, также числом двенадцать.

Ложная балюстрада, служащая переходом от архитектурных форм к живописи, венчает антаблемент, и в сиянии огромного «неба» располагается большая композиция, изображающая «Триумф Пресвятой Девы».

Эта роспись, так же как и все другие покрывающие купол, была доверена художнику Брюллову, известному в Париже по выставленной им в одном из Салонов картине «Последний день Помпеи». Брюллов заслужил такое доверие. Но болезнь, закончившаяся безвременной смертью, не позволила ему самому выполнить эти большие работы. Он сделал лишь эскизы, и, с каким бы усердием ни выполнялись его замысел и его указания по поводу этих росписей, впрочем очень соответствующих их декоративному назначению, можно сожалеть, что их не выполнил все-таки сам гениальный мастер. Он придал бы им, безусловно, все то, чего им не хватает: штрих, цвет, огонь, все это приходит во время выполнения умно задуманной работы. Претворяя в жизнь замысел другого художника, исполнитель эскизов Брюллова не сумел все же вложить в эти росписи талант большого мастера*.

Все росписи Исаакиевского собора выполнены маслом. Фреска не выдерживает влажного климата, и ее так восхвалявшаяся ранее долговечность ограничивается на самом деле двумя-тремя веками, как, к сожалению, доказало более или менее плачевное состояние, в котором находятся многие шедевры, коих мастера мечтали когда-то о вечной их сохранности и свежести красок. Можно еще было применить здесь живопись восковыми красками, но этот способ росписи трудоемок, очень непрост и редко практикуется. Воск блестит на обработанных местах, и, кроме того, на приобретение опыта в этом направлении ушло слишком мало пока что времени, чтобы по поводу восковой живописи кроме теоретических предположений у нас возникли бы какие-то прочные навыки и знания. Таким образом, архитектор де Монферран совершенно резонно выбрал масляные краски для росписей Исаакиевского собора.

Подойдем теперь к иконостасу, этой стене из оправленных золотом образов, скрывающих за собою таинства алтаря. Те, кто видел гигантские алтари испанских церквей, могут составить себе представление об этой части православных церквей.

---

* К. П. Брюллов умер в 1852 г., не успев осуществить свои замыслы росписей в Исаакиевском соборе. По его эскизам эту часть работ произвел художник П. В. Басин.

Брюллов К. П. Мужская голова. Эскиз головы Александра Невского для группы «Александр Невский и Исаакий Далматский». 1843—1847. Холст, масло. Этюды для росписи центрального купола Исаакиевского собора в Петербурге. ГРМ

    Архитектор поднял свой иконостас до высоты аттика так, что он соединяется с ордером здания и не диссонирует с колоссальными пропорциями монумента, в котором он занимает всю заднюю часть, от одной до другой стены, словно фасад одного храма, помещенного в другом, гораздо большем храме!

    Три ступени из красного порфира составляют его основание. Балюстрада из белого мрамора с позолоченными стойками перил, инкрустированная дорогими породами мрамора, отделяет священника от верующих. Самый чистый мрамор из итальянских карьеров служит основой стены иконостаса. Эта богатейшая сама по себе стена почти исчезает под великолепными украшениями.

Восемь малахитовых коринфских колонн с основаниями и капителями из позолоченной бронзы с двумя пилястрами составляют фасад и поддерживают аттик. Цвет малахита с его металлическим отсветом, оттенки медной зелени удивительно чаруют глаз, совершенная полировка твердого камня восхищает красотой и великолепием. Прежде всего невозможно поверить в реальность подобной роскоши, так как малахит употребляется обычно для поделки столов, ваз, шкатулок, браслетов и других украшений, а здесь, в этих колоннах и пилястрах, 42 фута высоты. Выпиленные из породы циркульными пилами, созданными специально для этого случая, малахитовые куски пригнаны с такой точностью, что можно подумать, будто это монолиты. Они установлены на медных тамбурах и укреплены целиком отлитым металлическим цилиндром, идущим под основанием аттика.

В иконостасе три двери: врата, ведущие в алтарь, и врата, ведущие в часовни Святой Екатерины и Святого Александра Невского. Порядок их распределения таков: в углу пилястр и колонна, затем идут врата в часовню, далее три колонны, главные врата, три другие колонны, врата в часовню и опять в углу пилястр и колонна.

Теперь я попытаюсь набросать некоторые эффекты игры света и тени в этом огромном сооружении.

Исаакиевскому собору немного недостает света, или во всяком случае свет там распределен неравномерно. Большой купол наполняет волной дневного света центр собора, и четыре широких окна достаточно освещают купола колоколен, находящиеся по четырем углам здания. Но другие части всего обширного помещения остаются затененными или получают свет лишь в некоторые часы дня, да еще от случайных скользящих лучей солнца. Это преднамеренный недостаток, ибо ничто не мешало сделать окна в стенах открытого со всех сторон здания. Архитектор де Монферран преднамеренно стремился к этой таинственной полутьме, благоприятной для религиозного впечатления и отрешенной молитвы. Но возможно, он забыл, что эта тень, столь соответствующая романской, византийской и готической архитектуре, менее удачна для помещений здания, сооруженного в классическом стиле, требующем света, здания, покрытого драгоценным мрамором, золотыми украшениями и настенной живописью, то есть снабженного всевозможного рода деталями, которые хорошо бы иметь возможность четко разглядеть. По-моему, было бы правильнее, соотнеся здесь все, одно с другим, добавить освещения через окна, прикрытые ставнями, навесами или плотными шторами, чтобы создать необходимую игру света и тени. При этом искусство очень бы выиграло. Дни в Санкт-Петербурге летом длятся долго, но есть и длинные зимние ночи, отнимающие и без того скупо струящийся с неба свет.

Между тем нужно сказать, что при сменах света и тени здесь происходят захватывающие чудеса. Если из глубины темных приделов смотреть внутрь часовни

Святого Александра Невского и часовни Святой Екатерины на их иконостасы из белого мрамора, украшенные золоченой бронзой, инкрустированные малахитом и агатом, живописью по золотому фону, и если на них падает луч света из большого бокового окна, их блеск буквально ослепителен. Обрамляющие их темные своды поразительно контрастируют с освещенными частями.

 Византийские церкви, или, говоря более точно, церкви греко-русского стиля, где царит таинственная темнота, которой де Монферран и пожелал добиться в Исаакиевском соборе, не содержат собственно картин. Стены в них покрыты декоративными росписями, фигуры начертаны без всякого стремления к внешнему эффекту или созданию иллюзии. По сплошному золотому или крашеному фону святые застыли в условных позах, с неизменными атрибутами, у них суровые черты лица, написанные ровным цветом. Росписи, словно богатым ковром, покрывают здание. Их общий тон приятен для глаза.

 Хорошо известно, что архитектор Рикар де Монферран советовал занятым росписями Исаакиевского собора художникам обратиться к большим плоскостям, широким линиям и декоративной манере. Совет этот легче дать, чем следовать ему, сообразуясь с принятым архитектурным стилем здания. Каждый художник поступал как мог, стремясь наилучшим образом показать свое художественное кредо и возможности своего таланта, невольно и послушно устремляясь по пути современного характера оформления церкви. Исключение составляют только иконостасы, где отдельные или помещенные одна возле другой фигуры на золотых панно величаво выделяются и имеют четко установленные контуры, которые и должна бы иметь вся живопись, предназначенная для украшения здания.

 Композиции художника Федора Бруни по сюжету и их расположению говорят сами за себя и свидетельствуют в пользу свойственного этому художнику глубокого чувства стиля и поистине «исторической» манеры, происходящей, видимо, у него от глубокого и разумного изучения итальянских мастеров. Я настаиваю на этом качестве художника, ибо оно теряется у нас, как и повсюду. Энгр и его школа — это последние его носители. Острота сюжета, слишком пристрастный поиск эффекта или детали, боязнь, что чрезмерная суровость помешает успеху, снимают с современных произведений печать той мастерской значительности, которую в прошлые века носили творения художников даже второго ряда. Художник Федор Бруни продолжает великие традиции, он вдохновляется фресками Сикстинской капеллы* Ватикана и добавляет к этому своему вдохновению помимо своей собственной индивидуальности нечто от глубокой и разумной манеры, свойственной немецкой школе. Видно, что, если Федор Бруни долго любовался Микеланджело и Рафаэлем, он бросил мудрый взгляд и на Овербека, Корнелиуса, Каульбаха — мастеров, совсем неизвестных в Париже, чьи творения, однако, значат для современного искусства больше,

---

 * Сикстинская капелла была построена по приказу папы Сикста IV (1414—1484), украшена фресками Синьорелли, Ботичелли, Гирландайо, Перуджино, Микеланджело.

Бруни Ф. П. Святая царица Александра. 1843. Эскиз иконы для иконостаса Исаакиевского собора в Петербурге. Холст, масло. ГРМ

чем это принято думать. Он размышляет, упорядочивает, взвешивает и обдумывает свои композиции, не испытывая вовсе, как мы видим, того поспешного стремления поскорее взяться за саму живопись, которое чувствуется сегодня на очень многих картинах, имеющих, впрочем, и свои заслуги. У Федора Бруни исполнение картины — это не цель, а способ выражения мысли. Он знает, что, когда сюжет подан на эскизе и в нем уже есть определенный стиль, который отличается благородством и величием, самая важная задача искусства выполнена. Может быть, он даже несколько небрежен в отношении цвета, в слишком большой доле пользуется сдержанными, нейтральными, приглушенными, абстрактными, так сказать, тонами, которые он выбирает на палитре в стремлении ясно подать лишь саму идею. В исторической живописи я лично не люблю то, что называется иллюзией. Отнюдь не нужно, чтобы грубая реальность, слишком материальная жизнь вторгалась на эти безмятежные страницы, на которых должен быть отражен только образ предметов, а не сами предметы. Однако не мешает несколько воздержаться, в особенности думая о будущем, от тусклых и сухих изображений. Такой же совет нам дает и изучение старинных фресок. Росписи, выполненные художником Федором Бруни в Исаакиевском соборе, являются самыми здесь монументальными. На них лежит печать особого характера и мастерства. Художнику хорошо удаются энергичные фигуры, он превосходно знает анатомию и легко достигает сильных эффектов в изображении мускульного напряжения, которого требуют некоторые сюжеты. Федор Бруни, кроме того, обладает особым даром полного вкрадчивости, изящества и ангельской пленительности рисунка, близкого манере Овербека. В его фигурах ангелов, херувимов, блаженных душ есть изящество, изысканность, если позволительно употребить это слово в самом что ни на есть светском его смысле. В них сквозит очаровательная поэзия.

Художник Нефф отнесся к доверенным ему работам больше как живописец, работающий для музея, чем как художник, декоративно оформляющий монумент, но ему нельзя вменить это в вину. Его росписи находятся близко от зрителя, так сказать на уровне его глаз, в нишах пилястров и в обрамлении этих ниш выглядят как картины. Такое расположение росписей не требовало от художника жертв в отношении создаваемых им внешних эффектов и перспективы, что обычно происходит, когда расписываются аттики, своды и купола. У Неффа горячий, превосходный цвет, точный и ловкий рисунок, напомнивший мне Петера Хесса, работы которого я видел в Мюнхене. «Иисус, посылающий свой образ Абгару» и «Императрица

Порученные художнику Ф. А. Бруни (1799—1875) композиции для росписей Исаакиевского собора выполнялись им в 1841—1845 гг. и занимают стены всего среднего придела собора: «Потоп», «Жертва Ноя», «Видение Иезекииля»; середину поперечного придела занимает его «Страшный суд», на плафоне алтаря им выполнено изображение Святого Духа, а по трем сторонам аттика алтаря — «Омовение ног», «Иисус Христос, дающий ключи Святому Петру», «Иисус, являющийся апостолам». Всего 35 картонов для росписей собора, хранящихся в настоящее время в ГРМ в Ленинграде.

Нефф Т. А. Богоматерь. Холст, масло. ГРМ

Елена находит истинный крест»* представляют собою замечательные картины; даже снятые со стены, они от этого нисколько бы не проиграли. Все другие работы Неффа в нишах пилястров также носят печать мастерства, свидетельствуют о даровитости художника, имеющего очень верное чувство цвета и игры светотени. Отдельные фигуры, выполненные им на иконостасах, рисованные головы и руки, исполненные им в большой позолоченной горельефной группе над царскими вратами, обладают силой тона, удивительной рельефностью. Трудно было бы более удачно соединить живопись и горельеф, работу кисти и работу резца.

Росписи Бруни в отношении композиции и стиля, работы Неффа в отношении цвета и мастерского их исполнения кажутся мне здесь самыми лучшими.

Художник Петр Басин в своих многочисленных работах проявил щедрость, легкость и декоративность, свойственные живописцам XVIII столетия, которым в наши дни возвращено наконец уважение, отнятое было у них Давидом и его школой. Теперь во хвалу художника мы говорим, что он походит на Пьетро да Кортона, Карло Маратти или Тьеполо. Басин легко справляется с большими плоскостями. Его композиции выглядят картинами, в этом и заключается его талант, а ведь такой характер таланта в наше время день ото дня теряется, утрачивается, становится очень редким, более редким, нежели это можно предположить.

В Париже мы знаем сдержанную, чистую и точную манеру художника Муссини. В нишах пилястров он создал много композиций, вполне оправдывающих приобретенную им репутацию. Художники Марков, Завьялов, Плюшар, Сазонов, Федор Брюллов, Никитин тоже заслуживают похвал в отношении манеры, в которой они выполнили возложенную на них задачу.

---

* Абгар — имя восьми царей, правивших со 132 г. до н. э. по 216 г. н. э. в городе Эдессе (Северная Месопотамия), одном из центров раннего христианства.
Императрица Елена (начало IV в. н. э.) — мать римского императора Константина (ок. 285—337).

Нефф Т. А. (1805—1876) выполнил в Исаакиевском соборе росписи ниш, устроенных в массивах, на которые опираются колонны и пилястры внутри собора: «Вознесение», «Иисус Христос, посылающий свой образ Абгару», «Воздвижение», «Рождение Пресвятой Девы», «Введение во храм», «Заступничество Пресвятой Девы», «Сошествие Святого Духа»; кроме того, в барельефной группе под аркой главных врат алтаря, исполненной скульптором П. К. Клодтом, Нефф расписал на металлических частях, вырезанных по контуру, головы и руки персонажей группы, сделанных в барельефе живописными. Нефф — автор многих фигур внутренней росписи алтаря, в часовне Александра Невского им выполнен образ Христа на плащанице, развернутой святой Вероникой.

Художник Цезарь Муссини (1804—1879) выполнил в Исаакиевском соборе росписи в некоторых нишах под колоннами и пилястрами внутри собора: «Благовещение», «Рождение Христа», «Обрезание», «Сретение», «Крещение», «Преображение».

Басин П. В. Нагорная проповедь. 1840-е гг. Эскиз росписи над большими южными дверями Исаакиевского собора в Петербурге. Холст, масло. ГРМ

Марков А. Т. (1802—1878) создал в Исаакиевском соборе обширную композицию, занимающую весь аттик в поперечном приделе,— «Иосиф, принимающий братьев в Египте».

Художник Ф. С. Завьялов (1810—1856) создал панно на одной из стен поперечного придела собора: «Марианна, празднующая хвалу божию», «Иегова, вручающий таблицы закона Моисею на Синайской горе», «Моисей, произносящий свою последнюю волю».

Исаакиевский собор

П. В. Басин (1793—1877) исполнил по эскизам К. П. Брюллова все росписи центрального купола собора, кроме того, ему принадлежат все настенные росписи часовни Святой Екатерины; в часовне Александра Невского им изображены сцены жития Александра Невского.

Брюллов Ф. П. (1795—1869) — автор части фигур иконостаса: «Святой Михаил, сражающийся с драконом», «Святая Анна и святая Елизавета», «Константин Великий и императрица Елена», «Святой Николай», «Святая Ольга»; на вратах часовни Святого Александра Невского им изображен архангел Гавриил.

Никитин Н. С. (1811—1881) выполнил росписи: «Притча о Сеятеле» и «Творец последнего часа».

Если я не даю здесь своего окончательного суждения о росписях купола, созданных Карлом Брюлловым, так это потому, что болезнь и смерть, как я уже говорил в описании его композиции, выполненной Басиным, помешали ему осуществить самому свои росписи и придать им характер, созвучный с его личностью, одной из самых сильных и заметных в национальном русском искусстве. Брюллов мог стать большим художником. При многих его достоинствах, которые искупают все, он мог стать гением. Это блистательно видно в его лице, которое он сам так любил изображать, это явственно проступает сквозь увеличивавшуюся с болезнью бледность и худобу его лица. Под светлыми неприбранными волосами, за бледнеющим лбом, в глазах, из которых убегала жизнь, светилась мысль поэта и художника.

Теперь в нескольких строках подведем итог этому долгому разговору о соборе Святого Исаакия Далматского. Вне всяких сомнений и независимо от того, принять его стиль или нет, это самое значительное религиозное здание, которое было построено в этом веке. Оно делает честь архитектору де Монферрану, которому удалось довести его строительство до конца, да еще за такое малое количество лет. Он уснул в могиле, имея возможность вполне справедливо сказать себе: «Я памятник воздвиг себе прочнее...»* Подобное счастье редко выпадает на долю архитекторов, ведь их планы в большинстве своем так редко осуществляются. На торжественных открытиях начатых ими храмов обычно присутствует уже только их дух.

Как бы быстро ни был построен Исаакиевский собор, времени этого, однако, оказалось достаточно, чтобы многие перемены произошли в умах людей. В эпоху, когда создавались планы храма, приверженность классике царила безраздельно и беспрекословно. Считался совершенством и допускался только греко-римский стиль. И как недостойное рассматривалось все, что человеческий гений веками создавал во имя служения новой религии христианства. Архитектура романского, византийского и готического стилей казалась дурным вкусом, противоречившим канонам искусства, она считалась варварской. Ей отводилось лишь историческое место, и, конечно, никто не посчитал бы возможным воспринимать ее как образец.

Но когда пришло время школы романтизма, люди стали старательно изучать эпоху средних веков, национальных корней искусства, что вывело на свет божий красоту базилик, соборов и часовен, а их так долго презирали и воспринимали только как плоды терпеливого труда малопросвещенных эпох усердного христианства. Так открылось очень законченное, продуманное искусство, превосходно осознающее самое себя, подвластное правилам, обладающее сложной и полной таинств символикой. Все это теперь мы увидели и поразились массивности и законченности деталей зданий, которые до сих пор принимали за случайные творения каменотесов и невежд каменщиков. Тотчас же последовала реакция, которая, как таковая, вско-

---

* Первая неполная строка оды римского поэта Квинта Горация Флакка (65 гг. до н. э.— 8 г. н. э.) «Памятник».

Плюшар Е. А. Автопортрет. Холст, масло. ГРМ

Художник Е. А. Плюшар (1809 — не ранее 1880) исполнил в Исаакиевском соборе росписи по одной из стен поперечного придела — «Моисей, спасенный из вод», «Неопалимая купина», «Моисей и Аарон перед фараоном», изображения Христа внутри алтарей часовен Святой Екатерины и Святого Александра Невского, три панно — «Жертва Аарона», «Прибытие в землю обетованную», «Руно, найденное Гедеоном».

Брюллов К. П. Автопортрет. Около 1833. Неоконченный автопортрет, предназначавшийся для галереи Уффици во Флоренции. Холст, масло. ГРМ

ре стала несправедливой: за современными зданиями, построенными в классическом стиле, никакой заслуги больше не признавалось, и, вполне вероятно, не один русский сетует на то, что этот роскошный храм построен по образцу Пантеона в Риме, а не по образцу, скажем, Святой Софии в Константинополе. Подобное мнение может существовать, и, конечно, оно даже превалирует сегодня. Я не считал бы это мнение нелепым, если бы строительство Исаакиевского собора начиналось теперь. Но в то время, когда планы собора только составлялись, ни один архитектор не стал бы действовать иначе, чем архитектор де Монферран.

Мне же вне всякой системы классический стиль представляется наиболее соответствующим собору, этому центру православного культа. Эти классические формы вне моды и времени, вечные, не могущие устареть или стать варварскими для новых поколений, сколько бы ни простояло здание, накладывают на него печать истинной красоты. Известные всем цивилизованным народам, эти формы могут лишь восхищать, не удивляя, не вызывая критики, и, если какой-нибудь другой стиль покажется более уместным и живописным, возможно, более необычным — одним словом, ненаскучившим, обязательно в нем будет заключаться и свое неудобство: он даст место различным толкам и кому-то, возможно, покажется неуместным, то есть как раз произведет впечатление, противоположное тому, которое именно и хотели создать строительством собора. Архитектор здесь не стремился удивить, он искал красоты, и, конечно, Исаакиевский собор — самая прекрасная церковь, построенная в наше время. Ее архитектура превосходно соответствует Санкт-Петербургу, самой молодой и новой столице.

Т. Готье точно и ясно излагает суть архитектурных теорий, существовавших с XVIII до начала XIX в. в России, как и в Европе.

«...В эстетике после Возрождения абсолютизирована античность. Ей придано значение вневременного образца, значимого для всех, всюду, всегда. С античностью — и только с нею! — ассоциируется красота шедевров...»

                      Кириченко Е. И. Архитектурные теории XIX века в России. М., 1986. С. 20 — 21.

Т. Готье очень справедливо замечает, что древнерусская архитектура воспринимается как бы «готикой»; как и всякая средневековая, она включается в историю мировой архитектуры на правах местного явления.

«Родившись от египетской несовершенной архитектуры, три в Греции ордера: дорический, ионический и коринфский — все приведены в совершенные правила... Некоторые думают, что и архитектура, как одежда, входит и выходит из моды, но, как логика, физика и математика не подвержены моде, так и архитектура, ибо она подвержена основательным правилам, а не моде. Когда готы овладели Италией, они... не проникнув того, в чем красота здания состоит, ударились только в сияющие архитектурой виды... ввели новый вид созидания, который по времени получил от искусных, хотя и не следующих правилам огромность и приятство. Такого рода наша Спасская башня...»

                      Снегирев В. Архитектор В. И. Баженов. М., 1937. С. 184.

Глава двенадцатая   Москва

Находя приятной жизнь в Санкт-Петербурге, я, однако, изнывал от желания увидеть настоящую русскую столицу, великий город Москву. Железная дорога облегчала эту задачу.

Я вполне привык к климату и не боялся путешествовать в двадцатиградусный мороз. Крепко ухватившись за белый от инея вихор случая, дозволявшего мне поехать в Москву в приятной компании, я надел на себя полное зимнее обмундирование: шубу на норке, бобровую шапку, меховые сапоги выше колен. В одних санях везли мой чемодан, другие приняли мою собственную, тщательно запакованную персону, и вот я на необъятном железнодорожном вокзале в ожидании часа отправления поезда, назначенного на полдень. Но на русских железных дорогах не стараются, как на наших, соблюдать хронометрическую точность. Если в поезде едет какая-нибудь важная особа, то, поджидая ее, поезд придерживает свой пыл на несколько минут, если потребуется — на четверть часа. Пассажиров провожают родственники и знакомые, и при последнем звонке колокольчика расставание не обходится без многочисленных рукопожатий, обниманий и теплых слов, нередко прерываемых слезами. А иногда вся компания берет билеты, поднимается в вагон и провожает отъезжающего до следующей станции, с тем чтобы вернуться с первым обратным поездом. Мне нравится этот обычай, я нахожу его трогательным. Люди хотят еще немного насладиться обществом дорогого им человека и по возможности оттягивают горький миг разлуки. На лицах мужиков, впрочем не очень-то красивых, живописец заметит здесь выражение трогательного простодушия. Матери, жены, чьи сыновья или мужья, возможно, надолго уезжали, проявлением своего наивного и глубокого горя напоминали святых женщин с покрасневшими глазами и судорожно сжатыми от сдерживаемых рыданий губами, которых средневековые живописцы изображали на пути несения креста. В разных странах я видел много отъездов, отплытий, вокзалов, но ни в одном другом месте не было такого теплого и горестного прощания, как в России.

В стране, где термометр не раз за зиму опускается по Реомюру* до тридцати — тридцати двух градусов ниже нуля, устройство железнодорожного поезда не должно походить на то, чем довольствуются в умеренном климате. Горячая вода в жестяных муфтах, которыми пользуемся мы, здесь очень скоро замерзла бы, и вместо ножных грелок под ногами у пассажира оказались бы куски льда. Холод, проникающий сквозь переплеты окон и дверей, принес бы насморк, воспаление легких и ревматизм.

---

* Рене Антуан Реомюр (1683—1757) — французский естествоиспытатель, создавший в 1730 г. спиртовой градусник для измерения температуры, ныне устаревший, замененный градусником Цельсия: 1° R = 1,25° C.

Русский поезд состоит из нескольких сцепленных вагонов, сообщающихся между собою через двери, которые по своему усмотрению открывают и закрывают пассажиры. Каждый вагон образует нечто похожее на квартиру, которую предваряет прихожая, где складывают ручную кладь и где находится туалетная комната. Это предварительное помещение выходит непосредственно на окруженную перилами открытую площадку вагона, куда снаружи можно подняться по лестнице, безусловно более удобной, чем наши подножки.

Полные дров печи поддерживают в вагоне температуру пятнадцать-шестнадцать градусов. На стыках окон фетровые валики не пропускают холодный воздух и сохраняют внутреннее тепло. Как видите, в январе вы путешествуете из Санкт-Петербурга в Москву не в такой уж арктически ледяной атмосфере, а ведь одно упоминание об этом холоде заставило бы парижанина вздрогнуть и застучать зубами. Совершив в то же время года путешествие из Бургоса в Вальядолид, вы, безусловно, пострадали бы больше.

Вдоль стен первого помещения вагона шел широкий диван, предназначенный для тех, кто хочет спать, и для людей, привыкших сидеть, скрестив ноги по-восточному. Я предпочел дивану мягкое обитое кресло, стоявшее во втором помещении, и уютно устроился в углу. Я очутился как бы в доме на колесах, и тяготы путешествия в карете мне не грозили. Я мог встать, походить, пройти из одной комнаты в другую с той же свободой движений, каковая есть у пассажиров пароходов и коей лишен несчастный, зажатый в дилижансе, в почтовой карете или в таком вагоне, какими их еще делают во Франции.

Поезд еще не отходил, и, когда, заняв себе место сумкой со спальными принадлежностями, я прогуливался вдоль рельсов, взгляд мой привлекла странная форма трубы паровоза. Воронка наверху делала ее похожей на венецианские печные трубы с колпачками вверх раструбом, столь живописно выступающими над розовыми стенами видов Каналетто.

Русские поезда топятся дровами, а не каменным углем, как в западных странах. Березовые или сосновые поленья уложены в поленницы на тендере, и запас их пополняется на станциях, где устроены дровяные склады. Старики крестьяне поговаривают, что, ежели так пойдет и дальше, на святой Руси из изб будут вытаскивать бревна, чтобы натопить эти печи. Но до того, как срубят леса, по крайней мере те, что растут вдоль железных дорог, геологи найдут залежи антрацита или каменного угля. Эти нетронутые недра конечно же скрывают неисчерпаемые богатства.

Поезд наконец тронулся. Справа, на старой проселочной дороге, остались позади Московские ворота, я видел, как убегали последние городские дома, все реже встречались за дощатыми заборами их деревянные, крашенные по старинной русской моде стены и зеленые крыши в снегу. По мере того как мы удалялись от центра, дома красивых кварталов, походившие на здания берлинского, лондонского и парижского стилей, сменялись строениями более национального характера. Петербург исчезал, а золотой купол Исаакиевского собора, шпиль Адмиралтейства и пирамидальные верхушки Сторожевой церкви, голубые купола, усеянные звездами, и оловянные луковицы колоколен все еще сияли на горизонте, а все они вместе походили на золотую корону на подушке из серебряной парчи. Дома людей словно уходили в землю, тогда как дома божии устремлялись ввысь, к небу.

Пока я смотрел в окно, из-за разницы между холодом снаружи и внутренним теплом на стеклах вагона стали вырисовываться, словно отпечатки древних растений на камнях, ветвистые рисунки цвета ртути, которые очень скоро переплелись, обозначились широкими листьями, образовали чудесный лес и так покрыли серебристой амальгамой окно, что видеть пейзаж стало вовсе не возможно. Конечно, не придумаешь ничего красивее этих перьев, арабесок и филиграни льда, так изящно выписанных рукою зимы. Это одна из поэтических особенностей Севера, при виде которой воображение рисует нам гиперборейские миражи. Однако, с час полюбовавшись на них, вы нетерпеливо сетуете на это покрывало из белых кружев, мешающее вам и видеть, и быть видимым. Вы негодуете, чувствуя, что за шероховатым стеклом проходит целый мир неизвестного, который, вполне возможно, никогда больше не предстанет перед вашими глазами. Во Франции я без церемоний опустил бы окно, но в России это скорее всего было бы смертельной неосторожностью: мороз, всегда поджидающий свою жертву, протянул бы в вагон чудовищную лапу северного медведя и ударил бы меня своими когтями. На улице можно еще с ним бороться как с врагом жестоким, но в общем благодушным в своей строптивости. Но не впускайте его к себе в дом, не приоткрывайте ему ни окон, ни дверей, ибо тогда он вступает в беспощадный бой с теплом, забрасывает его своими ледяными стрелами и, получив такую стрелу, вам будет крайне трудно излечиться.

Между тем нужно было что-то решать, так как грустно, право, переезжать из Санкт-Петербурга в Москву в ящике, в котором молочно-белое стекло ничего не

20 ноября 1858 г. «Северная пчела» сообщала:
«Золотопромышленники нашли в землях Большой Кайсацкой орды богатейшие жилы прекраснейшего каменного угля. Он залегает под толстым слоем туфа. Пробит шурф в четыре сажени глубины, и не найдено еще конца пласта. Сколько богатства найдено в Семиреченской области, и в столь короткое время!»

Богатейшие угольные бассейны нашего времени в большинстве своем были открыты задолго до приезда. Т. Готье в Россию:

Донецкий	— первые сведения относятся к началу XVIII в., но первая геологическая карта была составлена в 1864—1869 гг.;
Кузнецкий	— открыт в 1721 г., а в 1851 г. была построена первая копь;
Печорский	— первые сведения относятся к 1828 г., но добыча угля началась только в 1934 г.;
Карагандинский	— наличие угля обнаружено в середине XIX в., и тогда же началась его кустарная добыча;
Тунгусский	— первые разработки относятся к 1870-м гг.

позволяет разглядеть снаружи. Я, слава богу, не наделен темпераментом того англичанина, который, переезжая из Лондона в Константинополь с повязкой на глазах, пожелал снять ее только у входа в Золотой Рог*, чтобы внезапно, без ослабляющего впечатления перехода, взглянуть на роскошную панораму, не имеющую себе равных в мире. Итак, надвинув до бровей меховую шапку, подняв воротник и поглубже запахнув шубу, подняв сапоги до середины ляжек, засунув руки в варежки, где отделен только один палец,— настоящее облачение самоедов — я смело отправился к открытой площадке вагона. Какой-то солдат-ветеран в военной шинели со многими медалями на груди стоял там, следя за ходом поезда и, казалось, нисколько не страдал от холода. Небольшие чаевые, в рубль серебром, которых он не просил, но от которых и не отказался, заставили его предупредительно отвернуться в другую сторону, в то время как я недозволительно зажег великолепную сигару, купленную у Елисеева** и взятую из коробки со стеклянным верхом, который позволяет увидеть товар, не разрывая гербовой печати, налагаемой на каждую коробку налоговой инспекцией.

    Вскоре мне пришлось выбросить гаванскую сигару de la Vuelta de Abajo***, так как если она и горела с одного конца, то замерзала с другого. Лед собирался у рта и приклеивал ее к губам. Каждый раз, как я отнимал сигару ото рта, на ней оставался кусочек кожи моих губ. Курить на ветру при двадцати градусах мороза — вещь почти невозможная, и немного нужно, чтобы заставить себя подчиниться указу, который запрещает курить трубку или сигару на улице. А тем временем перед моими глазами разворачивалась настолько достойная внимания картина, что я быстро утешился в этом небольшом лишении.

    Насколько видел глаз, снег покрывал землю холодной пеленой, и под белыми ее складками можно было только угадывать неопределенную форму предметов — так саван прячет мертвеца от взглядов людей. Не было больше ни дорог, ни тропинок, ни рек. Ничто не выделялось, лишь едва различимые во всеобщей белизне повышения и понижения. Ложе замерзшей реки походило на некую долину меж едва заметными в снегу извилинами берегов. То и дело вдали купы рыжеватых берез, полузасыпанных снегом, выставляли свои лысые макушки. Несколько бревенчатых, засыпанных снегом хижин выбрасывали в небо дым и пятном виднелись на белой пелене снега. Вдоль железной дороги вырисовывались линии кустарника, посаженного в несколько рядов и предназначенного задерживать горизонтальное движение белой ледяной пыли, гонимой с пугающей стремительностью метелью, этим полярным хамсином****. Невозможно себе предста-

---

    *   Бухта в Босфорском проливе у Стамбула.

   **   Елисеев Степан Петрович, 1-й гильдии купец, Петербург, Невский проспект, д. 15, кв. 34. Магазин продовольственных товаров в том же доме.

  ***   «Вуэльта де Абахо» (исп.) — сорт кубинских сигар, названный по географическому названию местности, где культивировался табак.

 ****   Хамсин — сильные сухие и горячие ветры с пыльными бурями.

Львов Ф. Ф. Зимний пейзаж. Карандаш. ГРМ

вить странное и грустное величие этого необъятного белого пейзажа, похожего на вид, наблюдаемый нами в телескоп, направленный на Луну в полную фазу ее видимости. Я словно находился на мертвой, навсегда скованной вечным холодом планете. Просто отказываешься поверить, что это величайшее нагромождение снега когда-то растает, улетучится или утечет в море с разбухшими волнами рек и что придет весенний день и зазеленеют усеянные цветами ныне бесцветные равнины. Низкое облачное небо сплошного серого цвета кажется желтым от белизны снега. Оно усиливает меланхоличность пейзажа. Глубокая тишина, нарушаемая только постукиванием колес по рельсам, царит в этом сельском уединении, ибо горностаевый ковер из снега приглушает все звуки. В этих пустынных краях не видно ни души, ни следа человека, ни звериной тропы. Человек забился за бревна своей избы, зверь — в глубь норы. Только у станций из снежных складок выезжали сани и кибитки, их везли галопом маленькие косматые лошади, бегущие прямо по полям, не ища заснеженной дороги. Они ехали из невидимой деревни к поезду встречать пассажиров. В моем вагоне молодые господа ехали на охоту. Одеты они были в красивые новенькие тулупы цвета светлой семги, расшитые изящными узорами. Тулуп — одежда наподобие кафтана из бараньих шкур мехом внутрь, как принято в странах, подверженных настоящим холодам. Он застегивается на пуговицу на плече и затянут на талии поясом. Добавьте к этому каракулевую шапку, белые валенки, охотничий нож у пояса, и перед вами костюм истинно азиатского изящества. Это мужицкая одежда, но барин не колеблется надевать ее при подобных обстоятельствах, ибо нет более удобной и лучше приспособленной к климату одежды. Впрочем, между этим чистым, мягким тулупом, выделанным, как замшевая перчатка, и замусоленным, засаленным, грязным тулупом мужика разница достаточно велика, чтобы их не спутать. В березовых и сосновых лесах, виднеющихся темными линиями на горизонте, хозяйничают волки, медведи, говорят, есть даже лоси, дикие звери и хищники Севера, охота на которых небезопасна и требует ловких, сильных и смелых охотников немродов.

Тройка, то есть сани, запряженные тремя великолепными лошадьми, ждала наших молодых людей на одной из станций, и я видел, как они с быстротой, не уступающей скорости поезда, удалились в глубины земель по исчезнувшей под снегом дороге, местами обозначенной жердями-вехами. Они так быстро ехали, что вскоре я потерял их из виду. В имении, название которого выпало у меня из головы, они должны были встретиться с сотоварищами по охоте и обещали быть более удачливыми, нежели эти олухи из басни Лафонтена, которые продали шкуру неубитого медведя*. Охотники намеревались убить медведя, снять с него шкуру и сделать из нее ковер для ног с пунцовой обшивкой и с набитой опилками головой, о которую новички путешественники вечно спотыкаются в санкт-петербургских салонах. Судя по их спокойно-непринужденному виду, не приходилось сомневаться в их охотничьих доблестях.

Я не стану перечислять, станция за станцией, населенные пункты, по которым проходит железная дорога: мои читатели немного узнают, расскажи я им, что поезд останавливается в таком-то и таком-то населенном пункте, название которого не вызовет у них ни одной мысли, ни одного воспоминания, тем более что эти незначительные города и поселки в большинстве случаев весьма удалены от железной дороги и заметны лишь по зеленым луковицам и медным куполам церквей. Дело в том, что железнодорожный путь из Санкт-Петербурга в Москву идет неукоснительно по прямой линии и не сдвигается с нее ни под каким видом. Даже Тверь**, самый значительный город на этом пути, не удостоилась исключения. А ведь отсюда отходят пароходы по Волге. Поезд гордо проходит на некотором расстоянии от Твери, и до нее нужно добираться на санях или дрожках, смотря по сезону.

---

* Из басни Лафонтена «Медведь и два приятеля».

** Ныне Калинин.

Построенные по единому плану станции великолепны. В их архитектуре удачно сочетаются красные тона кирпича и белый камень. Но тот, кто видел одну из них, видел их все. Опишу ту, где мы остановились на обед*. У этой станции есть своя особенность: она стоит, как церковь Святой Марии на Странде**, не у края дороги, а между линиями рельсов. Железная дорога обвивает ее своими лентами, и здесь встречаются, не мешая друг другу, поезда, идущие из Москвы и из Санкт-Петербурга. Оба состава выплескивают на перрон справа и слева своих пассажиров, которые садятся обедать за одни и те же столы. Поезд из Москвы везет людей из Архангельска, Тобольска, Вятки, Якутска, с берегов реки Амур, с побережья Каспийского моря, из Казани, Тифлиса, с Кавказа и из Крыма, из глубин всея Руси, европейской и азиатской. Они мимоходом пожимают руку своим западным знакомым, едущим в поезде из Санкт-Петербурга.

Здешний обед — это разноплеменное пиршество, на котором говорят на большем количестве языков, чем у Вавилонской башни***. Широкие сводчатые оконные проемы с двойными стеклами с двух сторон освещали зал, где был накрыт стол и где царила приятная тепличная температура, в которой веерные пальмы, тюльпанные деревья и другие растения тропических стран уютно расправляли свои широкие листья. Эта роскошь редких растений, которые не ожидаешь увидеть в столь суровом климате, почти повсеместна в России. Она придает праздничный вид интерьерам, дает глазам отдохнуть от яркого свечения снега и поддерживает традицию разведения зелени. Стол был накрыт роскошно — с серебряными приборами и хрусталем, над которым возвышались бутылки всевозможных форм и происхождения. Длинные бутылки рейнских вин высились над бордоскими винами с длинными пробками в металлических капсулах, над головками шампанского в фольге. Здесь были все лучшие марки вин: «Шато д'Икем», «Барсак», «Шато Лаффит», «Грюо-ла-розе», «Вдова Клико», «Редерер», «Моэт», «Штернберг-кабинет», а также все знаменитые марки английского пива. Полный ассортимент известных напитков, пестревших позолоченными этикетками ярких цветов, привлекающими внимание рисунками, настоящими гербами. В России находятся лучшие вина Франции и чистейшие соки наших урожаев, лучшая доля наших подвалов попадает в глотки северян, которые и не смотрят на цены того, что заглатывают. Кроме щей, кухня, не стоит и говорить об этом, была французской, и я запомнил одно жаркое из рябчика, которое сделало бы честь Роберу, этому великому магу еды, о котором Карэм сказал: «Он восхитителен в жарком!» Официанты в черных фраках, белых галстуках и белых перчатках двигались вокруг стола и обслуживали с бесшумной поспешностью.

---

* Поезд останавливался на обед на станции Бологое.

** Странд — одна из центральных улиц в Лондоне, на которой между двумя линиями движения, посередине, стоит упомянутая церковь.

*** Вавилонскую башню, по легенде, захотели воздвигнуть сыновья Ноя, чтобы добраться до бога. В наказание за эти бессмысленные попытки бог якобы наделил всех строителей разными языками, и они, перестав понимать друг друга, вынужденные оставить строительство, разбрелись по белу свету.

Пока пассажиры осушали свои бокалы и рюмки всевозможных вместимостей, я, наскоро перекусив, только чтобы утолить голод, осмотрел оба салона, расположенные с обоих концов залы и предназначенные для высокопоставленных особ. В элегантных лавочках тульские саше́*, сапожки и домашние сафьяновые туфли, расшитые золотом и серебром, черкесские ковры, вышитые шелком по пунцовому фону, пояса, сплетенные из золотых сутажных нитей, футляры с очаровательными приборами из платины, отделанными золотом, модели кремлевского Царь-колокола, деревянные резные русские кресты, украшенные бесконечным числом микроскопических фигур, выделка которых потребовала поистине китайского терпения, тысячи приятных безделушек соблазняли туриста и выживали из его дорожных средств несколько рублей, если он, как и я, был бессилен противиться соблазну и ограничиться одним их видом. Между тем, думая о далеких друзьях, очень трудно не наполнить карманы этими красивыми безделушками, при помощи которых по возможности стараешься доказать, что друзья не забыты, так вот и поддаешься соблазну.

Обед собрал в одной зале гостей из разных вагонов, и я заметил, что в путешествии, как и в городе, женщины менее чувствительны к холоду, чем мужчины. Большинство из них довольствуется атласной шубой на меху, они не прячут голову в поднятые воротники и не обременяют себя множеством надетых сверху одежд. Безусловно, кокетство здесь играет свою роль. Для чего иметь тонкую талию, маленькую ножку и походить при этом на какой-то пакет? Красивая сибирячка привлекала взгляды своим нисколько не пострадавшим от путешествия изяществом. Можно было подумать, что она выходила из кареты перед дверями оперного театра. Две цыганки, одетые диковинно богато, поразили меня неожиданным своим видом, казавшимся еще более странным из-за полуцивилизованных нарядов. В ответ на галантные речи молодых людей они смеялись, показывая свои хищно-белые зубы, вставленные в коричневые десны, характерные для цыганской расы.

Несмотря на вновь надетую мною шубу, с приближением ночи мороз показался мне еще более крепким. И действительно, температура упала на несколько градусов. Снег побелел еще больше и скрипел под ногами, как толченое стекло. Бриллиантовые блестки витали в воздухе и падали на землю. Было бы неосторожно вновь встать у перил на площадке вагона. Я мог, таким образом, сильно испортить будущее моего носа. Впрочем, дальше тянулась та же дорога. Белые равнины сменяли друг друга, ибо в России нужно проехать огромные расстояния, чтобы ландшафт хоть как-то изменился.

Солдат-ветеран с медалями на груди наполнил печь поленьями, и несколько понизившаяся было температура в вагоне быстро повысилась. Царила приятная теплынь, и, если бы не толчки вагона, я мог бы подумать, что нахожусь у себя в комнате. Вагоны третьего класса, устроенные с меньшими удобствами и роскошью, отапливаются таким же

---

* Саше́ — маленький футляр или сумочка для носовых платков.

План Москвы. 1859. Раскрашенная литография. ГНИМА

образом. В России теплом наделены все. Господа и крестьяне равны перед холодом. Во дворце и в хижине одинаково натоплено. Это вопрос жизни и смерти.

Улегшись на диван головой на сумку со спальными принадлежностями, укрывшись шубой, я быстро заснул в этом совершенном уюте, укачиваемый мерными потряхиваниями поезда.

Когда я проснулся, был час ночи, и мне пришла в голову фантазия пойти немного полюбоваться на ночной вид северной природы. Под этими широтами зимняя ночь долгая и темная, но никакой мрак не может погасить белесое свечение снега. В самое темное время суток вы различаете его мертвенную бледность, раскинувшуюся перед вами, словно гробовой покров под сводом склепа. Он светится фосфоресцирующей голубизной. Исчезнувшие под снегом предметы обрисовываются по рельефу, словно белым карандашом по черному листу темноты. Этот белесый пейзаж, линии которого меняли свое направление и быстро исчезали за поездом, имел самый странный вид. На одно мгновение луна, проникнув сквозь густой слой облаков, протянула свой холодный луч на замерзшую равнину и местами высветила ее серебром, в то время как остальное пространство покрылось синелазурными тенями. Так подтвердилась правдивость замечания Гёте по поводу теней на снегу в его теории цветов. Невозможно представить себе всю меланхоличность этого огромного бледного горизонта, который словно отражал лунный свет и как бы возвращал его луне обратно. Он тянулся вокруг вагона все тот же, как море, а тем временем поезд несся на всей скорости, выбрасывая из трубы снопы потрескивающих красных искр. Обескураженному наблюдателю кажется, что он никогда не выйдет из этого круга. Усиленный движением воздуха, мороз крепчал и пробирал меня до костей, несмотря на толстый и мягкий мех моей шубы. От дыхания кристаллики льда покрыли мои усы и образовали как бы кляп. Ресницы слипались, и я почувствовал, что, даже стоя, не могу победить охватывающего меня сна. Наступило время возвратиться в вагон. Когда ветер не дует, можно перенести самый крепкий мороз, но малейшее дуновение ветра заостряет его стрелы и точит сталь его топора. Обычно при таких низких температурах не бывает ни малейшего дыхания ветра. Тогда можно пройти через всю Сибирь со свечой в руке, и пламя ее не дрогнет. Но от самого легкого движения воздуха вы начинаете замерзать, даже если вы превосходнейшим образом упакованы в шкуры хозяев Севера с самым лучшим в мире мехом.

Вернуться в мягкую атмосферу вагона было одним из самых приятных удовольствий. Я забрался в свой угол, где и проспал до рассвета с тем особым чувством успокоения, которое испытывает человек, получивший приют в суровую погоду, записанную к тому же ледяными буквами на оконных стеклах. Сероокий рассвет, как говорит Шекспир, ибо розовоперстая Аврора обморозилась бы на этой широте, встал, закутанный в шубу, и пошел по снегу в белых валенках. Мы приближались к Москве, и в первых проблесках рождающегося дня я уже разглядел с открытой площадки вагона ее зубчатую корону.

Имеется в виду сочинение И. В. Гёте «Очерк учения о цветах».

Всего несколько лет назад парижанину Москва представлялась очень смутно, где-то бесконечно далеко, в свечении пылающего по всему небу северного сияния, в заре зажженного Ростопчиным пожара возносила она к небу свою византийскую диадему, щетинящуюся причудливыми башнями и колокольнями среди вспышек пламени и дыма. Это был легендарно огромный и химерически далекий город, воздвигнутая в снежной пустыне тиара из драгоценных камней, о которой вернувшиеся в 1812 году рассказывали в некотором оцепенении: ведь для них город превратился в вулкан. И действительно, до изобретения пароходов и железной дороги добраться до Москвы было делом отнюдь не средней руки.

Когда я был еще совсем ребенком, Москва занимала мое воображение, и я часто в экстазе стоял на набережной Вольтера перед витриной торговца гравюрами, где выставлялись большие панорамы Москвы — раскрашенные по способу Демарна или Дебюкура акватинты*, какие во множестве делали в те годы. Эти луковичные колокольни, эти купола с крестами на цепях, разноцветные дома, мужчины с окладистыми бородами и расширяющимися кверху шапками, женщины с повойниками на головах в коротких кофтах, перехваченных под мышками, представлялись мне как из лунного мира, и мысль когда-нибудь совершить туда путешествие даже не возникала в моем мозгу. Впрочем, так как Москва была сожжена, какой интерес могла представлять собою груда пепла? Мне понадобилось много времени, чтобы наконец усвоить, что город был восстановлен и что вовсе не погибли в пламени все старые памятники. И вот, через каких-то полчаса я уже смогу судить, были ли верными акватинты с набережной Вольтера!

У перрона, предлагая свои сани и стараясь понравиться пассажирам, собралось целое племя извозчиков. Я взял двоих. Сам с моим компаньоном я сел в одни сани, в другие мы положили наши чемоданы. По обычаю русских кучеров, которые никогда не ждут, чтобы им указали, в какое место ехать, эти для начала пустили своих лошадей

Рассвет уж улыбнулся сероокий,
Пятная светом облака востока.
Шекспир У. Ромео и Джульетта.

«Розовоперстая Эос» — образ, встречающийся в «Илиаде» и «Одиссее» Гомера. Эос — утренняя богиня у греков. У римлян та же богиня называлась Аврора.

Ростопчин Ф. В. (1763—1826) в 1812—1814 гг. был генерал-губернатором Москвы. Ему приписывалась инициатива в разжигании пожаров в Москве во время французской оккупации. Ростопчин публично отказался от этого обвинения, издав свое сочинение «Правда о пожаре Москвы» (1823). Автор ряда литературных произведений, Ростопчин оставил и свои мемуары.

---

* Акватинта — один из видов углубленной гравюры на металле.

Шарлемань А. И. (1826—1901). Вокзал Николаевской ж/д в Москве. 1851. По рисунку с натуры литографии Жана Жакотте и Обрена, фигуры Дюрана. Изд. Дациаро. ГНИМА

галопом и устремились куда глаза глядят. Они никогда не упускают случая устроить подобную лихую езду.

В Москве снега выпало гораздо больше, чем в Санкт-Петербурге, и след от саней, края которого были заботливо окопаны лопатой, возвышался над очищенными тротуарами более чем на полметра. На этом твердом слое снега с поблескивавшими на нем полозьями саней наши легкие экипажи неслись как ветер, а копыта лошадей отбрасывали твердые, как град, ледышки, стучавшие о защитный кожаный фартук саней. По улице, вдоль которой мы ехали, по обе стороны тянулись общественные бани, паровые, ибо водяные бани* в России практикуются мало. Если на первый взгляд народ грязен, это лишь кажущаяся нечистоплотность, и происходит она от того, что зимняя одежда слишком дорога, чтобы крестьянин мог чаще ее обновлять. Но в Париже не найдется красотки, слепленной из кольдкрема, рисовой пудры и «девичьего молока», у которой тело было бы чище, чем у мужика, выходящего из бани. Самые бедные моются не реже одного раза в неделю. Эти общие бани, без различия пола, стоят копейки. Конечно, для богатых есть более роскошные бани, где собраны все достижения банного искусства.

После нескольких минут езды неведомо куда извозчики, очевидно, считая, что достаточно далеко отъехали, повернулись на своих сиденьях и спросили у нас, куда мы едем. Я назвал гостиницу «Шеврие» на Старогазетной улице, и они принялись погонять, теперь уже к определенной цели. Во время езды я жадно смотрел направо и налево, не видя, впрочем, ничего особенного. Москва состоит из концентрических зон, из коих внешняя — самая современная и наименее интересная. Кремль, когда-то бывший всем городом, представляет собою сердце и мозг его.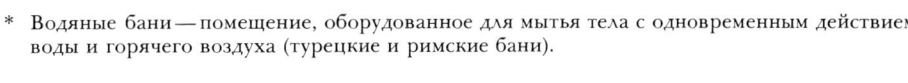

Над домами, не особенно отличавшимися от санкт-петербургских, то и дело круглились лазурные, в золотых звездах купола или покрытые оловом луковицеобразные маковки. Церковь в стиле рококо взметнула свой фасад, окрашенный в ярко-красный цвет, на всех выступах удивительно контрастировавший со снежными шапками. Иной раз

---

* Водяные бани — помещение, оборудованное для мытья тела с одновременным действием воды и горячего воздуха (турецкие и римские бани).

Гостиница Шевалье существовала в Москве с 1848 г. и находилась в Газетном пер., который в начале XIX в. назывался Старогазетным, что было связано с университетской типографией, на месте которой в наше время построен Центральный телеграф. Переулок пересекал Тверскую (ныне ул. Горького), но позже часть его, ведущая от Большой Никитской (ныне ул. Герцена) до Тверской, стала называться Газетным пер., а часть, идущая по другую сторону Тверской, продолжала называться Старогазетным пер. Газетный пер. с 1920 г. назван ул. Огарева, а Старогазетный, затем Камергерский назван ныне проездом Художественного Театра.

В «Указателе г. Москвы» (М., 1866. С. 104) гостиница уже названа так, как ее называет Т. Готье,— Шеврие:

«*Шеврие, бывшая Шевалье, в Газетном пер., дом Шевалье. Номеров 25, цена — от 1 до 15 руб. в сутки, стол — 1,50 руб.*».

В 1850-е гг. в гостинице и ее ресторане часто бывал Л. Н. Толстой, а с 23 декабря 1862 по 8 февраля 1863 г. Л. Н. и С. А. Толстые проживали там, как свидетельствует об этом Т. А. Кузминская в книге «Моя жизнь дома и в Ясной Поляне» (Тула, 1958).

Л. Н. Толстой упоминает эту гостиницу в повести «Казаки» и в неоконченном романе «Декабристы». Время действия в обоих произведениях — 1850-е гг., когда там жил и Т. Готье. Здание сохранилось, в настоящее время адрес его: проезд Художественного Театра, д. 4.

в глаза бросалась какая-нибудь часовня, окрашенная в голубой цвет Марии-Луизы*, который зима там и сям оковала серебром. Вопрос о полихромии в архитектуре, так еще яростно оспариваемый у нас, давным-давно решен в России: здесь золотят, серебрят, красят здания во все цвета без особой заботы о так называемом хорошем вкусе и строгости стиля, о которых кричат псевдоклассики. Ведь совершенно очевидно, что греки наносили различную окраску на свои здания, даже на статуи. На Западе архитектура обречена на белесо-серые, нейтрально-желтые и грязно-белые тона. Здешняя же архитектура более чем что-либо другое веселит глаз.

Магазинные вывески, словно золотая вязь украшений, выставляли напоказ красивые буквы русского алфавита, похожие на греческие, которые по примеру куфических букв** можно использовать на декоративных фризах. Для неграмотных или иностранцев был дан перевод при помощи наивных изображений предметов, которые продавались в лавках.

Вскоре я прибыл в гостиницу, где в большом, мощенном деревом дворе под навесами стояла самая разнообразная каретная техника: сани, тройки, тарантасы, дрожки, кибитки, почтовые кареты, ландо, шарабаны, летние и зимние кареты, ибо в России никто не ходит, и, если слуга посылается за папиросами, он берет сани, чтобы проехать ту сотню шагов, которая отделяет дом от табачной лавки. Мне дали комнаты, уставленные роскошной мебелью, с зеркалами, с обоями в крупных узорах наподобие больших парижских гостиниц. Ни малейшей черточки местного колорита, зато всевозможные красоты современного комфорта. Как бы ни были вы романтичны, вы легко поддаетесь удобствам: цивилизация покоряет самые бунтующие против ее изнеживающего влияния натуры. Из типично русского был лишь диван, обитый зеленой кожей, на котором так сладко спать, свернувшись калачиком под шубой.

Повесив свою тяжелую дорожную одежду на вешалку и умывшись, прежде чем кидаться в город, я подумал, что неплохо было бы позавтракать заранее, чтобы голод не отвлекал меня потом от созерцания города и не принудил возвратиться в гостиницу из недр каких-нибудь фантастически удаленных от нее кварталов. Мне подали еду в устроенном, как зимний сад, и уставленном экзотическими растениями зале с окнами.

Довольно странное ощущение — откушать в Москве в разгар зимы бифштекс с печеным картофелем в миниатюрной чаще леса. Официант, ожидавший моих заказов, стоя в нескольких шагах от столика, хоть и был одет в черный костюм и белый галстук, но цвет его лица был желт, скулы выдавались, маленький приплюснутый нос тоже обнаруживал его монгольское происхождение, напоминавшее мне о том, что, несмотря на свой вид официанта из английского кафе, он, вероятно, родился вблизи границ Китая.

---

* Густой и яркий тон цвета морской волны, который любила Мария-Луиза — вторая жена Наполеона Бонапарта.

** Куфические буквы или письмена — древнейшее арабское письмо.

Вид дома генерал-губернатора в Москве. Середина XIX в. Цветная литография Арну-отца. Изд. Дациаро. ГМП

Невозможно подробно, в свое удовольствие рассмотреть город из молнией несущихся саней, если, конечно, медленной ездой не рискнуть вызвать к себе презрение со стороны извозчиков и тем самым прослыть за посредственного господина. Поэтому первую свою экскурсию я решил совершить пешком, обувшись в огромные галоши на меху, предназначенные для защиты подошв валенок от ледяного тротуара. Так вскоре я дошел до Китай-города — делового квартала — и Красной площади (по-русски слова «красный» и «красивый» являются синонимами). По одну сторону площади тянется длинный фасад Гостиного двора, огромного базара с целыми застекленными улицами,

Зима в Москве. Лубянская площадь. Середина XIX в. Литография Бишбуа, фигуры Русселя, с рисунка Дитца. Изд. Дациаро. ГМТ

состоящего, подобно нашим пассажам, по меньшей мере из шестисот лавок*. С другой стороны высится стена Кремля с пробитыми в остроконечных башнях воротами, а над ее зубцами видны купола, колокольни и шпили кремлевских церквей и монастырей. На противоположном от меня конце площади причудливый, как во сне, возвышается волшебно-невероятный храм Василия Блаженного. Глядя на него, вы перестаете верить собственным глазам. Вы смотрите как будто на внешне реальную вещь и спрашиваете себя, не фантастический ли это мираж, не причудливо ли расцвеченный солнцем воздушный замок, который вот-вот от движения воздуха изменит свой вид или вовсе исчезнет. Вне всяких сомнений, это самое своеобразное сооружение в мире, оно не напоминает ничего из того, что вы видели ранее, и не примыкает ни к какому стилю: словно перед вами гигантский звездчатый коралл, колоссальное нагромождение кристаллов, сталактитовый грот, перевернутый вверх дном. Но не будем искать сравнений для описания того, что не имеет ни прототипа, ни чего-то себе подобного. Попробуем просто описать Василия Блаженного, если, впрочем, найдутся слова для рассказа о невиданном доселе чуде.

---

* Верхние торговые ряды на Красной площади были перестроены в 1893 г. (ныне ГУМ).

Москва. Красная площадь. 1-я половина XIX в. Литография Деру с рисунка Кадоля. ВМП

О Василии Блаженном существует легенда, возможно ложная, но сильно и поэтично выражающая чувство восхищенного оцепенения, которое в ту полуварварскую эпоху, когда храм был воздвигнут, должно было вызывать это единственное в своем роде, выходящее за рамки всех архитектурных традиций сооружение. Иван Грозный приказал построить храм в честь взятия Казани, и, когда он был возведен, царь, найдя его прекрасным, восхитительным и поразительным, приказал выколоть глаза архитектору, как говорят какому-то итальянцу, чтобы он нигде больше не построил ничего подобного. По другой версии той же легенды, царь спросил у строителя храма, может ли он воздвигнуть еще более прекрасную церковь, и, когда тот ответил утвердительно, царь приказал отрубить ему голову, чтобы Василий Блаженный оставался без соперника. Может ли быть на свете более восхваляющая храм жестокость, проявленная в порыве ревностного к нему отношения? Этот Иван Грозный был в глубине души настоящим художником, страстным дилетантом. Такая жестокость в отношении к искусству мне менее отвратительна, чем равнодушие. К тому же Василий Блаженный был построен в едином порыве вдохновения.

Представьте себе на некоей высокой площадке, отделенной от прочих строений свободным пространством, самое причудливое, самое несвязное, самое чудесное нагромождение будочек, келий, лесенок, галерей с аркадами, неожиданных углублений и выступов, несимметрично расположенных портиков, часовен, стоящих рядом друг с другом, окон, пробитых как бы случайно и неописуемых форм,— это словно сделанный изнутри рельеф, как будто архитектор, сидя в центре своего детища, сотворил здание способом чеканки. С крыши храма, которую можно принять за индийскую, китайскую или тибетскую пагоду, взмывает к небу лес колоколен самого необычного стиля и неожиданной фантазии, подобных которым не сыщешь. Посередине — более массивная колокольня высотой до основания шпиля в три-четыре этажа: колонны, зубчатые поясные карнизы, пилястры со вделанными в них длинными окнами с импостами, невероятная пестрота идущих друг над другом аркатур, а на шпиле — кружевом извивающиеся по каждому ребру бородавчатые линии. Все это венчается фонарем, над которым перевернутой луковицей высится золотой купол с православным крестом на вершине. Другие колокольни, меньших размеров и меньшей высоты, напоминают формы минаретов, и их башенки, разукрашенные самым фантастическим образом, кончаются каждая своим особым вздутием луковицеобразных куполов. Одни граненые, другие ребристые, эти как ананасы и усеяны как бы остриями граненых бриллиантов, те исполосованы спиралевидными желобками, наконец, другие — чешуйчатые, ромбами, гофрированные, похожие на пчелиные соты, и все на вершинах своих несут золотые кресты, украшенные шариками.

Окраска придает Василию Блаженному еще более сказочный вид: от основания до вершины он покрыт самыми разными цветами, которые, однако, производят приятное впечатление гармоничного целого. Красный, голубой, яблочно-зеленый, желтый — эти разные цвета сосуществуют здесь на всех архитектурных частях. Колонки, капители, аркатуры, украшения ярко выделены разными оттенками красок. На редких ровных местах имитируются линии раздела, панно с горшками цветов, розетки, плетеные узоры, химеры. Различные окраски пестрят на маковках рисунками, похожими на узоры индийских шалей, а сами купола поставлены на крыше храма таким образом, что

Известно, что строителей храма Василия Блаженного звали Постник и Барма.

Храм Василия Блаженного, тот, каким видел его Т. Готье, создавался постепенно: построен в 1555—1560 гг. как Покровский собор; в 1588 г. к нему был пристроен придел Василия Блаженного, давший собору его нынешнее название; в 1670 г. была построена шатровая колокольня. Облик собора вначале был более строгим и сдержанным.

Неизвестный художник. Москва, Василий Блаженный. 1-я половина XIX в. Гравюра. ВМП

напоминают беседки султанов. Г-н Гитторф, апостол полихромии в архитектуре, увидел бы здесь великолепное подтверждение своей теории.

Дабы все служило волшебному зрелищу, снежинки, задержавшись на выступах крыши, фризах и украшениях, серебряными блестками усыпали облачение Василия Блаженного и тысячью сверкающих точек покрыли эту чудесную цветную декорацию.

Отложив свое посещение Кремля, я немедленно вошел в храм Василия Блаженного, чудеса которого до последней степени возбудили мое любопытство. Я хотел увидеть, соответствует ли внутреннее убранство внешней красоте храма. Тот же своеобразный гений руководил и внутренним строением и убранством церкви. Первый низкий придел, где мигали лампады, походил на золотую пещеру. Сияющие оклады отбрасывали молнии среди рыжеватых теней и очерчивали суровые образы выглядевших призраками православных святых. Мозаики собора Святого Марка в Венеции могут дать приблизительное представление об этом удивительно сильном эффекте. В полутьме, пронизываемой лучами отсветов, стеной золота и драгоценных камней между верующими и таинствами алтаря высился иконостас. Василий Блаженный не представляет собою, как другие церкви, единого сооружения, состоящего из нескольких приделов, сообщающихся между собою и ограниченных в определенных точках пересечения в соответствии с законами обряда, которому посвящен храм. Этот собор состоит из нескольких церквей или часовен, расположенных рядом и независимых друг от друга. Каждая главка соответствует часовне, которая так или этак входит в общую форму. Свод — это и есть опора основной башни, главного купола. Можно подумать, что мы находимся под огромной каской черкесского или татарского великана. Эти своды, впрочем, чудесным образом раскрашены и позолочены.

Так же дело обстоит и со стенами: они покрыты лицами, исполненными нарочито строгого величия, их рисунок из века в век передается друг другу монахами Афона*, и в России они не раз могут обмануть невнимательного наблюдателя в том, что касается возраста памятника. Это удивительное ощущение — находиться в таинственных святилищах, где известные католическому культу персонажи вперемежку со святыми исключительно православного культа своим архаичным видом напоминают византийские образы, какие-то неподвижно-статические тени, идущие из глубины варварских времен. Эти образы, похожие на идолов, смотрят на вас сквозь прорези в позолоченном серебре окладов или выстраиваются симметрично в ряд по позолоченным стенам, раскрыв большие неподвижные глаза, протягивая коричневую руку с дьявольски согнутыми пальцами, и своим суровым, сверхчеловеческим видом, неизменно традиционным, производят религиозное впечатление, которого бы не достигли произведения более развитого искусства. Эти лица в золотых отблесках в мигающем свете лампад живут на стенах своей жизнью и способны на склоне дня поразить наивное воображение и вдохнуть в человека некий священный ужас.

Узкие коридоры, галереи под низкими аркадами, в которых вы локтями касаетесь стен и которые принуждают вас приклонить голову, проходят вокруг этих часовен и позволяют переходить из одной в другую. Нет ничего причудливее этих переходов! Кажется, что архитектору нравилось как можно больше запутать этот клубок: вы поднимаетесь, опускаетесь, вы выходите из здания, вы возвращаетесь в него, обходя по карнизу всю окружность башни, проходя в толще стены по извилинам, похожим на капиллярные трубочки кораллов или на дорожки, которые насекомые прокладывают под

---

* Афон — религиозный центр в Греции.

корой деревьев. После множества кругов и поворотов у вас кружится голова, вы чувствуете себя моллюском в огромной раковине! Я уже не говорю о таинственных закоулках, необъяснимых тупичках, низких дверях, ведущих неизвестно куда, спускающихся в недра темных лестницах. Я никогда не покончу с описанием этого строения, в котором бродишь, как во сне.

Зимний день очень короток в России. Уже сумеречная тень зажгла ярким блеском лампады перед обра́зами святых, когда я вышел из храма, тем самым открывая для себя галерею живописных богатств Москвы. Я только что испытал очень редкое чувство, в погоне за которым путешественник стремится из одного конца света в другой; я видел нечто, чего не встретишь в другом месте. Должен признаться, кстати, что поставленная у Гостиного двора, напротив Кремля, бронзовая группа Минина и Пожарского как творение искусства произвела на меня весьма посредственное впечатление, а между тем автор группы Мартос — не без таланта. Но рядом с неудержимой фантазией создателя храма Василия Блаженного его работа показалась мне слишком холодной, чересчур правильной, чересчур мудро-академичной. Минин был мясником из Нижнего Новгорода, который поднял целую армию, чтобы изгнать поляков, завладевших Москвой вследствие узурпации власти Борисом Годуновым, и передал командование ею князю Пожарскому. Вдвоем, простолюдин и высокородный князь, они освободили от иноземцев святой город, и на пьедестале, украшенном бронзовыми барельефами, мы читаем надпись: «Гражданину Минину и князю Пожарскому благодарная Россия, год 1818».

В путешествии у меня есть правило: если время не подгоняет слишком настойчиво, нужно остановиться на сильном впечатлении. Есть минута, когда глаз, пресыщенный формами и разнообразием цветов, отказывается воспринимать новые виды. Ничего больше не входит в него, как в переполненную вазу. Предшествующий образ преобладает в нем и не стирается. В таком состоянии вы смотрите, но более не видите. Сетчатка глаза не успевает вновь стать восприимчивой для новых впечатлений. Это и случилось со мною при выходе из храма Василия Блаженного, а Кремль требовал свежего, чистого глаза. Так, бросив последний взгляд на экстравагантную колокольню Ивана Великого, я уже было крикнул сани, чтобы возвратиться в гостиницу, как странный шум, заставив поднять глаза к небу, задержал меня на Красной площади.

Русский скульптор И. П. Мартос (1754—1835)
«на первый взгляд художник, чуждый России... Он русский по тяжелой иногда технике, русский по духу, по нежной беспричинной грусти, которой проникнуты все его создания. Творчество его отражает, как в зеркале, целую эпоху современников «Бедной Лизы», детски наивные мечты первых предвестников романтизма. Прекрасное для него — только далекая Греция. Даже памятники, поставленные русским, кажутся вылитыми по образцам древних, и он выполняет Минина и Пожарского по античным моделям. Его скульптуры выразительны, как сказка...».
И. Грабарь. История русского искусства. Т. 5. С. 155—156.

Вид Красной площади и храма Василия Блаженного. 1-я половина XIX в. Литография. ВМП

В сероватом небе, каркая, заполнив все пространство своими темными точками, летели галки и вороны. Они спешили к Кремлю на ночлег, но это еще был только авангард. Вскоре прибыли более густые батальоны. Со всех сторон горизонта слетались стаи птиц. Казалось, они были послушны приказу начальников, следовали определенному стратегическому маршруту. Черные рои не летели все на одном уровне, а неслись на разной высоте, буквально затемняя небо. Их число с каждой минутой возрастало, карканье и хлопанье крыльями стали таковы, что невозможно было расслышать друг друга в разговоре, и все время новые фаланги проносились над головой, тоже как бы спеша на огромное тайное сборище. Я никогда не подозревал, что в целом мире могло собраться подобное множество галок и ворон. Без всякого преувеличения, их можно было считать сотнями тысяч, даже эта цифра кажется мне скромной, и слово «миллионами» было бы вернее. Я сразу вспомнил перелеты пернатых, о которых говорит американский орнитолог Одюбон. Они заслоняют солнце, как облака, отбрасывают тень на землю, обрушиваясь на леса, сгибают их под своей тяжестью. Количество их нисколько не уменьшается от огромных уничтожений, учиняемых им охотниками. Несметное войско, слившись воедино, носилось над Красной площадью то выше, то ниже, описывая круги и поднимая шум, какой бывает от бури. Наконец в этом крылатом смерче, казалось, наступил какой-то поворотный момент, и каждая птица направилась к своему жилищу.

В мгновение ока колокольни, купола, башни, крыши, зубцы окутались черным вихрем и оглушительными криками. Места оспаривались сильными ударами клювов. Малейшая дыра, самая узкая щель, которые могли предоставить убежище, стали предметом ожесточенной осады. Мало-помалу пернатые утихомирились, каждая птица кое-как устроилась. Не слышно было больше ни одного карканья, не видно было ни одной вороны, и только что усеянное черными точками небо вновь приняло свою сумрачную бледность. Я спрашивал себя, чем могли питаться мириады этих ужасных птиц, за один присест способных сожрать все трупы на поле брани. Да еще в стране, где шесть месяцев в году земля покрыта толстым слоем снега? Отбросы, мертвые животные, городская падаль не должны бы их прокормить. Может быть, они едят друг друга, как крысы в голодные времена, но тогда их число не было бы столь значительным, и они мало-помалу исчезли бы вовсе. А тут, напротив, они кажутся полными сил, оживленными, веселыми и шумливыми. Их способ питания для меня остается тайной и доказывает, что животный инстинкт находит в природе ресурсы там, где человеческий разум их не обнаруживает.

Мой компаньон, смотревший, как и я, на это зрелище, но не удивляясь, ибо он уже не раз видел этот «вороний закат над Кремлем», сказал мне: «Мы на Красной площади, в двух шагах от самого знаменитого ресторана в Москве, не будем же возвращаться обедать в гостиницу, где нам подадут претенциозно французские блюда, и только. Ваш желудок путешественника, закаленный на экзотических блюдах, вполне примет местную кухню, к тому же, по-моему, то, что может съесть один, съест и другой. Войдемте же сюда и отведаем щей, икры, молочного поросенка, волжских стерлядок с солеными огурцами и хреном, запивая еду квасом (все нужно узнать) и шампанским со льда. Подходит вам такое меню?»

На мой утвердительный ответ приятель, который любезно служил мне гидом, повел меня в ресторан, находившийся в конце Гостиного двора, как раз напротив Кремля. Мы поднялись по натопленной лестнице и очутились в вестибюле, походившем на магазин нужных товаров. Нас мгновенно освободили от шуб, которые повесили рядом с другими на вешалку. Что касается шуб, русские слуги не ошибаются и сразу надевают вам на плечи именно вашу без номерка и не ожидая никакого знака благодарности. В первой комнате находилось нечто вроде бара, переполненного бутылками кюммеля, водки, коньяка и

На Красной площади еще с XV века существовали торговые ряды и лавки. В конце XVI века здесь были построены каменные ряды, выходившие фасадом на площадь. После пожара Москвы в 1812 году и разрушений во время французского нашествия здесь было возведено новое здание Верхних торговых рядов (1815). Его построил О. И. Бове (1784—1834), главный архитектор «фасадической части» Комиссии для строения Москвы после пожара. Это здание торговых рядов в стиле ампир и видел Т. Готье, посетивший ресторан, который считался до 1872 года, когда появился «Славянский базар», лучшим рестораном русской кухни в Москве. В 1889—1893 годах архитектором А. Н. Померанцевым Верхние торговые ряды были перестроены в псевдорусском стиле. В таком виде здание и дошло до наших дней.

Красная площадь. Вид на Иверские ворота. Середина XIX в. Цветная литография Жюля Арну. Изд. Дациаро. ГМП

ликеров, икрой, селедками, анчоусами, копченой говядиной, оленьими и лосиными языками, сырами, маринадами, деликатесами, предназначенными разжечь аппетит перед обедом. У стены стоял инструмент вроде шарманки с системой труб и барабанов. В Италии их возят по улицам, установив на запряженную лошадью повозку. Ручку ее крутил мужик, проигрывая какую-то мелодию из новой оперы. Многочисленные залы, где под потолком плавал дым от сигар и трубок, шли анфиладой, один за другим, так далеко, что вторая шарманка, установленная на другом конце, могла, не создавая какофонии, играть другую мелодию. Мы обедали между Доницетти и Верди.

Особенностью этого ресторана было то, что вместо повсеместных татар, переодетых в официантов из «Братьев провансальцев»*, обслуживание было доверено попросту мужикам. Чувствовалось по крайней мере, что мы находимся в России. Мужики, молодые и ладные, причесанные на прямой пробор, с тщательно расчесанной бородой и открытой шеей, одеты были в подвязанные на талии розовые или белые летние рубахи и синие, заправленные в сапоги широкие штаны. При всей свободе национального костюма они обладали хорошей осанкой и большим природным изяществом. По большей части они были блондинами, того орехово-светлого тона, который легенда приписывает волосам Иисуса Христа, а черты некоторых отличались правильностью, которую чаще можно видеть в России у мужчин, нежели у женщин. Одетые подобным образом, в позах почтительного ожидания, они имели вид античных рабов на пороге триклиниума**.

После обеда я выкурил несколько трубок русского чрезвычайно крепкого табака, выпил два-три стакана прекрасного чая (в России чай не пьют из чашек), сквозь общий шум разговоров рассеянно слушая исполнявшиеся на шарманках мелодии и крайне удовлетворенный тем, что отведал национальной кухни.

---

* Ресторан в Париже.

** Триклиниум, или триклиний,— в Древнем Риме квадратный обеденный стол с кушетками по трем сторонам для возлежания во время еды, а также помещение (столовая), в котором находился триклиниум.

Глава тринадцатая   Кремль

Кремль так и представляется почерневшим от времени, закопченным, того темного тона, перед которым у нас благоговеют и который считают воплощением красоты старых памятников. Этот вопрос настолько разработан во Франции, что на новые здания у нас специально наносится патина из разведенной водою сажи, чтобы избавить их от яркой белизны камня и привести в гармонию с более старыми постройками. Надо дойти до крайней цивилизованности, чтобы проникнуться этим чувством, уметь ценить следы веков, оставленные на эпидерме храмов, дворцов и крепостей. Русские же любят все новое или по крайней мере то, что имеет облик нового, и думают, что проявляют уважение к памятнику, обновляя окраску его стен, как только она облупится или потрескается. Это самые великие маляры в мире. Когда им кажется, что краски потемнели, они переписывают даже старые росписи византийского стиля, украшающие церкви внутри и часто снаружи. Таким образом, эти росписи, с виду традиционно-древние, восходящие к примитивно-варварским временам, иногда покрыты красками буквально накануне. Нередко случается видеть, как маляр, пристроившись на шатающихся лесах, с самоуверенностью монаха-художника с Афона подновляет лик богоматери, заполняет свежими красками суровые контуры, которые являются как раз неизменным шаблоном. Нужно с чрезвычайной осторожностью относиться к этой живописи, которая была древней, если можно так выразиться, но в которой всё — современно, несмотря на ее строгость и величественность, идущие от древних эпох.

Эта небольшая преамбула имеет целью подготовить читателя к белизне и яркости вместо потемневшего, меланхолически-сурового облика зданий, о котором, исходя из своих западных понятий, он, вероятно, мечтает.

Ранее Кремль, рассматриваемый во все времена как Акрополь*, святое место, палладиум** и само сердце России, был окружен палисадником из могучих дубов. До первого нашествия персов*** афинская крепость тоже не имела другой

---

* Акрополь — крепость в Афинах, построенная в 499—429 гг. до н. э. Акрополем называлась в Древней Греции укрепленная часть города, расположенная обычно на холме.

** Палладиум — латинское слово, произошедшее от греческого и означающее «место защиты», «оплот».

*** Первое нашествие персов на Грецию относится к 490 г. до н. э., когда персидская армия, захватив остров Эвбея и высадившись на Марафонскую равнину, потерпела поражение от афинян и плотейцев в знаменитой битве при Марафоне.

защиты. Дмитрий Донской заменил палисадник зубчатыми стенами*, которые по причине их ветхости перестроил затем царь Иван III. Именно стены эти и стоят до сегодняшнего дня, но много раз реставрированные и во многих местах переделанные**. Толстый слой известки[1] мешает, впрочем, обнаружить раны, которые могло нанести им время, и черные следы большого пожара 1812 года, который лизнул языками пламени внешнюю часть стены.

Кремль имеет что-то общее с Альгамброй***. Как и мавританская крепость, он стоит на площадке на вершине холма, окруженный стеной с башнями: внутри стены — царские покои, церкви, площади и среди старых зданий современный дворец, который видеть здесь так же досадно, как и дворец Карла Кента посреди изящной арабской архитектуры, которую он подавляет своей массой. Колокольня Ивана Великого несколько походит на Башню-Свечу****. Из Кремля, так же как и из Альгамбры, вы можете любоваться превосходным видом, поразительной панорамой, память о которой навсегда останется в ваших глазах. Но не будем преувеличивать, не пойдем дальше по пути сравнений с Альгамброй и не станем слишком акцентировать сходство.

Странная вещь, у Кремля с его массивными красноватыми башнями в его внешнем виде есть нечто, возможно, еще более восточное, чем у самой Альгамбры. Над зубчатой стеной между башнями с искусно отделанными крышами, будто сияющими золотыми пузырями, то выше, то ниже блестят мириады куполов, луковицеобразных маковок, бросая металлические отсветы, внезапные отблески света. Словно серебряная корзина, несет в себе белая стена этот букет золотых цветов, и у вас возникает чувство, что перед вами наяву, словно некая архитектурная кристаллизация «Тысячи и одной

---

* Ко времени Дмитрия Донского Кремль уже был окружен стенами и башнями из рубленого дуба (постройка началась с конца 1339 г., при Иване I Калите). Готовясь к решительной борьбе с татарами, Дмитрий Донской в 1367 г. приказал построить белокаменные стены и башни.

** В 1485—1495 гг., при Иване III, вокруг Кремля действительно были возведены новые кирпичные стены и башни (итальянские архитекторы Марк Фрязин, Пьетро Антонио Соляри, Алевиз Фрязин Миланец, Антон Фрязин), существующие и теперь.

[1] Не понятно утверждение Т. Готье, что на кремлевских стенах был слой известки. Историки Москвы убеждены, что на стенах Кремля никогда не было известки, и это их убеждение подтвердилось при реконструкции кремлевских стен со стороны Москвы-реки, предпринятой в 1980 г. Возможно, Т. Готье сохранил в памяти визуальный образ стен, покрытых зимней изморозью, или, может быть, спутал стены Кремля со стенами Троице-Сергиевой лавры, которые были как раз всегда покрыты слоем штукатурки.

*** Дворец мавританских властителей в Испании, находящийся на восточной окраине Гранады. Строительство относится к середине XIII и концу XVI в.

**** Одна из башен дворца Альгамбра в Испании.

Вид Кремля из Замоскворечья. Середина XIX в. Литография. ГМТ

ночи», один из волшебных городов, которые во множестве строит воображение арабских сказочников. И когда зима своей бриллиантовой слюдой присыплет эти причудливые строения, кажется, что наяву, как в сновидении, вы перенеслись на другую планету, ибо никогда ничего подобного не представало перед вашим пораженным взором.

Я вошел в Кремль с Красной площади через Спасские ворота. Этот вход крайне романтичен. Он пробит в огромной башне, которой предшествует нечто вроде крытого входа или фасадного выступа. Башня трехэтажная, сужающаяся кверху, заканчивается шпилем, установленным на сквозных аркатурах. Двуглавый орел, держа в когтях

Рабус К. И. (1800—1857). Спасские ворота в Москве. 1854. Холст, масло. ГРМ

земной шар, высится на конце восьмигранного, как и находящийся под ним этаж, шпиля, ребристого по граням и позолоченного по закраинам. В каждую сторону второго, четырехгранного этажа вставлен огромный циферблат, так что башня показывает время на все четыре стороны. Прибавьте для эффекта по выступам снежные мазки, лежащие, как на рисунках гуашью, изображающих новогодние празднества, и вы составите себе некоторое представление о том, что такое главная башня, тремя своими взлетами устремляющаяся в небо над зубчатой стеной, идущей от нее по обе стороны.

Спасские ворота из-за какого-то чудотворного образа или какой-то легенды о чуде, о которых я не смог получить точных сведений, являются в России предметом такого почитания, что ни один человек, будь то сам самодержец, не позволит себе пройти в них с покрытой головой. Непочтительность на этот счет рассматривается как святотатство и может оказаться опасной. Об этом обычае предупреждают иностранцев. Речь идет не только о том, чтобы приветствовать святые образа́ у входа, перед которыми денно и нощно горят лампады, но и идти с непокрытой головой до самого конца сводчатого прохода. Совсем не так уж приятно держать в руке меховую шапку в двадцатипятиградусный мороз в длинном проходе, по которому гуляет ледяной ветер. Однако повсюду нужно следовать народным обычаям: снимать шапку у Спасских ворот или ботинки у порога собора Святой Софии в Константинополе. Настоящий путешественник никогда не станет противиться таким вещам, даже если в результате придется схватить самый жестокий насморк.

Пройдя ворота, вы оказываетесь на Кремлевской эспланаде*, в центре великолепного нагромождения дворцов, церквей, монастырей, которое только может представиться воображению. Они не перекликаются ни с одним из известных нам стилей. Это не греческий, не византийский, не готический, не арабский, не китайский стиль — это стиль русский, московский. На земле нет более свободной, своеобразной, независимой от правил — словом, более романтической архитектуры, которая с такой фантазией сумела бы осуществить свои безумные капризы. Иногда кажется, что это случайный результат естественного процесса кристаллизации. Тем не менее купола, колокольни с луковичными маковками — это характерные черты того стиля, который словно не признает никаких законов и заявляет о себе с первого же брошенного вами в эту сторону взгляда.

Ниже эспланады, где находятся главные здания Кремля и которая представляет собою площадку на холме, следуя неровностям почвы, вьется крепостная стена, вдоль которой, дублируя ее, тянется сторожевая обходная дорожка. В стену встроены самые разнообразные башни, одни круглые, другие квадратные, эти стройные, как минареты, те массивные, как бастионы, окруженные галереями с навесными бойницами, с сужающимися кверху этажами, усеченными крышами, сквозными галереями, купольными фонарями, шпилями, чешуйчатыми, ребристыми крышами. Здесь вы найдете всевозможные способы покроя, так сказать, башенного головного убора. Глубоко вырезанные в стене зубцы с выточенными поверху прорезями наподобие рыбьего хвоста, поочередно то сплошные, то

Над Спасскими воротами Московского Кремля, называвшимися Фроловскими, так как в башне помещалась надвратная церковь Фрола и Лавра с престолом Христа Вседержителя, в народе Спаса, со стороны храма Василия Блаженного был помещен считавшийся чудотворным образ Спаса, существовавший на этом месте еще со времен дуборубленой башни в царствование Ивана Калиты (?—1340). Этот образ и был причиной обычая, описанного Готье. Исчерпывающие сведения о Московском Кремле дает книга Н. М. Молевой «Кремль» (М., 1980).

---

* Эспланада — площадь перед большим зданием или широкая улица с аллеями посередине.

Замоскворечье. 1860-е гг. Две части из 8-частной панорамы Москвы. Фотография, выполненная с колокольни Ивана Великого в Кремле. ГНИМА

с бойницами. Не знаю, насколько со стратегической точки зрения действенна подобная оборонительная система, но с поэтической точки зрения она вполне радует воображение и создает в нем образ потрясающей цитадели. Между крепостной стеной и площадкой, окруженной балюстрадой, тянутся сады, в настоящее время покрытые снегом, и стоит живописная маленькая церковь.

За стеной, насколько хватает глаз, разворачивается огромная и изумительная панорама Москвы, для которой зубчатый верх стены создает прекрасный первый план и точку отправления для расходящегося к горизонту пространства, которое нельзя было распределить с бо́льшим искусством.

Шириной примерно с Сену и такая же извилистая, Москва-река огибает с одной стороны Кремль, и с Кремлевской эспланады она видна глубоко внизу, закованная в лед и похожая на матовое стекло, так как в этом месте с нее смели снег, чтобы подготовить лед для тренировки рысаков к будущим катаниям в санях.

Набережная на другом берегу Москвы-реки, вдоль которой идут особняки и великолепные дома современной архитектуры, прямыми своими линиями создает как бы основание огромному океану домов и крыш, которые тянутся за ней до бесконечности, видимые в перспективе благодаря высоте точки обзора.

«Хороший мороз» — выражение, способное заставить вздрогнуть от ужаса Мери́, ибо сей зябкий поэт считает, что любой мороз безобразен,— прогнал с неба большую бесформенную желтовато-серую тучу, закрывшую накануне плотным занавесом сумрачный горизонт. Яркой лазурью окрасилось круговое полотно панорамы, а увеличившийся холод, кристаллизуя снег, усилил его белизну. Бледный луч солнца, такой, каким он обычно светит в январской Москве в короткие зимние дни, напоминая о близости полюса, косо скользил по веером расходящемуся от Кремля городу, касаясь заснеженных крыш и кое-где зажигая слюдяные блики. Над белыми крышами, похожими на клоки пены, разбросанные отступившей бурей, вздымались, словно рифы или корабли, массы более высоких общественных зданий, храмов и монастырей. Говорят, что в Москве больше трехсот церквей и монастырей, я не знаю, точна ли эта цифра, или это попросту преувеличение, но она кажется вполне похожей на правду, когда смотришь на город с высоты Кремля и когда уже в нем самом видишь большое количество соборов, часовен и других религиозных зданий.

Нельзя представить себе ничего более прекрасного, богатого, роскошного, сказочного, чем эти купола с сияющими золотом крестами, эти колоколенки с луковичными маковками, эти шести- или восьмигранные шпили с ребристыми, сквозными, округлыми гранями, расширяющиеся, заостряющиеся над неподвижной сутолокой покрытых снегом крыш. Позолоченные купола, отражая свет, кажутся чудесно прозрачными, а на их выгнутых поверхностях свет концентрируется сияющей, словно лампада, звездой, как будто эти серебряные или оловянные купола украшают главы лунных церквей. Далее — лазурные шлемы, усеянные золотыми звездами, купола из гладких медных пластин, пригнанных друг к другу либо выложенных черепицей наподобие чешуи дракона, или опять луковицы, окрашенные в зеленый цвет, покрытые снежными бликами. Затем, по мере того как уходят вдаль планы, детали исчезают, даже если смотришь в лорнет, различается только сияющее нагромождение куполов, шпилей, башен, всевозможных форм колоколен, чьи силуэты на голубоватом фоне далей поблескивают золотом, серебром, медью, сапфирами или изумрудами. В довершение картины представьте себе на холодных и синеватых тонах снега как бы рассеянные по горностаевому ковру русской зимы отсветы слегка красноватого, бледно-розового свечения заходящего полярного солнца.

Я долго стоял вот так, в восторженном оцепенении, не замечая холода, погруженный в молчаливое созерцание.

Сверчков Н. Е. Бег на Москве-реке. 1846. Холст, масло. МК

«...С наступлением зимы до масленицы бывает по праздникам катанье по набережной Москвы-реки около кремлевских стен и пешеходное гулянье, а на Москве-реке — особенный бег».
Вся Москва на ладонке (карманная книжка). М., 1857.

Никакой город не даст такого впечатления совершенной новизны, даже Венеция, к которой загодя нас подготавливают Каналетто, Гварди, Бонингтон, Зим и фотографии. До сих пор художники нечасто ездили в Москву, и поэтому ее волшебные виды не воспроизводились*. Суровый северный климат увеличивает своеобразие декорации эффектами снега, странной окраской неба, необычным освещением — не таким, как у

---

* Есть очень много видов Москвы, исполненных русскими и иностранными художниками в XVIII и XIX вв.

Москва зимой. Дагерротип Н. Леребурга. 1860-е гг. Магазин Риттнер и Гупиль. ГБЛ

нас, и создает для русских художников особенную палитру, которую трудно понять, не посетив страны.

       На эспланаде Кремля, когда панорама Москвы разворачивается перед вами, вы от восторга буквально больше не ощущаете себя, и француз, самый ревностный обожатель Парижа, не станет здесь скучать по ручейку на улице Бак.

В стенах Кремля находится много церквей или соборов, как их называют русские. Так и Акрополь: на его узкой площадке большое количество храмов. Один за другим я зайду в каждый кремлевский собор, но сначала остановлюсь у колокольни Ивана Великого, огромной восьмигранной колокольни в три сужающихся, один над другим, этажа, из которых последний, начиная от украшенной резьбой части, круглится башенкой и заканчивается вздутым куполом, покрытым огненно-чистым золотом, над которым высится православный крест, а под ним — побежденный полумесяц. На каждом этаже со всех четырех сторон башни вырезаны аркатуры, сквозь которые видны бронзовые колокола. Там тридцать три колокола, среди которых, как говорят, находится знаменитый новгородский набат, чей глас сзывал народ на главную площадь на бурные народные сходки. Один из этих колоколов весит не менее шестидесяти тысяч килограммов, тогда как большой колокол на соборе Парижской богоматери, которым так гордился Квазимодо*, рядом с этим металлическим чудовищем показался бы простым колокольчиком для церковной службы.

Впрочем, в России, кажется, существует страсть к огромным колоколам, ибо совсем рядом с колокольней Ивана Великого, на гранитном цоколе, вы с удивлением увидите такой необъятный колокол, что его можно принять за бронзовую хижину, тем более что широкий пролом в его стенке образует словно некую дверь, через которую свободно, не приклонив головы, пройдет человек. Он был отлит по приказу императрицы Анны, и в огонь были брошены десять тысяч фунтов металла**. Г-н де Монферран, французский архитектор, создатель Исаакиевского собора, поднял и вынул его из земли, в которую он зарылся наполовину то ли из-за силы своего падения в момент, когда его поднимали, то ли из-за пожара и обрушившихся лесов. Была ли когда-нибудь подвешена эта огромная масса металла? Гремел ли когда-нибудь, подобный буре звуков, глас чудо-языка этого чудовищного колокола? История и легенда молчат об этом. Может быть, подобно некоторым древним народам, оставлявшим на своих покинутых стоянках кровати в двенадцать локтей, чтобы потомки подумали, что они принадлежали к расе гигантов, русские захотели этим колоколом, несоразмерным с какой бы то ни было возможностью его использования

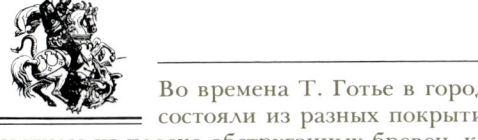

Во времена Т. Готье в городах Европы, в том числе и в России, мостовые состояли из разных покрытий: покрытие из гравия или булыжника и деревянные настилы из плоско обструганных бревен, которые укрепляли и избавляли от грязи дорогу. Мостовая из гравия или булыжника имела уклоны с двух сторон к середине или с каждой стороны к краям; по таким уклонам вдоль улиц текли ручейки сточных вод, оставляя сухой поверхность мостовой. Иногда такие ручейки выглядели особенно живописно, например, как говорит Готье, на улице Бак в Париже.

---

* Персонаж романа В. Гюго «Собор Парижской богоматери» (1831).

** Фунт — мера веса; русский торговый фунт был равен 409,5 г. Вес Царь-колокола — 200 т.

Индейцев Д. Панорама Москвы (часть). 1850-е гг. Гравюра Ф. Бенуа и Обрена. Цветная литография. Изд. Дациаро. ГМИИ

на человеческие нужды, дать своим далеким потомкам представление о себе как о гигантах, когда в будущем, по прошествии веков, его найдут при археологических раскопках.

Царь-колокол отлит из бронзы в 1733—1735 гг. мастерами И. Ф. Моториным и его сыном Михаилом. Во время пожара 1737 г. был поврежден (отвалился кусок в 11,5 т). В 1836 г. установлен на постаменте у колокольни Ивана Великого. Под тем же названием известны еще два колокола, отлитые в начале XVII в. и в 1654 г. (около 130 т). Последний разбился при пожаре 1701 г., его лом использован был при отливке нынешнего Царь-колокола.

Арну Ж., по рисунку Хагена Д. *Вид колокольни Ивана Великого. 1850-е гг.* Литография Лемерсье. Изд. Дациаро. ГМИИ

Дюран А. Царь-колокол в Московском Кремле. 1844. Фигуры Раффе. ГБЛ

Что бы там ни было, а колокол этот обладает красотой, как и все вещи, выходящие из рамок обычных размеров. В нем видится изящество огромного, чудовищное и дикое изящество, но реальное, и оно никак не составляет его недостатка. Его стенки ширятся в смелом и мощном изгибе, по их поверхности идет тонкая вязь рисунка. Колокол увенчан шаром с крестом наверху. Он приятно радует глаз чистотой своих линий и тем, что на металлической его поверхности видна патина времени. Даже пролом зияет, словно зев таинственной и темной бронзовой пещеры. Под цоколем, совсем как снятая с петель дверь, стоит оторвавшийся кусок металла, повторяющий очертания пустого пространства пролома.

Но полно говорить о колоколах, войдем в один из самых древних и характерных соборов Кремля, первый построенный из камня,— Успенский собор. Правда, перед нами не первоначальное здание, заложенное Иваном Калитой. То здание обрушилось через полтораста лет существования, и Иван III отстроил его заново. Современный собор, таким образом, несмотря на свой византийско-архаичный вид, был построен в XV веке. Удивительно узнать, что это — творение Фиораванти, болонского архитектора, которого русские называют Аристотелем, возможно, по причине его обширных знаний. Я бы, естественно, подумал о приглашенном из Константинополя греческом архитекторе, так как моя голова еще полна мыслями о соборе Святой Софии в Константинополе и типах греко-восточной архитектуры. Успенский собор почти квадратный, и его высокие стены вздымаются прямо и захватывающе гордо. Четыре огромных опорных столба, каждый как башня, мощные, как колонны Карнака, поддерживают центральный купол, поставленный на плоскую, в азиатском стиле крышу с четырьмя меньшими куполами по бокам.

Столь простое расположение производит грандиозный эффект, а массивные опоры не кажутся тяжелыми, создают крепкую основу и придают чрезвычайную стабильность собору.

Вся внутренняя часть церкви покрыта росписями по золотому фону в византийском стиле. Опоры сами по себе украшены персонажами, идущими ярусами наподобие колонн храмов или египетских дворцов. Этот декор очень неожидан, тысячи фигур окружают вас, словно молчаливая толпа, восходя и спускаясь вдоль стен, идя цепочками, как будто вокруг вас происходят празднества вроде христианских панатеней*, они уединяются в позе иератической суровости, склоняются по сводам, по изгибам сводов, по куполам и покрывают храм ковром из фигур, словно неподвижным людским муравейником. Слабый, бережно-сдержанный свет еще больше усиливает чувство беспокойства и эффект таинственности. Великие суровые святые православного календаря как будто ведут потрясающе своеобразную жизнь в этой рыжеватой и сияющей тени. Они пристально смотрят на вас и, кажется, грозят вам рукой, протянутой для благословения.

Сияющие доспехи воинствующих архангелов, святых всадников с тонким и страстным выражением лиц смешиваются с темными рясами святых монахов и отшельников. У них гордая осанка, унаследованная от прекрасных античных времен, отличающая творения византийских монахов-живописцев. Внутренняя часть собора Святого Марка в Венеции с ее видом позолоченной пещеры может дать представление об Успенском соборе, только московская церковь тянется вверх, устремляется к небу, тогда как свод собора Святого Марка таинственно приземист, как склеп.

Иконостас — высокая пятиярусная стена из золота и серебра, покрывающих ряды икон. Он походит на фасад золотого дворца и ослепляет глаз своим сказочным величием. Богородицы, святые жены и мужи продевают сквозь прорези в драгоценных окладах свои темно-коричневые головы и руки. Рельефные нимбы, отражая свет инкрустированными в их лучи, сверкающими гранями драгоценных камней, сияют

---

* Панатенеи — праздники, устраивавшиеся в Афинах в честь Афины Паллады.

истинным величием. К иконам — предмету особого почитания — прикреплены нагрудники с драгоценными камнями, ожерелья и браслеты, усеянные бриллиантами, сапфирами, рубинами, изумрудами, аметистами, жемчугом, бирюзой. Невозможно пойти дальше в подобном безумии религиозной роскоши.

Какой прекрасный мотив для украшения представляют собою эти иконы, иконостасы, эта стена из золота и драгоценных камней, воздвигнутая между верующими и таинствами церкви! Нужно признать, что русские великолепно используют свои возможности: если в отношении самого искусства, например живописи, русская церковь не может соревноваться с западной, то в отношении пышности православная религия не уступает католической.

Икона Владимирской богоматери, по преданию написанная рукою святого Луки,— образ, который русские считают своим защитником, перед которым некогда якобы отступили дикие орды Тимура,— украшена бриллиантом, который стоит более ста тысяч франков. Масса позолоченного серебра, ее оклад, стоила в два или три раза больше этой суммы. Конечно, для человека изысканного, более склонного к прекрасному, чем к богатству, такая роскошь покажется несколько варварской, но нельзя отрицать, что эти скопища золота, бриллиантов и жемчуга производят религиозный эффект и выглядят великолепно. Эти богоматери, разукрашенные богаче, чем царицы и императрицы, конечно, поражают наивно верующих людей. В сумраке, в неровном свете лампад они окружаются сверхъестественным ореолом. Короны из бриллиантов сияют, словно усыпанные звездами. Из центра свода спускается огромная, прекрасной работы круглая люстра из массивного серебра, заменившая старинную люстру еще более значительного веса, снятую во время французского нашествия. В ней сорок шесть свечей.

В Успенском соборе коронуются императоры. Предназначенный для этого помост возвышается посередине, под куполом, и обращен к иконостасу.

Могилы архиепископов московских расположены по бокам. Продолговатой формы, они стоят у стены и, утопая в полутьме, походят на чемоданы, приготовленные для великого путешествия в вечность.

Архангельский собор, фасад которого повернут наискось по отношению к Успенскому, находится здесь же, в нескольких шагах от него, и в отношении плана постройки не представляет существенной разницы в сравнении с ним. Это та же система куполов, массивных опор, сияющих золотом иконостасов, византийской живописи, сплошным ковром покрывающей внутренние части здания. Только здесь росписи не на золотом фоне и больше походят на фрески, чем на мозаику. Здесь изображены сцены последнего судилища и даны портреты русских царей с высокомерным и неприветливым выражением лиц.

Здесь же находятся и их могилы, покрытые кашемиром и богатыми, как тюрбаны султанов Константинополя, тканями. Это выглядит просто и сурово. Смерть

Бодри К. П. Вид в Кремле (Архангельский и Благовещенский соборы). 1850. Холст, масло. ГРМ

здесь не разукрашена тонкими цветочными мотивами, как в готическом искусстве, в котором надгробие — удачнейшая тема для украшений. Ни коленопреклоненных ангелов, ни теологических* добродетелей, ни символических плачущих фигур, ни святых в сквозных нишах, ни причудливых, увивающих гербы драпировок, ни воинов в доспехах или усопших с головой на мраморной подушке, в ногах у которых лежит заснувший лев, — ничего, кроме саркофага с трупом, покрытого погребальным покрывалом. Безусловно, искусство здесь не присутствует, но религиозное впечатление от этого много выигрывает.

---

* Теологический — относящийся к теологии, богословию, религиозному «учению», стремившемуся привести в систему и обосновать религиозные догмы и верования.

В Благовещенском соборе, стоящем впритык к царскому дворцу, вам показывают очень любопытную и очень редкую фреску, изображающую архангела Гавриила перед Святой девой, которой он объявляет о предстоящем рождении у нее сына божьего. Встреча происходит у колодца. По традиции православной церкви позже, после смиренного приятия воли всевышнего, к Святой деве в ее комнату явился Святой Дух.

Изображенная на внешней стене церкви, сцена эта навесом защищена от непогоды. Чтобы дать представление о роскоши внутренних частей церкви, достаточно вспомнить всего об одной детали: пол там выложен агатами, привезенными из Греции.

Со стороны нового дворца* и в непосредственной близости от этих церквей находится необычное здание азиатского, татарского вида, не напоминающее ни один из известных архитектурных стилей**. Это светский памятник, как храм Василия Блаженного — памятник религиозный. Это здание словно осуществленная наяву мечта причудливо-капризного воображения. Оно было построено при Иване III архитектором Алевизо. С изящной и живописной неравномерностью и асимметрией над крышей высятся увенчанные золотом башенки часовен и молелен. В здание ведет внешняя лестница, на площадку которой император выходит к народу после «венчания на царство». Украшенная так, как она украшена, эта лестница уже представляет собою целое событие в архитектуре.

Это одна из достопримечательностей Кремля. Она называется Красным крыльцом.

---

    * Имеется в виду Большой Кремлевский дворец — новое здание, построенное в 1839—1849 гг. архитектором К. А. Тоном (1794—1881).

    ** К Большому Кремлевскому дворцу с северной стороны примыкают Теремной дворец и Грановитая палата.

    Постройка каменного Государева дворца с Грановитой палатой относится к 1487—1491 гг. правления Ивана III. В его создании участвовали итальянские архитекторы Марк Фрязин и Пьетро Антонио Солари. Упомянутый Т. Готье Алевизо — это или Алевиз Фрязин Миланец, участвовавший в строительстве кирпичных стен и башен Кремля в 1485—1495 гг., или итальянский архитектор Алевиз Фрязин Новый, участвовавший в более позднем строительстве Архангельского собора Кремля (1505—1508).

    Готье никак не мог видеть старого Государева дворца, построенного при Иване III, так как в 1635—1636 гг. над вторым этажом в северо-восточной части старого дворца было построено трехэтажное здание Теремного дворца с Верхоспасским собором (архитекторы А. Константинов, Т. Шарутин, Л. Ушаков, Б. Огурцов) — типичные парадные, богато декорированные жилые палаты феодальной знати (до конца XVIII в. Теремной дворец являлся самой высокой гражданской постройкой Кремля). К дворцу были пристроены деревянные палаты для царицы Натальи Кирилловны, жены царя Алексея Михайловича и матери Петра I, и для царевен.

Московский Кремль. Вид старого царского дворца. 1-я половина XIX в. Литография. ВМП

Внутреннее убранство дворца, резиденции прежних царей, просто не поддается описанию: можно подумать, что комнаты и проходы в нем были разбросаны в огромном каменном блоке, один за другим, без какого-либо плана. Они путаются между собою, странно сбивая с толку и, послушные капризу неудержимой фантазии, то и дело меняют уровни и направления этих покоев. Путешествуя внутри, как во сне, вы то наталкиваетесь на решетку, которая таинственно открывается, то вынуждены идти по узкому коридору, почти касаясь плечами стен, то вдруг обнаруживаете, что нет никакой другой дороги, кроме зубчатого края карниза, откуда видны медные листы крыши и маковки колоколенок, расположенных на разных уровнях, выше и ниже. Вы не знаете более, где находитесь, а сквозь золотую решетчатую перегородку вы все дальше от себя видите, как пылает отсвет лампады на позолоченном серебре иконостаса. После этого путаного

Вид Боярской площади в Кремле. 1840-е гг. Цветная литография Шарля Лемерсье. Изд. Дациаро. ГМП

путешествия, придя в какую-нибудь безумно разукрашенную, дико богатую залу, вы удивлены, что в глубине ее не находите, например, великого татарского хана, сидящего со скрещенными ногами на черном валеном ковре.

Такова зала, называемая Золотой палатой, занимающая всю внутреннюю часть Грановитой палаты, названной так, безусловно, по причине своей отделки камнем, гранeнным наподобие бриллиантов, повернутых острыми концами наружу. Грановитая палата сообщается со старым царским дворцом. Золотые своды этой залы низкими аркатурами, соединенными толстыми железными брусьями, сходятся к центральной опоре. Несколько фресок там и сям видны темными пятнами на великолепном золотом фоне. По сводам бордюром бегут надписи из старинных славянских букв, прекрасных букв, которыми так же легко украшать здания, как арабскими куфическими знаками. Более

Церковь Спаса («За золотой решеткой») в Кремле и часть Теремного дворца. 1843. Тоновая литография А. Дюрана. Изд. Демидова: «Виды городов России и иностранных городов». ГМТ

богатого убранства, более таинственного, одновременно темного и сияющего декора, чем в Золотой палате, попросту невозможно придумать. Шекспир с удовольствием поместил бы сюда развязку какой-нибудь драмы.

    Некоторые из помещений старого дворца так низки, что человек немного выше среднего роста едва может там держаться во весь свой рост. Вот здесь-то, в сильно

Индейцев Д. Панорама Москвы (часть). 1880-е гг. Гравюра Ф. Бенуа и Обрена. Цветная литография. Изд. Дациаро. ГМИИ

натопленных печами комнатах, женщины, по-восточному прильнув к переборке окна, проводили долгие часы русской зимы, смотря сквозь маленькие оконца, как блестит снег на золоте куполов и как вороны описывают широкие круги у колоколен.

Вид жилых комнат дворца, оклеенных причудливыми обоями с изображениями пальм, перьев, цветов, напоминающими рисунки на кашемировых шалях, невольно вызывает в вашей голове мысль об азиатских гаремах, вдруг перенесенных в полярные снега. Настоящий московский стиль, плохо понятый позже и офальшивленный имитацией в западном искусстве, здесь предстает во всем своем изначальном своеобразии и с резким привкусом варварских времен. Я часто замечал, что прогресс цивилизации как бы отнимает у народов чувство архитектуры и внутреннего оформления. Древние здания Кремля доказывают еще раз, насколько верно это утверждение, могущее сначала показаться парадоксальным. Неисчерпаемая фантазия властвует в манере убранства этих таинственных комнат, где золото, зеленый, красный, синий цвета соединены с редким вкусом и производят чарующее впечатление. Эти архитектурные сооружения, в которых зодчий нисколько не заботился о симметрии, высятся, словно пироги́ из мыльных пузырей, вынутых на тарелку через соломинку. Каждый пузырик присоединяется к соседнему, пристраивается всеми своими сторонами, и все вместе сияет пестрыми цветами радуги. Такое сравнение мог придумать ребенок, скажете вы, но оно лучше, чем любое другое, соответствует способу нагромождения этих волшебных, но все же реально существующих дворцов.

    Хотелось бы, чтобы новый дворец был построен в этом же стиле, но это огромное современное здание, конечно, повсюду было бы прекрасно, а посреди старого Кремля вовсе не вяжется с остальными постройками. Классическая архитектура с ее величественными и холодными линиями кажется еще более скучно-торжественной среди этих дворцов невероятных форм, раскрашенных яркими красками, и этого скопища восточного вида церквей, мечущих к небу целый золотой лес куполов, пирамидальных верхушек и луковичных маковок. При виде настоящей московской архитектуры вы подумаете, что находитесь в волшебном азиатском городе, вы примете соборы за мечети, а колокольни — за минареты. А вот мудрый фасад нового дворца возвращает вас в самое лоно Запада и западной цивилизации. Такому варвару-романтику, как я, это больно переносить.

    В новый дворец вы входите по монументальной лестнице, оканчивающейся наверху великолепной решеткой из полированного металла, которую приоткрывают, чтобы посетитель мог пройти. Вы тотчас оказываетесь под высоким сводом купольной залы, где стоят бессменные в своем карауле часовые. Четыре манекена, одетые с головы до пят в любопытнейшие древнеславянские доспехи. У этих воинов очень серьезный вид, и они до того живо выглядят, что можно ошибиться и принять их за настоящих, подумав, что под их кольчугами бьется сердце. Эти стоймя стоящие средневековые доспехи всегда заставляют меня вздрагивать помимо воли, так верно они сохраняют внешнюю форму давным-давно и навсегда исчезнувшего человека.

    Из ротонды можно пройти в два помещения, содержащие неоценимые богатства*. Казна калифа Гаруна аль-Рашида, россыпи Абуль-Касема, Зеленый дрезденский свод**, вместе взятые, не потягались бы с подобным скопищем чудес, и еще раз историческая ценность предметов соединилась здесь с материальной. Бриллианты, сапфиры, рубины, изумруды сияют, лучатся, отсвечивают молниями и искрами. Все драгоценные камни, которые природа с такой жадностью прячет в недрах земли, расточают здесь свой блеск перед глазами пораженного зрителя. Их такое множество, будто это всего лишь какие-то стекляшки. Они усеивают короны, светятся на концах скипетров, падают сияющим дождем на атрибуты империи, едва оставляя возможности видеть золото, в которое они оправлены! Глаз ослеплен, а разум едва осмеливается подсчитать суммы, в которых может быть выражено все это феноменальное великоле-

---

    *   Речь идет об Оружейной палате Московского Кремля.

    ** «Зеленый свод» в Дрездене — коллекция саксонских ювелирных изделий.

пие. Попытаться описать этот изумительный ларец с драгоценностями было бы безумием. Для этого не хватило бы целой книги. Ограничимся же перечислением только нескольких наиболее выдающихся предметов. Одна из самых старинных корон — шапка Владимира Мономаха. Это подарок императора Алексея Комнина. Она была привезена в 1116 году греческим посольством из Константинополя в Киев. Кроме исторической ценности связанных с шапкой Мономаха событий важно и то, что она представляет собою художественное произведение изысканного вкуса. Расположенные в восхитительном согласии с орнаментом, в золотую филигрань короны инкрустированы жемчуг и драгоценные камни. Короны Казани и Астрахани в восточном вкусе, одна усеянная бирюзой, другая с огромным естественным изумрудом наверху, — это настоящие сокровища, от которых пришли бы в бессильное отчаяние современные ювелиры. Сибирская корона выткана золотом. Как и у всех других, у нее наверху помещен греческий крест, и, как и предыдущие, она, словно звездами, усеяна бриллиантами, сапфирами и жемчугом. Золотой скипетр Владимира Мономаха, длиной около метра, содержит ровно двести шестьдесят восемь бриллиантов, триста шестьдесят рубинов и пятнадцать изумрудов. Эмали, покрывающие свободные от камней места, изображают религиозные сцены в византийском стиле. Это тоже подарок императора Алексея Комнина. А вот еще одна интереснейшая драгоценность — это цепь первого из Романовых, в которой на каждом звене выгравирован после слов молитвы один из титулов этого царя. В цепи девяносто восемь звеньев. Я не могу останавливаться на тронах, скипетрах, земных шарах, на коронах разных царей, но замечу, что если роскошь всегда невообразима, то чистота вкуса и красота работы уменьшается по мере того, как мы приближаемся к современной эпохе.

Зала с золотой и серебряной посудой не менее замечательна и более доступна описанию. Вокруг столбов — опор залы расставлены круглые серванты в форме горок, в которых помещен целый мир из ваз, кувшинов для вина, кувшинов для воды, графинов, кубков, чаш, фужеров, кружек, черпаков, бочонков, бокалов, пивных кружек, чашек, чарок, кувшинов для омовений, кружек-пинт, оплетенных бутылок с узким горлышком, фляг, амфор и всего того, что относится к «попойке», как говорил мэтр Рабле на своем «пантагрюэлическом» языке. За этой золотой и серебряной посудой сияют золотые и

Гарун аль-Рашид (766—809) — халиф из династии Аббасидов. Окружив себя феноменальной роскошью, Гарун аль-Рашид покровительствовал ремеслам, торговле, искусствам, особенно литературе. Отличался крайней жестокостью. Миф о добродетелях этого халифа, воспетых в «Тысяче и одной ночи», был опровергнут благодаря работам советского ученого-востоковеда В. В. Бартольда.

Т. Готье имеет в виду Абу Мухаммеда аль-Касим ибн Али аль-Басри, арабского писателя Харири (1054—1122), особенно известного по сборнику из 50 макамов в прозе и в стихах, в которых автор рисует яркие картины арабской жизни периода упадка, рассказывая историю некоего Абу-Зеида, испробовавшего все занятия, рассматривает всевозможные обстоятельства жизни. Этот сборник вышел в Париже в 1822 г., а затем в 1847—1853 гг. под названием «Россыпи Востока».

Гронкель Виталь Жан де (1820—1890).
Портрет профессора Академии художеств, архитектора К. А. Тона. Холст, масло. ГРМ

серебряные блюда величиной с те, на которых у «Бургграфов»* Виктора Гюго подавали целых быков. Еще кубки с крышками, да какие кубки! Есть такие, что не менее трех или четырех футов высоты, и ухватить и поднять их сможет только ручища титана**. Какой огромный расход воображения на это разнообразие посуды! Все формы, способные содержать напиток, вино, мед, пиво, квас, водку, кажется, уже были исчерпаны. А какой великолепный, невероятный, гротескный вкус в орнаментации этих золотых и серебряных

---

* «Бургграфы» — драма В. Гюго (1843).

** В древнегреческой мифологии титаны — сыновья Урана — неба и Геи — земли. Восстав против богов, они попытались добраться к ним на небо, ставя одну гору на другую, но были повержены Зевсом.

Москва. Кремль. Вид Оружейной палаты. 1840—1850-е гг.

сосудов! То это вакханалии с толстощекими и веселящимися фигурами, танцующими вокруг скругленной нижней части кубка, то это листья, сквозь которые видны животные и охоты, то это драконы, обвивающиеся вокруг ручки, или это античные медали по бокам чаши, римские триумфальные шествия или евреи в голландских костюмах, несущие кучку земли обетованной, обнаженные фигуры мифологических персонажей, созерцаемые сатирами сквозь густые заросли. По капризу художника вазы принимают формы зверей, круглятся в медведей, вытягиваются в аистов, хлопают крыльями, словно орлы, важничают, как утки, или закидывают на спину оленьи рога. А вот бонбоньерка-корабль надувает свои паруса, поднимает их и раздает сладости, которыми до самого люка наполнен корабль. Всевозможные изощрения золотых и серебряных дел мастеров находятся здесь, в этих роскошных сервантах!

В Оружейной палате собраны сокровища, от перечисления которых устанет перо самого неутомимого инвентаризатора. Черкесские шлемы, кольчуги с вделанными в них буквами стихов из Корана, щиты с филигранными выступами посередине, кривые турецкие сабли, ятаганы с нефритовыми ручками и рядом — ножи, усеянные драгоценными камнями, все оружие Востока, которое в то же время представляет собою и попросту драгоценности, сияет здесь среди самого сурового вида оружия западного арсенала. При виде этих бесконечных масс сокровищ у вас кружится голова, и вы просите пощады у гида, слишком услужливого или слишком тщательно перечисляющего предметы, боясь пропустить хоть один из них.

Мне очень понравились залы, посвященные различным русским орденам. Ордена святого Георгия, святого Александра, святого Андрея, святой Екатерины — каждый занимает обширную галерею, в которой мотивами для украшений служат их геральдические знаки. Геральдическое искусство в высшей степени декоративно, и его применение всегда эффектно.

Можно себе представить, даже если я не буду вдаваться в подробности, роскошь обстановки парадных зал. Благодаря огромным денежным затратам здесь собрано все, на что способны нынешние расточительство и роскошь, и ничто не напоминает очаровательного московского стиля. Это, впрочем, было уже предопределено стилем самого здания дворца. Но меня потрясла одна вещь: в конце последней комнаты я очутился лицом к лицу с бледным призраком из белого мрамора в парадной одежде с устремленными на меня большими неподвижными глазами и склоненной в раздумье головой римского кесаря. Наполеон в Москве, во дворце царя*! Я не ожидал такой встречи!

---

* Во время похода в Россию Наполеон вез в обозе свою парадную статую из белого мрамора во весь рост и в парадном мундире работы французского скульптора Дени Антуана Шодэ (1763—1810). При отступлении армии Наполеона из Москвы скульптура была забыта. С тех пор она хранилась в Кремле. Таким образом, Наполеон был как бы символическим узником России. Статуя в настоящее время находится в музее «Бородинская панорама» в Москве.

Глава четырнадцатая   Троица

Если в Москве у вас окажется несколько свободных дней, когда основные достопримечательности города вами уже осмотрены, есть экскурсия, которую вам непременно предложат, и на нее нужно тотчас же соглашаться. Это посещение Троице-Сергиева монастыря. Путешествие стоит труда, и никто не раскаивался в том, что его совершил.

Итак, было условлено, что я еду в Троицу, а один русский друг, который любезнейшим образом согласился меня сопровождать, занялся приготовлением к отъезду. Он нанял кибитку и отправил вперед перекладных лошадей, так как на половине дороги мы должны были сменить упряжку. Если отправиться с раннего утра, переезд можно совершить за половину дня и приехать достаточно рано, чтобы в тот же день уже получить общее представление о монастыре и его местоположении. Мне было предписано быть на ногах к трем часам утра.

Заядлые путешественники умеют просыпаться в назначенный час, не прибегая для этого к будильнику с его упрямо гремящим звонком. Когда кибитка остановилась перед дверью гостиницы, я уже был на ногах, готовый выходить и успев проглотить на дорогу ломоть мяса и стакан горячего чая. Чай в Москве превосходный!

Стараясь сквозь двойные стекла окна увидеть, на что была похожа погода, я заметил, что внутренний градусник показывал 15 градусов тепла по Реомюру, а внешний — 31 градус мороза. Набравшись холода на ледяных торосах полюса, небольшой ветер дул всю ночь и принес понижение температуры.

Тридцать один градус мороза! Одна мысль об этаком холоде вызывает дрожь даже у наименее зябких натур. К счастью, я уже имел случай испытать на себе всю суровость русской зимы и привык к этому климату северных оленей и белых медведей. Тем не менее мне предстояло провести целый день на свежем воздухе, и облачился я соответственно такому случаю: две рубашки, два жилета, двое брюк, как раз столько, сколько нужно, чтобы одеть с головы до ног еще одного смертного. На ноги были надеты шерстяные чулки, белые фетровые валенки, а на них еще меховые сапоги выше колен, на голову — бобровая шапка, утепленная ватой, на руки — настоящие варежки самоедов, у которых отделен только один палец. Поверх всего я еще накинул огромную меховую шубу с воротником, поднимающимся сзади вровень с макушкой, закрывая затылок. Для защиты лица воротник спереди застегивается на крючки. Кроме того, чтобы шуба не распахивалась и не проникал под нее мороз, длинный шерстяной вязаный шарф пять-шесть раз обматывается вокруг тела, совсем как завязывается веревкой пакет. Обряженный подобным образом, я имел вид передвижной постовой будки, и в теплом комнатном воздухе надетые одна на другую одежды казались невыносимо тяжелыми и очень меня обременяли. Но стоило мне очутиться на улице, они показались легкими, как нанковый* костюм.

Кибитка ожидала меня, и нетерпеливые лошади опускали головы, потряхивая длинными гривами и покусывая снег. Скажу несколько слов о нашей карете. Кибитка — это сооружение вроде ящика, похожего и на хижину, и на карету, установленную на санную основу. У нее есть дверь и окно, которое ни под каким видом нельзя закрывать, так как пар от дыхания осядет на стекло, обледенит его, и тогда вы окажетесь без воздуха и погрузитесь в белесые потемки.

Мы получше устроились в глубине кибитки, зажатые, как сельди в бочке, ибо, несмотря на то что нас было всего трое, количество одежды, обременявшей наши тела, заставляло нас занимать место шестерых. Для вящей предосторожности на ноги нам положили покрышки и медвежью шкуру. Мы тронулись.

Было около четырех часов утра. На сине-черном небе мерцали яркие звезды с той чистой ясностью, которая является признаком большого мороза. Снег под стальными полозьями скрипел, как стекло под алмазом. Впрочем, не было никакого движения воздуха, словно ветер и тот замерз. В Москве к концу января такую безветренную погоду можно назвать хорошей.

Русские кучера любят быструю езду, и лошади разделяют эту страсть. Скорее нужно сдерживать их, нежели подбадривать. Трогаются в путь всегда во весь опор, и, если не иметь привычки к этой головокружительной скорости, вам покажется, что лошади понесли, закусив удила. Наш извозчик не отступал от общего правила и очертя голову ринулся галопом в пустынную тишину московских улиц, освещенных смутным поблескиванием снега да иногда умирающим светом заледеневших фонарей. Темные силуэты домов, общественных зданий, церквей слева и справа, причудливо очерченные и оттененные белыми мазками, быстро пробегали мимо, ведь никакая темень не в силах совсем погасить серебряного свечения снега. Иногда наскоро мелькнувшие купола создавали видимость касок великанов, выступавших над стенами волшебной крепости. Тишину нарушал только четкий шаг ночного караула, и, свидетельствуя о бдительности стражников, по плитам тротуаров, стуча, тащились их железные палки.

При нашей езде, хоть Москва и велика, мы скоро пересекли крепостной вал, и проселочная дорога сменила улицу. Дома исчезли, и под ночным небом по обе стороны дороги потянулась смутно-белесоватая сельская местность. Когда на большой скорости мчишься по этому бледному, окутанному монотонной белизной бесконечному пейзажу,

---

* Нанковый — от названия хлопчатобумажной ткани «нанка» светло-желтого, естественного цвета, первоначально производившейся в китайском городе Нанкине.

возникает странное чувство, словно движешься по лунной равнине, простершейся среди сна людей и зверей. Слышен только топот лошадей и скрип полозьев по снегу, как будто находишься на необитаемой планете.

Пока мы так неслись галопом, о ком, о чем зашел разговор? Причиной тому бывают неожиданные ассоциации одной мысли с другою, нить которых так хорошо умел отыскать Огюст Дюпен* Эдгара По и которые звучат иногда непонятно странными фразами для слушателя, не знающего их секрета. Отвечаю: говорили о Робинзоне Крузо. Какая же ассоциация могла заставить родиться в моей голове мысль о Робинзоне на дороге из Москвы в Троице-Сергиев монастырь, между пятью и шестью часами утра, в тридцатиградусный мороз, вовсе не напоминавший климата острова Хуан-Фернандес**, где герой Даниеля Дефо провел долгие годы одиночества? Крестьянская бревенчатая изба, на мгновение показавшаяся на краю дороги, разбудила во мне смутное воспоминание о доме из стволов деревьев, построенном Робинзоном при входе в его грот. Эта мимолетная мысль должна была исчезнуть, не связавшись каким-либо более существенным образом с той ситуацией, в которой мы пребывали, но снег, на который я смотрел рассеянным взглядом, настоятельно напомнил мне лицо Робинзона, готовое уже было исчезнуть в тумане неопределенных мыслей. Вы помните, к концу книги, после своего освобождения и возвращения к цивилизованной жизни, Робинзон совершает длительные путешествия и, пересекая со своим караваном покрытые снегом сибирские равнины, подвергается нападению стаи волков, рискуя жизнью не меньше, чем тогда, когда дикари высаживались на его остров.

Так, подчиняясь тайной логике, которую внимательный ум легко может проследить, пришла мне в голову мысль о Робинзоне. Отсюда, само собою разумеется, мы

Вот такие названия и строения встречались на пути в Троице-Сергиев посад, когда Т. Готье совершал этот путь в кибитке: Троицкая застава от Кремля на восток. К ней на пути из Кремля: 1) Никольские ворота, 2) Никольская ул. в Китай-городе (ныне ул. 25 Октября), 3) Никольские, или Владимирские, ворота, 4) ул. Сретенка, 5) въезд под Сухареву башню, 6) ул. Первая Мещанская (ныне проспект Мира) до самой Троицкой заставы, 7) тут же место, называемое «у Креста» (затем называлось Крестовская застава — ныне Рижская пл.).

«Название Троицкой заставы происходит от Троицкой лавры и дороги Троицкой.
Окрестности Троицкой заставы: влево — дорога в село Останкино, вправо — Пятницкое кладбище; за ним далее Мытищинский водопровод под землю; речки Перехорка и Яуза.
Троицкая большая дорога от Кремля на северо-восток на протяжении тридцати верст по нынешнему Московскому уезду».
Указатель дорог от Кремля Московского. М., 1839. С. 4.

---

* Герой рассказа Эдгара По «Убийство на улице Морг».

** Среди принадлежащей Чили группы вулканических островов Хуан-Фернандес в Тихом океане, вероятно описанных в романе Даниеля Дефо, самый большой, остров Мас-а-Тьерра, позже переименован в честь героя романа английского писателя и носит название Робинзон-Крузо.

перешли к разговору о возможном появлении волков на дороге. Разговор сам собою коснулся этой темы, достаточно впечатляющей, принимая во внимание наше полное одиночество среди бесконечных снегов, где только иногда там и сям виднелись рыжеватые пятна березовых и сосновых лесов. Уже вспомнили самые ужасные истории, в которых стаи волков нападали на путешественников и сжирали их. Я прекратил эти разговоры, напомнив о случае, рассказанном Бальзаком, причем с неподражаемой серьезностью, с какой он всегда произносил свои шутки. Это история одного литовского господина и его жены: они ехали из своего имения в другое, где давался бал. За поворотом на лесной дороге волки целой стаей устроили им засаду. Напуганные отвратительными животными, лошади, которых кучер нахлестывал изо всех сил, понесли. За ними следом пустилась вся стая, и глаза волков горели в тени кареты. Господин и его дама, ни живые ни мертвые от страха, забились каждый в свой угол и сидели там в неподвижных позах крайнего ужаса. Они смутно слышали позади себя стоны, жаркое дыхание и щелканье челюстей. Наконец они достигли имения, и ворота, захлопываясь за ними, придавили двух-трех волков. Кучер остановился у подъезда, но никто не открывал дверцу кареты. Глянули на облучок, удивляясь, почему медлят лакеи, и увидели там два начисто объеденных их скелета, все еще стоявшие на своих местах в классических позах. «Вот прекрасно вымуштрованные слуги! — восклицал Бальзак.— Их больше не осталось во Франции!»

Комическая сторона этой истории, однако, не мешала тому, чтобы местным волкам, голодным так, как они бывают голодны в этот период зимы, пришла в голову фантазия поохотиться и на нас. У нас не было никакого оружия, и наш единственный шанс на спасение заключался в быстроте наших лошадей и, может быть, в соседстве какого-нибудь жилища. В противном случае нам было бы не до веселья. Но мы смеялись, и смех рассеял страхи. Впрочем, начинало светать, а дневной свет прогоняет видения и возвращает диких зверей в норы. Не стоит и говорить, что мы не увидели даже волчьего хвоста.

Ночь была усеяна звездами, но к утру туманы поднялись с горизонта, и в белесоватом свете наступавшего дня московская Аврора вставала бледная и с заспанными глазами. У нее, возможно, был красный нос, но эпитет «розовоперстая», которым пользуется Гомер, говоря о греческой Авроре, совсем ей не подходил. Тем не менее в ее тусклом свете уже можно было увидеть всю ширь угрюмого пейзажа, величаво разворачивавшегося вокруг нас.

Вы, вероятно, находите, что мои описания часто повторяются, но монотонность — одна из характерных черт русского пейзажа, по крайней мере в местах, которые мне пришлось проезжать. Это необъятные, слегка волнистые равнины, где нет других гор, кроме холмов, на которых построены Московский и Нижегородский кремли, оба не выше Монмартра. Снег придает еще большее однообразие ландшафту, заполняя складки земли, ложа водных потоков, долины рек. На протяжении сотен лье* вы видите эту бесконечную

---

* Лье — устаревшая французская мера длины, равна 4,5 км.

белую пелену, слегка всхолмленную кое-где неровностями почвы и, смотря по тому, насколько низко солнце и насколько косы его лучи, покрытую иногда полосами розового света, перемежающегося с синеватыми тенями. Но когда небо, что бывает чаще всего, свинцово-серое, общий тон пейзажа — матово-белый или, лучше сказать, мертвенно-белый. На более или менее близких расстояниях друг от друга перерезают эту бесконечную белизну линии рыжих кустарников, полузасыпанных снегом. То там, то здесь пятнами темнеют редкие березовые или сосновые леса, и, часто вовсе заметенные снегом, вехами идут вдоль дороги столбы, похожие на телеграфные. Возле дороги бревенчатые избы законопачены паклей, их крыши со скрещенными стропилами выстраиваются коньками в линию, а на краю горизонта, над низкими очертаниями деревень, высятся купола церквей и колоколен. Ничего живого, только летают вороны, и иногда мужик на санях, запряженных низкорослой косматой лошаденкой, везет дрова или другую поклажу к скрытому от глаз в глубине земли жилью. Таков пейзаж, повторяющийся до пресыщения, и с продвижением вперед он все тянется вокруг вас, как морской горизонт, который кажется все тем же вокруг плывущего вперед корабля. Несмотря на то что любая живописная случайность здесь крайне редка, не устаешь смотреть на эти бесконечные пространства, навевающие некую чуть приметную меланхолию, как все то, что вели́ко, молчаливо и одиноко. При быстром ходе лошадей иногда кажется, что мы стоим на месте.

Мы прибыли на место смены лошадей, название которого я запамятовал. Это был деревянный дом, его двор загромождали довольно неказистого вида телеги и сани. В низкой комнате мужики в грязных тулупах, со светлыми бородами, красными лицами, на которых светились полярно-голубые глаза, собрались вокруг медного сосуда и пили чай, другие в это время спали на скамьях у печи. Некоторые, наиболее зябкие, даже залегли на печку.

Нас провели в высокую, обитую досками комнату, которая походила на ящик из сосновых досок, какой он бывает изнутри. Комната освещалась маленьким окошком с двойными рамами, и в ней не было другого украшения, кроме образа богоматери, нимб и одежды которой были выштампованы в металле, вырезанном на месте головы и рук, оставляя на виду темные части живописи, которая, имея древний вид произведения, восходящего к византийской школе, часто бывает совсем новой.

Мягкая, тепличная температура царила в этой комнате. Там стоял стол и несколько скамеек, что создавало уютный вид. Я избавился от шубы и обременявших меня тяжелых одежд, и мы позавтракали захваченной нами московской провизией, запивая ее чаем из самовара. После этого, вновь натянув тяжелые доспехи, защищавшие меня от стрел зимы, я сел в кибитку, готовый весело противостоять злому холоду.

При приближении к Троице-Сергиеву монастырю жилища встречаются чаще, чувствуется, что мы подъезжаем к важному населенному пункту. И действительно, к монастырю из дальних мест стекаются паломники. Сюда приходят отовсюду, ибо святой Сергий, основатель этого знаменитого монастыря, является одним из наиболее чтимых святых. Проделанная нами из Москвы дорога — это Ярославская дорога, и летом она, как мне рассказывали, очень оживленна. Нужно проехать через Останкино, где находится татарское поселение, через деревню Ростопчино, через Алексеевское, в котором несколько лет назад еще можно было увидеть развалины дворца царя Алексея, и, когда зима не покрывает все и вся своим снежным одеялом, время от времени на фоне сельской местности можно разглядеть изящные загородные особняки. Одетые в армяки, обутые в лапти или, из крайней набожности, идущие босиком паломники ранним утром тянутся вереницей по песчаной дороге. Целые семьи едут в кибитках, захватив с собой матрацы, подушки, кухонные принадлежности и самовары, без которых не обойдешься, и все это вместе имеет вид кочующих племен. Но в пору моей экскурсии дорога была совершенно безлюдна.

Перед монастырем ландшафт несколько понижается, безусловно опускаясь к какой-то речке, замерзшей зимой и покрытой снегом. За оврагом на широкой площадке живописно высится Троице-Сергиев монастырь, имеющий вид крепости.

Это огромный четырехугольник мощных стен, вдоль которых по периметру идет круговая крытая галерея, усеянная бойницами, когда-то дававшая прикрытие защитникам крепости. Можно именно так назвать монастырь, в давние времена выдержавший многочисленные нападения. Массивные квадратные и шестигранные башни вздымаются по углам стен. У некоторых из них на верхушках есть круговые широкие галереи с навесными бойницами, на них опираются крыши со странными вздутиями, над которыми водружены фонари, оканчивающиеся шпилями.

Есть и другие — они несут на себе еще одну башню, поуже нижней, или выходят из середины балюстрады колоколенками. Ворота, через которые входят в монастырь, устроены в квадратной башне. Ее передняя часть расчерчена квадратами и покрашена так, чтобы создавать иллюзию выступов наподобие острых концов граненых бриллиантов. Она бросается в глаза своей впечатляющей массой, облегченной стройной колоколенкой часовни. Совсем рядом круглятся пять луковичных куполов с крестами. Это Успенский собор. Немного далее — высокая разноцветная Троицкая колокольня своей многоэтажной башней возносится к небу и выше всех поднимает свой крест. Другие башни, другие колокольни, другие крыши смутно вырисовываются над крепостными стенами, но я не смог бы им определить более точного места. Для этого их надо видеть вблизи. Золотые шпили и купола, которые снег расписал серебряными мазками, возвышаясь над ансамблем зданий, покрашенных в яркие цвета (трудно представить себе нечто более прекрасное), создают иллюзию восточного города.

С другой стороны площади находится большой постоялый двор*, более похожий на караван-сарай**, чем на приют для паломников и путешественников. Именно

---

* Справа от главного входа в Троице-Сергиеву лавру до сих пор находится здание бывшей гостиницы (ныне по проспекту Красного Флота, д. 129).

** Караван-сарай — постоялый двор в Азии, место стоянки караванов.

Вид Троице-Сергиевой лавры с полуденной стороны. 1874. Изд. литографии Троице-Сергиевой лавры. ПБСЩ

возле него остановилась наша кибитка, и здесь, до того как идти осматривать монастырь, мы выбрали себе комнаты и заказали обед. Сей приют уступал «Гранд-отелю» или гостинице «Мерис»*, но, в конце концов, здесь было вполне уютно и тепло, а меню оказалось достаточно разнообразным. Меня удивляют стенания туристов по поводу грязи и паразитов в русских гостиницах.

У ворот монастыря расположились ларьки с мелким товаром и некоторыми из тех миниатюрных достопримечательностей, которые туристы любят увозить с собою в качестве сувениров. Раскрашенные с милой грубостью и примитивной простотой детские

---

* В Париже.

игрушки, хорошенькие белые валяные тапочки с розовой или голубой оторочкой, которые с трудом смогли бы надеть даже андалузки на свои крохотные ножки, меховые варежки, черкесские пояса, тульские столовые приборы, отделанные платиной, модели московского Царь-колокола, четки, эмалевые медальоны с образом святого Сергия, металлические или деревянные кресты с вырезанным на них в византийском стиле микроскопическим множеством фигур, с вырезанными же старославянскими буквами надписями, выпеченные в пекарне монастыря пряники с изображенными на них из тонкой хлебной корочки рельефами сцен из Ветхого и Нового заветов, не считая гор моченых яблок, которые русские, кажется, очень любят. В этих ларьках торговали фиолетовые от холода мужики. Женщины здесь, хотя и не подвергаются восточному заточению, не касаются внешней жизни, их редко встретишь на улице. Торговлей занимаются мужики, и торговка по сути дела неизвестный в России типаж. Это отстранение от внешней жизни — пережиток старого азиатского целомудрия. Вход в монастырь по своду расписан сценами из жития святого Сергия, великого, почитаемого в этих краях святого. Как и у святого Роха и святого Антония, у святого Сергия было свое любимое прирученное животное. Это не собака и не свинья, а медведь, дикое животное — персонаж, превосходно подходящий для легенды о русском святом.

Бросив взгляд на росписи если не старинные, то по крайней мере обновленные по древнему шаблону и в достаточной степени византийского вида, я проник внутрь монастыря, походившего и изнутри на укрепленное место, коим он и является в действительности, ибо выдержал не одну осаду.

Во времена нашествий и боярских смут Троицкий монастырь был убежищем и опорой народного патриотизма и сыграл свою роль в национальном становлении государства. Русские в 1609 году шестнадцать месяцев защищались здесь от поляков гетмана* Сапеги. После многочисленных безрезультатных приступов враг был вынужден снять осаду. Позже Сергиев монастырь дал

---

* Гетман в XVI—XVIII вв. — главнокомандующий войсками польско-литовского государства, назначавшийся королем; в конце XVI в. на Украине — выборный предводитель войск; с начала XVII в. до 1654 г. (воссоединение Украины с Россией) — правитель Украины.

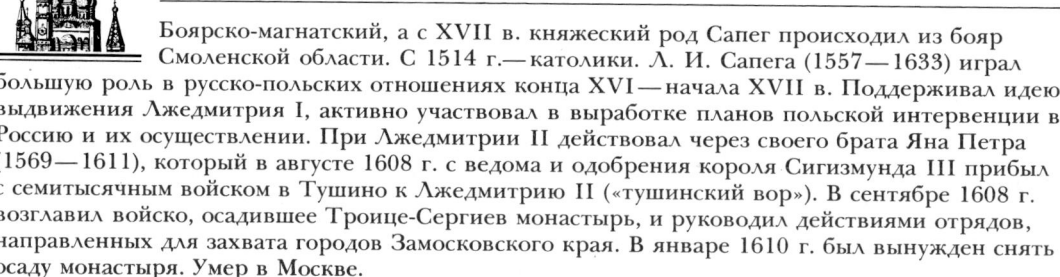

Боярско-магнатский, а с XVII в. княжеский род Сапег происходил из бояр Смоленской области. С 1514 г. — католики. Л. И. Сапега (1557—1633) играл большую роль в русско-польских отношениях конца XVI — начала XVII в. Поддерживал идею выдвижения Лжедмитрия I, активно участвовал в выработке планов польской интервенции в Россию и их осуществлении. При Лжедмитрии II действовал через своего брата Яна Петра (1569—1611), который в августе 1608 г. с ведома и одобрения короля Сигизмунда III прибыл с семитысячным войском в Тушино к Лжедмитрию II («тушинский вор»). В сентябре 1608 г. возглавил войско, осадившее Троице-Сергиев монастырь, и руководил действиями отрядов, направленных для захвата городов Замосковского края. В январе 1610 г. был вынужден снять осаду монастыря. Умер в Москве.

приют молодым царевичам Ивану и Петру Алексеевичам во время стрелецкого бунта. Затем Петр I вновь нашел здесь укрытие от тех же стрельцов, и щедроты этого великого изгнанника, когда он пришел к власти, обогатили монастырь и сделали его как бы хранилищем сокровищ. Монастырь не грабили с XVI века, и он мог бы оказаться роскошной добычей для французской армии, если бы она продвинулась до сих мест и если бы пожар Москвы не предопределил ее отступления. Цари, князья, бояре, от щедрот ли своих или из желания получить прощение неба, одаривали монастырь неисчислимыми богатствами, которые и находятся здесь по сей день. Как бы ни был циничен, например, Потемкин, чтя память Сергия, он одарил монастырь роскошными облачениями для службы. Кроме скопища драгоценностей монастырь владел ста тысячами крестьян и обширными земельными угодьями, которые навечно были ему отданы Екатериной II. В возмещение его убытков Екатерина II одарила монастырь еще и богатыми подарками. Ранее Троице-Сергиев монастырь содержал в своих кельях примерно триста монахов, сегодня там их не более сотни, и они с превеликим трудом вносят какое-то оживление в глубокую тишину уединенного большого монастыря.

За крепостной стеной монастыря, который представляет собою почти город, находится восемь церквей, девять соборов, как их называют русские, царский дворец, жилище архимандрита, указная, трапезная, библиотека, хранилище для сокровищ, кельи монахов, надгробные часовни, всевозможные служебные постройки, при возведении которых не соблюдалось симметрии и которые были словно насажены по воле случая, когда и где заблагорассудится, совсем как произрастают на благодатной почве растения, как попало и как придется. На вид они странны, новы, смущают своим расположением и меньше всего походят на живописные готические монастыри. Меланхоличность готического искусства с его стройными колоннами, стрельчатыми сводами, сквозными трилистниками, его устремленность к небу навевают совсем другой ход мыслей. Здесь же нет этих высоких монастырей, обрамляющих своими потемневшими от времен арками пустынный внутренний двор, нет этих старых суровых стен, позеленевших от мха, омытых дождями и хранящих копоть и ржавчину веков, нет этой бесконечно капризной архитектуры, варьирующей определенную тему и заставляющей зрителя неожиданно для себя обнаруживать то, что было заранее тщательно продумано. Греческая религия с точки зрения доли заложенного в ней искусства менее захватывает воображение, она хранит древние византийские формулы и, не страшась, веками повторяется, при этом больше заботясь об ортодоксальности, чем о хорошем вкусе. Она, однако, достигает мощных эффектов величия и богатства, и ее иератически-варварское начало сильно действует на воображение простодушного человека.

Войдя во входные ворота и устремившись в аллею усыпанных инеем деревьев, при виде этих церквей в глубине ее даже самый пресыщенный турист не обойдется без того, чтобы не испытать восхищенного удивления. Покрашенные в голубой цвет Марии-Луизы, ярко-красный, яблочно-зеленый цвета, которые выглядят еще ярче на белом снегу, они высятся золотыми и серебряными куполами среди окружающих их разноцветных зданий.

Вид Троицкого собора в Троице-Сергиевой лавре. 1860-е гг. Цветная литография. Изд. литографии Троице-Сергиевой лавры. МИРМ

День начинал склоняться к ночи, когда я вошел в Троицкий собор, где находится рака* святого Сергия. На стенах по золотому фону темнеют длинные ряды святых. Они живут своей странной и суровой жизнью, словно это процессия величественных фигур, идущих по склону холма, вырисовываясь тенями в свете заходящего солнца. В других, более затененных углах лица казались похожими на привидения, следящие темными глазами за тем, что происходит в церкви. Там и сям в неожиданном луче света то засияет нимб, словно звезда в черном небе, то какая-нибудь

---

* Усыпальница или ковчег со святыми мощами.

бородатая голова святого проступит из темноты, похожая на голову Иоанна Крестителя, лежащую на подносе Иродиады. В рыжеватых вспышках и сияющих отсветах, как гигантский фасад из золота и драгоценных камней, до самого свода поднимается иконостас. Возле него, справа, привлекая взгляд, некий пламенеющий очаг подавляет мрак. Многочисленные лампады, зажжённые в этом углу, выглядят костром из золота и серебра. Это и была рака святого Сергия. Скромный отшельник лежал здесь, окружённый бо́льшим богатством, чем императоры. Его саркофаг сделан из позолоченного массивного серебра и стои́т под балдахином на четырёх колоннах того же металла — подарок царицы Анны.

Вокруг этой массы ювелирного искусства струится свет, в экстазе восхищения мужики, паломники, верующие всех сортов молятся, крестятся, проявляя на русский лад свою набожность. Это была картина, право, достойная кисти Рембрандта. Ослепительная могила отбрасывала на коленопреклонённых крестьян снопы света, от которых то блестела лысина, то высвечивалась борода, то вырисовывался профиль, тогда как низ тела оставался погружённым в тень и терялся под грубыми домоткаными одеждами. Здесь были великолепные головы с одухотворёнными лицами.

После созерцания этого столь достойного внимания зрелища я принялся изучать иконостас, где находился и образ святого Сергия, считающийся чудотворным, который царь Алексей возил с собою во время войн с поляками, а царь Пётр Великий — в кампанию против Карла XII. Невообразимы размеры богатств, веками поставлявшихся на этот иконостас, этот колоссальный ларец для драгоценностей, настоящая россыпь драгоценных камней! Нимбы некоторых образо́в усыпаны бриллиантами. Сапфиры, рубины, изумруды, топазы уложены мозаикой на золотом облачении богородиц. Чёрный и белый жемчуг покрывает их узорами, а когда места не хватает, массивные золотые ручки, припаянные с двух сторон, похожие на ручки комода, служат местом для инкрустации бриллиантами невероятной величины. Не хватает смелости подсчитать их ценность — без всяких сомнений, она превышает многие миллионы. Конечно, простая мадонна Рафаэля прекраснее, чем так богато украшенная православная икона богородицы, но, однако, эта щедрая азиатская и византийская роскошь производит своё впечатление.

Успенский собор, находящийся возле Троицкого, построен по тому же плану, что и кремлёвский Успенский собор. Он повторяет московский собор и с внешней стороны, и изнутри. Фрески покрывают стены собора и огромные столпы, поддержива-

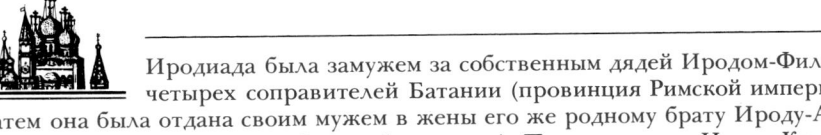

Иродиада была замужем за собственным дядей Иродом-Филиппом, одним из четырёх соправителей Батании (провинция Римской империи в Палестине), затем она была отдана своим мужем в жёны его же родному брату Ироду-Антипе, соправителю Галилеи (также провинции Римской империи). По легенде, св. Иоанн Креститель осудил этот кровосмесительный брак. Тогда мстительная Иродиада уговорила свою дочь от первого брака, красавицу танцовщицу Саломею, попросить голову Иоанна у Ирода-Антипы, когда та будет танцевать перед правителем, что и было якобы сделано в 32 г. н. э.

*Внутренний вид Троицкого собора в Троице-Сергиевой лавре. 1874. Изд. литографии Троице-Сергиевой лавры.
ПБСЩ*

ющие свод. Создается впечатление, что вся церковь покрыта ковром, ибо ни один выступ не прерывает росписи, размещенной по зонам и разделам. Скульптура не участвует в украшении православных религиозных зданий.

Восточная церковь, с такой щедростью использующая живописный образ, не разрешает скульптур, кажется, из опасения, что статуя превратится в идола, хотя в украшениях дверей, крестов и других предметов культа иногда употребляется барельеф. Я не видел никаких других отдельных статуй, кроме тех, что украшают Исаакиевский собор.

Успенский собор в Троице-Сергиевой лавре. Часовня над святым кладезем. 1860-е гг. Цветная литография. Изд. литографии Троице-Сергиевой лавры. МИРМ

Отсутствие рельефа и скульптуры накладывает на православные церкви печать удивительного своеобразия. Сначала не отдаешь себе в этом отчета, но в конце концов начинаешь постигать эту характерную особенность.

В Успенской церкви находятся могилы Бориса Годунова, его жены и двух его детей. По стилю и форме они походят на мусульманское захоронение. Здесь религия изгоняет искусство, которое в других местах создает, например, из готических могил такие восхитительные памятники.

Сергий Радонежский, как основатель и настоятель монастыря, заслуживал того, чтобы была воздвигнута церковь его имени на том месте, где находился его скит. На территории монастыря есть часовня Святого Сергия. Она богато убрана, великолепно украшена, как и те соборы, о которых я только что говорил. В часовне хранится чудотворный образ Смоленской богоматери, называемой Одигитрия. Стены часовни снизу доверху покрыты росписями, а на иконостасе, в вырезах золотых окладов, видны коричневые лица православных святых.

Между тем стало уже совсем темно, и, каким бы усердием я ни обладал, туристу делать решительно нечего, если кругом ничего не видно. Меня начинал терзать голод, и я возвратился на постоялый двор, где меня ожидала мягкая теплынь русских домов. Обед был сносный. Сакраментальный суп с капустой, фрикадельками из рубленого мяса, как и стерлядь, составлял меню, и все это запивалось легким крымским белым вином вроде «настойки от эпилепсии», которая для развлечения может соперничать с шампанским и не является в конце концов неприятным напитком.

После обеда несколько стаканов чая и несколько затяжек русского, чрезвычайно крепкого табака, который курят в маленьких трубках, похожих на китайские, развлекли меня до того момента, когда нужно было укладываться спать.

Я признаюсь, что мой сон не потревожил ни один из тех агрессоров, чье мерзкое ползание превращает кровать путешественника в поле кровавой битвы. Итак, я попросту лишен возможности в патетических тонах сказать здесь хоть что-либо плохое в адрес здешней чистоты и храню до другого раза цитату из Генриха Гейне: «Дуэль с клопом! Фи! Его убивают, а он вас отравляет!» Впрочем, была же зима, и, чтобы уничтожить все это мерзкое отродье, достаточно было при морозе в 25—30 градусов оставить окно спальни открытым.

Утром, с раннего часа, я возобновил свою работу туриста в Троице-Сергиевом монастыре. Я обошел все церкви, которые не видел накануне и подробное описание которых не стоит делать, так как внутри, подобно литургическим* формулам, они повторяются с небольшими отклонениями. Что касается их внешнего вида, то стиль рококо самым неожиданным образом примешался здесь к византийскому стилю. Впрочем, трудно дать этим церквам их настоящий возраст: то, что кажется древним, вполне возможно, только вчера было покрашено, и следы времени исчезают под слоями без конца возобновляемой покраски.

У меня было письмо от влиятельной особы из Москвы, адресованное архимандриту**, красивому человеку с длинной бородой и длинными волосами, очень ве-

---

* Литургический — относящийся к литургии, т. е. обедне, главному христианскому церковному богослужению.

** Архимандрит — настоятель (глава) монастыря.

личественным лицом, черты которого напоминали ниневийских быков с человеческими лицами. Архимандрит не говорил по-французски. Он призвал знавшую французский монахиню и сказал, чтобы она меня сопровождала в посещении сокровищ и других достопримечательностей. Монахиня пришла, поцеловала руку архимандрита и молча встала в ожидании, когда придет сторож с ключами. Лицо ее было из тех, что невозможно забыть. Такие лица, словно мечта, их не касаются тривиальности жизни. На голове у нее было нечто вроде диадемы некоторых божеств, относящихся к культу Митры, которые носят попы и монахи. Длинные креповые полотнища свободно спускались из-под нее, они падали на широкое черное одеяние из ткани, похожей на адвокатскую. Аскетической бледности лицо ее, в котором проскальзывали под нежной кожей желтые тона воска, обладало совершенно правильными чертами. Когда ресницы поднимались, глаза с широкими темными кругами под ними светились странно голубыми зрачками, и во всем ее облике, хотя она и утопала, как бы исчезала в широком мешке из черной кисеи, сквозила редчайшая изысканность. По длинным коридорам монастыря она шуршит по полу своими одеждами с таким видом, будто она несет на себе платье со шлейфом во время дворцовой церемонии. Это изящество бывших светских дам, которое она старалась скрыть под видом христианского смирения, проявлялось помимо ее воли. При виде этой монахини человек с самым прозаическим воображением придумал бы себе целый роман. Какое горе, разочарование, какая любовная катастрофа привели ее сюда? Я вспомнил герцогиню де Ланже из «Истории тринадцати» Бальзака, обнаруженную Монриво в одеянии кармелитки в недрах андалузского монастыря.

Я попал в помещение, где хранились сокровища, и как самое драгоценное мне показали деревянный ларец и грубое священническое облачение. Монахиня объяснила мне, что этот скромный деревянный ларец был дароносицей, которой святой Сергий пользовался для отправления службы, и что он носил эту ризу из грубой ткани, что и представляло собою драгоценные реликвии. Монахиня говорила на чистейшем французском языке без всякого акцента, как если бы это был ее родной язык. С самым

Архимандритом Троице-Сергиевого монастыря в это время был Антоний (1789—1877)—ушедший в монахи вольноотпущенный из дворовых людей одной нижегородской помещицы. С 1831 г. стал архимандритом лавры. Обладал даром увлекательного собеседника, много способствовал благоустройству монастыря.

Т. Готье упоминает о ниневийских быках не случайно: археологические раскопки на месте Ниневии, древней столицы Ассирии на реке Тигр, основанной в 3-м тысячелетии до н. э. и разрушенной в 612 г. до н. э., начались в 1847 г. Они продолжались и во время путешествия Готье в Россию. Известия о ценнейших находках археологов занимали просвещенные умы того времени, за ними следили по газетам.

Митра—древнеперсидский бог солнца, бог стихий, судья умершим. Митризм широко распространился в Древней Греции и в Римской империи, был серьезным соперником христианства, которое заимствовало у него обряд причащения, символ креста, праздник рождества и др. Митрой, кроме того, называется головной убор высшего духовенства (епископов), у среднего духовенства митра бывает в качестве награды.

Шильцов П. С. (1820—1893). Монахиня. Холст, масло. ГРМ

отрешенным в мире видом, без скептицизма и, однако, без всякой доверчивости она рассказывала мне, как это сделал бы историк, уж не помню какую легенду о чуде, относящемся к этим предметам. Легкая улыбка приоткрыла ее губы и обнажила зубы, которые оставили неизгладимое впечатление, как зубы Береники в рассказе Эдгара По*.

Эти сияющие зубы на изнуренном горечью и лишениями лице вдруг обнаружили ее молодость. Монахиня, которая показалась мне в возрасте тридцати шести или тридцати восьми лет, оказалась двадцатипятилетней молодой особой. Но то была

---

* «Береника».

только молния. С женской проницательностью почувствовав мое полное уважения, но глубокое восхищение, она вновь приняла соответствующий ее одеянию вид мертвой.

Все шкафы мне были открыты, и я смог увидеть библии, евангелия, литургические книги в обложках из позолоченного серебра, инкрустированного твердыми породами камней: ониксами, сердоликами, агатами, лазуритами, малахитами, бирюзой с золотыми и серебряными застежками, с древними камеями, вделанными в переплет. Здесь были и чаши из золота, обрамленные бриллиантами, кресты, усеянные изумрудами и рубинами, перстни с сапфирами, вазы и подсвечники из серебра, далматские парчи с вышитыми на них цветами из драгоценных камней и надписями на старославянском языке с буквами, сделанными из жемчуга, курильницы, украшенные перегородчатой эмалью, триптихи с бесчисленными фигурами, образа́ богоматери и святых, золотые и серебряные пластины, усеянные кабошонами,— христианизированные сокровища Гаруна аль-Рашида.

Когда я, ослепленный чудесами, собирался выйти, монахиня, глаза которой были полны сияющих бликов от драгоценных россыпей, указала мне полку в шкафу, уставленную деревянными предметами, ускользнувшими от моего внимания и сейчас показавшимися мне не особенно интересными. Она опустила в один из деревянных сосудов свою узкую, тонкую руку патрицианки и сказала: «Это жемчуг. Мы не знали, где его держать, и положили сюда. Здесь восемь золотников»*.

---

* Золотник — мера веса, равная 4,26 г.

Глава пятнадцатая   Византийское искусство

Поняв по нескольким моим замечаниям, что я не был чужд вопросам искусства, монахиня, показавшая мне сокровища монастыря, подумала, что осмотр живописных мастерских мог бы заинтересовать меня не менее, чем эти груды золота, бриллиантов и жемчуга. Она повела меня по широким коридорам и лестницам в зал, где работали монахи-художники и их ученики.

Византийское искусство стоит на особом месте и не соответствует тому, что понимается под этим словом у народов Западной Европы или у исповедующих латинскую религию. Это иератическое*, неизменное искусство, в котором ничего или почти ничего не остается на долю фантазии, выдумки художника. Формула его точна, как догма.

Любому привыкшему видеть живопись человеку ясно, что это искусство проистекает из другого источника, чем искусство латинских народов, что оно ничего не заимствовало от итальянских мастеров, что эпоха Возрождения для него не наступала и что Рим не является центром, несущим в себе его идеал. Оно живет само по себе, без заимствований, без совершенствования.

*   Иератическое — священное, неизменное, канонизированное.

Т. Готье затрагивает вопрос о художественной ценности древнерусской иконописной и фресковой живописи, как бы вступая в полемику, развернувшуюся в XIX в. в России по поводу этой области национальных богатств страны. Дело в том, что интерес к древнерусской живописи как к искусству, а не только как к предмету церковного культа проявился поздно. Древнерусскую живопись как бы заново открыли только в XIX и XX вв. К середине XIX в. широко распространилось и коллекционирование икон. В 1848 г. появилась работа профессора Московского университета И. М. Снегирева «О значении отечественной иконописи». В 1849 г. в издании «Древности Российского государства» была напечатана статья И. М. Снегирева о русской живописи.

«*Для И. М. Снегирева ясно, что иконы не только церковная святыня, но и существенный источник разнообразных познаний человека об историческом прошлом России. Это прежде всего художественные произведения, которые могут служить свидетельством о состоянии искусства в средние века... Русская средневековая живопись воспринимается И. М. Снегиревым как живое, развивающееся искусство, и это является особенностью его высказываний об иконах. История иконописного художества — это история его зарождения, расцвета и умирания, это мастерские и школы, выдающиеся живописцы и стилистические направления. Начало и первые самостоятельные опыты русского иконописания тесно связаны с византийской школой. Она дала русским художникам*

Оно с самого начала нашло единственно необходимую ему форму. С точки зрения собственно искусства его можно подвергнуть критике, но в то же время оно превосходно соответствует функции, которую несет в себе. Мы спросим, где же источник этой так тщательно поддерживаемой традиции, откуда идет эта единая школа, прошедшая века и не претерпевшая изменений ни в какой среде? Каким учителям следовали все эти безвестные художники, кисть которых расцветила православные церкви столь бесконечным множеством образов?

Папети, о кончине которого мы скорбим, выставил в Салоне 1847 года очаровательную картину, изображавшую «греческих монахов, расписывающих фресками часовню Ивиронского монастыря на горе Афон».

Я тогда еще не совершал своего путешествия в Россию, но это неовизантийское искусство, несколько фрагментов которого к тому времени мне уже посчастливилось увидеть, занимало меня, и картина Папети помимо ее художественной ценности возбуждала мое любопытство и нравилась мне тем, что на ней я видел за работой живых художников, чьи росписи, казалось, восходили ко временам греческих императоров. Я об этом писал в моем отчете о выставке:

«Вот они оба (греческие монахи) стоят и расписывают полукруглый свод стены. Святые, которых они рисуют, уже очерчены намеченными красной краской контурами по сырой штукатурке, но еще не покрыты цветом. Эти рисунки обладают архаичной статичностью, которая могла бы их выдать за более древние произведения.

Посередине, на некотором подобии столика, положены кисти и краски. Слева — скамеечка, на которой стоит корытце с месивом из извести и мраморного порошка, мастерком для работы».

иконографические образцы, технические навыки и понятия о красоте. Содержание искусства остается неизменным, но его внешние признаки меняются в зависимости от времени и места иконописного творчества...»

Вздорнов Г. И. История открытия и изучения русской средневековой живописи. XIX век. М., 1986. С. 52—53.

Готье не раз высказывает свое отрицательное отношение к древнерусской иконописной и фресковой живописи, увиденной им в русских церквах и в частных коллекциях, утверждая, что она, по его мнению, нося неизменно только подражательный характер, не является областью подлинного искусства. Это, возможно, явилось причиной того, что Готье было отказано в работе над будущим многочастным изданием «Сокровища древнего и современного русского искусства» (вышла только первая часть), ради осуществления которого он и приехал в Россию.

Французский живописец Доменик Папети (1815—1849) много путешествовал. В Риме в 1836—1841 гг. он близко общался со знаменитым своим соотечественником-живописцем Жаном Огюстом Домиником Энгром (1780—1867), оказавшим значительное влияние на его творчество. Известные акварели Папети, сделанные с фресок на горе Афон, хранятся в Лувре.

Кроме своей картины Папети выставил еще и акварели. Это были копии фресок, изображавших величавых и гордых святых воинов греческого календаря.

Как в свое время Папети, я вот-вот должен был увидеть труд монахов-художников. Я должен был увидеть живую школу византийцев, прошлое, работающее руками настоящего, конечно же редкостную, любопытную вещь.

Пять-шесть монахов разного возраста занимались живописью в обширной и светлой комнате с голыми стенами. Один из них, красивый человек с черной бородой, смуглым лицом, завершал работу над образом богоматери. Он поразил меня своим видом священнической степенности и усердным тщанием в работе. Он напомнил мне прекрасную картину Зиглера «Святой Лука за портретом богородицы». Религиозное чувство явно занимало его больше, чем искусство: он писал, как служат службу в церкви. Его богородица могла бы стоять на мольберте апостола, так она была архаична, таких она была суровых, древних, канонизированных церковью контуров. Прямо византийская императрица! С серьезным величием она смотрела на меня из глубины больших черных пристальных глаз. Части, которые потом закрывались посеребренным или позолоченным, вырезанным на месте головы и рук окладом, были расписаны, как если бы они оставались на виду.

Другие, более или менее законченные под трудолюбивыми руками монахов иконы изображали православных святых, в том числе и Сергия, покровителя монастыря. Эти картины, предназначенные служить иконами в церквах или в частных домах, делались на дереве, покрытом гипсом. Несколько прокопченные, они ничем не отличались бы от икон XIV или XII века. Те же напряженные и скованные позы, те же рыжевато-темные лица и руки — налицо была вся догматика Афона. Яичные краски или темпера затем покрывались лаком. Нимбы и украшения, которые потом золотят, слегка выступали, чтобы лучше улавливать свет. Если бы старые мастера из Салоник вернулись в наш мир, они остались бы довольны своими последователями из Троицы.

Но все-таки никакая традиция не обходится без отклонений. Среди упрямых приверженцев старого обряда время от времени проскальзывают приверженцы менее узкого мировоззрения. Новый дух проникает, как сквозь щели, в древнюю форму. Даже те, кто желает следовать обычному ходу работы афонских монахов и сохранить до наших дней подлинный, неизменный византийский стиль, не могут помешать себе видеть

Салоники — город и крупный порт в Греции, на берегу Эгейского моря. Основан в 315 г. до н. э. В византийскую эпоху (IV — середина XV в.) — второй по значению город после Константинополя. Из Салоник происходили славянские просветители Кирилл и Мефодий. Византийские церкви в Салониках славятся мозаикой и фресками: Св. Георгия — мозаики конца IV в.; Св. Димитрия — фрески X—XIV вв.; Св. Софии — мозаики IX в., фрески XI в.; Апостолов — фрески и мозаики около 1315 г.

современные картины, где свобода выдумки соединяется с изучением природы. Трудно вечно закрывать глаза! Так новый дух проник и в Троицу. Даже на метопах* Парфенона различают два стиля, один архаичный, другой менее древний. Часть монахов следует канону, другие же, что помоложе, оставили яичные краски и пользуются масляными. Все еще придерживаясь предписанных поз и древних шаблонов, они позволяют себе придавать головам и рукам более правдивые тона, менее условный цвет, изменять план и искать рельефности. Они делают своих святых более по-человечески красивыми, менее теократически** суровыми. Они не обязательно пририсовывают к подбородку апостолов и отшельников бороду. Их образы приближаются к светской картине, однако не имея, по моему мнению, ее достоинств.

Эта более очеловеченная и более любезная глазу манера изображения святых не остается без сторонников, и подтверждение тому можно видеть во многих русских церквах нашего времени. С моей же точки зрения, гораздо более предпочтительна именно старая манера живописи: она идеальна и декоративна, по форме и цвету она, конечно, несравнимо выше вульгаризированной очень посредственными художниками реальности. Мне кажется, что эта символическая манера воплощать идею при помощи заранее канонизированных фигур чудесным образом соответствует убранству церквей, как и церковная письменность, в которой раз и навсегда не разрешено изменять написание букв. Даже при своей статичности она оставляет большому художнику возможность утвердить себя в благородстве рисунка, величии стиля и чистоте контура. Удастся ли защитить старый стиль Афона с его древнерелигиозным характером, глубокой убежденностью и абсолютной оригинальностью среди мастеров итальянского, испанского, фламандского и французского искусства? Вопрос этот становится яснее, если вспомнить страстную защиту готической архитектуры и резкую критику греческой классики в применении к религиозным сооружениям. Вспомните разговоры о параллелях между собором Парижской богоматери и собором Мадлен, развлекавшие нашу молодость в 1830—1835 годах.

---

* Метопы — образующие фриз дорического ордера плиты, обычно украшенные рельефными изображениями, чередующиеся с триглифами — прямоугольными камнями, снабженными тремя вертикальными резными желобками.

** Теократический — относящийся к теократии — форме правления, при которой духовенству принадлежит непосредственно политическая власть, например Ватикан.

Собор Парижской богоматери — памятник ранней французской готики, ставший образцом для многих церквей Франции и других стран. Для его архитектуры характерно сочетание черт романского стиля (горизонтальные членуения фасадов, частично не обработанные поверхности стен, простота архитектурного декора) с новым, готическим пониманием пространства здания и применением новых конструкций (например, стрельчатая арка). Строительство собора начато в 1163 г. и в основном закончено к 1257 г. Собор был сильно обновлен реставрацией XIX в. (начата в 1845 г.), однако сохранил органическую целостность архитектурного облика.

Во всех странах наступает эра фальшивой классической цивилизации, нечто вроде ученого варварства, когда люди больше не понимают своей собственной национальной красоты, забывают свой исконный характер, отрицают свою древность, свое истинное исконное облачение. Преследуя пошлый идеал якобы правильности, они готовы разрушать чудные здания национального значения. Наш XVIII век, в остальном столь великий, охотно сровнял бы с землею соборы, как памятники плохого вкуса. Портал собора Сен Жерве архитектора Броса вполне искренне предпочитался великолепным фасадам Страсбургского, Шартрского и Реймсского соборов.

Сопровождавшая меня монахиня дольше останавливалась перед мольбертами, на которых художники придерживались старинной манеры живописи. Несмотря на мою собственную приверженность старому стилю, я должен признаться, что некоторые ценители, по-моему, слишком далеко заводят свою страсть к старой византийской живописи. Ища наив, нечто первичное, святое, некое таинство, они приходят в экстаз перед закопченными и изъеденными досками, на которых с трудом можно различить суровые лица экстравагантного рисунка и немыслимого цвета. Рядом с этими образами самые варварские изображения Христа руки Чимабуэ показались бы картинами Ван Ло и Буше. Утверждают, что некоторые из этих икон восходят к V и даже IV веку. Я думаю, что их можно коллекциониро-

---

Строительство одной из красивейших в Париже, церкви Мадлен в древнегреческом стиле, было начато в 1764 г., работы прекратились во время Великой французской революции 1789 г., затем Наполеон I в 1807 г. приказал достроить ее как храм славы его армии. После поражения Наполеона, в период Реставрации (1814—1830), за церковью сохранили ее первоначальное назначение, она была открыта в 1842 г.

Саломон де Брос (Бросс, Деброс, Дебросс; около 1571—1626) — французский архитектор, главным детищем которого было строительство Люксембургского дворца в Париже (1615—1620). Среди других сооружений Броса — фасад в стиле барокко церкви Сен Жерве в Париже (1616), храм гугенотов в Шарантоне (1621—1623; разрушен в 1686), акведук в г. Аркей (1624).

Страсбургский собор строился в XI—XVI вв., его обильно украшенный скульптурой западный фасад представляет собою шедевр поздней готики.

Шартрский собор Нотр-Дам, сооруженный первоначально в формах романского стиля в XI в. и уничтоженный пожаром 1194 г. (сохранились крипта и нижний ярус западных башен), перестраивался в формах зрелой готики до 1260 г. (отдельные достройки велись в XIV—XVI вв.).

Конструкция, фигурная и орнаментальная пластика Реймсского собора Нотр-Дам оказали сильнейшее воздействие на становление зрелой готики (1211—1311 гг., достройки XIV—XV вв.).

Чимабуэ, настоящее имя Ченни ди Пепо (около 1240—около 1302) — итальянский живописец. Работал в Ассизе, Пизе, Флоренции. Его искусство в основном развивалось в русле византийской традиции (цикл фресок в церкви Сан Франческо в Ассизе, распятия, большой алтарный образ «Мадонна с младенцем»). Произведения Чимабуэ почти полностью собраны в галерее Уффици во Флоренции.

вать как историческую достопримечательность, реликвии прежних времен, но с точки зрения искусства мне трудно ими любоваться. Во время путешествия в Россию я видел несколько таких древностей, но, признаюсь, не обнаружил на них той печати прекрасного, которая с такой силой зачаровывала их владельцев. Как древняя реликвия они могут интересовать человека верующего, но им не место в галерее, если только эта галерея не историческая.

Кроме художников, занимавшихся религиозной живописью, иконописью, восходящей к византийскому искусству, Римом которого является Афон, не существовало еще, собственно говоря, истинно русской школы живописи. Художники, впрочем немногочисленные, родившиеся в России, не могут составить свою собственную школу: они ездят учиться в Италию и их картины не имеют ничего истинно национального. Самый знаменитый из всех и самый известный на Западе — Брюллов. Его огромная картина «Последний день Помпеи» достаточно нашумела во время Салона 1824 года. Брюллов создал эскизы росписей купола Исаакиевского собора, изобразил там большую сцену апофеоза, где проявил большое умение связать композицию и перспективу в стиле, несколько напоминающем декоративную живопись, как ею занимались в конце XVIII века. Художник с красивым лицом был романтичен и байроничен, носил волну светлых волос и любил изображать свое собственное лицо. Я видел многие его автопортреты, выполненные в разное время. Они представляют его более или менее опустошенным, но всегда наделенным роковой красотой. Выполненные с увлечением, в свободном капризе, эти портреты кажутся мне лучшими полотнами художника.

Очень популярное имя в Санкт-Петербурге — Иванов, который многие годы был занят созданием таинственного шедевра*. В России возникла надежда на появление большого художника. Но это тема, требующая отдельного разговора и могущая увести меня слишком далеко. Можно ли сказать, что Россия не будет иметь своего места среди школ живописи? Я думаю, что эта страна придет к своей школе, когда освободится от подражания иностранному искусству, а ее художники, вместо того чтобы ездить копировать картины в Италию, захотят взглянуть вокруг себя и вдохновиться природой и столь разными и характерными типами людей этой огромной империи,

---

Якоб Ван Ло (около 1614—1670) — голландский живописец. Работал в Амстердаме (с 1642) и в Париже (с 1662), с 1663 г.— член парижской Академии. Писал картины на жанровые и мифологические сюжеты, портреты.

Франсуа Буше (1703—1770) — французский живописец. Яркий представитель художественной культуры рококо. Сложился под влиянием А. Ватто, начав с гравирования его картин. Писал плафоны, панно, картины с мифологическими, пасторальными и жанровыми сюжетами, нарядно-кокетливые портреты, идеализированные пейзажи. С 1734 г.— член, с 1765 г.— директор Королевской академии живописи и скульптуры в Париже и первый живописец короля.

---

* Имеется в виду большое полотно художника А. А. Иванова (1806—1858) «Явление Христа народу», которое он писал в течение 20 лет.

начинающейся от Пруссии и доходящей до Китая. Мои встречи с группой молодых художников Пятничного общества позволяют мне верить в то, что надежда эта довольно скоро оправдается.

Все так же идя за закутанной в длинные черные одежды монахиней, я вошел в прекрасно оснащенную инструментом лабораторию, где Надар смог бы работать, как у себя дома. От Афона до бульвара Капуцинок* — переход внезапный! Я только что покинул монахов, рисующих панагии по золотому фону, и пришел к другим монахам, покрывавшим коллодиумом** стеклянную пластинку. Вот он, этот трюк, который устраивает с нами цивилизация в момент, когда вы меньше всего думаете о ней. Вид наведенной на меня пушки не потряс бы меня так глубоко, как эти трубы из желтой меди от объектива, совершенно случайно направленного в мою сторону. Тут уж не будешь отрицать очевидности. Монахи Троице-Сергиевого монастыря, последователи святого Сергия, занимались фотографированием, производством видов своего монастыря, репродуцировали прекрасно удавшиеся снимки. У них в распоряжении были лучшие инструменты, им известны были самые новые способы этой работы, и совершали они свои манипуляции в застекленной желтым стеклом комнате, а цвет этот обладает свойством дробить световые лучи. Я купил у них вид монастыря, который и сейчас еще храню, и он не слишком выцвел.

В своем путешествии в Россию маркиз де Кюстин*** жалуется, что его не пустили в библиотеку Троице-Сергиевого монастыря. У меня не возникло никаких трудностей, сопряженных с ее осмотром, и там я увидел то, что путешественник может увидеть в библиотеке за один получасовой визит: корешки прекрасно переплетенных книг, стоящих по порядку на полках в шкафах. Кроме работ по теологии,

Пятничное общество, о котором подробно рассказывает Готье в главе «Зичи» настоящей книги, состояло из художников, часть которых, как, например, Н. Е. Сверчков или А. А. Попов, действительно стремились к реалистическому изображению русского типа персонажей на фоне реалий русской жизни. Эти художники, как их определяет Александр Бенуа в своей «Истории русской живописи», очень известные в свое время, не сумели составить яркого и определенного периода в истории русской живописи, так как занимались очень узкой тематикой (Н. Е. Сверчков, например, всю жизнь рисовал лошадей), хотя и внесли свою лепту в общий процесс освобождения русского искусства от подражания итальянской школе.

* На бульваре Капуцинок в Париже жил Феликс Турнашон, псевдоним Надар (1820—1910), французский фотограф, а также аэронавт, рисовальщик и писатель. Он сфотографировал многих известных людей своего времени, был автором первых съемок с воздуха — с аэроплана.

** Коллодиум, или коллодий, — жидкость, оставляющая после испарения растворителя тонкую пленку.

*** Маркиз Астольф де Кюстин (1790—1857), прославившийся как путешественник, посетил Англию, Шотландию, Швейцарию, Италию, Испанию и Россию. Написал книгу «Путешествие в Россию» (Париж, 1839).

Вид Троице-Сергиевой лавры с юго-восточной стороны. 1874. Изд. литографии Троице-Сергиевой лавры. ПБСЩ

библий, произведений «отцов церкви», схоластических трактатов, евангелий, литургических книг на греческом, латинском и старославянском языках я заметил там, быстро осматривая шкафы, много французских книг предшествующего и великого столетия. Я бросил также взгляд на огромный зал трапезной, где в одном его конце видна была изящно выделанная решетка, сквозь железные арабески которой на просвет сияет золотой фон иконостаса: трапезная соседствует с часовней, дабы душа здесь питалась своей пищей, а тело — своей. Мой осмотр подошел к концу, и монахиня привела меня к архимандриту, чтобы я мог с ним попрощаться.

Перед тем как войти в его покои, привычки светской дамы увлекли монахиню настолько, что она, забыв предписания монастырской жизни, обернулась ко мне и слегка приветствовала меня, как это сделала бы королева со ступеней своего трона, и в ее слабой, томной, чарующей улыбке блеснули белой молнией ее сияющие зубы, которые можно было предпочесть всем жемчугам монастыря.

Затем, изменившись так же внезапно, как если бы она опустила на лицо покрывало, она вновь приняла мертвый вид, вид отрешенного от мира привидения, и походкой неземного существа подошла и преклонила колена перед архимандритом, набожно поцеловала его руку, словно икону или реликвию. Затем она поднялась с колен и, словно видение, исчезла, возвратившись в таинственные глубины монастыря и оставив мне нестирающееся воспоминание о кратковременном общении с нею.

Мне больше нечего было смотреть в Троице-Сергиевом монастыре, и я возвратился на постоялый двор сказать вознице, чтобы он выводил карету. Кибитка была запряжена лошадьми при помощи целой системы поводьев, извозчик сидел на узком сиденье, покрытом бараньей шкурой, я сам тепло устроился под медвежьей покрышкой. Расходы были оплачены, розданы чаевые, и мне ничего более не оставалось, кроме развлечения тронуться с места галопом. Заслышав легкое прищелкивание языком извозчика, упряжка понеслась вроде той разъяренной лошади, к спине которой был привязан Мазепа, и только на другой стороне оврага, над которым возвышался Троице-Сергиев монастырь, откуда видны еще его купола и башни, наши удалые лошадки согласились войти в нормальный ритм бега. Мне не нужно описывать дорогу от Троице-Сергиевого монастыря в Москву, так как я уже описал ее в противоположном направлении; разница заключалась лишь в том, что предметы представали передо мною в обратном порядке.

В тот же вечер я вернулся в Москву, вполне расположенный пойти на бал-маскарад, который устраивался в этот вечер. Приглашение я нашел у себя в

«Библиотека лавры уже при царе Михаиле Федоровиче была «книгами преисполнена»; она образовалась из списанных в самом монастыре книг и из вкладов. По описи 1642 г., в ней заключались 623 книги, ныне в ней не более 800 рукописей и 2000 печатных книг. В ризнице хранится несколько старинных евангелий в замечательных окладах».
Указатель библиотек в России/Составил Григорий Геннади. СПб., 1864.

О И. С. Мазепе (1644—1709), украинском гетмане, изменившем Петру I во время Северной войны (1700—1721), в 1709 г. открыто перешедшем на сторону шведского короля Карла XII, пишет в повести «Мазепа» известный русский историк, этнограф, писатель и критик Н. И. Костомаров (1817—1865). Костомаров действительно рассказывает о двух случаях, когда обманутые мужья ловили Мазепу в его молодые годы, раздевали, привязывали к лошади и прогоняли лошадь. В обоих случаях Мазепе везло — лошадь его приходила домой.

Во время посещения Т. Готье России Н. И. Костомаров был профессором Петербургского университета (1859—1862), и, возможно, именно от него исходили рассказы о Мазепе, услышанные Готье. Повесть Костомарова «Мазепа» вышла только в 1878 г.

гостинице. Несмотря на большой мороз, перед дверью во множестве стояли сани и кареты, а фонари их блестели, как замерзшие звезды. Сквозь окна здания, в котором давался бал*, падал на улицу горячий, раскаленный свет и, борясь с голубым светом луны, давал как раз тот эффект света и тени, которого ищут для диорам и стереоскопических видов. Пройдя вестибюль, я вошел в огромную залу в форме параллелограмма или игральной карты. Вдоль стен шли большие колонны, они опирались на основание, составляющее возвышение над полом зала, образуя как бы террасу. С этого возвышения нужно было спускаться по лестнице. Такое расположение зала показалось мне очень выигрышным. Нам бы позаимствовать его для устройства праздничных залов. Такое распределение разных уровней позволяет тем, кто не принимает активного участия в бале, наблюдать танцоров сверху, не мешая им, и в свое удовольствие пользоваться возможностью разглядывать веселящуюся и мелькающую толпу. При таком возвышении и благодаря ему фигуры располагаются и группируются более живописно, пышно и театрально. Как неприятно это копошение на одном и том же уровне! Оно превращает общественные праздники в значительно менее приятные, чем те балы, которые устраиваются у нас в Опере с ее тройным рядом лож, заполненных масками, образующими как бы гирлянды, компаниями разного рода грузчиков, уличных мальчишек, девчонок, дикарей и малышей, бегающих вверх и вниз по лестницам.

Зал убран был очень просто, и от этого не умалялось впечатление веселья, изящества и богатства. Все было белым: стены, потолок, колонны, только на лепнине изредка видны были тонкие нити золота. Покрытые искусственным мрамором и полированные колонны нельзя было отличить от настоящего мрамора, а свет истекал длинными сияющими слезами. На карнизах, усиливая сияние люстр там, где проходит система балок портика, горел целый частокол из свечей. Меж белых стен такое освещение достигало яркости невероятной типа ослепительной итальянской иллюминации «a giorno» **.

Конечно, движение, яркий свет являются элементами веселья, но для того, чтобы праздник был во всем своем блеске, нужно, чтобы его сопровождал шум, это дыхание и песнь жизни. Толпа, хоть достаточно многочисленная, была молчалива. Только легкий шепот пробегал чуть заметной зыбью над группами людей, и его приглушенный басок все время аккомпанировал звукам фанфар оркестра. В своих увеселениях русские молчаливы, как ни странно, и, если ваши уши привыкли глохнуть от триумфальной вакханалии вечеров в парижской Опере, вы удивляетесь подобной молчаливости и флегматичности. Конечно, они развлекаются внутренне, но этого никак не видно снаружи.

Здесь были домино, маски, военные, фраки, несколько лезгинских, черкесских, татарских костюмов, которые надели молодые офицеры с осиными талиями, но не видно было ни одного типично русского костюма, который демонстрировал бы колорит страны. Россия не придумала еще своей характерной маски. Женщины, как обычно, в этой стране

---

* Такой бал-маскарад мог происходить в московском дворянском собрании (ныне Колонный зал Дома союзов).

** A giorno (итал.) — дневного света.

были в меньшинстве, а их-то на балах и разыскивают. Насколько я мог судить, то, что называется полусветом, было представлено на балу француженками, немками и шведками, подчас редкой красоты. Возможно, и русские представительницы этой среды здесь тоже присутствовали, но для иностранца, не знающего языка, нелегко их распознать, а я могу судить лишь о том, что знаю.

Несмотря на некоторые скромные попытки запустить парижский канкан, праздник несколько скучал, и медные взрывы музыки не очень-то согревали атмосферу. Ожидалось прибытие цыган, бал сопровождался их концертом. Когда цыганские певицы показались на помосте, глубокий вздох удовлетворения вырвался у всех из груди: «Наконец-то повеселимся! Начинается настоящее развлечение!» Русские страстно любят слушать цыган. Их песни, полные ностальгии и экзотики, заставляют вас мечтать о свободной жизни на лоне природы, вне всякого стеснения, вне всякого закона, божьего или человеческого. Я разделяю эту страсть и довожу ее до бреда. Итак, я поработал локтями, чтобы пробраться к помосту, где стояли музыканты.

Их было пять-шесть молодых особ, суровых и диких, с тенью испуганной растерянности на лицах — так яркий свет действует на таящиеся и бездомные ночные существа. Можно было подумать, что с лесной поляны неожиданно прямо в гостиную ввели ланей. В их одежде не было ничего примечательного, они, вероятно, чтобы прийти на этот концерт, сняли свои национальные одежды и приоделись «по моде». Так они походили на дурно одетых горничных, но достаточно было движения бровей, взгляда черных диких глаз, туманно окинувших публику, чтобы цыганки мгновенно обрели всю свою колоритность.

Началась музыка. Это были странные, удивительные песни, меланхолически нежные или безумно веселые, с бесконечными фиоритурами, как песнь птицы, которая слушает себя и возбуждается от собственного щебетания. В них слышались вздохи сожаления о прекрасной жизни прежних времен. В беззаботных повторах сквозил веселый и свободный нрав цыган, которые надо всем смеются, даже над потерянным счастьем, только бы остаться независимыми. Хоры прерывались чечеткой и выкриками. У себя в таборах они сопровождают ими ночные танцы на траве лесных полян. Мы называем это «хороводом фей», фрагменты которых есть в музыке Вебера, Шопена или Листа, но в цыганском исполнении эти композиторы как бы оказались в состоянии дикости. Иногда мотив песни был заимствован от вульгарной мелодии, которую бренчат на пианино от нечего делать. Но в звуках, расцвеченных трелями, игрой голоса, подвластной капризам темперамента, впечатление вульгарности исчезало: оригинальность вариаций заставляла забыть о банальности мотива. Чудесные фантазии Паганини «Карнавал в Венеции» могут дать понятие об этих изящных музыкальных арабесках, шелковых, золотых, жемчужных, вышитых по груботканой материи. Цыган, похожий на шута, с жестокой миной на лице, темнокожий, как индус, и напоминающий типы богемских цыган, так верно переданных Валерио в его этнографических акварелях, сопровождал пение женщин аккордами зажатой между колен большой трехструнной скрипки, на которой он играл совсем

Цыганка-солистка. Серия «Типы Москвы». 2-я половина XIX в. С акварели Н. А. Богатова (1854—1935). ГЦТБ

как восточные музыканты. Другой высокий цыган крутился на помосте, танцуя, притоптывая, бренча на гитаре, отстукивая ладонью ритм по деке, странно гримасничая и то и дело неожиданно вскрикивая. Это был красавчик, весельчак, затейник труппы.

Теодор Валерио (1819—1879) — французский художник. Путешествуя по Дунаю, он создал акварельный альбом этнографических зарисовок.

Трактир в Перовой роще. 1847. Фото с литографии Руднева. ГЦТБ

Нет слов описать энтузиазм столпившейся вокруг помоста публики. Разразилась буря аплодисментов, выкриков, люди покачивали головами, перебрасывались словами восхищения, повторяли припевы. Эти таинственно-странные песни действительно обладают колдовской силой, от них у вас кружится голова, и вы начинаете бредить, они ввергают вас в самое непонятное состояние духа. Слыша их, вы чувствуете смертельное желание исчезнуть навсегда из окружающего вас цивилизованного мира и отправиться бродить по лесам в сопровождении одной из этих колдуний с кожей сигарного цвета, с глазами как горящие угли. Магически соблазняющие цыганские песни — это сам голос природы, подхваченный на лету одинокой душою. Вот почему они глубоко смущают тех, на ком тяготеет особенно большой груз сложного механизма человеческого общества.

Все еще под колдовским очарованием мелодии, я прогуливался, мечтая, среди бала, от которого моя душа была за тысячу верст. Я думал об одной альбасинской* цыганке, которая пела мне когда-то в Гранаде, и мотив ее песни был очень похож на один из тех, что я только что услышал. Я старался найти в отдаленных уголках моей памяти слова ее песни. В это время я вдруг почувствовал, как меня взяли под руку и произнесли над моим ухом крикливым, тоненьким и фальшивым голоском, которым разговаривают желающие завязать интригу домино, обычные в подобных случаях слова: «Маска, я тебя знаю». В Париже ничто не могло бы быть естественнее. С давних пор я бываю на премьерах, гуляю по бульварам, хожу в музеи и мог уже примелькаться публике, как если бы был знаменитостью. Но в Москве, на маскараде, такое заявление показалось мне, при моей скромности, весьма неправдоподобным.

Когда я потребовал доказательств подобного утверждения, домино прошептало в бороду своей маски мое имя, вполне четко произнесенное с небольшим и приятным русским акцентом, который можно было уловить, несмотря на измененный голос. Разговор завязался и убедил меня в том, что если московское домино никогда меня не встречало до этого бала, то по крайней мере оно в совершенстве знало мои произведения. Автору, которому цитируют его стихи и строки из его прозаических сочинений, да еще так далеко от Итальянского бульвара, трудно хоть немного не возгордиться, вдыхая этот самый приятный для ноздрей писателя фимиам. Для того чтобы возвратить в какие-то рамки вознесшееся самолюбие, я вынужден был сказать себе, что русские много читают и, будь то самый незначительный французский писатель, у него уже есть читатели более многочисленные в Санкт-Петербурге, чем даже в Париже. Однако, чтобы не остаться в долгу, я попытался быть галантным и ответить стихами, что представляет собою крайнее затруднение, когда речь идет о домино, запрятанном в атласный мешок с опущенным на лоб капюшоном и в маске с длинной, как у отшельника, бородой. Единственной вещью, которую позволено было увидеть, была достаточно узка маленькая ручка, затянутая в черную перчатку. Ее окружала слишком большая тайна, и, чтобы быть приятным собеседником, нужно было иметь огромное воображение. К тому же у меня есть один недостаток, который мне мешает слишком пылко пускаться в авантюры балов-маскарадов. За маскарадным костюмом я всегда легче себе представляю уродство, чем красоту. Отвратительный кусок черного шелка с козьим курносым профилем, с завязанными глазами и козьей бородкой мне кажется именно тем лицом, которое закрывает маска, и мне трудно уйти от этой мысли. Даже женщины, чья безусловная молодость и явная красота мне известны, в маске становятся для меня подозрительными. Конечно, я говорю здесь только о полном маскарадном костюме. Полоска из черного бархата, которую наши

---

* Цыганка из испанского города Альбасете, района Мурсии, где издавна традиционным производством были вина, шафран и оружие.

предки называли «ленточкой на нос» и которую знатные дамы носили во время прогулки, оставляет на виду рот с его жемчужной улыбкой, тонкие контуры подбородка и щек и подчеркивает своим интенсивно черным цветом розовую свежесть лица. Такая маска позволяет судить о красоте женщины, для этого ее не нужно снимать с прячущегося лица. Такая маска — это кокетливая недомолвка, а не беспокоящая тайна. Самое ужасное, что может при этом случиться,— это когда мечтаешь о греческом носе, а вместо него оказывается нос Роксеаны*. В такой беде еще легко себя утешить. Но совсем закрытое домино может, когда оно наконец откроется и когда наступит пора любви, обнаружить ужасающую внешность, которая делает из хорошо воспитанного человека существо, страшно угнетенное своим смущением. Поэтому после двух-трех кругов по залу я отвел таинственную даму к группе, которую она мне указала. Так окончилась моя интрига на маскараде в Москве.

— Ну что там! И всего-то? — скажет читатель.— Вы из скромности что-то от нас прячете. Потихоньку уйдя с бала, домино указало вам таинственную карету и заставило вас в нее подняться. Затем дама своим кружевным платком завязала вам глаза, говоря, что любовь должна быть слепа, и, взяв вас за руку, когда карета остановилась, провела по длинным коридорам, а когда вы вновь обрели возможность что-либо видеть, вы оказались в ярко освещенном будуаре. Дама сняла свою маску и избавилась от домино, как сияющая бабочка сбрасывает свою темную личинку. Она улыбалась вам и, казалось, наслаждалась вашим восторгом. Скажите, она была блондинка или брюнетка, может быть, она держала в уголке губ какой-нибудь знак? Мы хотим узнать ее при встрече в Париже в свете. Мы надеемся, что вы поддержали за границей честь Франции и что вы проявили себя нежным, галантным, умным, парадоксальным, страстным, наконец, достойным ситуации. Приключение на балу-маскараде в Москве! Красивое название для рассказа в журнал, вы даже этим не воспользовались, вы, такой любитель многословных описаний, когда речь идет о стенах, картинах или пейзажах!

На самом деле пусть меня примут за изнемогшего Дон-Жуана**, за Вальмона*** на пенсии, но ничего другого не случилось. Интрига на том и закончилась, и после того, как я выпил чаю с бордо, я возвратился в свои сани, в несколько минут доставившие меня в гостиницу на Старогазетной улице.

Прошедший день был достаточно насыщенным: утром в монастыре, вечером на балу. Монахиня, домино, византийская живопись, цыгане — я вполне заслужил, чтобы наконец спокойно лечь спать.

---

* Роксеана (?—1557) — очень красивая женщина, родилась в Польше, была рабыней в Турции. Фаворитка, а затем супруга султана Сулеймана II (1494—1566).

** Дон-Жуан, или Дон-Гуан,— легендарный персонаж (испанец), лживый соблазнитель, жестокий и высокомерный, появляется впервые в пьесе «Севильский обманщик» Тирсо де Молины (1583—1648) и затем во множестве литературных и художественных произведений по всей Европе.

*** Герой эпистолярного романа французского писателя Шодерло де Лакло (1741—1803) «Опасные связи» (1782).

Путешествуя, мы лучше чувствуем цену времени, чем в нашей обычной жизни. По нескольку недель, по нескольку месяцев мы проводим в стране, куда, возможно, больше никогда не приедем. Тысячи любопытных вещей, которых мы больше никогда не увидим, привлекают наше внимание. Нельзя терять ни минуты, и глаза — как рты в железнодорожном буфете, когда они заглатывают двойные куски из опасения, что просвистит свисток к отправлению поезда. Каждый час дорог. Отсутствие дел, занятий, работы, надоедливых людей, визитов, которые нужно нанести или, наоборот, принять, уединение в неизвестной среде, постоянное употребление кареты странным образом удлиняют жизнь, и, однако, на удивление, время не кажется вам коротким. Три месяца путешествия своей кажущейся продолжительностью равняются году пребывания в обычных условиях жизни. Когда сидишь у себя дома, ничем не отличающиеся друг от друга дни, не оставляя следа, падают в бездну забвения. Когда посещаешь какую-нибудь новую для себя страну, воспоминания о необычных вещах, неожиданных происшествиях составляют точки отправления и расставляют вехи времени, определят его продолжительность.

Апеллес говорил: «Nulla dies sine linea». Не зная греческого, я цитирую по-латыни, ибо это не та фраза, которую произносил живописец — портретист Кампаспы*. Турист должен приспособить ее к своему употреблению и сказать: «Ни дня без экскурсии».

Следуя этому правилу, на следующий день после моей поездки в Троице-Сергиев монастырь я посетил в Кремле Каретный музей и Сокровища попов **.

Любопытная выставка старых и пышных каретных изделий: кареты для коронования, парадные кареты, кареты для путешествий и для загородных прогулок, почтовые кареты, сани и другие средства передвижения. Как и природа, человек действует, идя от сложного к простому, от огромного к пропорциональному, от пышности к изяществу. Каретное дело, как и фауна доисторических времен, имело своих мамонтов и мастодонтов. Остается только удивляться при виде этих чудовищных махин на колесах с их путаным оснащением подвески, их рессорами и рычагами, широкими кожаными частями, массивными колесами, огромным изгибом лебединых шей, высокими сиденьями, их огромными, точно современная квартира, кузовами, их подножками, устроенными, как целая лестница, их внешними откидными сиденьями для пажей, их площадками для лакеев, их империалами *** со сквозными галереями наверху, их аллегорическими фигурами и остроконечными верхушками. Это целый мир соору-

---

* Апеллес (IV — начало III в. до н. э.) — греческий художник-портретист при Александре Македонском. Nulla dies sine linea — «ни дня без линии» (лат.). Кампаспа — супруга Александра Македонского.

** Находились в Оружейной палате Кремля. Ныне часть ее коллекции.

*** Империал — второй этаж с сиденьями для пассажиров в каретах, дилижансах, омнибусах и др.

жений, при виде которого с удивлением спрашиваешь себя, как подобные снаряды могли еще и приводиться в движение. Для этого едва хватало восьми гигантских мекленбургских лошадей. Но если с точки зрения современных средств передвижения эти кареты выглядят варварскими, то с точки зрения искусства это восхитительные творения рук человеческих. Все украшено скульптурой, орнаментами, все выделано с изысканным вкусом. Прелестные живописные панно расцветают на позолоченном фоне, они исполнены рукою мастера, и, если их снять с карет, они могли бы украсить любую коллекцию живописи. Тут и маленькие амуры, и вензели, и букеты цветов, и гирлянды, и гербы, и всякого рода выдумки. Если это стекла, то это венецианские, если это ковры, то самые мягкие и самые роскошные, какие только привозились из Константинополя и Смирны. Использованные в каретах ткани для отделки привели бы в полное расстройство город Лион*: парча, бархат, имитация парчи роскошно обтягивают стенки и сиденья. В каретах Екатерины I и Екатерины II стоят игральные и туалетные столики. Очень характерная деталь — раскрашенные и позолоченные печки из саксонского фарфора. Парадные сани тоже отделаны с самой неожиданной изощренностью, с прелестной фантазией. Но самое любопытное — это коллекция мужских и женских седел и всевозможной конной сбруи. Бо́льшая часть этих вещей прибыла с Востока в качестве подарков царям и царицам от императоров Константинополя, великих турок и персидских шахов. Все это безумная роскошь: вышивки золотом и серебром по парче и бархату, звезды и солнца из драгоценных камней. Удила, лошадиные головы, цепочки усеяны бриллиантами, а на коже уздечек в золотые нити или цветные шелка инкрустированы кабошонами бирюза, рубины, изумруды и сапфиры. Я заслуживаю того, чтобы меня назвали азиатским варваром, так как признаюсь, что эти экстравагантно-великолепные шорные изделия меня соблазняют больше, нежели современная, безусловно очень «фешенебельная», но такая простенькая на вид, такая незначительная в смысле фактуры и так сдержанно украшенная английская продукция. Вид этих огромных и пышных карет рассказывает больше о старой жизни, чем все воспоминания Данжо и других дворцовых хроникеров.

Начинаешь воображать себе невероятную, даже при наличии неограниченной власти, и немыслимую сегодня жизнь, ибо простота современных нравов завоевывает все, вплоть до жилищ монархов. Парадные одежды, костюмы для церемоний сегодня лишь маскарадный костюм, который поспешно снимается после церемонии. За исключением дня коронации, император, например, никогда не носит своей короны. На голове у него, как и у всех остальных, либо военный, либо гражданский головной убор. Прогулка совершает-

---

* Французский город Лион издавна славился производством самых разнообразных тканей — шерстяных, шелковых и хлопчатобумажных.

Филипп де Курсийон, маркиз де Данжо (1638—1720) — французский мемуарист. Автор «Дневника» и «Мемуаров». Член Французской академии.

ся не в позолоченной карете, запряженной белыми лошадьми, потряхивающими своими султанами. Когда-то подобная пышность была ежедневным делом. Монархи попросту жили в этой пышности и роскоши. Короли и великие мира сего, кроме смерти, не имели ничего общего с остальными людьми и слепо проходили по земле, словно существа другой расы.

Я видел и Сокровища попов, также находящиеся в Кремле. Это самое колоссальное скопище богатств, которое может привидеться только во сне. Здесь в шкафах расставлены по полкам тиары, митры, шапки митрополитов и архиепископов, мозаики из драгоценных камней по парче, стихари, мантии, звезды, облачения из золотых и серебряных тканей, расцвеченные вышивкой, исписанные надписями, вышитые жемчугом. В Троице-Сергиевом монастыре я мог подумать, что в мире больше не осталось жемчуга и что он весь собран в буасо* монастыря. Но здесь я увидел опять то же самое. Сколько серебряных дароносиц, позолоченных, золотых, украшенных рельефами, эмалями, черненых, узорчатых, усыпанных драгоценными камнями, сколько крестов, населенных мириадами микроскопических фигур, перстней, жезлов, сколько сказочно богатых украшений, лампад, факелов, книг в золотых обложках, усеянных ониксами, агатами, лазуритами, малахитами, увидел я за стеклами шкафов! Во мне родилось и удовольствие, и упадок духа, возникающие в душе путешественника, который пишет лишь несколько строк о том, о чем, он чувствует, нужна большая монография, которая может занять всю его жизнь!

Вечером я пошел в театр. Он большой и великолепный, своим планом напоминает парижский «Одеон» и театр в Бордо. Эти совершенные линии меня мало волнуют. Мне больше нравится любая, пусть мимолетная, архитектурная фантазия, беспорядочная, многоцветная в духе Василия Блаженного или Грановитой палаты. Но это было бы менее «цивилизованно», и люди с хорошим вкусом назвали бы это варварством. Между тем нужно сказать, что московский театр с точки зрения выбора стиля не оставляет желать лучшего. Все здесь гармонично, монументально, роскошно. Убранство зрительного зала — в красных и золотых тонах — приятно для глаза своей строгой пышностью, здесь приятно выглядят туалеты публики. Императорская ложа, находящаяся как раз напротив сцены, с позолоченными перилами, двуглавыми орлами, гербами и красивой драпировкой ламбрекенов имеет величественный, торжественный вид. В высоту она занимает два этажа лож и красиво прерывает выгнутые линии ярусов. Как в «Ла Скала», «Сан Карло» и во всех больших итальянских театрах, вокруг партера идет проход и облегчает движение публики к местам еще более доступным благодаря проходу, устроенному посередине зала. Нигде пространство не используется так бережно, как у нас во Франции. Здесь же можно войти и выйти, никого не беспокоя, и разговаривать из партера с женщинами, сидящими в бенуаре. Вы удобно сидите в креслах партера, первые ряды которого по молчаливому согласию остаются за титулованными особами, высшими чинами и важными персонами. Торговец, как бы богат, как бы уважаем он ни был, никогда не осмелится сесть ближе пятого или шестого ряда. Такая же иерархия

---

* Старая мера сыпучих тел, равная 12,5 л.

Садовников В. С. (1800—1879). Большой театр в Москве. 1856. Тонолитография Жана Жакотте, Обрена и Дюрюи. ГНИМА

соблюдается в рядах лож. По крайней мере это было так во время моего путешествия. Но какое бы место вы ни заняли, будьте уверены, оно будет удобно. Здесь театр не жертвует удобством зрителя, чтобы побольше заработать на спектакле, как это часто случается в парижских театрах. Здесь удовольствие не покупается мучениями. Здесь вокруг вас есть пространство, которое Стендаль считал необходимым для того, чтобы слушать музыку, вас не стесняет соседство чужих людей. К тому же русские в высшей мере обладают искусством отапливать помещения. Теплая и ровная атмосфера поддерживается повсюду, и, открывая дверь ложи, вы не рискуете получить на себя поток холодного воздуха, который так неприятно обрушивается вам на грудь в наших театрах.

Садовников В. С. Парадная лестница в Большом театре в Москве. 1856. Альбом видов и планов Большого театра в Москве, составленный архитектором Кавосом Альбертом в 1856 г. по реконструкции театра после пожара (1853 г.). Изд. 1859 г. Париж

Тем не менее в сегодняшний вечер, несмотря на весь этот комфорт, московский театр был неполон. Видны были большие пустоты в ложах, почти целые ряды были свободны, и только редкие группы зрителей там и сям рассеялись по залу. Верно и то, что нужны бесконечные толпы народа для того, чтобы заполнить эти огромные театры. В России все слишком большое, как будто сделано в ожидании будущего населения.

Был день балета, так как балет и опера чередуются в русских театрах и не сочетаются друг с другом, как у нас. Я не помню фабулы балета, исполненного

Зичи М. А. Зрительный зал Большого театра в Москве. 1856. Цветная литография. ЛГМТМИ

Т. Готье — автор либретто нескольких балетов. Первый и самый известный из них — «Жизель» композитора А. Адана — был поставлен в 1842 г. в Петербурге и в 1843 г. в Москве. Балет «Пери» композитора Ф. Бургмюллера появился и в Петербурге и в Москве в 1844 г. Балет «Пакеретта» композитора Ф. Бенуа в Петербурге был поставлен в 1860 г., в Москве — в 1884 г. В 1862 г. по новелле Т. Готье «Роман мумии» на музыку Ц. Пуньи был поставлен балет «Дочь фараона» в Петербурге, а в 1864 г. — в Москве. В 1868 г. по рассказу писателя «Царь Кандавл» композитор Ц. Пуньи сочинил одноименный балет, поставленный в Петербурге и в Москве. В 1907 г. по новелле «Омфала» композитором Н. Н. Черепниным был написан балет, поставленный М. М. Фокиным.

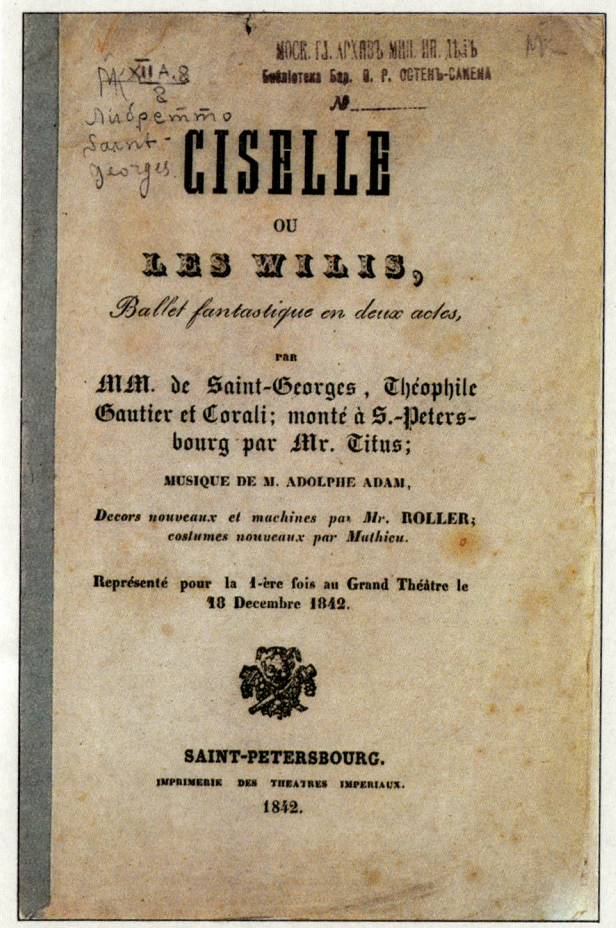

Обложка либретто и списка действующих лиц и исполнителей балета «Жизель, или Виллисы» композитора А. Адана с именем либреттиста Теофиля Готье. 1842. ГБЛ

Танцовщица Е. И. Андриянова, первая исполнительница роли Жизели. Фото из книги Веры Красовской «Балет Ленинграда». Л., 1961. ГЦТБ

в этот вечер. Она отличалась обычной сумбурностью либретто итальянских балетов и служила лишь для показа серии па, подчеркивавших талант танцора. Хотя я сам не раз создавал балетные программы и достаточно хорошо понимал язык пантомимы, я не смог проследить нить действия по па-де-труа, па-де-де*, сольным па и движе-

---

* Па-де-труа — ритмическое движение трех, па-де-де — ритмическое движение двух танцовщиков.

ниям кордебалета, который, впрочем, действовал в превосходном единстве и с удивительной точностью. Больше всего меня поразила мазурка, исполненная танцором Александровым с гордостью, изяществом, грацией, очень далекими от столь неприятного у ординарных танцоров жеманства.

Жизнь путешественника состоит из контрастов: на следующий день я поехал в Романовский монастырь, находящийся в нескольких верстах от Москвы. Этот монастырь знаменит великолепной религиозной музыкой, которая там исполняется. Как и Троице-Сергиев монастырь, он внешне походит на крепость. За его длинными стенами большое количество строений и кладбище, вид которого в зимнюю пору совсем мрачен. Очень печальны кресты со снежными шапками, урны и колонны надгробий, видные над белой пеленой, простершейся над мертвыми как еще одно погребальное покрывало. Вам в голову приходит мысль, что бедные умершие, лежа под холодным снегом, должны мерзнуть и чувствовать себя еще глубже погребенными в забвение, так как снег закрывает их имена и надписи на надгробиях, которые предлагают их души молитвам живущих.

После меланхолического взгляда на полузаснеженные могилы, скорбный вид которых усиливали редкие почерневшие листья, еще не слетевшие с деревьев, я вошел в церковь, золоченый иконостас которой поразил меня своей высотой, превосходящей самые гигантские испанские алтари.

Шла служба, и прежде всего я был глубоко удивлен, услышав звуки, аналогичные тем, которые льются из наших органов при игре на басах. Я знал, что православная религия не признает органа в церкви. Вскоре я убедился, что ошибся, ибо, приблизившись к иконостасу, я заметил группу певцов с длинными бородами и одетых в черное, как попы. Вместо того чтобы петь во весь голос, как наши, они стремятся к более мягким эффектам и производят некое гудение, красоту которого легче почувствовать, чем описать. Представьте себе шум, который летним вечером производит полет ночных бабочек. Это низкая, мягкая и, однако, проникновенная нота. Певцов было, я думаю, с дюжину. Басы можно было различить по манере выпячивать грудь, и священные песнопения лились так, что почти не видно было, как певцы шевелят губами.

Царская часовня в Санкт-Петербурге и здешняя в Романовском монастыре — это места, где я слышал самую прекрасную религиозную музыку. У нас есть музыкальные произведения, конечно, более умелые и прекрасные, но манера, в которой исполняется служба в России, привносит в нее таинственное величие и невыразимую

В истории московского балетного театра неизвестен танцор по фамилии Александров. Возможно, танцор Александров действительно был в театре и, являясь «корифеем», как назывались ведущие танцоры кордебалета, не вырос в танцора-солиста и по каким-то причинам быстро сошел со сцены.

Вид Новоспасского монастыря в Москве. 1860. Литография А. Руднева. ПБСЩ

Т. Готье называет Романовским Новоспасский монастырь, носивший также название Новинского Спасо-Преображенского монастыря. На высокий холм над Москвой-рекой при Иване III в целях укрепления обороны Москвы, туда, где находился Васильевский сторожевой стан, из Кремля был перенесен великокняжеский монастырь Спаса на Бору. При Иване Грозном монастырь превратился в сильную крепость, оборонявшую столицу от хана Казы-Гирея. С конца XV в. монастырь стал местом погребения бояр Романовых. В XVII в. в монастыре была построена колокольня с курантами, воздвигнут величественный пятиугольный храм на месте старого Преображенского собора, вокруг было выстроено множество каменных церквей и палат. Настоятели богатого «комнатного», что значит «царского», монастыря играли видную роль при дворе.

красоту. Мне говорили, что святой Иоанн Дамаскин был в VIII веке великим реформатором священной музыки. Она мало изменилась с тех пор, и это те же песнопения, аранжированные на четыре голоса современными композиторами. Итальянское влияние на некоторое время захватило религиозную музыку, но это случилось ненадолго, и император Александр I не потерпел, чтобы в его часовне раздавалось другое пение, кроме идущего из древности.

Вернувшись в гостиницу, весь еще проникнутый небесной гармонией, я нашел там письма, призывавшие меня в Санкт-Петербург. С большим сожалением я уехал из Москвы, настоящей русской столицы, увенчанной Кремлем со ста куполами.

Иоанн Дамаскин (ок. 675 — до 753) — византийский богослов, философ и поэт. Родился в Дамаске (Сирия). Боролся против иконоборцев, которые в VIII в. в Византийской империи ратовали за уничтожение образов святых.

Т. Готье не указывает дат своего пребывания в Москве и поездки в Троице-Сергиеву лавру, но по его описанию событий, происходивших вокруг него, можно их вычислить. Например, по репертуару Большого театра в Москве можно понять, что тот вечер, когда Готье смотрел московский балет, — это 12 января, когда давали разные сцены из трех балетов, а понравившаяся Готье мазурка исполнялась как интермедия в балете «Сатанилла» Ф. Бенуа и Н. Ребера. Соответственно накануне, 11 января, Готье был на маскараде. Вот репертуар на 12 января 1859 г.:

«12 января — в пользу танцовщицы г-жи Терезы Теодор первая картина 3-го действия балета «Сатанилла» или «Любовь и ад»; в антракте г-н Гербер будет играть на скрипке фантазию на мотивы оперы «Громобой» А. Н. Верстовского своего сочинения. Третье действие балета «Наяда и рыбак». Последнее действие балета «Гитана, испанская цыганка»».

Глава шестнадцатая

Санкт-Петербургский оперный театр

Занавес поднимается, открывая глазам зрителя таинственное подземное царство: здесь небо — это свод скалы, звезды — лампы, цветы — причудливые кристаллы металлов, озера — черные воды, в которых плавают слепые рыбы, жители — гномы горы, чей покой в их глубоком убежище нарушил труд человека. В самом сердце шахты идет веселая работа: кирки продвигаются по рудоносным жилам в породе, канаты закручиваются на лебедках, корзины движутся туда и обратно, и ковши выплескивают в красные зевы пылающих огнем печей добытые в горе сокровища. Мерные удары молотов куют едва остывшие слитки. Вся эта картина очаровательна.

Усердный труд заслуживает награды. По легкой лесенке, теряющейся в своде пещеры и соединяющей внутренний мир с внешним, в кокетливых и живописных костюмах, словно ангелы по лестнице Иакова*, спускаются жены, дочери, невесты рудокопов, неся им завтрак. Под артиллерийским огнем наведенных на них лорнетов по бесчисленным ступенькам, не оступаясь, не мешкая, ничуть не сотрясая воздушной лестницы, с крылатой легкостью спускаются маленькие, стройные, округлые ножки. Не придумать ничего более грациозного и смелого, чем это воздушное шествие кордебалета.

Из корзин выкладывается провизия, и самая хорошенькая девушка Лизинка с любовью прислуживает своему отцу, начальнику рудокопов, который ловко умеет находить руду под покровом земли, как это умели делать кабиры Самофракии или гномы Гарца**. Пусть веселье будет полным! Хозяин рудников граф Эдгар прислал работникам кувшины вина и жбаны с пивом. Рудокопы щедро черпают из них, и скромный завтрак превращается в веселый праздник. В свете ламп искрятся глаза, блестят щеки, белыми молниями сияют улыбки, руки ищут друг друга, обвиваются вокруг талий, ноги пританцовывают по полу, усеянному золотыми блестками, и вот уже все пускаются в пляс.

Веселый вихрь танцев будит в глубинах подземного дворца короля гномов Рюбзаля, духа горы, в чьи владения вторглась жадная удаль смертных. Громада лавы,

---

* Иаков, по прозванию Израиль, согласно библейским мифам, считается родоначальником 12 колен израилевых. Однажды, рассказывает легенда, в молодости он якобы увидел сон: ангелы спускались и поднимались по лестнице, ведущей в небо, а голос бога пророчил ему быть родоначальником нового племени людей.

** Кабиры — в древнегреческой мифологии божества земли и демоны плодородия. На острове Самофракия (Самотраки) в Эгейском море находились самые известные святилища кабиров, в честь которых там совершались мистерии.

Костюм Берты, или Лизинки, в балете «Эолина, или Дриада» композитора Ц. Пуньи. 1858. ЛГМТМИ

Костюмы крестьян к балету «Эолина, или Дриада»

Костюмы к балету «Эолина, или Дриада» композитора Ц. Пуньи были выполнены художником А. И. Шарлеманем и хранились в монтировочной библиотеки петербургских императорских театров. В настоящее время альбом с эскизами этих костюмов находится в Ленинградском государственном музее театрального и музыкального искусства.

когда-то натекшей в огне первобытных вулканов, неожиданно приподнимается, и оттуда вырывается сверхъестественное существо, полубог, полудемон, в коротком белом плаще на плечах, в латах и мишурящей звеньями кольчуге, конечно же выкованных самим Вулканом*, его мифическим предком. Это Рюбзаль. Сначала рассерженный шумом, при виде танцев он быстро добреет, спускается с горы и присоединяется к танцующим.

---

* Вулкан — в древнеримской мифологии бог огня и искусства обработки металлов, сын Юпитера и Юноны и супруг Венеры.

Костюм короля гномов и гения горы Рюбзаля к балету «Эолина, или Дриада»

Костюм герцога Ратибора к балету «Эолина, или Дриада»

Пожелав остаться невидимым, как если бы он носил на пальце кольцо Гигеса, Рюбзаль пробирается сквозь толпу, проказничая и мешая людям. Из-за него самые скромные юноши наказаны за вольности, которых они себе не позволяли. То он коснется губами белых плеч, то обовьет руками осиную талию, прерывая поцелуи и навлекая пощечины на невиновных. Это не всё: он опрокидывает кувшины, из которых разливаются красные лужи вина, и, к великому удовольствию своего злого нрава, лишает людей вина, подряд сам опустошая бокалы за здоровье графа Эдгара.

    Граф Эдгар приходит на рудник, чтобы поблагодарить рудокопов за их работу, ведь их труд обогащает его и позволяет жениться на Эолине, его невесте, приемной дочери могущественного герцога Ратибора.

    Вскоре Эолина со своим отцом, желая посетить подземный мир, тоже прибывает под темные своды. Там, где цветет золото, серебро и драгоценные камни, она рассыпает собранные ею по дороге влажные от росы полевые цветы. Ее окружают, ею восхищены, ей устраивают овацию. Она так прекрасна, так добра и так очаровательна! За ее красотой видится еще и иная прелесть, проступающая сквозь внешнюю,— так светится огонь сквозь гипсовую вазу. Из-за внезапных фосфоресцирующих вспышек на ней кажется, что Эолина только оболочка, призрачная вуаль сверхъестественного существа, богини, каким-то злым роком осужденной жить среди людей. Пьянея от любви, Эдгар бросается следом за своей невестой, пытаясь настигнуть и остановить ее в полете. Вспомните, не так ли, дрожа крыльями, порхают две бабочки, ища друг друга, одна страстно, другая кокетливо ускользая среди цветов, до тех пор пока обе не сольются в одном сияющем луче? Вы сможете себе представить этот пленительный шаг, в котором госпожа Феррарис — Эолина, хочу я сказать, кажется такой молодой, такой легкой, воздушной, такой сладостно невинной и такой целомудренно возбуждающей. Каким прелестным движением она притягивает и отталкивает поцелуй, изящной угрозой порхающий над ее улыбкой!

В то время как Эолина любуется богатствами рудника, принимает участие в пиршестве, танцует со всеми, беседует со сбежавшимися к ней девушками и слушает нескромные признания влюбленного в Лизишку молодого рудокопа, вновь появляется дух горы Рюбзаль. Простирая руки в экстазе, восхищенными глазами он следит за всеми движениями невесты Эдгара. Его пьянит ее красота. Никогда еще подобное чудо не проникало в его темное царство. Ундины подземных вод, саламандры владений Плутона*, стремившиеся ему понравиться, не обладали таким совершенством черт и форм, такой девичьей грацией и обворожительной улыбкой! Рюбзаль влюблен в Эолину. Проникнув сквозь толщу земли, стрела любви нашла его сердце.

Вдруг он превращается в рудокопа и неуклюже, по-деревенски приближается к столу под насмешки господ, чьи шутки он презирает. В своем скромном платье он могущественнее их: его глаза проникают сквозь непреодолимые для людских взглядов преграды. Он ясно видит струящиеся в скалистых ложах реки металла. Ключ от сокровищ горы у него. И действительно, при каждом ударе его кирки сверкают слитки природного золота, искрятся, отбрасывая яркие лучи, драгоценные каменья. Сквозь светящуюся пещеру становятся видными богатства, которые с таким трудом ищет человек, проступают причудливые металлические цветы, скрещивают свои разноцветные лучи рубины, сапфиры, бриллианты.

---

* Ундина — в скандинавских и немецких мифах дух воды, соответствует поверьям разных народов о русалках. Саламандра — в средневековых поверьях и магии дух, якобы живущий в огне и олицетворяющий стихию огня. Плутон — в римской мифологии подземный царь мертвых.

Декорации к балету «Эолина, или Дриада» были выполнены художником А. А. Роллером (1805—1891), главным декоратором императорских театров.
«В области декорационной живописи в 40-х — начале 50-х годов наблюдалась некоторая неустойчивость. Роллер — основной декоратор императорских театров — перешел со своих ранних романтических позиций на позиции «академизма». Параллельно с этим широко практиковалось

Что сокровище калифов рядом с этими ослепительными чудесами? В гордо выпрямившемся скромном рудокопе все узнают короля гномов Рюбзаля. Пренебрегая яростью Эдгара, меч которого, занесенный над Рюбзалем, попадает лишь в пустоту, дух признается в любви Эолине. Она будет королевой гномов, и земля откроет ей все свои тайники — так решил Рюбзаль, и его не остановит никакое препятствие. Кто сможет соперничать с духом, да еще с таким богатым духом!

Напрасно протестует Эолина, напрасно Эдгар пытается наказать наглеца — Рюбзаль нисколько не обеспокоен. Один его жест — и пещера вспыхивает пурпурными бликами, словно плотины огня прорываются из центра земли. Дух исчезает в пламени. Все в ужасе убегают, и в руднике наступает тишина.

Люди ушли, и гномы вновь завладели своим царством. Из щелей скалы выходит множество одетых в серое маленьких существ с капюшонами на головах, из-под которых поблескивают недобрые глаза. Странно, в беспорядочном ритме они припрыгивают, стараясь развлечь озабоченного их хозяина. Вслед за гномами появляются красивые создания в сияющих каменными цветами туалетах, они безуспешно пытаются отвлечь горного короля от его мыслей. Рюбзаль не обращает внимания даже на Трильби, своего пажа, своего любимого шалуна. Его мысль проникает сквозь стены пещеры. Твердая скала становится полупрозрачной, рассеивается лазоревым туманом, и в волшебной перспективе появляется комната готической архитектуры. Слабо освещенная лампой, Эолина в изящной позе спит на парче. Сноп голубого света проникает в комнату сквозь открывшееся окно. Едва серебряное свечение касается Эолины, в ней происходит

копирование зарубежных декораций. Это вызвало противодействие русских декораторов П. Исакова, Ф. Шеньяна и И. Шангина, стремившихся утвердить на сцене национальное декорационное искусство».
Балет «Эолина, или Дриада» в отношении его музыки, хореографии и декорационного оформления был поставлен полностью в традициях романтического балета.

А. А. Роллер создавал эскизы декораций, общего вида сцены для каждого акта и каждой картины. Художественно-инженерное воплощение его декораций, а также специального освещения и игры света во время действия осуществлялось художниками Вернером и Шишко. В постановке балета они занимались также механическими трюками и эффектами освещения. Об их доле участия в постановке писал «Театральный и музыкальный вестник» от 9 ноября 1858 г.:

«В числе эффектных сцен отражение Эолины и окружающих ее в зеркале. Весьма удачен тоже полет Эолины в окно... Декорации, костюмы, машины и освещение свидетельствуют, что ими занимались мастера своего дела. О художнике Роллере нечего и говорить, его талант давно уже известен. Но мы с истинным удовольствием обращаем внимание на образцовую декорацию художника Вернера, изображающую лес. При удачном освещении (художник Шишко) декорация эта производит необыкновенный эффект. Прекрасны тоже его горящий лес и апофеоз. Сад и замок художника Шишко заслуживают полное одобрение. Освещение посредством аппаратов г-на Шишко весьма удачно. В особенности удачен и эффектен свет луны, проникающий во внутренность комнаты Эолины в то время, когда ее преследует повелитель духов».

Но в конце статьи имеется следующее нарекание постановщикам балета:

«Как бы ни привлекательны были танцы и танцующие, но смотреть балет с 7-ми почти до 12-ти — тяжеловато».

Портрет Н. О. Гольца. Неизвестный художник. 1-я половина XIX в. Холст, масло. ЛГМТМИ

преображение: подобно хризалиде*, выходящей из кокона и улетающей бабочкой, девушка покидает свою земную форму, оставляя на постели обмякшие одежды. С приходом ночи она становится дриадой**, как и ее мать. Подруги окружают ее и ведут к родному лесу, к дубу, с которым связана ее жизнь. «Смертная или богиня,— восклицает Рюбзаль,— все равно я добьюсь ее любви!» Видение исчезает, и занавес падает.

---

* Хризалида — в греческой мифологии крылатая нимфа лесов.

** Дриада — в греческой мифологии нимфа (божество) дерева. Дриады, дочери Зевса и деревьев, жили и умирали вместе с деревьями, оказывали помощь и покровительство людям, ухаживавшим за деревьями.

Костюмы Эолины и Рюбзаля
к балету «Эолина, или Дриада»

Костюм слуги Трильби к балету
«Эолина, или Дриада»

«Дебют Феррарис, да еще в новом и вместе с тем последнем балете Перро «Эолина, или Дриада», собрал в театр 6 ноября 1858 г. массу публики. Балет шел при следующем распределении ролей: Эолина, или Дриада,— Феррарис; Рюбзаль — Перро; граф Эдгар — Иогансон; герцог Ратибор — Гольц; Трильби — Лядова 2-я; Берта — М. С. Петипа (Суровщикова-Петипа); Франц — Стуколкин 1-й; Герман — Пишо; слуга — Морозов 1-й».

«Дебютантку нашли вполне достойной ее славы. Техническая сторона танцев была доведена ею до совершенства, и самые труднейшие вариации казались для нее игрушками. Движения ее необыкновенно смелы, лицо выразительное, симпатичное, арабески и позы прекрасны и хотя отличались сладострастным характером, но были прикрыты покровом скромности... длинными туниками, которые Феррарис обожала. Танцы ее поражали поистине редкою прелестью стиля, правильностью и разнообразием...

Для Феррарис вскоре возобновили один из удачнейших балетов Перро — «Фауст». Среди публики находился творец «Жизели», известный критик Теофиль Готье, который напечатал в «Санкт-Петербургском журнале» снисходительно-похвальную статью о нашем балете, а более о г-же Феррарис, которую, разумеется, воспел».

Плещеев А. Наш балет. СПб., 1899. С. 182—183.

Следующий акт: розовые цвета восхода борются с голубоватым свечением луны, играя на высокой крыше готического храма, у подножия которого плещется вода. Вся остальная часть стены еще в тени, а спереди, у развалин башенки, виден старый, разбитый молнией дуб с изогнутыми мертвыми ветвями. Настал день помолвки Эдгара и Эолины. Рудокопы готовят для церемонии трон из цветов и листьев. «Давай спилим это дерево, оно так мешает»,— говорит Франц, возлюбленный Лизинки, старому Герману, старшему над рудокопами. «Боже сохрани нас от этого, дети мои,— отвечает Герман.— С этим дубом связана легенда: хозяйка замка, мать Эолины, любила отдыхать в его тени. Ее тянула сюда таинственная сила колдовства. Однажды в бурю в дерево ударила молния, и молодая женщина умерла, словно ее жизнь была связана с жизнью дуба».

Пока старый рудокоп рассказывает легенду, слышится словно потрескивание искр, и из руин башенки, преследуя видение, вылетает Рюбзаль. Светящаяся фигура, отражение которой тянется по воде, проплывает над рекой, как птица над озером. Это с наступлением дня дриада возвращается к своей земной оболочке.

Поднявшееся солнце освещает фасад замка, искрит воды реки, золотит зелень листьев парка. Рудокопы со стягами и атрибутами своего ремесла несут на носилках в дар своему господину тяжелые слитки серебра и золота. Их сопровождают деревенские девушки. Любимец Рюбзаля Трильби явился на землю в образе пажа, помогающего своему хозяину в его похождениях. Он всячески развлекается, кокетничая с девушками и вызывая ревность их деревенских возлюбленных.

Герцог Ратибор, Эолина, Эдгар и дворяне—свидетели обручения не заставляют себя долго ждать. Они занимают места, и праздник начинается. Какой-то господин в причудливо-великолепном облачении пылко выступает вперед. Он удивляет и страшит окружающих. В нем чувствуется сверхъестественная сила. Он подчиняет себе волю других, побеждает сопротивление, завораживает, словно змея, манит, словно пропасть. Завороженная его взглядом, Эолина поднимается и начинает танцевать с ним. Так голубь спускается с ветки на ветку к удаву, ожидающему внизу, под деревом: перья дыбом, крылья дрожат, едва живой от ужаса, но завороженный. Конечно, Эолина не любит Рюбзаля, однако этот магический танец оглушает и возбуждает ее. Коварное томление смягчает движения, голова склоняется, взгляд плывет, влажные губы приоткрываются в улыбке, дыхание учащается. Почти побежденная, она отдается в руки Рюбзаля.

Этот танец—шедевр, он приводит в восторг зрителей на сцене и в зрительном зале. Только графу Эдгару он не нравится, и, по правде говоря, граф имеет на то основания. С кинжалом в руках он в ярости кидается к танцующей паре. Король гномов одним жестом опрокидывает его и скрывается по английскому трапу в свое пещерное царство. Девушки подхватывают потерявшую сознание Эолину.

Теперь мы в замке, в богатой готической комнате, спальне Эолины. Девушка спит, но ужасы и странные видения тревожат ее сон. Она вздрагивает и встает с постели: ей слышится смех, видятся тени. Это не совсем иллюзия, ибо посланный на разведку

Роллер А. А. Спальня в готическом замке. Эскиз декорации. 1850—1860-е гг. ЛГТБ

Трильби проник в комнату и его насмешливое лицо мелькает за портьерами. Между тем, окруженная сбежавшимися на ее зов камеристками, Эолина успокаивается: то была игра ее собственного воображения! Она идет к зеркалу, чтобы рассеять неприятное впечатление. Ну конечно же здесь женщины забывают все, даже свою любовь! Она улыбается, видя, что дурные сны не погасили ее глаз и не согнали краску со щек. Женщины примеряют ей одежды, но вдруг вместо очаровательного отражения в зеркале появляется фигура Рюбзаля. Он падает на колени и страстно протягивает к ней руки, как бы пытаясь прижать ее к себе. В ужасе она отступает. Видение исчезает, но влюбленный дух уносит с собой отражение Эолины. Не имея возможности овладеть телом, он присвоил себе его отражение. Предательское зеркало не дает больше образа девушки. Но портрет ее, как бы точен он ни был, не успокаивает Рюбзаля: ему нужна сама модель, и вскоре он возвращается, еще более, чем прежде, порывистый, страстный и пылкий. Эолина защищается, как защищается женщина, у которой на сердце другая любовь. Однако обстановка опасная: Трильби хитростью удалил камеристок, а сам дух приближается. Девушка кидается на колени перед святыми образа́ми. Только небо может теперь ее спасти. Часы бьют полночь — час ее превращения в дриаду. Луч луны проникает в комнату, и этим светящимся путем дриада улетает, оставляя Рюбзаля в растерянности и ярости. Предупрежденный о том, что какой-то наглец проник к Эолине, граф Эдгар прибегает со шпагой в руке. Но король гномов знает тайны электричества. Его оружие встречается со шпагой Эдгара, выбивает голубые искры и наносит страшный удар по руке, держащей шпагу. Прежде чем граф успевает поднять вновь свое бесполезное оружие, дух исчезает.

Даже королю гномов трудно преследовать женщину двойной жизни, которая в момент, когда он думает, что владеет ею, ускользает и прячется в ствол дерева посреди большого леса. Несмотря на свою силу, Рюбзаль в большом затруднении. Переодетый в дровосека, он вопрошает взглядом все молодые и старые дубы. Под какой корой-покровительницей прячется Эолина? Он не знает. Ему в голову приходит мысль топором выспросить каждый дуб. Как только острая сталь врезается в дерево, появляется дриада, моля о пощаде к дереву, с которым связана ее жизнь. Рюбзаль продолжает свои попытки до тех пор, пока не находит дуб Эолины. Несчастная дриада сопротивлялась, пока могла. Только когда от ударов топора проступают розовые капли крови на ее изящном теле, она решается выйти. Гном угрожает ей: если она будет отталкивать его любовь, он совсем срубит дерево, душой которого она является. Умоляющими жестами, невинным кокетством, послушными ласками Эолине удается обезоружить гнев духа. Его окружают ее подруги, прикрывая ее бегство. Пришедший за нею Эдгар уводит ее в замок.

В оружейном зале замка, украшенном рыцарскими доспехами, должны происходить празднества по случаю бракосочетания Эдгара и Эолины. Звуки органа слышатся из соседней часовни, и вскоре появляется пара, соединенная навеки перед богом и людьми.

Разные танцы сменяют друг друга. Эолина в последнем танце выражает целомудренное волнение, ожидание небесных радостей дозволенной любви. «А Рюбзаль, что он делает? — спросите вы. — Неужто он позволит, чтобы та, кого он любит, вышла замуж за соперника? Стоит ли тогда быть королем гномов!» Погодите, посмотрите вон туда, в глубину сцены, на эту красноту, покрывающую пурпуром лес. Клубы дыма вихрем катятся по небу. Пламя занимается, пожар разгорается, и в пламени болезненно извиваются дубы, населенные дриадами.

Эолина откидывается, подносит руку к сердцу, а другой рукой делает прощальный жест Эдгару. Огонь, пожирающий дуб, губит и ее, она умирает, а около нее внезапно появляется Рюбзаль, смеясь в дьявольской злобе: по крайней мере она не будет принадлежать другому.

Костюмы Эдгара, Эолины и пажа к балету «Эолина, или Дриада»

Небо, зажженное великолепием апофеоза, обязательного конца балетов и феерий, принимает летящие души дриад. Эолина возносится, поддерживаемая руками матери, и занавес падает под шум голосов, вызывающих госпожу Феррарис.

Триумф госпожи Феррарис был полным, а русская публика не проста, когда дело касается танца: она видела Тальони, Эльслер, Черрито, Карлотту Гризи,

Фотография 1860-х гг. Жюль Перро, балетмейстер-постановщик и исполнитель роли Рюбзаля в балете «Эолина, или Дриада». ЛГМТМИ

Танцор и балетмейстер Х. П. Иогансон. Портрет опубликован в ежегоднике императорских театров. СПб., 1893. ГЦТБ

Французский танцор и балетмейстер Жюль Перро (1810—1892) работал в России в 1848—1859 гг. В Петербург он приехал из Лондона, где в 1843—1848 гг. работал балетмейстером в Королевском театре. Именно в Лондоне он создал свои знаменитые балеты на музыку композитора Ц. Пуньи, в числе которых был и балет «Эолина», поставленный им в Лондоне в 1845 г. Многие из постановок он затем повторил в России.

Х. П. Иогансон (1817—1903) — швед по происхождению. «Первоначальное хореографическое образование получил в Стокгольме, где и дебютировал в 1836 г. Совершенствовался в Дании у известного балетмейстера и педагога Бурнонвиля. В 1841 г. Иогансон приехал в Петербург и был принят в состав петербургской балетной труппы. Здесь он скоро приобрел расположение зрительного зала. В совершенстве владея танцем и отличаясь исключительной тонкостью исполнения, легкостью, пластичностью и благородством, он одновременно отрицал танец ради танца и не пренебрегал актерскими задачами. Эти взгляды на искусство роднили его с русскими артистами. С первых своих шагов на петербургской сцене Иогансон стал считать себя русским...»

Бахрушин Ю. А. История русского балета. М., 1977. С. 130—131.

Амалия Феррарис в балете «Эльфы» К. Габриелли. Гравюра на дереве. ГЦТБ

Журнал «Современник» № 12 за 1858 г.:
«Г-жа Феррарис продолжает танцевать в балете «Эолина, или Дриада». Все отдают справедливость ее прекрасному таланту и силе ее носка... и все считают, что балет длинен (к удовольствию публики, он, впрочем, несколько сокращен), все... за исключением нашего любезного гостя Теофиля Готье».

не считая русских балерин, молодую хореографическую армию, которую выпускает одна из лучших в мире консерваторий. Быстрым, легким, великолепно дисциплинированным, с уже оформившимся талантом, им может недоставать лишь очень, впрочем, скоро приобретаемого театрального опыта.

У госпожи Феррарис сегодня нет соперниц. Нет соперниц ее грации, легкости, воздушности, ее полету, а под хрупкой ее внешностью таится невообразимая сила. Она взлетает, как пружина, опускается, словно перышко голубя. На пуантах ее пальцы вонзаются в пол, как железные наконечники стрел, при этом она крутится, опрокидывается, танцует в скользящем ритме, уверенно, смело она делает неожиданные пируэты, да с таким порывом, что можно было бы подумать, что ее несут невидимые крылья. Каждый ее ритм точен, чист, четко обозначен, классически совершенен и совсем по-новому изящен, здесь нет места деревянной усталости. Кроме того, эти ножки в упоении танца никогда не забывают такта, у них тонкий слух, и они восхитительно отбивают ритм. Их такты так же верны, как стук мозельского метронома.

Исполняя двойную роль, госпожа Феррарис, словно в двух балетах, даваемых один за другим, смогла показать свой талант в двух разных аспектах: исполняя Эолину, она сочетает изящную приветливость жительницы замка с невинным весельем, с наивным кокетством девушки, когда же она дриада, она принимает идеально чистый облик, уходит как бы в иной мир, улетает, делается еще более прозрачной и легкой и как бы летит между дубов над травами, не отряхнув ни одной капли росы с фиалок. В этих внезапных превращениях из женщин в богиню, из богини в женщину она никогда не ошибается и всегда входит в свой образ.

Мое описание уже весьма длинно, но, однако, чтобы закончить его, мне понадобилось бы еще много места. Столько голубых глаз и светлых головок, столько

Мария Тальони (1804—1884) — итальянская танцовщица, балетмейстер и педагог. В 1837—1842 гг. выступала в Петербурге каждый сезон.
Фанни Эльслер (1810—1884) — австрийская танцовщица. Ее гастроли в Петербурге и Москве (1848—1851) имели большое значение для развития русского балета. Т. Готье называл ее «языческой» танцовщицей.
Фанни Черрито (1817—1909) — итальянская танцовщица. В конце творческой деятельности гастролировала в Петербурге и Москве (1855—1856).
Карлотта Гризи (1819—1899) — итальянская танцовщица и певица. Т. Готье отмечал ее драматический талант и неповторимую индивидуальность. В 1850—1853 гг. работала с Жюлем Перро в Петербурге. Карлотта Гризи была первой исполнительницей партии Жизели в одноименном балете по либретто Т. Готье. Эта роль принесла ей мировую славу. Т. Готье писал либретто, рассчитывая на ее актерскую индивидуальность.
Русские танцовщицы и танцовщики получали образование в основном на балетном отделении Петербургского театрального училища (ныне Ленинградское государственное хореографическое училище). Т. Готье употребляет слово «консерватория», так как во Франции, как и в других странах Европы, этот институт объединял преподавание музыки, пения и танца.

Танцовщица А. И. Прихунова. Фотография из книги А. Плещеева «Наш балет». СПб., 1899

Танцовщица М. Н. Муравьева. Фото 1850—1860-х гг. ГЦТБ

А. И. Прихунова (1830—1887) — русская балерина. Особенным успехом пользовалась в балете «Маркитантка» Ц. Пуньи в постановке Жюля Перро. Ее исполнение отличалось драматической выразительностью, живостью, юмором.

М. Н. Муравьева (1838—1879) — русская балерина. Лучшей ее партией считалась Жизель. Композитор Ц. Пуньи написал для ее бенефиса балет «Конек-горбунок», долго остававшийся единственным балетом на русский сюжет на нашей сцене. С успехом гастролировала в Париже (1863—1864), способствуя известности и славе русской танцевальной школы за границей.

крошечных туфелек и стройных ножек сияет, порхает, подпрыгивает, летает вверх и вниз в этом вихре газа, бабочек, цветов, улыбок и розовых трико, и все это называется «Эолина, или Дриада»! Посудите, я, вчера только приехавший иностранец, с удивлением, зачарованно слушаю, словно песнь неведомой птицы, мелодию всех

Балетмейстер Мариус Петипа. Фото 1860-х гг.
из книги А. Плещеева «Наш балет». СПб, 1899. ГЦТБ

этих женских имен, непривычных для моего слуха, но все же столь нежных, звучных и музыкальных, что их можно принять за санскритские имена из неизвестной индийской драмы: Прихунова, Муравьева, Амосова, Лядова, Снеткова, Макарова. Каждое из этих имен означает талант или по крайней мере молодость, надежду. Что до мадам Петипа, ее французское имя, хотя она и русская, меня наводит на след, и тут я могу сказать как человек, на этот раз более осведомленный, что она изящна, красива, легка и достойна входить в семью выдающихся хореографов. Нужно ли хвалить Перро и Пуньи? Их имена уже сами по себе хвала.

Амосова А. Н. (1832—1888) — русская балерина и дочь дирижера Петербургского оперного театра. Танцевала с 1851 по 1861 г.

Ее сестра, Амосова Н. Н. (1833—1903), была балериной первого положения и имела неизменный успех у публики. Танцевала с 1852 по 1866 г.

Лядова В. А. (1839—1870) — русская балерина. С 1858 г. — в труппе Петербургского оперного театра. Занимала положение первой характерной танцовщицы труппы. В балете «Эолина, или Дриада» исполняла партию Трильби.

Снеткова М. А. (1831—?) — русская балерина. В 1853 г. пользовалась большим успехом в балете «Крестьянская свадьба» композитора Стефана. Танцевала в Петербургском оперном театре до 1859 г.

Макарова А. П. (1828—1889) — считалась отличной танцовщицей и некоторое время была солисткой балета Петербургского оперного театра.

Суровщикова-Петипа С. М. (1832—1882) — русская балерина, жена знаменитого балетмейстера Мариуса Петипа. В петербургской балетной труппе с 1854 по 1869 г. В 1861 г. гастролировала вместе с Мариусом Петипа в Берлине, Париже, Риме.

Цезарь Пуньи (1802—1870) — итальянский композитор. С 1851 г. работал в Петербурге, где занимал должность сочинителя балетной музыки при петербургских императорских театрах. Для Петербургского оперного театра написал 35 балетов. Его музыка отличалась мелодичностью, ясностью форм, четкостью, многообразием ритмов. Всего им написано 312 балетов.

Петербургский «Театральный и музыкальный вестник» № 44 от 9 ноября 1858 г. в своей «Театральной летописи» пишет:

«Наряду с знаменитой артисткой отличились и наши танцовщицы. Мы с удовольствием можем сказать, что в этот вечер таланты их выдвинулись еще рельефнее вперед, и нельзя не радоваться, что публика, любуясь иностранною знаменитостью, не забывала своих родных артистов... Не можем, однако, не внести в нашу сегодняшнюю летопись имен г-жи Прихуновой, Муравьевой, Петипа, Лядовой и Кошевой. Это цветки роскошного венка, которым вряд ли может похвалиться какая-либо из европейских сцен... Прибавим только, что и г. Иогансон доставил всем новый случай убедиться, что он замечательный артист...

Новый балет г. Перро проникнут тем же фантастическим элементом, как и все последние произведения этого замечательного хореографа, но гораздо богаче танцами...»

Глава семнадцатая   Возвращение во Францию

Прошло уже много дней, недель, даже месяцев, а я все откладывал отъезд во Францию. Санкт-Петербург стал для меня и моей воли некоей Капуей* во льдах, где меня разморили удовольствия приятной жизни, и, признаюсь в этом без стыда, мне стоило большого усилия вернуться в Париж и опять надеть на себя хомут сочинительства рассказов для журналов, который уже так долго давит мне на плечи. К большой притягательной силе новизны ощущений прибавились еще и наиприятнейшие знакомства. Меня лелеяли, чествовали, баловали, даже любили, во что я фатовски верю. От всего этого не уедешь без сожаления. Меня обволокла сладкая, ласковая, льстивая русская жизнь, и мне жалко было снимать эту мягкую и уютную шубу. Между тем нельзя же было навсегда остаться в Санкт-Петербурге. Письма из Франции приходили, с каждым разом все настойчивее торопя меня, и вот великий день был бесповоротно определен.

Я рассказывал, что вступил здесь в Пятничное общество молодых художников, собиравшихся по пятницам то у одного, то у другого из них и проводивших вечер за рисунком карандашами, акварелью, сепией импровизированных композиций, которые продавал в своей лавке Беггров, здешний Сюсс**. Эта продукция шла на оказание помощи собратьям-художникам, претерпевавшим тяжелые времена. Веселый ужин к полуночи завершал их работу. Убирали карандаши, кисти, пастели и принимались за классические макароны, приготовленные поваром по прозвищу Римлянин, за рагу из рябчиков или какую-нибудь большую рыбу, выловленную в проруби на Неве. В зависимости от состояния кошелька того «пятницца», который принимал у себя в очередной вечер все общество, ужин был в большей или меньшей степени торжественным. Сопровождался ли он при этом бордо, шампанским или попросту английским пивом или даже квасом, он неизменно был веселым, полным сердечности, братской дружбы. Нелепейшие истории, шаржи, забавные выходки, неожиданные парадоксы запускались здесь, словно ракеты во время фейерверка. Затем группами возвращались домой, кто в какой квартал вместе, продолжая разговоры и идя по молчаливым, пустым, белым от снега улицам, где не слышалось другого шума, кроме взрывов смеха, лая собаки, разбуженной нашим шествием, и стучащей о тротуар железной палки ночного сторожа.

В пятницу, накануне моего отъезда, была как раз моя очередь принимать у себя собратьев, и вся компания в полном составе собралась в моей квартире

---

* Капуя — город в Италии. Здесь в 215 г. до н. э. карфагенский полководец и государственный деятель Ганнибал (247—183 до н. э.), завоевав город, остался со своим войском на зимний период.

** Продавец художественных изделий, картин и эстампов в Париже, сам художник.

на Морской. Ввиду торжественности случая Эмбер, знаменитый санкт-петербургский повар, служащий во дворце, любезно составил меню ужина, проследил за его приготовлением и даже соизволил приложить к нему свою собственную руку, приготовив заливное из куропаток, подобного которому я не встречал ни на одном столе. Эмбер уважал меня за то, что я в его присутствии в довершение одного разговора об экзотических блюдах приготовил рицотто по редчайшему миланскому рецепту. Он объявил его великолепным и больше не считал меня «буржуа». Кроме литератора я оказался для него еще и «художником». Никакая другая похвала не смогла бы польстить мне больше. Эмбер сделал свое заливное, как для гурмана, которого счел достойным ценителем своего искусства.

Как обычно, вечер начался с работы, каждый сел к своему пюпитру, заранее поставленному под лампой. Но работа не клеилась, всех что-то отвлекало. За разговором повисали в бездеятельности кисти, а бистр* и тушь иной раз сохли в чашечке между одним мазком и другим. Около семи месяцев я прожил в добрых отношениях, бок о бок с этими молодыми людьми, умными, симпатичными, любителями прекрасного, полными щедрых и благородных идей. Я собирался уехать. Когда люди расстаются, кто знает, увидятся ли они вновь? Особенно если они разделены большим расстоянием, и, коснувшиеся друг друга на некоторое время, их жизни войдут затем в свою обычную колею. Итак, некоторая грусть витала в воздухе, и объявление об ужине очень вовремя ее рассеяло. Тосты за мое удачное путешествие оживили заглохшее веселье, и «на посошок» пили так долго, что решили сидеть до утра и проводить меня все вместе к железной дороге.

Весна продвигалась. Большой ледоход на Неве уже прошел. Только отдельные запоздалые льдинки неслись по течению и таяли потом в потеплевшем и отныне готовом к

В письме к дочери, опубликованном в предисловии к книге «История произведений Теофиля Готье» (Париж, 1887), Готье дает свой адрес в Петербурге: «У г-на Варлэ, дом Смурова, № 15, Малая Морская ул., С.-Петербург».
Этот дом имеет интереснейшую историю. До петербургского 1-й гильдии купца С. Г. Смурова домом владели французы, сначала Андрие, затем Дюме, державшие в нем ресторан. Ресторан был известен на весь Петербург и считался самым изысканным в городе.
А. С. Пушкин посещал Андрие, а затем Дюме. Однажды он обедал там в отдельном кабинете в обществе А. П. Керн, П. А. Осиповой и А. Н. Вульфа. После женитьбы Пушкин перестал посещать Дюме. Он вновь появился в ресторане лишь в 1834 г., когда Н. Н. Пушкина уехала с детьми на лето из Петербурга. Однажды Пушкин познакомился здесь с молодым французом, приехавшим в Россию в поисках счастья. Это был Дантес.
Дом 15/7 на углу Малой Морской (ныне ул. Гоголя) и Гороховой (ныне ул. Дзержинского) тогда, когда в нем жил Т. Готье, был уже в значительной мере перестроен. Позже дом перешел во владение Русского страхового от огня общества, его еще больше перестроили и надстроили, придав ему архитектурный облик, который сохранился до настоящего времени.

---

* Бистр — темно-коричневая краска в акварельной живописи.

навигации заливе. С крыш сошел их горностаевый покров, и на улицах снег превратился в черную кашицу, на каждом шагу образовывая лужи и топи. Долгое время прикрытые слоем белого снега, обнажались повреждения, нанесенные улицам зимою. Мостовые были разбиты, дороги — в глубоких ямах. Дрожки жестоко переваливались по рытвинам, ужасно обивали бока пассажирам и заставляли их подпрыгивать, как горох на барабане, так как плохое состояние дорог нисколько не укрощало извозчиков, которые неслись как дьяволы, только бы колеса были целы. Сами они были вполне довольны и нисколько не заботились о состоянии седоков.

Очень скоро мы приехали на железнодорожную станцию, и там, находя, что расставание наступает слишком быстро, вся компания вошла в вагон и пожелала сопровождать меня до Пскова, где тогда прерывалась недавно начатая линия железной дороги. Этот обычай сопровождать отъезжающих родных и друзей мне нравится, он существует только в России, и я нахожу его трогательным. Горечь отъезда смягчается, и одиночество наступает не сразу же за объятиями и пожатиями рук.

В Пскове, однако, нужно уже было расстаться. «Пятниццы» вернулись в Санкт-Петербург с первым же встречным поездом. Это уже был окончательный отъезд, а настоящее путешествие только начиналось.

Я не один возвращался во Францию, моим спутником был молодой человек, живший в том же доме, что и я, в Санкт-Петербурге, с которым меня быстро связали узы дружбы. Несмотря на то что он был французом, он знал — вещь редкая — почти все северные языки: немецкий, шведский, польский и русский — и говорил на них, как на родном языке. Он часто ездил по России во всех направлениях, на всех повозках и во всякую погоду. В дороге он обладал поразительной сдержанностью, умел обойтись без всего и проявлял превосходную стойкость по отношению к ее тяготам, хотя на вид был натурой тонкой, привыкшей к самой комфортабельной жизни. Без него я не смог бы вернуться во Францию в этот период года и по таким трудным дорогам.

В Пскове нашей первой заботой было нанять или купить карету, и после многих хождений то туда, то сюда мы нашли только подобие весьма разбитых дрожек, рессоры которых не внушали нам большого доверия. Мы купили их, но с условием, что, если они сломаются, не проехав и сорока верст, продавец возьмет их обратно, взяв с нас небольшую мзду за ущерб. Это мой осторожный приятель подумал о такой оговорке, и, как увидим, хорошо сделал.

9 февраля 1859 г. петербургская газета «Северная пчела» от имени Главного общества железных дорог в Российской империи сообщила об открытии первой очереди железнодорожной линии из Петербурга в Варшаву, об открытии участка дороги от Луги до Пскова и объявила о зимнем движении с 10 февраля 1859 г. между Петербургом, Гатчиной, Лугой и Псковом.

Львов Ф. Ф. Окрестности Пскова. 1850. Акварель на желтой бумаге. ГРМ

      На задок ненадежной повозки мы привязали наши чемоданы, сами устроились на узких сиденьях, и извозчик пустил упряжку галопом. Для езды по дорогам это был самый отвратительный сезон года. Дорога представляла собою сплошную топь. Относительно чуть более твердая к середине, в остальной своей части она была залита широким болотом жидкой грязи. Справа, слева и спереди вид составляло выпачканное серой грязью небо, висящее над черной и мокрой до горизонта землей. Иногда вдалеке едва видны были растрепанные и рыжеватые шевелюры полузатопленных берез, отсветы луж и бревенчатые избы с мазками державшегося еще на крышах снега, походившего на обрывки плохо отодранной бумаги. Погода была фальшиво теплой, так как к вечеру нас пронизывали порывы довольно резкого ветра, от которых я вздрагивал под моими мехами. Скользя над месивом из снега и льда, ветер не теплел. Стаи ворон черными запятыми усеивали небо и, каркая, направлялись к своему ночному приюту. Картина была не веселой, и, не завяжись разговора, затеянного моим приятелем, об одном из его путешествий в Швецию, я ударился бы в меланхолию.

      По дороге ехали мужицкие телеги с дровами, их тащили покрытые грязью, совсем как грифоны*, маленькие лошадки. Вокруг них летели во все стороны брызги жидкой грязи. Заслышав колокольчики нашей упряжки, они с уважением выстраивались

---

* Грифон — охотничья собака, длинношерстная и жесткошерстная, размером со спаниеля.

Ковалевский П. О. (1843—1903). Сломалась ось. Холст, масло. МК

вдоль дороги и пропускали нас. Один из мужиков самым честнейшим образом побежал за нами, неся в руке один из наших чемоданов, который в какой-то момент отвязался и упал, чего мы даже не услышали за шумом колес.

 Ночь почти наступила, и мы были невдалеке от почтовой станции. Наши лошади, возбужденные близостью конюшен, неслись как ветер. Бедные дрожки прыгали на разболтавшихся рессорах и по диагонали следовали за неудержимо рвавшейся вперед упряжкой, так как из-за глубокой грязи колеса не поспевали вовремя прокрутиться. Попавшийся нам по дороге камень явился причиной такого сильного удара, что нас чуть не выбросило из кареты в самую грязь. Одна из рессор лопнула, передок кареты больше не держался на месте. Наш кучер сошел вниз, при помощи веревки кое-как починил разбитую повозку, и мы через пень-колоду смогли доехать до станции. Дрожки не протянули и сорока верст. Нечего было и думать продолжать путь на этой дрянной рухляди. Во дворе почтовой станции не было других свободных повозок, кроме телег, а нам нужно было ехать пятьсот верст только до границы.

 Чтобы по-настоящему объяснить весь ужас нашего положения, необходимо небольшое описание телеги. Эта примитивнейшая повозка состоит из двух продольных досок, положенных на две оси, на которые надеты четыре колеса. Вдоль досок идут узкие бортики. Двойная веревка, на которую накинута баранья шкура, по обе стороны прикреплена к бортам, образуя нечто вроде качелей, служащих сиденьем для путешественника. Возница стоит во весь рост на деревянной перекладине или садится на дощечку. В это сооружение запрягают пять меленьких лошадок, которых, когда они отдыхают, вследствие их плачевного вида, не взяли бы даже для упряжки фиакров*, так они несчастно выглядят. Но, однако, если они уже запущены в бег, лучшие беговые лошади за ними поспевают с трудом. Это не барское средство передвижения, но перед нами была раскисшая от таявшего снега адская дорога, а телега — это единственная повозка, способная ее выдержать.

Во дворе мы устроили совет. Мой приятель сказал: «Подождите меня. Я поеду до следующей станции и вернусь за вами в карете... если ее найду».

— Почему же? — спросил я, немало удивленный его предложением.

— Да ведь, — отозвался мой приятель, пряча улыбку, — я много путешествовал в телеге с друзьями, которые казались смелыми и сильными. Они гордо взбирались на сиденье и в течение первого часа ограничивались гримасами, быстро сдерживаемыми конвульсивными движениями, затем вскоре с разбитыми боками, отбитыми коленками, с перевернувшимися внутренностями, с мозгами, прыгающими в черепе, как высохший орех в скорлупе, они начинали браниться, стонать, жаловаться и осыпать меня ругательствами. Некоторые даже принимались плакать и просить меня спустить их на землю или бросить в канаву, предпочитая умереть от голода и холода, быть съеденными волками, чем дальше терпеть подобную пытку. Никому не удавалось проехать больше сорока верст.

— Вы слишком плохо думаете обо мне. Я не изнеженный путешественник. Из меня не исторгли ни одного стона ни кордовские галеры, дно которых — плетенка из испанского дротика, ни тартаны Валенсии, похожие на коробки, в которых обкатывают шары, чтобы лучше их сгладить. Я ездил на повозках, держась на руках и на ногах, упираясь ими в бортики. В телеге для меня нет ничего удивительного. Если я стану жаловаться, вы ответите мне, как Куаутемок своему собрату по жаровне: «А я что, на розах сижу?»

---

* Фиакр — наемный экипаж городской службы. В него впрягали лошадей, которых плохо кормили и за которыми плохо или совсем не ухаживали, из самых дешевых.

Куаутéмок (между 1494—1525) — последний правитель ацтеков, племянник и зять Монтесумы, унаследовавший в 1520 г. его трон. Пытаясь сбросить иго Испании, он сумел прогнать Кортеса, испанского полководца, из Теночтитлана (совр. Мехико), но вскоре сам потерпел поражение при осаде города испанцами. Попал в плен. Кортес поместил его вместе с каторжниками, которых испанцы использовали на своих галерах. Каторжники старались заставить Куаутéмока сказать, где находятся сокровища ацтеков. Они

Казалось, его убедил мой гордый ответ. Лошадей запрягли в одну из телег, на нее навалили наши чемоданы, и вот мы в дороге.

«А обед?» — спросите вы. Пятничный ужин уже, наверное, переварился к этому времени, а сознательный путешественник должен рассказывать читателям о всех возможностях дорожной трапезы. Мы только выпили стакан чаю и съели тоненький ломтик пеклеванного хлеба, ибо, если вы пускаетесь в дорогу, да еще таким экстравагантным способом, есть не следует, как этого не делают и ямщики почтовых карет, когда они стремительно несутся во весь опор на большие расстояния.

Я не хотел бы развивать парадоксальную мысль, что телега — это самая приятная повозка. Между тем она показалась мне более переносимой, чем я подозревал. Я без особого труда держался на горизонтальной веревке, несколько смягченной бараньей шкурой.

С приходом ночи ветер стал холодным, небо очистилось от туманов, и в темной сини засияли большие и ясные звезды, совсем как бывает, когда погода меняется к заморозкам.

В весенние оттепели случаются эти возвраты холода. Северная зима нехотя и с большим коварством отступает к полюсу. Иногда она возвращается и бросает пригоршни снега в лицо весне. К полуночи грязь уже затвердела, затянуло лужи, и от окаменевших наворотов льда и земли телега стала прыгать еще более жестоко.

Мы прибыли к почтовой станции, которую сразу узнаешь по белому фасаду и портику с колоннами. Все почтовые станции одинаковы и построены от одного края империи до другого по одному и тому же установленному образцу. Нас с нашими вещами переселили в другую телегу, которая тут же и отправилась в путь. По обеим сторонам дороги, словно отступающая армия, беспорядочно пробегали едва различавшиеся в темноте предметы. Неизвестный враг, казалось, преследовал эти привидения. Ночные галлюцинации начинали смущать мои слипающиеся глаза. Против воли видения примешивались к мыслям. Накануне я совсем не ложился спать, и настойчивая необходимость во сне кидала мою голову из стороны в сторону. Мой спутник усадил меня на дно телеги спиною к своим ногам и зажал мою голову между колен, чтобы я не разбил ее во сне о бортики телеги. Телега на встречавшихся время от времени песчаных и торфяных местах ехала по положенным поперек дороги бревнам, но самые сильные и резкие толчки не будили меня, хотя меняли ход моих сновидений, как бывает с художником, которого во время его работы толкнули под локоть: начатое им лицо с ангельским профилем вдруг оборачивается дьявольской рожей.

посадили его и ацтекского министра на горящие угли. Испанцы потом рассказывали, что министр, не выдерживая боли, обернулся к своему владыке, как бы прося у него разрешения говорить, но Куаутемок сурово спросил его: «А я что, на розах сижу?» Он был казнен Кортесом в 1525 г.

Этот сон длился три-четыре часа, и я проснулся отдохнувшим и веселым, как если бы выспался в своей кровати.

Скорость — это волнующее удовольствие. Какая радость вихрем нестись в звоне бубенчиков и треске колес среди огромного пространства, в ночной тишине, когда все люди спят, а на вас, словно указывая вам дорогу, мигающими глазами смотрят только звезды! Ощущение, что вы в действии, что вы идете, движетесь к цели в течение часов, обычно потерянных на сон, вас наполняет удивительной гордостью. Вы восхищаетесь собой и слегка презираете обывателей, храпящих под своими одеялами.

На следующей почтовой станции та же церемония: лихой въезд во двор, быстрое переселение из одной телеги в другую.

— Так как же? — спросил я своего спутника, когда мы выехали со станции и ямщик пустил лошадей по дороге во весь дух. — Я все еще не попросил пощады, а ведь телега уже немало верст трясет нас с вами, да как! Руки мои все еще прикреплены к плечам, ноги не вывихнуты, а голова все так же держится на позвоночнике.

— Я и не предполагал, что вы так воинственны. Теперь самое серьезное позади, и, я думаю, мне не придется вас бросить на краю дороги с носовым платком на конце шеста, взывающим о жалости и снисхождении, когда, возможно, мимо вас будут проезжать берлины или другие столь же редкие в этих пустынных краях кареты. И так как вы поспали, теперь ваша очередь бодрствовать. Я прикрою глаза на несколько минут. Не забудьте, чтобы скорость не снижалась, время от времени стучите кулаком по спине возницы, который ваши удары передаст поводьями спинам лошадей. Громко и сердито зовите его «дурак». Это никоим образом не может повредить.

Я добросовестно справлялся с предложенной мне задачей. Но скажу сразу, чтобы омыть себя в глазах филантропов, упрекающих меня в варварстве: мужик был одет в толстенный тулуп из бараньей шкуры, а мех этот амортизирует любой внешний удар. Моя рука как будто встречалась с периной.

Когда рассвело, я с удивлением увидел, что ночью прошел снег, который, как дырявый саван, тонким слоем только едва прикрывал уродливую и обедневшую землю, намокшую от недавней оттепели. На покатом склоне узкие полосы снега шли вверх и вниз, смутно походя на турецкие могилы на кладбище Эюба или Скутари*, когда под осевшей землей колонны упали или самым причудливым образом покосились.

Через некоторое время поднялся ветер и вихрем понес тонкую снежную пыль, мелкую, похожую на крупу, коловшую мне глаза и ста тысячью иголочек впивавшуюся в ту часть лица, которую необходимость дышать принуждает оставлять открытой. Нет ничего более неприятного, чем такая выводящая из себя пытка, которую еще усугубляла

---

* Острова — предместья Стамбула у азиатского побережья на Босфоре.

скорость телеги, ехавшей против ветра. Мои усы очень скоро забились белым жемчугом и увесились сталактитами, из которых, как дым из трубки, голубоватым паром вырывалось дыхание. Я почувствовал, что промерз до мозга костей, так как влажный холод более неприятен, чем сухой, и я испытал это предрассветное недомогание, известное путешественникам и искателям ночных приключений.

Стакан чаю и сигара на очередной почтовой станции вернули меня, как говорится, в свою тарелку, и я мужественно продолжил путь, совсем возгордясь от комплиментов моего спутника, который, как он говорил, никогда не видел западного жителя, с таким героизмом переносящего езду на телеге.

Очень трудно описать края, по которым мы ехали, такими, какими они предстали в этот период года перед путешественником, все-таки вынужденным ехать из соображений настоятельной необходимости. Все это были слабохолмистые равнины черноватого цвета. Вдоль дороги тянулись вехи. Когда зимние метели стирают дороги, они являются их указателями, а летом стоят как безработные телеграфные столбы. На горизонте только и видишь, что березовые, иногда полусгоревшие леса да редкие деревни, затерянные в глубине земель и видные лишь по куполам церквей, покрашенным в цвет неспелого яблока.

В настоящий момент на темном фоне грязи, которую ночью приморозило, там и сям лежал снег длинными лентами, похожими на куски холста, выложенные на луг для отбелки под солнцем, или, если такое сравнение кажется вам слишком радостным для описываемой ситуации, на прошивки из белых ниток по черному, похожему на сажу цвету, в который бывают выкрашены самые низкосортные погребальные покрывала. Бледный день, словно цедясь сквозь закрывавшую все небо огромную сероватую тучу, терялся, рассеивался, как бы во взвешенном своем состоянии, не давая предметам ни света, ни тени. В этом неверном, неясном освещении все казалось грязным, серым, линялым, тусклым. Колористу, так же как и рисовальщику, не за что было бы ухватиться в этом смутном пейзаже, неясном, размытом, скорее угрюмом, чем меланхоличном. Но то обстоятельство, что нос мой был повернут в сторону Франции, утешало меня и не давало совсем заскучать, несмотря на мои глубокие сожаления о покинутом Санкт-Петербурге. Ведь любая тряска по дороге среди этой унылой сельской местности приближала меня к родине, и скоро уже после семимесячного отсутствия я должен был увидеть, не забыли ли меня мои парижские друзья. Впрочем, сами трудности путешествия поддерживают вас, и удовлетворение от победы над препятствиями отвлекает от мелких неприятностей. Когда вы уже увидели много стран, вы не станете на каждом шагу надеяться встретить «волшебные города», вы привыкли к этим пробелам в природе, которые, перемалывая одни и те же виды, даже усыпляют вас иногда, как и чтение самых великих поэтов. Не один раз вам хочется сказать, как Фантазио в комедии Альфреда де Мюссе*: «Как не удался этот закат! В этот вечер природа жалка. Посмотрите-ка на эту долину вон там, на

---

* «Фантазио» — комедия в прозе французского поэта и писателя Альфреда де Мюссе (1810—1857).

Вид развалин каменной крепости в г. Острове с южной стороны. Атлас к материалам для статистики Российской империи. СПб, 1839. Литография Ивана Селезнева. ГНИМА

четыре-пять взбирающихся в гору глупых облачков! В двенадцать лет я рисовал такие пейзажи на обложках книг!»

Мы давно уже проехали Остров, Режицу* и другие городки или города, которые, вы можете представить себе, я разглядывал не слишком подробно с высоты моей телеги. Даже если я остался бы здесь несколько дольше, я сумел бы только повторить уже сделанные мною описания: дощатые заборы, деревянные дома с двойными рамами, за стеклами которых видны комнатные растения, зеленые крыши и церковь с пятью куполами и нартексом, расписанным по византийскому шаблону.

Среди всего этого выделяется почтовая станция с белым фасадом, перед которым группами стоят несколько мужиков в грязных тулупах и несколько белобрысых детей. Крайне редко встречаются женщины.

День клонился к вечеру, и мы должны были приближаться к Динабургу. Мы въехали в город с последними лучами мертвенно-бледного заката, который отнюдь не придавал веселого вида этому городу, населенному по большей части польскими евреями. Небо было как раз таким, каким его рисуют на картинах, изображающих чуму,— мрачно-серого цвета с оттенками болезненно-зеленоватой разлагающейся плоти. Под этим небом черные, разбухшие от дождя и талого снега дома, искалеченные зимнею непогодой, тонущие в разлившейся жидкой грязи, походили на набросанные кучи

---

* Ныне Резекне.

дров или мусора. Талые воды, ища уклона, текли со всех сторон. Желто-землисто-черноватые их потоки несли с собою мириады мелких соринок. Площади выглядели грязными болотами, в которых кое-где пятнами плавали островки грязного снега, все еще упрямо сопротивлявшегося западным ветрам. В эдакой отвратительной каше, при виде которой невольно запоешь гимны щебеночной дороге, отбрасывая фонтаны брызг на стены и на редких прохожих, колеса телеги крутились, напоминая лопасти колес парохода в тинистой реке. Подобно ловцам устриц, прохожие были одеты в поднимающиеся до самых бедер высокие сапоги. Телега ехала по ступицы в грязи. К счастью, под этой топью все-таки существовал деревянный настил мостовой. Разбитый и сдвинутый водою, на определенной глубине он представлял собою твердую почву, которая не позволяла нам, нашим лошадям и нашей телеге благополучно исчезнуть в этой грязи, как в зыбучих песках горы Сен-Мишель*.

От контакта с непрерывно плещущейся грязью наши шубы превратились в настоящие небесные планисферы, усеянные не описанными астрономами многочисленными созвездиями шлепков грязи, и если в городе Динабурге вообще можно было кому-то показаться грязными, то мы были катастрофически грязны.

Самостоятельный проезд путешественников в это время года был здесь редким событием. Единственно возможное по таким временам средство передвижения — это почтовая карета. Не много найдется на земле смертных, достаточно храбрых, чтобы отправиться в путь в телеге. Но все дело в том, что нужно загодя записываться на места в почтовой карете, а я уехал внезапно, подобно военному, когда он замечает, что отпуск его кончается и он под страхом наказания за дезертирство должен вовремя вернуться в полк.

Начало городу, который не раз менял свое название (Динабург, Невгин, Борисоглебск, Двинск, с 1920 г.— Даугавпилс), положил замок, построенный в 1275 г. на правом берегу Даугавы, в 19 километрах вверх по течению реки от теперешнего Даугавпилса. Его назвали Динабургом, очевидно, из-за старинного немецкого названия реки Даугавы — Дина.

1 июля 1826 г. открылась первая почтовая дорога Петербург — Динабург. Через 10 лет началось движение по дороге Динабург — Каунас. В 1844 г. открылась шоссейная дорога, связывавшая Динабург с Псковом, протяженностью 132 версты.

На месте старинной, пришедшей в руины крепости была построена новая. В казематах этой новой крепости с 16 октября 1827 г. по 15 апреля 1831 г. томился политический узник № 25 — поэт-декабрист В. К. Кюхельбекер.

В середине XIX в. в связи с усиленным строительством железных дорог в России Динабург стал важным железнодорожным узлом. В 1858—1861 гг. открылась первая в Латвии железнодорожная линия Рига — Динабург. Через 5 лет ее продлили до Орла, а в 1871 г.— до Царицына (ныне Волгоград). Через Динабург пролегла и другая не менее важная железная дорога — Петербург — Варшава.

Азан В., Барковская Г., Гуков Г. Здесь, в краю озер. Даугавпилс; Рига, 1978.

---

* Гора Сен-Мишель находится в проливе Ламанш, у побережья Франции. Этот гористый островок теперь один из живописных туристских пунктов.

Мой спутник следовал тому принципу, что в путешествии такого рода нужно есть по возможности меньше, и его умеренность в еде превосходила крайнюю в этом отношении умеренность испанцев и арабов. Однако, когда я ему объяснил, что уже давно, с пятницы, умираю с голоду, а уже наступал вечер воскресенья, он снизошел до моей, как он выразился, слабости. Оставив телегу на почтовой станции, мы отправились на поиски пищи. В Динабурге ложатся спать рано, и на темных фасадах домов горело мало огней. Идти в этой клоаке было нелегкой задачей, тем более что при каждом шаге нам казалось, что неведомая сила тянет нас за каблуки вниз. Наконец мы увидели красный свет, исходивший, как нам показалось, из какой-то трущобы, отдаленно все-таки напоминавшей таверну. Отсвет красных огней зигзагами нитей тянулся по жидкой грязи, что походило на ручейки крови, вытекающей с бойни. Это зрелище, надо сказать, не способствовало аппетиту, но в той стадии голода, в какой мы находились, нам не стоило привередничать. Мы вошли, и ударившая нам в нос удушливая вонь не оттолкнула нас. В зловонной атмосфере, потрескивая, горела коптившая лампа. Странного вида евреи наполняли комнату. Они были в длинных, как сутана, лоснящихся, заношенных, одновременно черно-фиолетовых и отливавших коричнево-оливковыми тонами одеждах, цвет которых я попросту определил бы как цвет густой грязи. На них были причудливые широкополые шляпы с огромным донышком, выцветшие, бесформенные, засаленные, местами мохнатые, местами облысевшие, настолько старые, что им не было бы места даже в каморке в пух и прах разорившегося старьевщика. А сапоги! Знаменитый Сент-Аман* и тот не погрешит излишествами в их описании. Со стертыми задниками, разношенные, закрученные вокруг ноги спиралью, побелевшие от слоев полупросохшей грязи, походившие на ноги слона, долго топтавшегося по джунглям Индии. Многие из евреев, особенно молодые, были причесаны на прямой пробор, а за ушами у них спускались длинные, зачесанные волной волосы, и эдакое кокетство страшно не соответствовало их грязному облику. Здесь не было того красивого еврея, человека восточного типа, потомка патриархов, сохраняющего благородный вид библейских персонажей. Здесь был ужасающе грязный местный еврей, занимающийся всевозможными подозрительными махинациями или каким-либо гнусным промыслом. Между тем в здешнем освещении эти худощавые тонкие лица, беспокойные глаза, раздвоенные, как рыбий хвост, бородки цвета прогорклого масла на общем тоне прокопченной в дыму селедки напоминали персонажи Рембрандта на его полотнах и офортах.

Нам не показалось, что в этом заведении оживленно ели. По темным углам хорошо видны были сидящие за столами типы, медленно попивавшие из стаканов чай или водку. Но не было даже намека на какую бы то ни было еду. Евреи понимали и говорили по-немецки и по-польски. Мой спутник поинтересовался у хозяина здешних мест, нет ли возможности достать нам хоть какой-нибудь еды. Такая просьба, казалось, его удивила. Была суббота, и блюда, приготовленные накануне для этого дня, в который не

---

* Марк Антуан Жирар Сент-Аман (1594—1661) — французский поэт, автор реалистических поэм, например «Тыква», сатирических и лирических поэм, например «Одиночество». Член Французской академии.

разрешается ничего делать, были уже съедены до последней крошки. Однако его впечатлили наши изголодавшиеся лица. Собственный его буфет был пуст, печь погашена, но вполне вероятно, что в соседнем доме можно было все-таки найти хлеба. Он пошел отдать распоряжения по этому поводу, и через несколько минут мы увидели, как среди кучки человеческих лохмотьев, неся с победоносным видом нечто вроде плоского сухаря, появилась еврейская девушка чудесной красоты. Прямо Ревекка из «Айвенго» или Рахиль из «Жидовки»*, истинное солнце, засиявшее, словно чудо, сотворенное алхимиком в потемках этой мрачной комнаты. Елиозер** предложил бы ей у колодца обручальное кольцо Исаака. Настоящий распустившийся библейский цветок. Как он вырос на этой куче навоза? Даже Суламифь из «Шир Гаширим»*** не была столь возбуждающей восточной красавицей. Эти глаза газели, этот изящный орлиный нос, эти прекрасные алые губы, наложенные двойным мазком на матовую бледность лица, этот целомудренно-чистый овал, продолговатый от висков до подбородка, будто специально сделанный для традиционной повязки!

Она поднесла нам хлеб, улыбаясь, точь-в-точь как это делают девушки — жительницы пустыни, наклоняя свой сосуд с водой к иссохшим губам путника. Залюбовавшись ею, мы не брали хлеб из ее рук. Легкий румянец окрасил ей щеки, когда она заметила наше восхищение. Она положила хлеб на край стола.

Глубокий внутренний вздох мой означал, что возраст безумных шалостей и страстных порывов для меня прошел. Совсем ослепленный сиянием этой внезапно появившейся красоты, я принялся грызть хлеб, который был одновременно недопеченным и подгоревшим, тогда как мне он показался таким же вкусным, каким он продается в венской булочной на улице Ришелье****.

Ничто нас более не задерживало в этом городке: прекрасная еврейка ушла, и с ее исчезновением убогость закопченной комнаты обнаружилась еще явственнее. Я добрался до телеги и, вздыхая, говорил себе, что самые прекрасные жемчужины Востока вовсе не находятся в бархатных чехлах.

Вскоре мы прибыли на берег Двины*****, через которую предстояла переправа. Берега Двины высокие, и нужно сперва проехать по похожему на русские горки

---

* «Айвенго» — роман английского писателя Вальтера Скотта (1771—1832). «Жидовка» — опера французского композитора Ф. Галеви (1799—1862).

** По библейской легенде, Елиозер — слуга Авраама, который отправился в Месопотамию испросить руки Ревекки для Исаака и привел невесту.

*** Суламифь — библейский образ любви, героиня одной из частей Библии — «Песни песней». «Шир Гаширим» — «Песнь песней» на иврите.

**** В Париже.

***** Даугава.

спуску. К счастью, ямщики здесь ловкие на удивление, а маленькие украинские лошадки твердо держатся на ногах. Мы спустились вниз без происшествий. В темноте под берегом плескалась и булькала вода. Для переезда с одного берега на другой служил не понтон и не паром, а некая система дощатых плотов, составленных конец к концу и скрепленных между собою железным канатом. Так это сооружение легче выдерживало волнение воды и легко перекатывалось с волны на волну. На самом деле безопасный, переезд показался нам весьма зловещим.

Разбухшая от таяния снегов река плескалась в переполненных берегах и ожесточенно восставала против любого препятствия, в том числе и против наших плотов. Она натягивала канаты. Ночью легко представить себе воду мрачной и полной таинственных опасностей. Неизвестно откуда пришедший свет фосфоресцирующими змеями движется по поверхности, пена кидает в этих змей причудливые искры, и оттого черная вода кажется еще более глубокой, будто плывешь над бездной. Так, с чувством большого облегчения я оказался на другом берегу в вихре несущихся вверх по крутому берегу лошадей, которые на подъеме развивали почти такую же скорость, с какой они только что спустились по противоположному берегу.

И вновь я лечу по серому, черноватому пространству, едва различая какие-то формы, описать которые никак невозможно, потому что стираются из памяти они так же быстро, как и исчезают из глаз. Эти смутные видения, набегающие и растворяющиеся в стремительной езде, обладают своей прелестью: словно галопом мчишься по сновидению. Хочется проникнуть взглядом в неясную, как бы ватную темень, где затушевываются контуры и только как черные пятна видны предметы.

На рассвете погода изменилась и решительно обернулась к зиме. Пошел снег, на этот раз большими хлопьями. Они ложились слоями на землю, и вскоре далеко вокруг, насколько видел глаз, всю местность запорошило и выбелило, как мукой. Поминутно я вынужден был отряхиваться, чтобы меня не засыпало совсем в моей телеге, но это был напрасный труд: через несколько минут я опять покрывался снегом, становился весь белым вроде посыпанного сахарной пудрой сладкого пирога. Послушный дыханию ветра, серебряный пух кружился вокруг, носился в разные стороны, вверх и вниз, как будто с высоты неба вывалили наружу бесчисленные пуховики, и в этой сплошной белизне в четырех шагах перед собой уже ничего не было видно. Лошади нетерпеливо встряхивали своими облезлыми гривами. От желания наконец избавиться от этого мучения у них как бы появились крылья, они неслись к почтовой станции галопом, во весь опор, невзирая на свежевыпавший снег, представлявший уже помеху для колес.

Я питаю к снегу особое пристрастие, и ничто мне так не нравится, как эта ледяная рисовая пудра, от которой светлеет темный лик земли. Эта нетронутая, девственная белизна, усыпанная, как паросский мрамор, сияющими блестками, мне нравится более, нежели богатейшая иной раз игра красок. Когда я иду по покрытой снегом дороге, мне представляется, будто я ступаю по серебряному песку Млечного Пути.

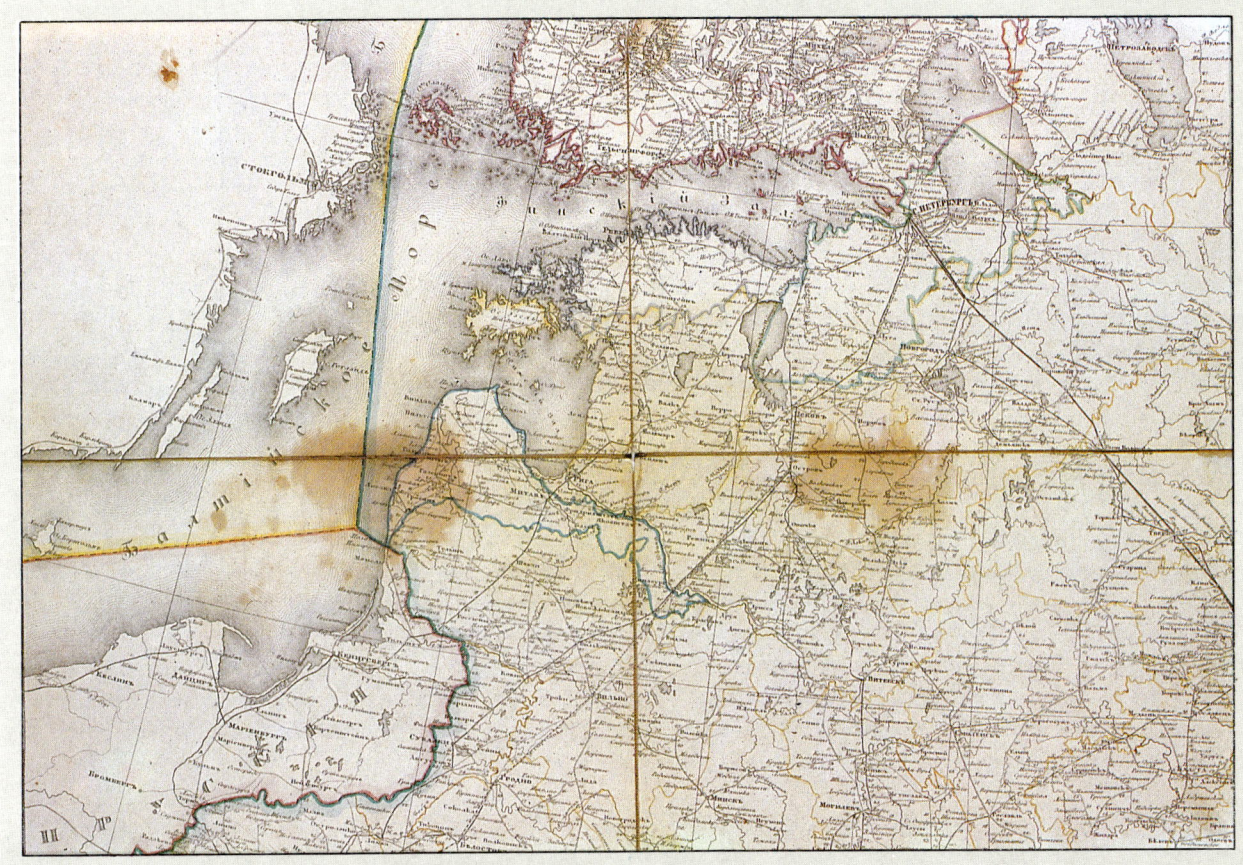
Карта Балтийского моря. 1854. Из собрания В. В. Глиндзич. Москва

Но на этот раз, надо признаться, я уже был сыт снегом по горло, и мое сидение в телеге начинало казаться мне невыносимым. Даже мой столь привычный к тяготам путешествий в северных краях приятель согласился, что нам было бы куда уютнее где-нибудь в уголке на печке, в плотно закрытой комнате или даже в простой почтовой карете, если бы она могла проехать по такой непогоде.

Вскоре снегопад обратился метелью. Это невероятное зрелище походит на бурю в зарослях плюща. Над самой землей ветер с непреодолимой силой несет перед собою снег. Белые дымы, вихрясь, несутся клочьями над поверхностью земли, словно объятой ледяным огнем полярного пожара. Если на пути встречается стена, смерч подгоняет к ней свои полки, устремляет их против нее, вскоре переваливает через стену и водопадом обрушивается с другой стороны. В одно мгновение рвы, ложа ручейков запорошены, дороги исчезли, и отыскать их можно только по столбам-указателям. Стоит остановиться, и за какие-нибудь пять-шесть минут вы занесены, погребены, как под обвалом. Под действием силы ветра, влекущего за собой эти огромные массы снега, сгибаются деревья, накреняются придорожные столбы, животные прячут голову. Это степной хамсин.

На этот раз опасность была невелика. Прежде всего метель случилась днем, слой выпавшего снега был еще небольшим, и я оказался зрителем развернувшегося передо мною спектакля, при этом не подвергаясь ни малейшей опасности. Но приключись это ночью, метели ничего не стоило бы закрутить и вовсе поглотить нас.

Иногда как будто черные суконные тряпки проносились в глубине разыгравшейся белой бури — это были сбитые и опрокинутые вороны, которых бросало из стороны в сторону. Нам попались также две-три мужицкие телеги. Стремясь поскорее добраться до изб, мужики бегом бежали от бури.

С истинным умиротворением в душе я увидел, что сквозь эту штриховку мелом во все стороны на краю дороги с неизменным своим греческим портиком смутно проступало здание почтовой станции. Архитектура никогда не казалась мне более возвышенным искусством. Соскочить с телеги, отряхнуть с шубы снег и войти в комнату ожидания, где царила мягкая теплынь, было делом одного мгновения. Самовар всегда кипит на почтовых станциях, и несколько глотков горячего, как только можно терпеть, чая быстро восстановили нам кровообращение, застоявшееся после стольких часов, проведенных в неподвижности на свежем воздухе.

— С вами я отправился бы открывать Северный полюс, — сказал мне мой приятель, — и, думаю, вы оказались бы приятным сотоварищем на зимовке. Как хорошо мы бы зажили в снежной хижине, прихватив туда добрый запас сухой пищи и медвежьей ветчины!

— Меня трогает ваша похвала, я ведь знаю, что вы по природе не льстец. Но теперь, когда я в достаточной мере доказал, что способен выдержать тряску и непогоду, мне кажется, не будет с нашей стороны низостью, если мы поищем все-таки несколько лучший способ передвижения.

Полузанесенный снегом двор, который тщетно пытались очистить, отбрасывая снег по углам лопатами и метлами, имел поразительный вид. Его загромождали телеги, тарантасы, дрожки. Их дышла торчали вверх, словно мачты полузатонувших кораблей. За всей этой несложной каретной техникой сквозь сетку белых точек, кружащихся в вихре снежной бури, мой взгляд выудил походивший на спину мертвого кита в морской пене кожаный капот старой коляски, которая, несмотря на свою ветхость, показалась мне ковчегом спасения. Раздвинули прочие повозки, вытащили ее на середину двора, и мы убедились, что колеса у нее в сносном состоянии, рессоры достаточно прочные и что если окна и не плотно закрывались, то по крайней мере все они были на месте. По правде сказать, в подобной колымаге мы не блистали бы в Булонском лесу. Но так как нам не нужно было проезжаться вокруг озера и вызывать восхищение дам, мы были несказанно рады, когда нам любезно сдали внаем коляску до самой прусской границы.

Нам понадобилось всего несколько минут, чтобы в этом деревянном башмаке устроиться самим и пристроить наши чемоданы, и вот опять мы в дороге и несемся тем же аллюром, который, однако, несколько снизился из-за сильного встречного ветра, кидавшего нам навстречу вихри ледяной пыли. Несмотря на то что мы закрыли все окна, на незанятом сиденье вскоре, однако, образовалась полоса снега, ведь эту белую пудру, толченый и протертый бурею порошок не ощущаешь: снег проникает через малейшую щелку, совсем как песок в Сахаре, он попадает даже в часовые механизмы. Мы с приятелем вовсе не были сибаритами, эдакими принцессами на горошине и со сладостным чувством благодарности судьбе воспользовались этим относительным комфортом. По крайней мере можно было откинуться спиной и головой на обветшалую обивку из зеленого сукна, правда весьма посредственно натянутую, но бесконечно более уютную, чем борта телеги. Если мы и подремывали, то теперь это уже не грозило нам падением и опасностью разбить себе череп.

Мы сразу же воспользовались возможностью чуточку поспать каждый в своем углу, но не слишком предавались дремоте, которая при таких низких температурах становится опасной. Столбик термометра под воздействием налетавшего ледяного ветра упал до десяти или двенадцати градусов мороза. Но мало-помалу буря улеглась, взвихрившийся и взболтавшийся в воздухе снег осел на землю, и до самого горизонта стала видна сельская местность, белой пеленой простиравшаяся вокруг нас.

Погода смягчилась, и стало всего три-четыре градуса мороза, что для России в этот период года — очень теплый денек. Паромом мы переправились через Вилию, впадающую в Неман у города Ковно*. Паром шел на уровне самых низких берегов реки. Мы оказались в городе, имевшем довольно приятный вид под свежевыпавшим снегом. Почтовая станция находилась на красивой площади, окруженной домами правильной формы и усаженной деревьями, за какие-то четверть часа превращенными в серебряные созвездия. То и дело над домами видны были луковичные или ананасовые купола. Но у меня не было времени да и сил идти осматривать церкви.

Легко закусив бутербродами и чаем, мы приказали запрягать нашу коляску, чтобы засветло успеть переправиться через Неман, а под этими широтами в феврале дни не так уж длинны. Множество карет, телег, повозок переправлялось через реку одновременно с нами, и посередине реки желтая беспокойная вода почти доходила до брусьев, идущих по краю парома. Напугайся здесь лошади, и ничего не было бы проще, чем

---

* Вилия — приток р. Нярис, которая в свою очередь у города Каунаса впадает в Неман. Ковно — ныне Каунас.

оказаться в воде во всей одежде и со всем багажом. Но русские лошади, хоть и ретивы, очень добры и не тревожатся по пустякам.

Через несколько минут мы уже неслись галопом к прусской границе, до которой рассчитывали добраться этим же вечером, невзирая на стенания и металлический скрежет нашей бедняги коляски, которую жестоко встряхивало. Она, однако, оказалась выносливой и не сыграла с нами подлой шутки посреди дороги.

Так, к одиннадцати часам вечера мы добрались до первого прусского поста, откуда должны были отправить нашу коляску на ту станцию, где мы ее взяли.

— Теперь,— сказал мой приятель,— когда нам не нужно будет более упражняться в акробатике на диких поворотах и ухабах, хорошо бы поужинать в свое удовольствие и немного попарить тело, чтобы, появившись в Париже, мы не походили на привидения.

Будьте уверены, я не подумал воспротивиться этому предложению, выраженному в краткой, но содержательной речи, так превосходно отражавшей мои собственные тайные помыслы.

Мальчишкой я представлял себе, что границы между государствами помечены прямо по земле голубой, зеленой или розовой краской, как это показано на географических картах. Это, конечно, была лишь детская выдумка. Но хотя граница не была проведена кистью, линия раздела чувствовалась не менее резко и четко. Там, где стоял белый столб с диагональными черными полосами, кончалась Россия и начиналась Пруссия, внезапно и бесповоротно. Соседствующие страны не давали здесь друг другу никакой поблажки.

Нас ввели в низкую комнату с мелодично пыхтевшей фаянсовой печкой. Пол был посыпан желтым песочком. По стенам висело несколько гравюр в рамках. Столы и стулья были немецкой формы, а на стол подавали рослые и сильные служанки. Сколько времени я не встречал женской прислуги в такого рода местах за работой, которая как раз представляется уделом женского пола: в России, как и на Востоке, только мужчины занимаются обслуживанием посетителей, по крайней мере в общественных местах.

Еда тоже изменилась. Вместо щей, икры, огурцов, рябчиков, судаков на столе появились суп с пивом, телятина с коринкой, заяц в желе из смородины и сентиментальные немецкие кондитерские изделия. Все изменилось: форма рюмок, ножей, вилок. Тысяча мелких деталей, которые слишком долго описывать, на каждом шагу свидетельствовали о том, что мы приехали в другую страну. Плотно поев, мы выпили бордо, оказавшегося превосходным, несмотря на его очень уж пышную этикетку с отсвечивающими металлическим блеском буквами, и рудехеймского пива, налитого в кружки изумрудного цвета.

За обедом мы тщетно призывали себя удержаться от жадности, чтобы не умереть от заворота кишок, как это случается с людьми, потерпевшими кораблекрушение и подобранными на плоту, когда они уже съели свои тощие запасы сухарей, ботинки, резинки и т. д.

Благоразумия ради мы должны были только выпить чашку бульона и съесть обмакнутый в малагу марципан, чтобы постепенно приучить себя к пище. Да где там! Ужин уже был в наших желудках, не вынимать же его оттуда. Главное, чтобы он не причинил нам страданий и угрызений совести.

Одежда на людях тоже изменилась. Последние тулупы мы видели в Ковно. Типы людей, как и одежды, стали другими. Задумчивые, отрешенные, мягкие лица русских сменились строгими, металлически резкими, надутыми лицами пруссаков. Совершенно другая раса. Приплюснутая на лбу маленькая каскетка с козырьком, короткая куртка и узкие в коленях и широкие книзу штаны, в зубах — фарфоровая или пенковая трубка или янтарный мундштук, странно согнутый коленцем, куда под прямым углом вставляется сигара. Таковыми на первой же почтовой станции предстали передо мною пруссаки. Они не удивили меня, я уже их знал.

Карета, в которой мы поехали дальше, походила на маленький омнибус, которым пользуются в прусских замках, когда едут на железнодорожную станцию встречать гостей к обеду. Карета, как положено, была обита изнутри, плотно закрыта и мягко подвешена на рессорах, по крайней мере так мне показалось после езды в телеге, которая является самой настоящей средневековой пыткой на дыбе.

Но какая разница между быстрым и веселым бегом маленьких русских лошадок и флегматичной рысцой огромных мекленбургских тяжеловозов, которые, похоже, засыпают на ходу и насилу пробуждаются время от времени, когда рассеянный возница ласково прохаживается кнутом по их толстым спинам! Эти немецкие лошади, без всяких сомнений, знают итальянскую поговорку: «Тише едешь...» Переставляя огромные ноги, они явно обдумывают эту пословицу и совсем отбрасывают вторую ее часть: «...дальше будешь», ибо прусские почтовые станции находятся на более близком расстоянии друг от друга, чем русские.

Между тем даже при медленной езде в конце концов когда-то все-таки приезжаешь, куда нужно. Таким образом, утро застало нас вблизи Кёнигсберга*, на дороге, вдоль которой были посажены большие деревья. Насколько хватало глаз, аллея тянулась вдаль, и деревья имели поистине волшебный вид. Снег обледенил ветви и образовал тончайшие перьевые узоры из хрусталя, усеянного бриллиантами. Все это чудесно сияло. Аллея имела вид огромной арки из серебряной филиграни, ведущей к замку северной волшебницы.

---

* Ныне Калининград.

Видно зная мою любовь к себе, снег в момент расставания щедро расточал передо мною свое волшебство и угощал меня своим сияющим блеском. Зима провожала меня как можно дальше, и ей трудно было со мною расстаться.

У Кёнигсберга вид не очень-то веселый, по крайней мере в это время года. Зимы здесь суровые, и в окнах еще были двойные рамы. Я заметил много домов, у которых конек крыши был лесенкой, а фасады выкрашены в яблочно-зеленый цвет. Как и в Любеке, они видны сквозь искусно выделанные металлические решетки, идущие понизу. Это родина Канта, который своей «Критикой чистого разума» подвел философию к самой ее сути. Мне все казалось, что на поворотах улиц виднелась его фигура в серо-стального цвета одежде, в треуголке и туфлях с пряжками, и я вспоминал о той смуте, которую внесло в его мысли отсутствие тщедушного тополька, на котором более двадцати лет кряду останавливался его взгляд, затуманенный глубокими метафизическими размышлениями.

Мы прошли прямо на вокзал, и вот уже каждый из нас сидел в своем углу вагона. Описание путешествия по железной дороге через Пруссию не входит в мои намерения. В этом нет ничего интересного, тем более что я не собирался останавливаться в городах.

Я ехал прямым поездом до Кёльна. Только в Кёльне я расстался со снегом. Расписание поездов не совпадало, и в Кёльне я был вынужден сделать остановку, которой и воспользовался для того, чтобы по необходимости привести в порядок мой туалет, дабы обрести наконец человеческий вид, ибо походил я в этот момент на настоящего самоеда, пришедшего на Неву показывать своих оленей.

Езда в телеге произвела в моих чемоданах самые невероятные пертурбации: обувь потеряла свой начищенный вид, проступила голая, не натертая ваксой кожа;

Немецкий философ Иммануил Кант (1724—1804) родился и прожил всю жизнь в городе Кёнигсберге (с 1946 — Калининград). Как памятник истории и культурной жизни города здесь до наших дней сохранилась могила Канта. Сын ремесленника, мастера по сёдлам, Кант долгое время жил в безвестности и бедности. Затем, после пятнадцати лет работы простым репетитором, в 1770 году, он стал профессором кафедры логики и метафизики в Кёнигсбергском университете.

Во времена Т. Готье имя Канта во Франции было на устах всех образованных людей: в 1830 г. переводятся на французский язык его «Метафизические основы морали», в 1836 г. — «Критика чистого разума», в 1837 г. — «Метафизические основы права», с 1846 по 1860 г. Барни издает в Париже свой перевод основных трудов Канта. Т. Готье имеет в виду рассуждения Канта о вере и о примирении требований нравственного сознания с непререкаемыми фактами зла, царящего в человеческой жизни, о том, что существование бога недоказуемо (для знания) и в то же время может быть тем постулатом веры, на котором основывается наше убеждение в существовании нравственного порядка в мире.

коробка превосходных сигар была полна polvo Sevillano*: тряска телеги превратила сигары в тонкую пыль; печати на доверенных мне письмах достаточно поистрепались, потрескались, истерлись от трения, на них больше не видны были ни гербы, ни цифры, ни какие бы то ни было изображения. Многие конверты раскрылись. Снег набился в рубашки! Приведя все в порядок, после вкуснейшего ужина я лег и на следующий день, то есть через пять дней после моего отъезда из Санкт-Петербурга, в девять часов вечера, как и обещал, прибыл в Париж, не опоздав даже на пять минут. На вокзале меня ждала двухместная карета, и через четверть часа я оказался среди старых друзей и хорошеньких женщин, перед сияющим огнями столом, где дымился изысканный ужин, и мое возвращение весело праздновали до самого утра.

---

* Polvo Sevillano — севильская пыль (исп.). В испанском городе Севилье издавна существуют табачные фабрики.

Теофиль Готье. Фото 1860 г.

Посетив Петербург и Москву в зимний сезон 1858—1859 г., Теофиль Готье снова прибывает в Москву в августе 1861 г. и вместе со своим сыном, который находился в России уже с мая 1861 г., отправляется в далекое путешествие в Нижний Новгород, на знаменитую Нижегородскую ярмарку.

Часть вторая. Лето в России

В «Историческом и географическом энциклопедическом словаре» (Париж, 1858) Т. Готье мог прочесть следующие сведения о Нижнем Новгороде:

«Нижний или Малый Новгород — главный город Нижегородской губернии, на слиянии рек Волги и Оки, в 430 км от Москвы и в 1200 км на юго-восток от Санкт-Петербурга. 45 000 жителей. Епархиальный город, в котором есть уголовный и апелляционный суды. Военный форт, или Кремль, два кафедральных собора и 26 церквей, из которых у многих купола позолочены, хорошая гостиница. Красивый фонтан в центре города, великолепный базар; канатная фабрика, пивоварня, винокурня; большая торговля хлебом. Огромная ярмарка, называемая Макарьевской, одна из главных в Европе, привлекает каждые четыре года 400 000 человек. Нижегородская губерния находится в центре Российской империи и граничит на севере с Костромской и Вятской, на северо-востоке — с Казанской, на востоке — с Симбирской, на юге — с Пензенской и Тамбовской, на западе — с Владимирской губерниями. Занимает площадь в 360 на 225 км, население — 1 300 000 человек. Климат умеренный и здоровый. Почва довольно плодородная. Произрастают зерновые, конопля, лен. Очень развита торговля, облегченная близостью трех рек: Волги, Оки и Суры».

Волга

От Твери до Нижнего Новгорода

После долгого пребывания в России я с некоторым трудом привыкал к парижской жизни, часто возвращаясь мыслью к берегам Невы и куполам Василия Блаженного. В империи царей мне довелось бывать только зимой, и я мечтал поехать туда летом, чтобы увидеть ее в свечении долгих летних дней, когда солнце садится всего на несколько минут. Я знал Санкт-Петербург, Москву, но мне еще неведом был Нижний Новгород*. А можно ли жить, не повидав Нижнего Новгорода?

Как это бывает? Названия некоторых городов неотвратимо занимают наше воображение и годами, словно таинственная мелодия, звучат в ушах, как однажды заученная музыкальная фраза, от которой невозможно отделаться. Такое странное наваждение известно всем, кого внезапно и мгновенно созревшее решение неотступно гонит к экзотическим местам из границ родной земли. Вы работаете, читаете, развлекаетесь или переживаете горестные минуты, а демон путешествий все нашептывает вам слова заклинаний, и вот, наконец, вы уступаете соблазну. Самое мудрое — по возможности меньше сопротивляться искушению, дабы быстрее от него избавиться. Как только внутренне вы решились, ни о чем больше не беспокойтесь. Положитесь на духа, вселившего в вас мечту. Под его колдовским воздействием устраняются препятствия, развязываются узлы и вам все разрешается. Деньги, которых обычно нет на самую добропорядочную и законную необходимость, радостно приплывают сами собой с готовностью послужить вам поддержкой; паспорт разукрашивается гербовыми марками в дипломатических миссиях и посольствах, ваше белье само укладывается в чемоданы, и вы неожиданно обнаруживаете, что располагаете как раз дюжиной новых сорочек, черной фрачной парой и пальто на случай любой непогоды.

Нижний Новгород уже давно вызывал во мне такое непреодолимое влечение. Никакая мелодия так сладко не отдавалась в моих ушах, как это далекое и неопределенное название. Я повторял его, словно молитву, почти не отдавая себе в этом отчета, и с чувством несказанного удовольствия высматривал город на картах. Начертание его названия нравилось мне, как красивая вязь арабески. Близость букв «и» и «ж», аллитерация конечного «й», три точки, стоящие над словами, точно ноты, на которых делается акцент, очаровывали меня, как мальчишек очаровывает все загадочное. Буквы «в» и «г» второго слова также волновали меня, но в окончании «од» заключалось нечто повелительное, решающее и завершающее, чему не было никакой возможности сопротивляться. После нескольких месяцев борьбы я вынужден был отправиться в путешествие.

---

* Ныне Горький.

Серьезным благовидным предлогом была необходимость пополнить знания для завершения большой работы о сокровищах русского искусства. Над ней я трудился многие годы, и однажды она уже привела меня, не вызывая особенного удивления со стороны рассудительных людей, в этот своеобразный, единственный в своем роде город — Москву, представший тогда предо мною в зимнем уборе: в серебряной диадеме и накинутой на плечи белоснежной горностаевой шубе. Итак, три четверти пути оказалось позади. Демон путешествий все устроил как нельзя лучше. Дабы ничто меня не задержало, он отправил за границу или далеко в глубь страны людей, повидать которых меня обязывал долг. Таким образом, не было никаких препятствий, и никакие задержки и угрызения совести не мешали мне осуществить мечту. В Москве я наскоро собрал материал: во время осмотра Кремля название «Нижний Новгород», начертанное рукой искусителя, сияло причудливыми, увитыми цветами славянскими буквами на сияющем дне золотых и серебряных сосудов, на иконостасах.

Если выбирать самый простой и короткий путь от Москвы, то нужно было проехать до Владимира по железной дороге и в почтовой карете до Нижнего, но опасение не найти лошадей, так как в это время проходила знаменитая Нижегородская ярмарка, на которую из разных стран собиралось 300 или 400 тысяч человек, заставило меня избрать дорогу, которой крайне редко пользуются в настоящее время. Англо-американская поговорка «Time is money»* не в моем вкусе, и я не из тех туристов, что спешат прибыть на место. Меня больше всего интересует путешествие само по себе.

В противовес буржуазной рассудительности я начал с того, что поехал в другую сторону, до Твери, а затем намеревался путешествовать по Волге почти от самых ее истоков — довериться ее спокойному течению, медленно приближавшему меня к желанной цели. Наверное, вы удивляетесь столь малой поспешности, с коей я претворял в жизнь заветную мечту. Но, зная, что непременно увижу Нижний, я уже не спешил. Кроме того, человек вообще боится исполнения своих желаний, и это опасение, конечно, подсознательно мучило меня и умаляло пыл. А вдруг город моей мечты исчезнет от дыхания действительности, рассеется, как облака, которые, образуя на горизонте купола, башни, некрополи, уже от легкого порыва ветра меняют очертания или сметаются вовсе?

Слишком послушная девизу железных дорог: linea recta brevissima**, прямая, как струна, железнодорожная линия Санкт-Петербург — Москва оставляет в стороне Тверь, поэтому я поехал туда на быстрых дрожках. Дрожки в России никогда не подводят путешественников и, словно из-под земли, возникают по первому зову.

Постоялый двор, где я остановился, был размером с дворец — он мог бы послужить караван-сараем для целого мигрирующего племени. Слуги в черном с белыми галстуками приняли меня и с английской серьезностью проводили в огромную ком-

---

* Время — деньги (англ.).

** Прямая линия — самая короткая (лат.).

нату, в которой парижский архитектор без труда разместил бы целую квартиру. Я шел по коридору, длиною своею напоминавшему монашеские кулуары Эскориала*. В столовой свободно можно было устраивать прием на тысячу человек. За обедом в нише окна, где стоял мой стол, я прочел на уголке салфетки гиперболическую, сказочную цифру «три тысячи двести»! Не считая меня и нескольких военных в соседней нише, из которой, нарушая тишину, неслись смешки, взрывы разговора и бряцание сабель, постоялый двор мог показаться совершенно пустым. Большие собаки с тем же скучающим видом, что и в Экс-ла-Шапели**, о чем говорит Генрих Гейне, меланхолично прогуливались меж столов, как по улице, в ожидании, что им бросят кость или приласкают. Из далеких кухонь приходили изможденные служители и со вздохом роняли на скатерть наполовину остывшие блюда.

С балкона моей комнаты была видна главная площадь Твери, откуда звездой расходились лучи улиц. В одном углу виднелась яркая вывеска балагана бродячих артистов. Оттуда доносилась резкая, пронзительная музыка, перед которой зеваки не в силах устоять в России, так же как и в любой другой стране. Вдали, над городом, на фоне неба прямо перед моими глазами вырисовывался церковный купол и луковицеобразные маковки с золотыми крестами и цепями. По обе стороны от церкви выстроились фасады красивых домов, проносились запряженные породистыми лошадьми мастерски слаженные дрожки, экипажи стояли на площади, а мужики, еще одетые в тулупы, устраивались поспать на нижних ступенях лестниц.

Уже прошла пора длинных дней, когда, почти смешивая вечернюю и утреннюю зори, солнце исчезает и мгновение спустя появляется вновь, но темнота все-таки не наступала раньше десяти-одиннадцати вечера. На западе вряд ли могут себе представить тона, окрашивающие небо во время этих долгих сумерек. В палитре наших художников их нет. Делакруа, Диаз и Зим в замешательстве не знали бы, какое смелое сочетание красок выбрать, и, конечно, их полотна обвинили бы в неправдоподобии, если даже им и удалось бы совладать со своими красками. Казалось, я прибыл на другую планету, куда свет доходит преломленным сквозь призму какой-то неведомой атмосферы.

---

* Эскориал — дворец и монастырь в Испании близ деревни Сан-Лоренсо-дель-Эскориаль, на северо-западе от Мадрида. Это обширный архитектурный ансамбль (1563—1584). Во дворце хранятся произведения Бенвенуто Челлини, Сурбарана, Тициана, Эль Греко, Веласкеса и др. Богатая библиотека украшена ковровыми изделиями по эскизам Гойи.

** Экс-ла-Шапель — французское название немецкого города Ахен (ФРГ).

В Аахене даже у псов хандра —
Лежат, скуля беззвучно:
«Дай, чужеземец, нам пинка,
А то нам очень скучно!»

Г. Гейне. Германия, или Зимняя сказка.

Оттенки бирюзы и цвета неспелого яблока переходили в розовые тона, в неуловимо тонких переливах превращались в бледно-сиреневые, перламутровые и стальные, или наступала молочная, опаловая, радужная белизна — таким нам представляется свет Элизия*, что исходит не от солнца, не от луны, не от звезд, а от светящегося самого по себе эфира, как бы рассеянного кисеею.

На этом феерическом небе, будто для того, чтобы лучше видны были идеально мягкие его оттенки, мерно, словно совершался причудливый церемониал, с карканьем, которому трудно не придать мистического смысла, летели к гнездам вороны. Их глухие крики, прерываемые неожиданной тишиной, с повторами хором казались гимном или молитвой, обращенной к Ночи. Голуби, символ Святого Духа в России, уже заснули и украшали кружевом своды и края церкви. Птиц этих невероятное множество, и люди сердобольно кормят их зернами.

Я спустился к площади, направляясь в сторону реки без проводника и не спрашивая, куда идти, полагаясь на свое инстинктивное знание планировки города, которое редко обманывает опытных путешественников. Я пошел по улице, перпендикулярно пересекавшей красивую Тверскую, и скоро вышел к берегу Волги. Если большая улица выглядела претенциозным подражанием санкт-петербургскому проспекту, то эта, менее шумная и удаленная от центра, имела типично русский вид. Деревянные дома, выкрашенные в разные цвета, зеленые крыши и крашеные дощатые заборы тянулись вдоль улиц. Из-за оград виднелись верхушки деревьев в ярко-зеленой листве. Сквозь низкие квадраты окон смотрели на улицу комнатные растения, которые здесь разводят во множестве для того, чтобы люди у себя дома иногда могли забыться и не чувствовать, что на дворе шесть месяцев подряд стоит снежная зима. Несколько женщин босиком возвращались с реки с узлами белья на голове, крестьяне, стоя во весь рост на телегах, погоняли косматых лошадей, тащивших дрова с береговых складов.

У весьма крутого берега, где дрожки и повозки носились со стремительностью, способной напугать парижских кучеров и лошадей, возвышались трубы маленьких пароходов флотилии, принадлежавшей компании «Самолет». Еще неглубокая река в этой части не пропускает больших пароходов. Я купил билет, так как пароход мой должен был отправляться ранним утром следующего дня, и продолжил прогулку по берегу реки. Темная вода, словно черное зеркало, отражала великолепие сумерек, еще более сгущая их волшебную темень. Противоположный берег, окутанный надвигающимися сумерками, выступал, будто длинный мыс в океане света, и трудно было отличить небо от воды.

Две-три лодочки, взмахивая веслами, как насекомые, погружающие в воду свои членистые лапки, чертили там и сям по темно-светлому зеркалу. Они плыли, словно в неясном, жидком воздухе, и время от времени казалось, что вот-вот они опрокинутся, натолкнувшись на перевернутое вверх ногами отражение купола или дома.

---

* Элизий — в древнегреческой мифологии благодатная страна, где пребывают души усопших героев и добродетельных людей, обитель блаженных в царстве мертвых.

Дальше будто темная перекладина перерезала реку у самой воды. Подойдя ближе, я увидел длинный паром, служивший сообщением между двумя берегами. Часть его по желанию раздвигалась, оставляя проход лодкам. Это был мост в его простейшем виде. Морозы, паводки, ледоходы создают трудность для наведения постоянных мостов на реках России. Их почти всегда сносит. На пароме женщины стирали белье. Не довольствуясь силой рук, они мяли белье ногами, как это делают арабы. Эта занятная деталь заставила меня сделать мысленный прыжок к мавританским баням Алжира, где я наблюдал, как молодые yaouled — «яулет»* танцевали в мыльной пене на банных полотенцах, которые они стирали. Набережная, откуда открывается превосходный вид, служит местом для прогулок. Такие же широкие, как на Итальянском бульваре, кринолины выглядели роскошно, и девочки в коротеньких пышных платьицах, похожих на костюмы танцовщиц времен Людовика XIV в форме перехваченного бочонка, шли на четыре шага позади своих матерей, так как ширина юбок не позволяла приблизиться на меньшее расстояние. Когда рядом с этими роскошными туалетами идет мужик в грубошерстном кафтане, в лаптях на босу ногу, он выглядит здесь примерно как дунайский крестьянин перед римским Сенатом, и такому несоответствию, конечно, поражаешься. Нигде крайняя цивилизованность и примитивное варварство не достигают такого разительного контраста, как здесь.

Пришло время возвращаться на постоялый двор, следуя примеру слетавшихся к гнездам ворон. Небо медленно угасало. Еще прозрачная темнота окутывала предметы так, что контуры их исчезали, но сами они оставались видимыми, совсем как на замечательной виньетке из иллюстраций к Данте, сделанных Гюставом Доре, где художник так превосходно отразил поэзию сумерек.

Перед тем как лечь спать, я постоял немного на балконе, чтобы выкурить сигару (в России запрещается курить на улицах) и полюбоваться на великолепное небо, яркие звезды которого напоминали мне небо Востока.

Никогда в небесной ночной синеве я не видел такого множества звезд. На неизмеримую глубину эта пропасть, словно солнечной пылью, была усеяна звездами. Млечный Путь с поразительной четкостью вычерчивал свои серебряные изгибы. Казалось, глаз различал в этом струении космических веществ движение звезд и рождение новых миров. Представлялось, будто туманности неким усилием рассеивались на составные части и концентрировались в звезды.

Изумленный этим восхитительным зрелищем, коему в этот момент я, может быть, был единственным свидетелем, ибо человек лишь с большой умеренностью использует данную ему привилегию «нести голову высоко и смотреть на небо», о которой говорит Овидий, я отдался бегу ночного Времени, забыв о том, что вставать надо было на заре. Наконец я вернулся в комнату.

---

* Слово «yaouled», произносящееся как «яулет», обозначает у алжирцев разговорное «парень», множественно число — «ребята».

Несмотря на изобилие белья, о чем меня уже заранее предупредил чудовищный инвентарный номер на салфетке в столовой, на кровати была только одна простыня размером с маленькую скатерку, которая при любом движении во сне, безусловно, должна была соскользнуть. Но, не будучи из тех, кто вздыхает по поводу своих гостиничных несчастий, я философски завернулся в шубу на широком кожаном диване. Такие диваны повсюду встречаются в России и своим удобством заменяют, а кстати, и объясняют недостатки кроватей. Впрочем, это избавило меня от утреннего одевания, лунатических движений, сонной поспешности, которые я отношу к числу самых больших дорожных неприятностей.

Стоило мне появиться у выхода из гостиницы, как ко мне во весь опор устремились дрожки, а за ними, стараясь их перегнать, множество других. Русские кучера никогда не пропускают случая устроить это маленькое развлечение. Подъехав почти одновременно, они со смешным многословием, но без грубости и вспыльчивости начинают спорить друг с другом из-за клиента. После того как клиент сделает выбор, остальные галопом разъезжаются в разные стороны.

На берег Волги я был доставлен всего за несколько минут. Дощатый спуск вел к пристани, где, выбрасывая клубы белого дыма, пыхтел пароходик «Русалка», с нетерпением ожидавший момента, когда поднимут якорные цепи. Опоздавшие в сопровождении носильщиков, таща свои сумки с ночными принадлежностями, поспешно прошли сходни, которые вот-вот должны были убрать. В последний раз прозвонил колокол, и «Русалка», вращая лопастями колес, изящно поплыла по воде.

 Пароходство «Самолет»
Между Тверью и Нижним Новгородом
Вниз по Волге ежедневно:

из Твери	— в 3 часа пополудни
» с. Нового	— » 6 часов вечера
» Корчевы	— с рассветом
» Кимр	— около 5 часов утра
» Медведицы	— в 7 часов утра
» Сергиевского	— » 8 $\frac{1}{2}$ часов утра
» Калязина	— » 9 часов утра
» Углича	— » 11 $\frac{1}{2}$ часов утра
» Мышкина	— » 1 $\frac{1}{2}$ часов пополудни
» Глебова	— » 4 часа утра
» Мологи	— » 5 $\frac{1}{2}$ часов пополудни
» Рыбинска	— около 2 часов утра
» Романова	— в 4 часа утра
» Ярославля	— » 7 часов утра
» Никол.-Баб. мон.	— » 9 часов утра
» Костромы	— » 12 часов пополудни
» Плёса	— » 3 часа пополудни
» Кинешмы	— » 5 $\frac{1}{2}$ часов пополудни

Волга. От Твери до Нижнего Новгорода

Тверь. Вид от реки Волги в сторону церкви Белой Троицы. 1840-е гг. Изд. Дациаро. ГНИМА

» Юрьевца — » 8 ½ часов пополудни
» Пучежа — » 3 ½ часа утра
» Катунки — » 4 ½ часа утра
» Городца — » 6 часов утра
» Балахны — » 7 ½ часов утра

Приходит в Нижний Новгород около 9 часов утра.

Указатель путешествий по России. СПб., 1868. С. 64.

У Твери Волга еще далека от той необъятной шири, которая при впадении в Каспийское море делает ее похожей на гигантские реки Америки. Уверенная в своем великолепии, она начинает путь скромно и течет меж пологих берегов, не поднимая волны и не выбрасывая яростной пены. Приглядитесь к цвету ее воды — он поразителен: сам по себе, без отблесков света и отражения неба и берегов, он коричневый, словно крепкий чай. Этим Волга обязана природе песков, которыми всегда насыщена ее вода. Она меняет фарватер с тем же непостоянством, что и Луара, и это делает навигацию здесь, в верховьях, если не опасной, то трудной, особенно при низкой воде. Рейн — зеленый, Рона — голубая, Волга — коричневая. И Рейн и Рона будто несут в своих водах цвета морей, в которые впадают. То же ли с Волгой? Не знаю, ибо до сих пор не довелось мне увидеть Каспийского моря, этой огромной лужи, забытой посреди Земли отступившими первобытными океанами.

Пока «Русалка» мирно идет, оставляя за кормой пенистый, как от пива, след, взглянем на моих попутчиков. Не боясь «грязи», переступим границу, впрочем не такую уж резкую, между первым классом и вторым и третьим. Люди из общества одинаковы во всех странах, и, если в своих нравах они и проявляют некоторые различимые для наблюдателя особенности, все же они не представляют собой такого своеобразия, которое торопливый турист смог бы зарисовать в блокноте одним взмахом карандаша.

В России до сих пор не было людей промежуточного класса. Но вследствие различных нововведений скоро и здесь он, безусловно, появится. Новшества эти столь еще недавни, что результат их невидим*: внешний вид людей остается прежним. Дворянин и чиновник (служащий) фраком или мундиром резко отличаются от человека из народа. Купец еще носит азиатский кафтан и окладистую бороду, мужик — розовую рубаху, одетую блузой, широкие штаны, заправленные в сапоги, или, если температура даже совсем незначительно понижается, засаленный тулуп, так как русские, к какому бы классу они ни принадлежали, в большинстве случаев люди зябкие, хотя на Западе и воображают, что они не страдая переносят самые жестокие холода. В третьем классе палуба была завалена чемоданами и узлами, некуда было ступить, так как повсюду лежали спящие. Русские, как и восточные люди, спят прямо там, где стоят. Скамья, кусок доски, ступенька лестницы, сундук, бухта каната — все подходит. Они спят, просто спиной подперев стенку. Сон приходит к ним в самых неудобных позах.

Третий класс «Русалки» напоминал палубы левантинских пароходов, когда на их борту находятся турки. Каждый сидит в своем углу среди вещей и провизии. Семьи держатся вместе, совсем как кочующие племена.

Пассажиры, побогаче и получше одетые, были в длинных голубых или зеленых, туго затянутых на поясе рубахах, застегнутых сбоку на три пуговицы. Другие

---

* Т. Готье вторично приехал в Россию в августе 1861 г. Новшества, о которых он говорит, — это подписанные Александром II 19 февраля 1861 г. Манифест об отмене крепостного права и Положения о крестьянах, выходящих из крепостной зависимости, обнародованные с 7 марта по 2 апреля (в Петербурге и Москве — 5 марта).

носили красные рубахи, коричневые кафтаны грубого сукна или бараньи полушубки, хотя было 16—18 градусов тепла. Что касается женщин, их одежда состояла из ситцевого платья, поверх которого они надевали нечто вроде кофты-пальто, доходившей до середины бедра, на голове — цветастые платки, завязанные под подбородком. Женщины помоложе носили чулки и башмаки, старухи, пренебрегая этой данью западной моде, по-мужицки обувались в грубые смазные сапоги.

Дабы придать большей верности этому наброску, выпачкаем его в грязи и смоле, поцарапаем и замусолим его, ибо одежда, которую я пытаюсь описать, была поношена, грязна, истерта, напоминала лохмотья. Ее носят денно и нощно и снимают только тогда, когда она сама по себе снимается. Такое постоянство объясняется относительно высокими ценами на одежду. Между тем мужики, столь безразличные к своему верхнему платью, каждую неделю ходят в баню, и их нижнее белье содержится в гораздо лучшем виде. Впрочем, здесь неосторожно доверять внешнему виду кого бы то ни было. Нередко мне указывали пальцем на самого грязного оборванца, шепча при этом на ухо: «Если он протянет руку, вы, наверное, подадите ему копейку? Так знайте: у него больше ста тысяч рублей». Несмотря на то что говорилось это с самым серьезным видом и явным восхищенным уважением, каковое внушает обычно упоминание о большой сумме денег, я с трудом верил в богатство этих Ротшильдов в лохмотьях, этих Перейра* в стоптанных сапогах.

Типы людей не имели ничего характерного, но иногда бледная, соломенного цвета шевелюра, белокурая борода и стальные, серые глаза указывали на принадлежность их к северной расе. Летний загар покрывал их лица желтой маской почти того же оттенка, что и волосы. Среди женщин я не заметил красивых, но в их кроткой, покорной некрасивости не было ничего неприятного. Слабая улыбка обнаруживала прекрасные зубы, глаза, хоть слегка и потупленные, были выразительными. В позах, которые они принимали, пристраиваясь на скамьи, несмотря на неуклюжие одежды, все-таки улавливался намек на женственность, грацию.

Тем временем «Русалка» осторожно продвигалась по реке. Для того чтобы лоцман мог просматривать реку и издали замечать препятствия, штурвальное колесо было вынесено на мостик, оно соединялось с барабанами и сообщалось с кормой при помощи системы передач. На носу постоянно стояли лотовые матросы, вооруженные шестами с делениями, и ритмичными криками возвещали глубину воды. Красные и белые бакены, сваи, ветви деревьев, растущих прямо из воды, намечали путь пароходу, и надо было иметь поистине великий опыт навигации, чтобы проводить судно по этим капризным извилинам. В некоторых местах песчаные мели выходили почти на поверхность воды, и «Русалка» не раз терлась дном о песок. Но колеса крутились быстрее, и это снимало ее с

---

* Основателем династии мультимиллионеров, существующей и в наше время, был банкир Мейер Ротшильд (1743—1812), родившийся во Франкфурте-на-Майне. Перейра — фамилия двух братьев из французского города Бордо: Эмиля (1800—1875) и Исаака (1806—1880). Оба были банкирами и членами парламента. В 1852 г. основали фирму «Движимый кредит», явившуюся прототипом больших современных финансовых обществ.

Верещагин В. В. (1842—1904). Бурлак. Эскиз для картины «Бурлаки». 1866 г. Холст, масло. ГРМ

мели. Она вновь погружалась в поток реки, и дело не доходило до унизительной надобности обращаться к спасателям, которые, стоя на плавучей доске и опираясь на длинные шесты, специально поджидают суда на мелях, чтобы помочь в случае, если те попадут в беду. Опасность состояла еще и в том, что легко можно было наткнуться на большой подводный камень, один из тех, что на большом расстоянии друг от друга выступают из тинистого дна Волги и которые вытаскивают и складывают вдоль берега, когда какой-нибудь несчастный случай обнаружит их присутствие. Бывает и так, что суда получают течь на таких камнях и грузы тонут.

В этой части реки размытые паводками берега не отличаются особой живописностью. Они представляют собою волнистые линии без резких повышений и тянутся довольно монотонно. Время от времени сосновый лес темной зеленью прерывает эти длинные желтые ленты или деревня из бревенчатых домов нарушает горизонтальную линию берега углами крыш со стропилами крест-накрест. Рядом с деревней всегда есть церковь с выбеленными известкой стенами и зеленым куполом.

Движение по Волге очень оживленное, и я долгими часами простаивал, облокотившись на парапет, наблюдая за этим интересным зрелищем. Суда плыли вниз по реке, развернув огромные паруса, прикрепленные к высоким мачтам и устроенные так, чтобы не упустить ни малейшего дуновения ветра. Другие шли вверх по течению, их по берегу тащили лошади. Ни силой, ни ростом здешние лошади не походят на наших могучих тяжеловозов, поэтому количество здесь заменяет силу. Упряжки обычно состоят из девяти лошадей, а перекладные в ожидании своей очереди где-нибудь на песчаном берегу образовывают стойбища, где Сверчков, русский Орас Верне, нашел бы превосходные сюжеты для картин. Меньшие по тоннажу барки продвигались вверх по реке при помощи шестов: изнуряющий, надо сказать, труд — бесконечно плыть вдоль берега, налегая всей грудью на тяжелый шест. Несчастные эти работники живут недолго. Мне рассказывали, что они редко доживают до сорока лет.

Некоторые суда очень велики, но с малой осадкой. Зеленая полоса по борту оживляет красивый серо-серебристый оттенок сосны, из которой они построены. На носу таких барок часто изображали глаза, смотрящие огромными зрачками вдаль, или грубо намалеванного российского двуглавого орла, изгибающего свои шеи и раскрывающего черные крылья. Кружевом украшает корму резьба, вырубленная топором по дереву с такой ловкостью, какой не превзойти даже резцом. В основном все эти барки нагружены зерном и перевозят несметные богатства.

Пароходы компании «Самолет» или другой, соперничающей с нею компании пароходства попадались нам навстречу, и всякий раз с щепетильной вежливостью, свойственной морякам, на том и на другом борту взвивался приветственный флаг.

Сверчков Н. Е. (1817—1898) — художник, с которым Т. Готье познакомился в Петербурге (см. главу «Зичи»), всю жизнь рисовал лошадей и в своем творчестве практически исчерпал все возможные сюжеты с участием лошадей. Он много ездил по средней полосе России, посещая разные конные заводы и конюшни любителей коннозаводства, где выполнял заказы на «портреты» лошадей. Не обойдены им и сюжеты, связанные с использованием лошадей на реке, в судоходстве. Например, в Пермской картинной галерее находится акварель Н. Е. Сверчкова, изображающая лошадей-бурлаков, тянущих судно вверх по реке.
Французский живописец Орас Верне (1789—1863) также посвятил себя изображению лошадей, но в основном занимался батальной живописью. Орас Верне несколько раз посетил Россию.

Были еще лодки, выдолбленные, как пироги, из цельного ствола. Они подплывали к нам на близкое расстояние, не опасаясь лопастей движущихся колес, кидали на борт письма из местечек, где «Русалка» не останавливалась, и подхватывали на лету послания, которые им вверяли.

На «Ру́салке» было постоянное движение пассажиров. У каждого причала сходили на пристань или поднимались с пристани люди. Остановки иногда были долгими. Грузили дрова для топки, так как каменного угля здесь или мало, или он дорого стоит. Темные старики крестьяне, глядя на длинные штабеля дров вдоль берегов, поговаривают, что, если и дальше железные дороги и пароходства будут расширяться, на святой Руси люди скоро начнут помирать от холода.

Пристани, все совершенно одинаковые, представляют собою плавучий док, на котором возвышаются два помещения: в одном — контора, в другом — магазин или зал ожидания. Между ними идет широкий коридор, предназначенный для прохода пассажиров и провоза багажа. Из-за того что уровень воды меняется, дощатый мост соединяет пристань с берегом под довольно большим уклоном. По обеим сторонам этого моста ютятся лавчонки мелких торговцев, привлеченных прибывающими пароходами, и все это выглядит довольно живописно. Девочки продают вам из корзин пять-шесть ярко-зеленого цвета яблок или печатные пряники. Как у нас на масле, на них изображены смешные простые фигурки, и среди них — фантастические львы, которые, будь они отлиты из бронзы и покрыты патиной времени, могли бы сойти за образцы древнего ниневийского искусства. Женщины, стоя с ведром и стаканом, продают квас — род напитка, сделанного изо ржи и ароматических трав, очень приятного на вкус, когда к нему привыкнешь. Так как цена на квас минимальная, респектабельные люди к нему относятся с пренебрежением, и пьет его только простой люд.

Одежда женщин настолько своеобразна, что о ней стоит упомянуть. В эпоху Империи у наших женщин модно было носить пояс под грудью, и теперь, привыкнув к длинным талиям, рассматривая портреты того времени, мы удивляемся этой моде, несмотря на то что ее спасает остроумие Жерара и изящество Прюдома. Русские крестьянки перехватывают платье над грудью таким образом, что кажется, будто их запрятали в мешок по самые подмышки. Легко себе представить малоизящный эффект такого перехвата, способного испортить самую хорошую фигуру. В остальном костюм состоит из кофты с широкими рукавами и платка корабликом, завязанного под подбородком.

> Памятниками искусства Ниневии являются предметы, найденные при произведенных в этих местах (территория современного Ирака) раскопках (с 1847 по 1930-е гг.) культурных слоев, начиная с 5-го тысячелетия до н. э. Это полихромная керамика, скульптурная бронзовая голова, надписи. В открытых раскопками дворцах найдены многочисленные рельефы с изображениями военных, охотничьих и строительных сцен, а также статуи крылатых быков и львов — хранителей врат.

Были еще лавки, торговавшие очень белым пшеничным и очень темным ржаным хлебом. Но самым бойким товаром были огурцы. Это один из видов огурцов, которые здесь летом едят свежими, а зимой солеными и без которых русские, кажется, не могут обходится. Их подают к каждой еде, они обязательно сопровождают все блюда. Их режут ломтиками, как в других местах разрезают на четверти апельсины. Это лакомство мне показалось безвкусным. Правда и то, что русские по непонятным мне соображениям гигиены совсем не кладут в свои блюда приправ: им нравится пресная пища.

Стоит ли подробно рассказывать о пути следования парохода компании «Самолет» и писать французскими буквами часто довольно сложные для меня названия местечек, где мы останавливались? Внешний вид их был почти одинаков: лестница из досок, бревен и брусьев спускается к реке, на берегу на возвышении — гостиный двор, правительственные здания и дома самых богатых жителей с белыми оконницами на оливковом или красном фоне переплета, церковь с четырьмя маковками вокруг главного купола — они покрашены в зеленый цвет или обиты коваными листами меди или олова, монастырь со стенами длинной ограды, расписанной фресками в византийском стиле, как на Афоне, а дальше бревенчатые рубленые избы. Чтобы оживить картину, добавьте к этому дрожки, ожидающие пассажиров у пристани, и группы зевак, интерес которых к проходящим и отбывающим пароходам никогда не иссякнет.

Однако в Кимрах меня удивил праздничный вид городка: на берег высыпало все или почти все население. Разнесся слух, что великий князь-наследник* направляется в Нижний Новгород на «Русалке». Этого вовсе не было. Великий князь проплыл позже и на другом пароходе, а я воспользовался случаем, чтобы без зазрения совести разглядывать разного типа людей, собравшихся, чтобы приветствовать цесаревича. Несколько изящных туалетов, подражавших французской моде, правда с вынужденным опозданием, ведь все же от Парижа до Кимр далеко, выделялись на национальном фоне ситцевых сарафанов с устарелым рисунком. Три девушки в маленьких андалузских шапочках, в зуавских** куртках и вздутых кринолинах были поистине прелестны, несмотря на то что и в них

Т. Готье имеет в виду эпоху ампира, когда в 1804 г. Наполеон был провозглашен императором и началась так называемая Первая империя, длившаяся до 1814 г., до отречения Наполеона I от престола.

Ближайший друг Т. Готье Жерар де Нерваль (1808—1855), французский поэт, писатель, переводчик «Фауста» В. Гёте, стихов Г. Гейне и др., в 1827 г. опубликовал цикл «Политических сатир», написанных в духе классицизма, где воспел наполеоновскую эпоху и осудил Реставрацию (возвращение династии Бурбонов в 1814—1830 гг.).

Сюлли Прюдом (1839—1907) — французский поэт сентиментально-лирического направления.

---

* Т. Готье имеет в виду великого князя Николая Александровича (1843—1865), сына Александра II.

** Зуавы — солдаты французского пехотного корпуса, созданного в Алжире в 1831 г. Слово происходит от названия североафриканского племени, в котором набирались первые зуавы.

сквозило легкое подражание западной непринужденности. Они пересмеивались друг с другом и, казалось, с презрением относились к роскошным сапожкам, которые носили другие жители, мужчины и женщины. Кимры известны своими сапогами, как Ронда*— гетрами.

Наверное, как раз в Кимрах Бастьен купил прекрасную пару сапог, о которых говорится в народной песне!

Из-за небольшой глубины реки и необходимости ясно видеть бакены здесь не рискуют плавать ночью. Поэтому, как только последние порывы довольно свежего вечернего ветра затихли на горизонте, «Русалка», выпустив пар, остановилась и бросила якорь. Всем пассажирам был подан вечерний чай, и из самоваров, нагретых до предела, беспрерывно лился кипяток в крепкую заварку. Для меня было очень любопытно то, как люди из самых низов, по внешнему виду походившие на наших нищих, с наслаждением пили этот тонкий и ароматный напиток, который у нас еще считается деликатесом и который белоснежные руки разливают в светских гостиных. Манера пить чай такова: сначала его охлаждают в блюдце и пьют маленькими глотками, прикусив в зубах маленький кусочек сахара, в достаточной мере подслащающего напиток по русскому вкусу, схожему в этом с китайским.

Когда я проснулся на узком диване каюты, «Русалка» уже плыла дальше. День вставал. Пароход шел вдоль высокого берега, за которым деревянные избы выглядели зубчатой стеной и отражались в зеркале спокойной воды реки. Я бы сказал, что окружающая картина походила на выставлявшийся в последнем Салоне пейзаж Добиньи, переведенный на русский язык.

Мы остановились в Покровском — это монастырь XVI века, как крепость, снабженный стенными бойницами. Бо́льшая часть пассажиров сошла на берег, чтобы помолиться в церкви и получить благословение в дорогу. В полумраке таинственной часовни, украшенной росписями и сверкающей золотом, восточного вида поп, или священник, вместе с церковным служкой пропел прекрасную мелодию православного ритуала, действию которой поддаешься, даже не разделяя вдохновившей ее веры. У священника был великолепный бас, глубокий, меднотрубный, нежный, и он прекрасно им владел.

Углич, где мы оказались к концу дня, — довольно значительный город. В нем не менее 30 тысяч жителей, и колокольни, купола и маковки его 36 церквей создают ему замечательный профиль. Широкая в этом месте река походила на Босфор, и не нужно было большого усилия воображения, чтобы превратить Углич в турецкий город, а его луковичные шпили — в минареты. На берегу мне показали домик в древнерусском стиле, где Димитрий в возрасте семи лет был убит Борисом Годуновым.

---

* Ронда — город-крепость в Испании, в районе Малаги.

Терем царевича Димитрия в Угличе. 1-я половина XIX в. Гравюра на дереве с рисунка с натуры П. Свиньина. ГБЛ

На песчаных берегах у слияния Мологи и Волги бесчисленные стаи ворон, перед тем как угомониться на ночлег, предавались обычному своему странному веселью. Начинали появляться чайки, спутницы больших водных потоков. Еще выше я видел орланов, вылавливавших себе на ужин стерлядей, за которых западные гурманы заплатили бы золотом.

На заходе солнца, когда мы прибыли в Рыбинск*, огненные тона неба сменил серебристо-голубой идеальный лунный свет. Целая флотилия больших судов почти преграждала путь по реке. Среди леса их черных мачт и канатов мерцало несколько огней, а за ними ртутной ракетой взвивалась к ночной лазури церковная колокольня.

Рыбинск — важный город. Это торговый центр со множеством увеселительных мест. Волга благодаря вливавшимся в нее водам Мологи становится здесь шире и глубже и допускает движение больших пароходов. Поэтому и население увеличивается, а в некоторые сезоны город привлекает значительное число приезжих. Барышни приводят людей в прекрасное, благодушное настроение, и здесь им только и хочется повеселиться. Одно из любимейших развлечений — слушать цыганок и цыганские хоры. Вы не

---

* Ныне Андропов.

Белоногов И. М. (1800—1871). Вид города Рыбинска из-за реки Волги. Акварель, тушь, перо. ГИМ

представляете себе, с какой страстью русские слушают цыган. С подобным самозабвением может сравниться только пыл самого виртуоза. Дилетантский энтузиазм зрителей в Итальянской опере лишь слабо напоминает его. Здесь же ничего условного, ничего навязчивого, ничего искусственного, словно интимное и дикое чувство первобытного человека встрепенулось под действием этих странных звуков.

Меня не удивляет такая страсть — я разделяю ее. И когда на пароходе мне сказали, что в Рыбинске есть знаменитая группа цыган, я тотчас принял приглашение пойти их послушать. Предложение это сделал мне милейший, умный и сердечный господин, пассажир «Русалки», с которым я охотно уплыл бы на край света.

Граф X первым сошел на берег, чтобы сделать необходимые распоряжения, предварительно дав мне название постоялого двора, где должен был состояться концерт. Я медленно пошел по набережной, пораженный зрелищем восхитительной ночи. Под небом, усеянным бледнеющими в лунном свете звездами, река ширью своей напоминала рукав моря и перерезалась темной линией пароходов. Сияющий след луны на воде, темные отражения мачт, как длинные серебряные и чернобархатные ленты от течения реки, кружевом плавно колыхались по краям. Вдоль погруженных в тень домов на берегу, по верхушкам зеленых крыш шла линия голубоватых отблесков, кое-где виднелись красные огоньки — в некоторых домах еще не спали. Посредине широкой площади, подобно серебряной глыбе, сияла фантастическим свечением главная церковь города. Казалось, ее осветили бенгальскими огнями. Купол, окруженный диадемой колонн, блистал, словно тиара, усеянная бриллиантами. Металлические отсветы, фосфоресцируя, играли на олове или меди маковок, а колокольня, напоминавшая дрезденский шпиль, казалось, нанизала на свою золотую иглу две-три звезды. Это было магическое видение, нечто сверхъестественное, как в апофеозе феерий, когда в лазоревых далях приоткрывается дворец сильфиды* или храм счастливых брачующихся.

Освещенная подобным образом, церковь казалась слепленной из упавшего на землю куска луны. В лунном луче она заливалась белоснежным, серебристым сиянием.

Едва я поднялся на набережную, сложенную из больших камней, которые Волга выкорчевывает и разбрасывает во время паводков, мой слух поразил мрачный крик «Караул!», перекрывший отдаленное мурлыканье музыки чайных. Это был хриплый вопль человека, которому, вероятно, вонзили нож в горло. Я бросился на крик — исчезли две-три убегающие тени. Распахнутая дверь закрылась, свет в доме погас, и все вновь погрузилось во тьму. За отчаянным призывом на помощь последовало молчание смерти.

Несколько раз я прошелся перед дверью, но жилище совсем почернело, стало немым и глухим, точно таверна Сальтабазила в пятом акте пьесы «Король забавляется»**. Как мог я один, безоружный иностранец, не говорящий на языке страны, проникнуть в этот приют преступления, да еще в стране, где в случае несчастья или убийства никто не придет к вам на помощь из боязни полиции и необходимости давать свидетельские показания. Впрочем, все было кончено; кем бы ни было человеческое существо, так жалобно взывавшее о помощи, оно уже не нуждалось в ней.

Как видите, мой приезд в Рыбинск не был лишен некоторого элемента драматизма, и мне очень жаль, что я не могу рассказать о подробностях этого убийства, ибо услышанный мною крик, несомненно, был криком агонии, но больше я ничего не знаю. Ночь все скрыла своей тенью.

Весь взволнованный, я вошел в трактир, где по стенам в великолепных рамах висели портреты Александра II и императрицы Александры — совершеннейшая мазня. Им

---

    * Сильфы, или сильфиды, — в средневековых поверьях у алхимиков духи воздуха, мифические легкие воздушные существа мужского и женского рода, олицетворявшие стихию воздуха.

    ** Драма В. Гюго, по которой была написана опера Д. Верди «Риголетто».

в пару образá святых, увитые серебряными и золотыми листьями, освещались мерцающим светом маленькой лампады. Мне подали чай, и, в то время как я наслаждался этим национальным напитком, слегка подкрепленным коньяком, в соседней комнате играли на шарманке мелодию Верди.

Вскоре инженер компании «Самолет» и главный механик «Русалки» пришли за мною, и мы вместе отправились искать по всему Рыбинску гостиный двор, куда должны были явиться цыгане и где граф Х назначил нам встречу.

Постоялый двор, принадлежавший богатому торговцу зерном, с которым я познакомился на пароходе, находился на самом краю города. По мере того как мы удалялись от реки, дома располагались с бóльшим удобством и свободой. Длинные ограды садов отделяли их друг от друга, улицы терялись в обширных площадях, а дощатые тротуары избавляли от грязи на дороге. Худые собаки сидели и выли на луну, а когда мы проходили мимо, они принимались трусить нам вслед то ли из недоверия, то ли из чувства общительности, а может быть, в надежде прибиться к какому-нибудь хозяину. В свете луны легкий белый дымок поднимался от земли и вставал между нами и предметами, облекая их поэзией, которая на свету, конечно, исчезла бы. Наконец в лазоревом тумане, когда уже едва наметились серо-лиловые очертания последних домов, я увидел красные ниши освещенных окон. Мы пришли. Дверь нам помогло быстро найти глухое позвякивание гитары, с некоторого времени доносившееся до наших ушей, словно назойливое стрекотание кузнечика, и его отдельные ноты, по мере того как мы приближались, доходили до нас все более вибрирующими.

Мужик провел нас по длинным коридорам в комнату, где были цыгане. Граф Х, торговец зерном и молодой офицер составляли публику. На столе среди бутылок шампанского и бокалов стояли два подсвечника с длинными восковыми свечами. Вокруг фитилей круглились золотые нимбы, с трудом рассеивая уже очень густой сигарный и папиросный дым. Мне протянули полный бокал с условием осушить его тотчас же и снова наполнить. Это был «Редерер» высшего качества, и такой, каким его пьют только в России. После эдакого возлияния я сел и молча стал ждать.

Цыганки в восточных безмятежных позах, нисколько не заботясь о взглядах, устремленных на них, стояли, некоторые прислонившись к стене. Их внешнее поведение крайне любопытно, и нет ничего более угрюмого, чем их лица. Они казались усталыми и сонными. Эти дикие натуры, когда страсть не разжигает их, обладают каким-то животным непередаваемым спокойствием. Они не думают, они мечтают, как животные в лесу: ни одно лицо цивилизованного человека не может достигнуть выражения такого таинственного отсутствия, гораздо более возбуждающего, чем гримасничание любого кокетства. О! Заставить родиться на этих мертвых лицах румянец желания — такая фантазия может прийти в голову даже самым холодным людям и вскоре обращается в страсть.

Были ли эти цыганки по крайней мере красивы? В вульгарном понимании слова — нет. Наши парижанки, безусловно, нашли бы их уродливыми, за исключением единственной из них, более походившей на европейский тип женщин, чем ее подруги. Оливковый цвет кожи, масса черных волос — вот основные черты, бросающиеся в первую очередь в глаза. В костюмах не было ничего характерного. Ни янтарных или стеклянных бус, ни юбок, усеянных звездами и украшенных оборками, ни ярких полосатых накидок — всего лишь плохонькое подражание парижским модам в сочетании с варварским вкусом, объясняющимся глухой провинцией. На них были платья с воланом, короткие накидки из тафты, кринолины, сетки для волос. Они походили на дурно одетых горничных.

До сих пор, как вы видите, веселье отнюдь не преступало границ. Но, как и я, наберитесь терпения и не теряйте надежды. Цыганки в городах отреклись от живописного рубища и мишуры. Но не смотрят же породистую лошадь в конюшне, ибо только на ипподроме, в движении открывается ее красота.

На настойчивые зовы гитары, струны которой перебирал долговязый шалопай с лицом разбойника, одна из цыганок, как бы стряхивая усталость и оцепенение, наконец решилась и вышла на середину круга. Она подняла свои длинные веки, обрамленные черными ресницами, и мне показалось, что комната наполнилась светом. Белая молния сверкнула меж ее полуоткрытых в смутной улыбке губ, и с них слетел неясный шепот, походивший на голоса, которые мы слышим в сновидениях. Она стояла, точно лунатик, как бы не осознавая своих собственных движений. Она не видела ни комнаты, ни присутствующих. Она вся преобразилась. Ее облагородившиеся черты теперь не имели и следа вульгарности. Она как-то стала больше ростом, а простенькая одежда ее стала походить на античную драпировку.

Звук ее голоса понемногу усиливался, она запела сначала медленную мелодию, затем быстрее какую-то странную, возбуждающую. Песнь ее походила на пение пойманной птицы, которой открыли клетку. Не веря еще своей свободе, птица делает несколько нерешительных шажков перед самой тюрьмой, затем, подпрыгивая, она улетает от клетки, уверившись, что никакая западня ей не грозит. Она расправляет грудь, выпрямляется, радостный крик вырывается из ее горла, и она устремляется, поспешно махая крыльями, к лесу, где поют ее друзья былых времен.

Такова была картина, родившаяся в моем воображении, когда я слушал этот напев, о котором не может дать представления ни одна из известных музыкальных систем.

Другая цыганка присоединилась к первой, и вскоре целый рой голосов устремился за крылатой мелодией, запуская ракеты из гамм, заливаясь трелями, как бы вышивая органными стежками, развивая модуляции, внезапно останавливаясь и неожиданно снова начиная,— цыганки щебетали, свистали, стрекотали с увлеченным сладострастием, с дружеским и радостным волнением, как если бы дикое племя праздновало возвращение своего беглеца-горожанина. Затем хор смолкал, голос продолжал воспевать счастье и свободу, петь об одиночестве, и последнюю фразу с дьявольской энергией усиливал припев.

Гагарин Г. Г. (1810—1893). Цыганское пение. Литография с рисунка с натуры. ГЦТБ

Очень трудно, а может быть и вовсе невозможно, выразить словами музыкальный эффект. Но можно описать рожденный им образ. Цыганские песни имеют странную силу вызывать образы в головах слушателей, они будят первобытные инстинкты, стертые общественной жизнью, воспоминания предыдущего существования, которое считается исчезнувшим, тайно хранимую в глубине сердца любовь к независимости и бродячей жизни, они вдыхают в вас странную тоску по неведомым странам, которые кажутся настоящей родиной. Некоторые мелодии звенят в ушах, как болезненно непреодолимая «Песнь пастуха», и у вас рождается желание отбросить ружье, уйти с поста и переплыть на другой берег, где вы не подвластны никакой дисциплине, никакому приказу, никакому закону, никакой другой морали, кроме собственного желания. Тысячи сияющих и смутных картин проходят перед глазами: вы видите стойбище повозок на полянах, бивачные костры, на которых кипятят подвешенные на трех кольях котелки,

Цыганка. Фото с рисунка неизвестного художника. ГЦТБ

сохнущие на веревках пестрые одежды. Поодаль, расположившись прямо на земле среди разложенных карт, старуха гадает о будущем, а в это время молодая цыганка бронзового цвета с иссиня-черными волосами танцует, аккомпанируя себе на бубне. Первый план картины стирается, и в неясной перспективе исчезнувших веков смутно вырисовывается далекий караван, спускающийся с высоких нагорий Азии. Эти люди изгнаны из родных мест, конечно, за дух безудержного, нетерпеливого протеста. Хлопают на ветру белые драпировки в красных и оранжевых полосах, медные кольца и браслеты сверкают на темной коже, и цитры позвякивают металлическим звоном.

Поверьте, это вовсе не поэтические вымыслы. Цыганская музыка сильно действует даже на самые прозаические по своей сущности натуры и заставляет подпевать даже самого закоренелого обывателя, погрязшего в тучности и рутине.

Эта музыка отнюдь не дикарская, как можно было бы предположить. Напротив, это очень сложное искусство, но отличное от нашего, а исполнители являются настоящими виртуозами, хотя они и не знают ни одной ноты и не в состоянии записать ни одной из мелодий, которые они так чудесно поют. Прежде всего слух поражает быстрое пение в четверть тона, но вскоре к этому привыкаешь и находишь в нем своеобразную прелесть. Целая гамма новых созвучий, своеобразных тембров, оттенков, неизвестных на обычной музыкальной клавиатуре, служит тому, чтобы поставить чувства вне всякой цивилизации. У цыган в действительности нет ни родины, ни религии, ни семьи, ни морали, ни политической принадлежности. Они не терпят ига со стороны других людей и живут рядом с обществом, никогда в него не входя. Преступая и нарушая законы общества, они не подчиняются также и педантичным предписаниям гармонии и контрапункта — свободный каприз на вольной природе. Личность отдается чувственности без угрызений совести за вчерашнее, без заботы о завтрашнем дне. Опьянение простором, любовь к перемене и как бы безумие в стремлении к независимости — таково общее впечатление от цыганских песен. Их мелодии похожи на песни птиц, шелест листьев, вздохи эоловой арфы*, в их ритме — отдаленный галоп лошадей в степях. Они отбивают такт, но убегая.

Примадонной труппы, бесспорно, была Саша (уменьшительное от Александры), та, что первой оборвала тишину и зажгла огнем уснувший пыл своих соплеменников. Дикий дух музыки был выпущен на волю; теперь не для нас уже пели цыгане, а для самих себя.

Едва заметной розовой дымкой окрасились щеки Саши. Ее глаза блистали перемежающимися молниями. Так же как Петра Камара**, она пела с опущенными веками и поднимала их, как веер, который открывается и закрывается так, что происходит смена света и тени. Этот естественный или нарочитый маневр глазами обладал непреодолимой силой соблазна.

Саша приблизилась к столу, ей протянули бокал шампанского, она отказалась — цыганки воздержанны — и попросила чаю для себя и своих друзей. По всей

---

* Арфа Эола — бога ветров в древнегреческой мифологии, издававшая нежные звуки при восходе солнца и легчайшем ветерке.

** Негритянская певица, выступавшая в Париже в 1840—1850-х годах.

видимости не боявшийся испортить себе голос гитарист рюмку за рюмкой заглатывал водку, чтобы придать себе бодрости, и действительно, стуча ногой по паркету, ладонью по спинке гитары, он пел и танцевал, держался славным малым и с ослепительной живостью гримасничал, тем самым создавая смешные интермедии. Это был муж — «ром» — Саши. Вряд ли какая-нибудь другая пара смогла бы больше, чем они, соответствовать выражению: «Два сапога — пара».

Я уже говорил, что цыганки воздержанны; если я добавлю, что они еще и целомудренны, никто мне не поверит, а между тем это сущая правда. Их добродетель славится в России. Никакой соблазн не приводит к желанному исходу, и молодые и старые господа растрачивали на цыганок баснословные деньги, нисколько не приблизившись к цели. Однако в их поведении нет ничего дикого и непримиримого. Цыганку можно взять за руку, за талию, иногда она возвращает похищенный у нее поцелуй. Если для всех недостает стульев, она фамильярно садится к вам на колени и, когда начинается пение, кладет вам свою сигарету в зубы, а затем забирает ее обратно. Уверенная в себе, она не придает ни малейшего значения этим минимальным, как говорили наши деды, суфражистским правам, что со стороны других женщин показалось бы знаком поощрения и обещания.

Более двух часов кряду с головокружительным сладострастием сменяли друг друга песни. Какие причуды, какая увлеченность, блеск исполнения, какая виртуозность в игре голосов! Саша исполняла в тысячу раз более трудные фиоритуры, нежели вариации Роде, участвуя при этом в разговоре и выпрашивая у одного из моих попутчиков платье из «муар антик»* — единственные французские слова, знакомые ей. Наконец ритм стал настолько захватывающим, настойчивым, что с пением слился танец, как происходило в античных хорах.

Все смешалось, в танце участвовали все цыгане: и скелетообразная старуха с высохшим, как у мумии, лицом, и восьмилетняя девочка, пылкая, возбужденная, преждевременно болезненно созревшая, готовая разорваться на куски, только бы не отстать, не остаться позади взрослых. Гитарист-верзила совсем исчез в вихре учащающегося ритма, извергавшего арпеджио и резкий писк.

Употребляемое Т. Готье выражение «суфражистские права» дословно значит «права на свой голос в избирательной кампании», что в переносном смысле означает вообще «равные с мужчинами права». Это было, как говорит Готье, выражение его дедов, т. е. людей середины XVIII в., когда развращенность нравов в светском обществе и при королевском дворе во Франции дошла до тех пределов, за которыми последовала Великая французская революция 1789 г. Это выражение в устах дедов поколения Готье имеет только светско-салонный смысл и никак еще не имеет того социально-правового значения, которое оно приобрело позже, во второй половине XIX и в начале XX в., когда началось движение суфражизма — борьбы за права женщин.

---

* Модная в то время ткань.

Цыгане. Литография Ж. Б. Кюне в Мюнхене, по рисунку с натуры Виаля для альбома Русского Географического общества. ГЦММКГ

В какой-то миг, признаюсь, я побоялся, что французский канкан, в то время распространившийся по всему миру, проник и в Рыбинск и что вечер закончится точь-в-точь как какая-нибудь пьеса в Варьете или в Пале-Руайаль. Ничего подобного не случилось. Хореография цыган похожа на хореографию баядер. Саша с ее томными руками, волнообразными движениями тела и притоптыванием на месте напоминала Амани, а не Ригольбош. Казалось, она со своими соплеменниками исполняла малапу или восхитительный танец с берегов Ганга перед алтарем Шивы*, голубого бога. Никогда азиатское происхождение цыган не казалось мне более очевидным и неоспоримым.

Настало время возвращаться на пароход, но возбуждение зрителей да и самих исполнителей было таково, что концерт продолжался на улице. Цыганки, берясь за протянутые им руки, шли отдельными группами и пели хором с перекликаниями и репликами, с эффектами decrescendo**, с оглушительными повторами магического, волшебного действия. У рога Оберона*** из слоновой кости, даже когда на нем играет сам Вебер, нет более пленительных, более бархатистых, будто пришедших из мечты нот.

Переступив борт парохода, я обернулся к берегу: на краю набережной в лунном свете группа цыганок махала нам руками. Сверкающая ракета — последняя бомба, рассыпавшаяся в серебряном дожде музыкального фейерверка, — поднялась на недосягаемую высоту, рассеяла свои блестки по темному фону тишины и угасла.

«Русалка», годная для плавания в верховьях Волги, не была достаточного водоизмещения, чтобы идти дальше, вниз по значительно расширившейся реке, да еще с увеличившимся числом пассажиров и грузом товаров. Поэтому в Рыбинске нас пересадили на «Проворный» — пароход той же компании «Самолет». Паровой двигатель «Проворного» был не менее ста пятидесяти лошадиных сил. Подвешенные над сходнями, одно рядом с другим, качались ведра с написанной на каждом русской буквой, составляя таким образом название парохода. Верхняя кабина некоей беседкой поднималась над палубой, над лестницей, ведущей в салон для пассажиров, и давала приют на случай вёдра и дождя. Именно там я и проводил бо́льшую часть оставшихся дней путешествия.

Перед тем как «Проворный» отправился в путь, я бросил последний взгляд на Рыбинск, чтобы разглядеть лицо города в свете дня, и сделал это не без некоторого опасения, ибо солнце не столь снисходительно, как луна, оно жестоко разоблачает то, что ночное светило обволакивает лазорево-серебристой дымкой. Так вот! Рыбинск не слишком проигрывал на свету. Его желтые, розовые, зеленые деревянные и кирпичные дома весело выстроились вдоль набережной из больших, положенных как попало камней, походивших на разрушенную стену жилища циклопов. Церковь, в лунном свете показавшаяся мне снежно-белой, была на самом деле светло-зеленого цвета. Надо сказать, что полихромия в архитектуре мне нравится. Однако подобная игра цвета меня удивила. Церковь в

---

* Малапу — испанский народный танец. Шива — один из богов индуистской троицы, высший бог для последователей шиваизма, согласно которому Шива уничтожает и возрождает все существующее.

** Decrescendo — снижение силы звука.

*** Оберон — король эльфов, персонаж старофранцузских сказаний XII в.

Рыбинске довольно своеобразна с ее куполами и четырьмя портиками, как у Исаакиевского собра. Колокольня отличается причудливыми сужениями и утолщениями, какие встречаются в Бельгии и Германии. Она высоко взметнула свой главный шпиль, и, если он и не был в моем вкусе, он тем не менее привлекал глаз, и силуэт его нескучно выделялся на горизонте.

Пароходы на якоре перед Рыбинском были чаще всего больших размеров и особой формы, которую я еще не раз буду описывать, ибо навигация между этим городом, Нижним Новгородом, Казанью, Саратовом, Астраханью и другими городами низовьев Волги крайне оживленна в это время года. Одни из них готовились пуститься вниз по течению, другие стояли на якоре или подходили к пристани — зрелище было из самых занимательных. «Проворный» ловко скользнул среди этой флотилии и вскоре взял курс по течению.

Здесь более высокие берега, особенно слева, суживали реку. Пейзаж приметно не изменился. Все время мимо нас тянулись ряды сосновых лесов, словно колоннады из сероватых стволов на фоне темной зелени. Деревни с бревенчатыми избами ютились вокруг церкви с зеленым куполом. Иногда встречались дворянские усадьбы, любопытными фасадами своими выходившие на реку или по крайней мере стоявшие на видном месте с выкрашенными в яркие цвета бельведерами или беседками по углам парка. Дощатые сходни спускались к реке и вели к какому-нибудь жилищу. Размытые приливами и отливами пространства, песчаные берега, где топтались стаи гусей и куда приходили на водопой стада коров,— тысячи вариаций одних и тех же мотивов, представление о которых вернее дал бы карандаш, чем перо.

Вскоре мы увидели монастырь в Романове. Выбеленные известью зубчатые стены придают ему вид крепости, и, должно быть, в былые времена эти стены действительно защищали монастырь от нападений, ибо монастырские сокровища в неспокойные времена возбуждали алчность разбойничьих орд. Над стенами высились огромные кедры, горизонтально протягивая могучие ветви, покрытые темной зеленью. Кедры выращиваются с особой заботой в Романове, так как именно под кедром якобы была найдена чудотворная икона монастыря.

В Юрьевце дрова для топки парохода принесли женщины. На палках, сложенных наподобие носилок, сильные, ловкие, а часто и красивые крестьянки по двое несли клади поленьев и сбрасывали их в трюм парохода. Ходьба красила их щеки здоровым румянцем, и легкая одышка приоткрывала им губы, давая возможность видеть белые, словно очищенные миндалины, зубы. К сожалению, лица некоторых из них были испещрены оспой, так как вакцина не распространена в России, откуда ее, без сомнения, изгоняет какой-нибудь народный предрассудок.

Одеты они были совсем просто. Юбка из ситца устарелого рисунка, какие еще встречаются иногда на старых провинциальных постоялых дворах на занавесках у кровати или стеганых одеялах, грубая холщовая кофта, платок, повязанный под подбородком,—

Белоногов И. М. Вид города Романов-Борисоглебска. 1860. Акварель, тушь, перо. ГИМ

вот и все. Отсутствие чулок и обуви позволяло видеть тонкие изящные ноги: некоторые из этих босых ног могли бы обуться в беличью туфельку Золушки. Я с удовольствием заметил, что ужасающей моде на сарафаны, подхваченные под грудью, следовали только пожилые и наименее привлекательные женщины. У молодых талии были над бедрами, как того требует анатомия, гигиена и здравый смысл. При моем понятии о французской галантности я был несколько смущен, видя женщин, носивших тяжести и выполнявших работу вьючного скота, но, видимо, эта работа, которую они, впрочем, выполняли весело и в них не чувствовалось усталости, доставляла все-таки им какой-то заработок, те копейки, которые хоть как-то улучшали их жизнь и помогали их семьям.

Следуя вниз по реке, мы часто встречали суда, походившие на те, что я видел на стоянке у Рыбинска. Они неглубоко сидят в воде, но по размерам не меньше торгового трехмачтового судна. Их конструкция представляет собою нечто особенное, своеобразное, чего не встретишь в других местах. Как у китайских джонок, нос и корма их загнуты наподобие деревянного башмака. Лоцман сидит на некоей площадке с рублеными топором перилами, на верхней палубе возвышаются каюты, имеющие форму беседок, и покрашенные и позолоченные маковки с флагштоками. Но самое удивительное представляет собою находящийся на таком судне манеж. Он дощатый и поддерживается столбами. В нижнем этаже судна размещаются конюшни, в верхнем — сам манеж. Сквозь просветы между столбами видно, как по кругу манежа ходят лошади, связанные спереди три по три или четыре по четыре. Эти лошади наматывают на ось буксирный канат. На конце этого каната якорь сначала отвозится вверх по течению на лодке с восемью или десятью гребцами и забрасывается в грунт реки. Число лошадей на борту такого судна может доходить от ста до ста пятидесяти. Они поочередно сменяют друг друга: в то время как одни работают, остальные отдыхают, а пароход хоть медленно, но безостановочно плывет. Мачта такого судна бывает невероятной высоты и делается из четырех или шести сцепленных стволов сосен и напоминает ребристые столбы готических соборов. С мачт свешиваются веревочные лестницы, ступеньки которых крест-накрест переплетены между собою веревками.

    Я описал в подробностях эти большие волжские барки потому, что они очень скоро исчезнут. Еще несколько лет, и манеж будет заменен буксиром, а живая сила — механической. Вся эта живописная система окажется слишком сложной, медлительной и дорогостоящей. Повсюду одержат победу удобство и точность. Матросы на этих судах носят странные шляпы: высокие и без полей, они походят на буасо* или на печные трубы. Просто странно, что из них не идет дым.

    Суда, о которых я говорю, напомнили мне огромные деревянные сооружения, плававшие по Рейну и переправлявшие целые деревни с их хижинами, запасы провизии, как будто предназначенные для стола Гаргантюа, даже целые стада коров. Последний лоцман, умевший ими управлять, умер несколько лет назад, а паровые двигатели напрочь уничтожили эти варварские и примитивные средства речного транспорта.

    От Ярославля, куда мы прибыли, можно проехать на перекладных до Москвы. Упряжки почтовых карет требуют особого описания. Карета, запряженная целым табуном маленьких лошадей, ожидает пассажиров у пристани. В России это называется тарантас, то есть каретный ящик, поставленный на два длинных бруса, которые соединяют переднюю и заднюю оси колес. Эти брусья подвижны и заменяют рессоры. У такого устройства есть преимущество: в случае поломки тарантас легко чинится и смягчает тряску самой дурной дороги. Похожий на древние носилки, ящик снабжен кожаными занавесками. Пассажиры рассаживаются в нем вдоль стенок, как в наших омнибусах. С уважением, коего оно вполне заслуживало, рассмотрев это допотопное каретное сооружение, я поднялся по сходням на набережную и направился в город. Усаженная деревьями набережная хороша для прогулок. Местами она покоится на сводах каменной кладки, которые позволяют потокам дождевой воды из нижних улиц свободно сливаться в реку.

---

* Буасо — короткая, из обожженной глины труба для отвода дыма в вентиляционном устройстве.

Чернецов Н. Г. Вид города Ярославля. 1860. Холст, масло. ГРМ

      Вид, который предстал передо мною с высокой точки набережной, очень красив. Я было отдался его созерцанию, но в это время ко мне подошел молодой человек и на вполне хорошем французском языке предложил служить мне гидом и показать достопримечательности города. Он не похож был на русского, а его мятая, но чистая одежда выдавала нищенское положение человека из хорошей семьи, которому его воспитание запрещало ручной труд. Его бледное, худое и грустное лицо дышало умом. Мой пароход отправлялся через четверть часа, и я не мог рискнуть согласиться на экскурсию по Ярославлю, дабы не выпала мне доля несчастного, забытого на берегу пассажира. К большому сожалению, мне пришлось отказаться от услуг бедняги, который, покорно вздохнув, удалился, как бы привычный к подобным невзгодам. До сих пор я укоряю себя за глупую стеснительность, помешавшую мне сунуть ему в руку серебряный рубль. У него был настолько приличный вид, что я побоялся нанести ему оскорбление.

На Ярославле лежит печать старых русских городов, если, правда, словом «старый» можно что-нибудь определить в России, где побелка и покраска упорно скрывают всякий след ветхости. На портиках церкви видны архаического стиля фрески. Но старинный только сам рисунок росписей. Каждый раз, как фрески выцветают, тона фигур и одежды оживляются, заново золотятся нимбы.

Кострома, где мы также останавливались, не представляет собою ничего особенного, по крайней мере для путешественника, могущего лишь наскоро обвести город глазами. Маленькие русские города имеют поразительно одинаковый вид. Они устроены по определенным законам и, так сказать, по фатальной необходимости, против которых индивидуальная фантазия даже и не пытается бороться. Отсутствие или недостаток строительного камня объясняют преобладание здесь построек из дерева или кирпича, а архитектурные линии строений из этих материалов не могут дать желанной художнику четкости. Что касается церквей, православный культ привносит свои священные каноны в архитектурные формы, которые не обладают большим разнообразием стилей, как наши западные церкви. Не правда ли, мои описания неуклонно повторяются? Но возвратимся к Волге, тоже монотонной, однако в единстве своем очень многообразной, как всякое великое явление природы.

Кроме многочисленных в России ворон над рекой мелькали сотни птиц. Поминутно пароход спугивал из тростника на островках или с песчаных отмелей стаи диких уток. Гагары, нырки летали над самой водой. В небе белогрудые чайки с перламутрово-серой спинкой чертили в воздухе свои переменчивые зигзаги, соколы, пустельги, пчелоеды кружили, высматривая добычу. Иногда орланы стремительно падали на неосторожную рыбу и поднимались сильными взмахами крыльев, направляясь к берегу.

Вот и еще раз долгие сумерки летних дней колдовски обволакивали окрестности: бесконечные оттенки оранжевого, лимонного цветов, отсветы хризопраза расцвечивали небо на заходе солнца. На этом сияющем фоне, словно фигуры на золотистом фоне византийских икон, по берегу реки темными силуэтами вырисовывалось все, что нам встречалось: деревья, пригорки, дома, далекие церкви. Небольшие слоистые черно-голубые облачка, растрепанные ветром, плыли клочьями наискось. Полускрывшееся за лесом солнце переливалось в листве миллионами световых пятен, река повторяла это восхитительное зрелище, слегка приглушая его яркость своими коричневыми водами. Ставшие видными в нарождающейся темноте, искры кружились серпантином в дыму парохода, а в тени берегов блестели светлячками или бродячими звездочками фонари рыбаков, которые шли поднимать верши.

Вода была очень низкой, и, опасаясь приближаться к берегу, так как буи ночью невозможно было разглядеть, пароход бросил якорь прямо посередине реки, в этом месте очень широкой. Мне казалось, что мы остановились посреди большого озера, так как изогнутая линия берегов и далеко вдающиеся в реку выступы закрывали горизонт со всех сторон.

Город Юрьевец. 1857. Акварель А. Кореонова. ГИМ. Фото из книги «Виды русских городов XVII—XIX вв.». М., 1983

Следующий день протекал в лености, при которой создается ощущение, что вы постоянно чем-то заняты, а ведь в ней-то и заключено очарование путешествий. Раскуривая сигару, я все время смотрел, как мимо бежали, все удаляясь и расширяясь, берега Волги, широкой здесь, как две или три Темзы у Лондонского моста. Суда с манежем и лошадьми, парусные барки шли мимо нас в том или в другом направлении. Движение по реке оживлялось, и я все время чувствовал, что мы приближаемся к важному пункту. Но если день прошел мирно, то вечер приготовил для нас довольно драматическое происшествие.

Пароход остановился на ночь у некоего плота-понтона, пришвартованного к берегу перед деревней или городком, название которого я не могу вспомнить. Вскоре мое

Кострома в России. Гравюра второй половины XIX в. Серия городов Художественно-библиографического института города Хильдесхайм (ныне Ганновер), ФРГ. ПБСЩ

внимание привлекли громкие голоса и бурная перепалка двух ссорящихся людей. На пристани, жестикулируя как одержимые, ссорились двое мужчин. От ругани они перешли к действиям. После нескольких взаимных тумаков, когда были пущены в ход кулаки, один из дерущихся схватил другого в охапку и в мгновение ока швырнул его в реку. Падение побеждённого взметнуло брызги почти до моего лица, так как он упал между пристанью и пароходом, в полосу воды шириной в три-четыре шага. Вода успокоилась, и я больше ничего не увидел. Настал миг ужасной тревоги: мы все подумали, что несчастный утонул и отыскать его под пароходом не будет возможности, а его, конечно, туда уже занесло течением. Но вдруг я заметил, как у берега вскипела вода и человек, отряхнувшись, широкими шагами взобрался на берег.

Прекрасный пловец, он поднырнул под лопасти колеса, барабан которого касался соседнего парохода. Он мог гордиться ловкостью, с которой избежал опасности. Между тем убийца, вместо того чтобы убежать, продолжал извергать ругательства, ожесточённо размахивая руками, ходил из стороны в сторону, присаживался на скамью у входа в причальную каюту, затем вставал и вновь начинал свои маневры. Карл III утверждал, что за всяким преступлением скрывается женщина, и в юридических своих напутствиях всегда задавал вопрос: «Y ella?»* Философская справедливость этой аксиомы и была нам здесь продемонстрирована. Открылся один из люков, и из глубины понтона возникла женщина — возможная причина ссоры. Была ли она молода и красива? Слабый лунный свет не позволил мне судить об этом на таком расстоянии, впрочем, и странные ее движения не давали возможности рассмотреть черты ее лица. Призывая себе на помощь всех святых православного календаря, она падала ниц, поднималась, опять падала ниц, крестилась русским крестным знамением с неподражаемой быстротой и бормотала молитвы, прерывая их криками и рыданиями. Все это казалось крайне странным. Она походила на аиссауа**, входившего в религиозный транс.

Полиция, призванная самой жертвой происшествия, наконец прибыла, и после долгих переговоров два солдата в серых шинелях увели виновного. Некоторое время я смог следить глазами, как по высокому берегу двигались силуэты преступника и солдат, которые не осмеливались грубо обращаться с упрямившимся злодеем, потому что он был чиновник!

Ранним утром подняли якорь. Лопасти «Проворного» взбивали воду, осмелев при свете дня, и мы незамедлительно оказались в виду Нижнего Новгорода. Было белое, перламутровое, молочное утро. Бесцветное, но пронизанное скрытыми лучами солнца небо простиралось над сероватыми холмами и над водой реки, похожей на расплавленное олово. В акварелях Боннингтона часто бывает такой же эффект, который, как кажется, превосходит возможности живописи, и добиться его могут только настоящие колористы.

Огромное скопление всевозможных судов загромождало Волгу, едва оставляя проход для судов. Высокие мачты, будто еловый лес без ветвей, своими прямыми линиями нарушали общий фон белесого утра. От свежего рассветного ветра вздрагивали на концах ярко-полосатые вымпелы, скрежетали позолоченные флюгеры, некоторые пароходы, как мельники, были запорошены перевозимой ими мукой. У других, напротив, четко различались носовая часть, выкрашенная в зеленый цвет, и борта цвета семги.

Без аварий и несчастных случаев мы добрались до пристани компании «Самолет», и это удивительно, ибо, несмотря на то что в этом месте река широка, точно морской пролив, движение по ней настолько оживленно и скопление судов так огромно, что невозможно себе представить, каким образом такой хаос может как-то распутаться. Это было просто сверхъестественным чудом, что пароходам все-таки удавалось, не задевая друг друга, скользить и проскальзывать с проворством рыб.

Нижний Новгород стоит на возвышенности, которая после бесконечной вереницы равнин, проплывших мимо нас, создает впечатление настоящей горы. Откос

---

* Речь идет об испанском короле Карле III (1716—1788), правившем в Испании с 1759 г. «Y ella?» (исп.) — А она?

** Аиссауа — член мусульманского братства в Северной Африке, основанного в XVI в.

крутыми склонами спускается к украшенной зеленью набережной, резкие зигзаги неровностей почвы повторяют кирпичные стены укреплений, кое-где еще покрытые остатками штукатурки. Эти зубчатые стены огораживают город, или, употребим местное выражение, Кремль. Посередине возвышается большая квадратная башня, и луковицеобразные купола с золотыми крестами виднеются поверх стен, свидетельствуя о наличии церкви в крепости.

Ниже располагаются деревянные дома, а на самой набережной красуются симметричными линиями большие красные здания с белыми оконными переплетами. Яркие тона придают веселый и бодрый вид первому плану города, и четкая, правильная его архитектура не надоедает глазу.

У самой пристани целая стая дрожек и телег. Возницы перехватывают друг у друга пассажиров. Не без труда отделавшись от окруживших меня извозчиков, я сел в первые попавшиеся дрожки и отправился на поиски жилья, что было здесь нелегкой задачей во время ярмарки. Проезжая вдоль набережной, я бросил взгляд на ряды лотков, где торговали хлебом, огурцами, колбасой, копченой рыбой, пирогами, арбузами, яблоками и другими обычными для простого люда съестными припасами. Вскоре дрожки свернули в сторону, и мы начали карабкаться по дороге, круто поднимавшейся между двух огромных, поросших травой откосов. Надо сказать, что Нижний Новгород делится глубоким оврагом на две части, как некогда, до того как военным гением не была уничтожена его живописная пропасть, город Оран*. Крепостные стены Кремля и аллеи для прогулок под ними венчают левый холм, а по правому его склону, один над другим, идут несколько домов, но вскоре они словно устают взбираться на гору, откуда, как кажется, они вот-вот сорвутся вниз. После подъема, значительно ускорившегося благодаря неудержимой прыткости русских лошадей, которые просто не могут идти шагом, мы достигли вершины плато, где ширилась площадь. Центр ее занимала церковь с зелеными куполами и золотыми крестами и довольно дурного стиля фонтан посреди чугунного водоема.

Я попросил отвезти меня в гостиницу, наиболее удаленную от места ярмарки, в надежде, что там легче будет найти пристанище, поэтому мой возница остановился перед постоялым двором, составлявшим угол площади со стороны Кремля. После небольшого ожидания и переговоров со Смирновым, хозяином двора, последний согласился принять меня, и мужик тотчас пришел за моими чемоданами.

Мне дали большую, светлую и чистую комнату. В ней заключалось все необходимое для цивилизованного путешественника, если не считать того, что на кровати была лишь одна простыня, а матрац толщиною напоминал скромную галету. Но в России распространено совершенно азиатское равнодушие к спальным удобствам, впрочем разделяемое и мною, так что кровать на постоялом дворе Смирнова была ничем не хуже всех тех, какие мне довелось встречать и в других местах.

---

* Город в Алжире, порт на Средиземном море, большой торговый и промышленный центр.

Боголюбов А. П. (1824—1896). Нижний Новгород. Стрелка ярмарки. Холст, масло. ГРМ

В ожидании завтрака, в котором я чувствовал настойчивую необходимость, так как запасы провизии на нашем пароходе к концу путешествия начали иссякать, я рассеянно посмотрел на площадь, и глаза мои привлек фонтан, отнюдь не из-за архитектурных его достоинств, которые, как я уже говорил, были самого посредственного вкуса, но по причине веселых народных сценок, обычно происходящих вокруг городского фонтана.

Приходили сюда водоносы и набирали воду маленькими ведрами, насаженными на длинную палку. С удивительной скоростью они выплескивали свои ведрышки в бочку, расплескивая затем по дороге половину ее содержимого. Одетые в старые серые шинели, военные арестанты по наряду ходили за водой в сопровождении двух солдат со штыками на конце ружей. Приходили мужики и для нужд собственного дома наполняли водой широкие снизу и узкие кверху деревянные бадейки. Я не увидел ни одной женщины. Вокруг немецкого фонтана собралась бы целая коллекция Гретхен, Наннерлей и Кетерлэ, которые были бы в курсе всех событий в городе. В России женщины даже из самого низкого сословия выходят мало, а мужчины берут на себя бо́льшую часть домашних забот.

После плотного завтрака, поданного лакеем в черном фраке и белом галстуке, который, возможно, был мусульманином и английский наряд которого совершенно не вязался с его характерной татарской физиономией, мне больше некуда было торопиться, и я решил пойти на ярмарку, находившуюся в нижней части города, на песчаном берегу, у слияния Оки и Волги. Мне не нужен был провожатый, чтобы добраться до ярмарки, так как все прохожие направлялись именно туда, просто нужно было «идти за всеми», как кричали в толпу скоморохи с подмостков своих балаганов.

Маленькая часовня у подножия холма привлекла мое внимание. На ступенях входа, механически отвешивая поклоны, походя в своих движениях на деревянных птиц, которых механизм заставляет опускать и поднимать голову, стояли ужасные, отвратительные нищие, настоящее отребье человеческое. Очевидно, из чувства брезгливости сама смерть не захотела подцепить их на крючок и бросить в свою корзину старьевщика. Несколько монашенок в высоких черных бархатных капюшонах, в узких корсетах из саржи трясли копилками со звенящими в них копейками подаяний. Они-то появляются всюду, где прилив публики позволяет надеяться на хороший улов. Пять-шесть старух дополняли картину. По сравнению с ними сивилла Панзуста* показалась бы молодой и прекрасной.

Благодаря большому количеству зажженных маленьких свечек, освещенный, кроме того, еще лампадками, иконостас горел глыбой серебра и золота. Я с трудом проник в тесную часовню, запруженную поминутно крестившимися и раскачивавшимися, как дервиши**, людьми. Заключенная в каменной раковине, прислоненная к стене наподобие кропильницы, прозрачная вода показалась мне особенно почитаемым здесь предметом, которому явно приписывали в этой часовне чудотворную силу.

Дрожки и телеги проезжали по площади, накатывая глубокие колеи и отбрасывая пешеходов к краю дороги. Иногда дрожки поизящнее уносили двух раскрашенных и напудренных, точно идолы, женщин в ярких одеждах, в выставленных напоказ кринолинах. Они улыбались, показывая зубы, и поглядывали направо и налево хищными взглядами куртизанок, как бы расставляя сети для улова по возможности всех устремленных на них вожделенных взглядов. Ярмарка в Нижнем Новгороде привлекает этих птиц-грабительниц из всех дурных мест России, да еще и из более отдаленных мест. Пароходы привозят их целыми стаями, им предоставляется специальный квартал. Ненасытный разврат желает своей добычи — более или менее свежего мяса.

---

* Сивилла Панзуста — одна из прорицательниц, предсказательниц будущего.

** Дервиш — нищенствующий мусульманский монах.

Боголюбов А. П. Нижний Новгород. Холст, масло. ГРМ

«У слияния Волги с Окою, на достаточно возвышенном месте для безопасности от весеннего разлива, стоит ныне новый город, правильно построенный, содержащий в себе длинные ряды лавок, большие здания для собраний, гостиницы, казенные и судебные места, биржу, церкви разных вероисповеданий, госпитали, полицейские дома, каналы для поддержания свежести и чистоты — одним словом, помещение здоровое и удобное для стекающихся из Европы и Азии купцов».
Из Справочного энциклопедического словаря К. Крайя. СПб., 1849.

Один из случайных контрастов, этих блестящих выдумщиков антитез,— нередко такой вот быстрый экипаж скользит рядом с мирной повозкой, запряженной косматой лошаденкой, прядающей головой под разноцветной дугой, которая везет патриархальное семейство — деда, отца и мать, кормящую грудью младенца.

Боголюбов А. П. Нижний Новгород. Нижний базар. Холст, масло. ГРМ

Все более уплотняющаяся густая толпа задержала меня на время перед красивой церковью, в которой самым удивительным образом сочетались элементы немецкого рококо с византийским стилем. На красном фоне белым цветом выделялись орнаменты: яйцеобразные выступы, завитки, цветы, капустными листьями заворачивающиеся карнизы, консоли в форме салфеток, декоративные вазы и другие блистательные изобретения фантазии, а над всем этим возвышались совершенно восточного вида луковицеобразные купола. Выглядело это сооружение совсем как крыша мечети, водруженная над иезуитской церковью.

Среди полной неразберихи карет и людей, получая толчки со всех сторон, как вечером во время фейерверков на Елисейских полях, я наконец через какое-то время добрался до моста, ведшего прямо к ярмарке. Протиснуться на мост было и трудно и опасно. К счастью, настоящие путешественники, как и опытные капитаны, всюду умеют пройти если не со знаменем, то с лорнеткой в руках.

У моста возвышались мачты с разноцветными флажками, весьма похожими на венецианские штандарты, которые вывешивают у нас во время праздников. На каждом из флажков был изображен причудливый герб. На каких-то из них старательный живописец с явно ничтожным успехом пытался изобразить императора и императрицу, на других красовались двуглавые орлы, святой Георгий, потрясающий мечом, китайские драконы, леопарды, единороги, грифоны — одним словом, целый зверинец химер. Легкий ветерок развевал флаги, и в случайных складках материи все эти изображения самым неожиданным образом изменяли свой вид.

По обеим сторонам моста через Оку, вымощенного, как палуба парохода, брусьями, тянулись дощатые тротуары. Здесь текли толпы людей, а по проезжей части неслись повозки со скоростью, которая в России ничем не сдерживается. Но благодаря изумительной ловкости кучеров и удивительному послушанию пешеходов несчастных случаев не происходило. Река исчезла под огромным скоплением судов, в запутанном хаосе снастей. Поверх дрожек, телег, всякого рода повозок и пешеходов сразу бросались в глаза длинные казачьи пики. На казаков были возложены обязанности ярмарочной полиции, и они важно проезжали, сидя в высоких седлах на низкорослых лошадях. Шум стоял в общем сносный. В любом другом месте от такого стечения народа исходил бы невообразимый гомон, похожий на грохот морского прибоя. Обычно над таким огромным сборищем людей стоит словно туман шума, но толпа русских молчалива.

На другом конце моста виднелись вывески бродячих актеров и варварски намалеванные картины, изображавшие удавов, женщин с бородами, великанов, лилипутов, геркулесов, телят о трех головах. Под рисунками шли гигантские надписи русскими буквами, что в моих глазах придавало им еще большую экзотику и своеобразие.

Лавчонки грубых безделиц, мелкой галантереи, дешевеньких обра́зов, пряников и зеленых яблок, кислого молока, пива и кваса тянулись справа и слева вдоль дощатой дороги. Сзади из них торчали балки, которые, видимо, забыли отпилить, что придавало им вид корзин, бока которых еще не были заплетены корзинщиком.

Я остановился перед лавкой, торговавшей сапогами и валенками — товарами специфически местного производства. Особенно привлекли мое внимание женские боты из белого фетра с розовыми или голубыми ленточками по краю, весьма напоминавшие обувь, которую у нас называют «после бала» и которую дамы надевают на свои шелковые туфельки, чтобы дойти до кареты, ожидающей у подъезда. Такие боты пришлись бы впору только Золушке на ее крохотную туфельку.

Ярмарка в Нижнем — это целый город. Ее длинные улицы скрещиваются под прямым углом и выходят на площади, центр которых занимают фонтаны. Деревянные дома вдоль улиц состоят из нижнего этажа, где размещаются лавки и магазины, и верхнего, выступающего со стороны фасада над первым и поддерживаемого сваями. Наверху обычно живет торговец и его служащие. Этот этаж и сваи, на которые он опирается, образуют перед витринами лавок крытую галерею, идущую вдоль всей улицы.

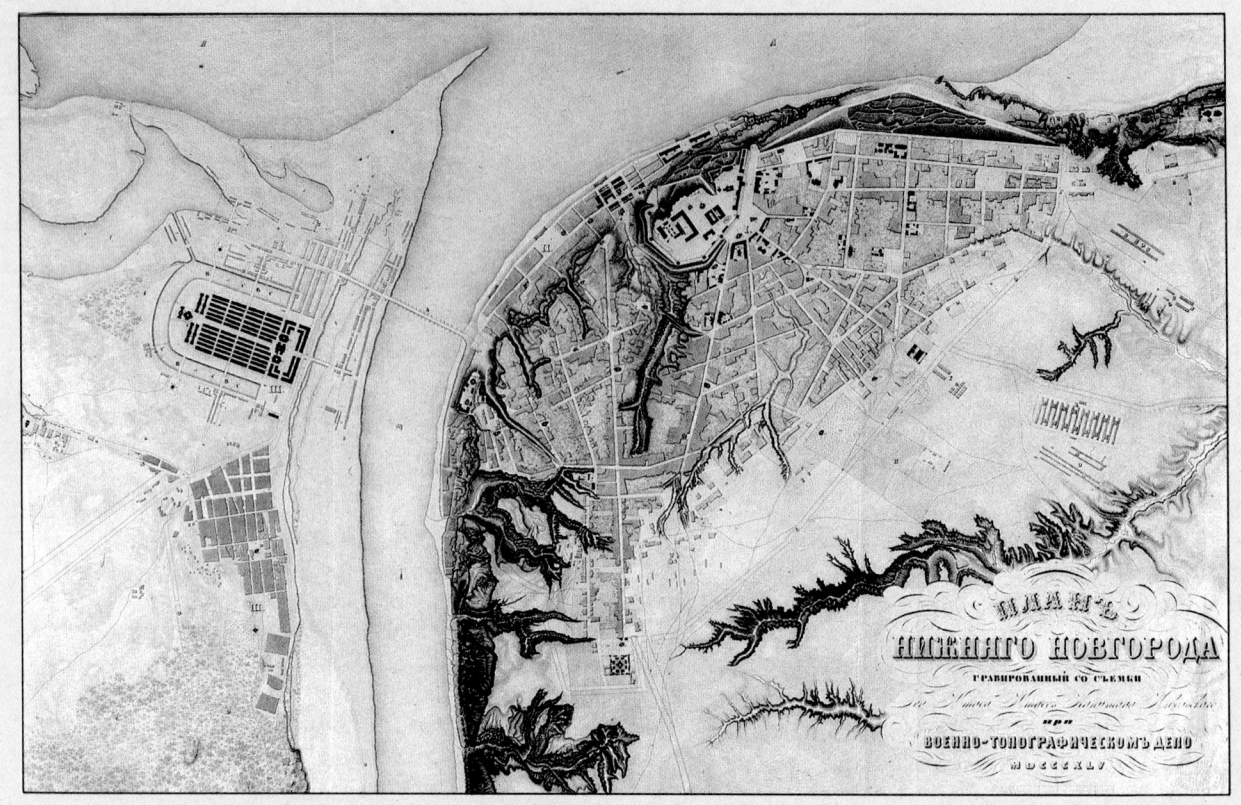

План города Нижний Новгород. 1845. Гравюра резцом. ГНИМА

В случае дождя тюки товаров могут временно обрести там кров, а прохожие, оставаясь в безопасности от карет, рискуют лишь получить толчок локтем и могут сколько угодно выбирать товары или просто удовлетворять свое любопытство, разглядывая витрины.

По некоторым улицам можно выйти за город, на равнину, и странно тогда видеть вне территории ярмарки группы распряженных лошадей, стоящих у повозок, и людей, прикорнувших на каком-нибудь куске материи или на грубой шкуре. К сожалению, одежда этих людей больше изношена, чем живописна, хотя и обладает все-таки некоторым дикарским своеобразием: нет ярких тонов, только иногда то там, то сям мелькнет розовая рубаха. Если рисовать все эти лохмотья, из красок вполне хватило бы охры, жженой сиены, кассельской земли и битума. И все же эти кафтаны, тулупы, шнурки, завязанные крест-накрест вокруг ног, лапти, эти лица с желтыми бородами, худые лошаденки, чей умный глаз пристально посматривает на вас сквозь длинные космы всклокоченной гривы, могли бы живо заинтересовать художника. Ивон доказал это своими превосходными рисунками углем, расцвеченными несколькими мазками гуаши.

Такой табор может состоять, например, из сибиряков — торговцев пушниной. Шкуры животных, получившие очень приблизительную выделку, всего лишь необходимую для их сохранения, в беспорядке, мехом внутрь валяются на циновках. Ни о каком стремлении получше выставить товар говорить не приходится. Несведущий человек вполне мог принять его за обыкновенные кроличьи шкурки. Сами торговцы выглядят не лучше, а между тем здесь сосредоточены огромные суммы денег. Бобры, куницы, соболя, голубые сибирские лисы стоят фантастических сумм, перед которыми меркнет западная роскошь. Шуба из голубой лисы стоит 10 000 рублей (40 000 франков), воротник из спинки нещипаного бобра — 1000 рублей. У меня есть маленькая шапочка из бобра, за которую в Париже не дали бы и 15 франков, но которая снискала мне некоторое уважение в России, где ценят людей, одетых в меха. Она стоила 75 рублей серебром. Тысяча мельчайших подробностей, ускользающих от моего глаза, увеличивает или уменьшает стоимость пушнины. Если зверь был убит в суровое время года, в зимней шкуре, его цена поднимается. Мех его будет теплее и позволит переносить сильные холода. Чем дальше к арктическим широтам водится зверь, тем большим спросом пользуется его мех. Мех зверей из краев с умеренным климатом оказывается недостаточно теплым, когда температура падает ниже 10° по Реомюру. Он недолго сохраняет тепло, которое одетый в такой мех человек выносит из дома.

Характерным для России производством является изготовление сундуков, коробок. В Нижнем Новгороде есть множество лавок, торгующих этими изделиями. Именно у этих лавок я простаивал особенно подолгу. Так приятно смотреть на эти ярко раскрашенные, всевозможных размеров сундуки с орнаментами. Их покрывают лаком, смешанным с серебром и золотом, украшают голубой, зеленой, красной инкрустацией, отливающей металлическим блеском, в них симметрично забивают позолоченные гвозди, покрывают решеткой из ремешков белой и бурой кожи, обивают по углам сталью или медью и запирают на врезанные, наивной сложности замки. Такие сундуки могут принадлежать путешествующему эмиру или султану. В дороге на них надевают полотняные чехлы, которые по приезде снимают. В доме они служат комодами, к большому, конечно, неудобству их владельцев, которые, вероятно, предпочли бы цивилизованное красное дерево этой красивой и варварской роскоши. Меня мучают угрызения совести, что я не купил такую отлакированную, как зеркало индийской принцессы, роскошную коробку. Но стыдно было класть мои жалкие пожитки в такой футляр для кашемировых шалей и парчи.

На ярмарке в Нижнем Новгороде продавались во множестве так называемые предметы парижской роскоши. Это льстило моему патриотическому чувству, но скучновато все же было мне смотреть на такие товары, вместо того чтобы наслаждаться живописностью товаров местного производства. Разнообразные парижские пустячки вызывали ажиотаж, но по существу не они составляли серьезную торговлю на ярмарке. Здесь заключались огромные сделки: например, шел торг тысячами тюков чая, которые находились на пароходах на реке, а вовсе не на ярмарке, или продавались пять-шесть барок зерна стоимостью в миллион рублей, или поставлялась пушнина по таким-то ценам и вовсе при этом не была выставлена на ярмарке.

Таким образом, крупные сделки здесь невидимы для стороннего глаза. Местом для деловых свиданий служат чайные, которые обычно как бы прячутся за фонтанами для омовений, устроенными на мусульманский лад. Самовар свистит, выбрасывая струи пара, мужики в белых или розовых рубахах ходят с подносом на руке, купцы с окладистыми бородами в синих кафтанах сидят перед азиатами в черных каракулевых шапках, пьют из блюдец горячий, как кипяток, чай вприкуску, разговаривают с совершенным безразличием, как будто бы в этих безучастных на первый взгляд беседах не идет речь об огромных прибылях. Несмотря на принадлежность к разным национальностям и на разные языки собеседников, русский — единственный язык, на котором здесь изъясняются и заключают сделки. Сквозь невнятное бормотание общего разговора время от времени вдруг возникают понятные даже иностранцу сакраментальные слова «рубль серебром!».

Разные типы людей в толпе возбуждали во мне гораздо большее любопытство, чем вид лавок. Буквально наводняли ярмарку скуластые татары с прищуренными глазами и вздернутыми носами, какие обычно рисуют на профиле луны, толстогубые, желтолицые, с зеленоватыми тенями на выбритых висках, в ситцевых стеганых тюбетейках на макушке и коричневых кафтанах, перехваченных поясами с металлической отделкой.

Персы легко узнавались по овальным вытянутым лицам, длинным носам с горбинкой, блестящим глазам, густым черным бородам и благородству восточного типа лиц. Даже если не обращать внимания на характерные конические каракулевые шапки, шелковые полосатые одежды и кашемировые пояса, их можно было сразу узнать. Были здесь и армяне, одетые в узкие куртки с широкими рукавами, черкесы с осиными талиями и большими меховыми папахами на головах. Я жадно искал глазами китайцев, особенно когда дошел до квартала торговли чаем. Тут я подумал, что пришел наконец момент осуществиться моей мечте: я увидел лавки с остроконечными крышами, решетчатыми оградами с выпиленными пазами, с которых улыбаются толстячки и которые создают впечатление, что мановением волшебной палочки вы оказываетесь в городе Поднебесной империи. Но на пороге магазинов, за прилавками я, к сожалению моему, видел только откровенно русские лица. Ни малейшей косички, ни одного лица с узкими глазами и бровями домиком, ни шапок в форме крышки, ни одежд из голубого или фиолетового шелка — китайцев не было! Не понимаю, на каком основании зиждилась во мне уверенность увидеть здесь эти причудливые фигуры, о которых мы имеем представление только по рисункам на ширмах и фарфоровых вазах. Не задумываясь об огромном расстоянии, которое отделяет Нижний Новгород от китайской границы, я как сущий невежда подумал, что торговцы Срединной империи сами привезут чай на ярмарку. Известная нелюбовь китайцев выезжать из своей страны и оказываться среди варваров могла бы предостеречь меня от подобной фантазии, но эта мысль так твердо вошла мне в голову, что я, не веря своим глазам, несколько раз расспрашивал о китайцах. Оказывается, уже три года, как они не появлялись на ярмарке, а в этом году приехал все-таки один китаец, да и тот, чтобы избавиться от назойливых любопытных, в конце концов облачился в европейский костюм. На следующую ярмарку ожидался еще один китаец, но наверняка сказать никто ничего не мог. Эти сведения дал мне очень обязательный и учтивый торговец, у которого я решил запастись чаем, а узнав, что я французский писатель, он убедил меня купить «пеко», примешав к нему одну-две горсти цветов с белыми тычинками. Кроме того, я получил от него в подарок плитку чая, с одной стороны которой была этикетка с китайской надписью, а с другой — печать из красного воска таможенных властей Кяхты*, последнего русского города перед китайской границей. Эта плитка содержала огромное количество спрессованных листьев чая и походила на бронзовую или из зеленого порфира пластинку. Этот чай маньчжурские татары пьют во время кочевий по степям. Они делают из него напиток вроде супа с маслом, о чем рассказывает в своем интереснейшем описании отец Гук.

Неподалеку от китайского квартала — так его называют в Нижнем Новгороде — находятся лавки восточных товаров. Не увидев собственными глазами, невозможно себе представить, как изящны эти эфенди** в шелковых кафтанах с кашемировыми поясами и заткнутыми за них кинжалами. Они с самым презрительным хладнокровием восседают на диванах среди разложенной парчи, бархата, шелков, цветастых тканей, газа с золотыми и серебряными нитями, персидских ковров, пунцовых сукон, вышитых, без всякого сомнения, пальцами плененных пери***, трубок, наргиле из хорасанской стали, янтарных четок, флаконов с эфирными маслами, инкрустированных перламутром табуреток, туфель с золотыми узорами, способными привести в экстаз любого колориста.

Теперь даже не знаю, каким бы воспользоваться переходом, чтобы рассказать кое-что еще: если совсем опустить эту подробность, картина ярмарки не будет полной. Не имея ни малейшего представления об их назначении, я давно уже замечал то здесь, то там на своем пути побеленные известью башенки, в которых бы-

---

Китайская империя в разные времена носила разные литературно-поэтические названия: Поднебесная империя, Четыре моря, Срединное цветущее государство, Срединная равнина, Срединное государство или Срединная империя.

Французский миссионер Эварист Гук (1813—1860) побывал в Китае в 1839 г., прожил пять лет в Монголии, в 1844—1846 гг. побывал на Тибете, одним из первых европейцев проникнув в г. Лхаса, куда он смог попасть только при помощи хитрости — переодевшись ламой. Эварист Гук (или Хук) оставил воспоминания о путешествии в Татарию, Тибет и Китай.

---

* Кяхта — город в Забайкалье, вблизи границы с Монгольской Народной Республикой.

** Эфенди — в Турции обращение к мужчине, соответствующее слову «господин».

*** Пери — в персидской мифологии добрая фея, охраняющая людей от злых духов.

ли сделаны забранные в решетку или с резной дверцей глазки. В нижней их части в раскрытую настежь дверь виднелась уходящая под землю винтовая лестница. Были ли это караульные помещения, или подземные склады, или сокращающие дорогу переходы? Догадаться было невозможно. Наконец я попытался сойти вниз по одной из таких лестниц, и никто мне в этом не воспрепятствовал. Спустившись до конца по спирали лестницы, я увидел вымощенный плитами бесконечный коридор. Его своды терялись где-то в глубине. По одной стороне коридора шел ряд кабин без дверей. В некоторых из них, видимо предназначавшихся для мусульман, были подвешены сосуды для омовений. Воздух и свет проходили через уже описанные мною глазки. Каждую ночь поднимались затворы и эти помещения промывались сильной струей речной воды. Это гигантское и необычное сооружение, может быть единственное в своем роде во всем мире, благодаря такой ассенизационной системе много раз изгоняло из этих мест холеру и чуму, а ведь в течение шести недель в году им пользуются более четырехсот тысяч человек. Построил эти помещения французский инженер господин де Бетанкур.

Я уже начинал уставать бродить по бесконечным улицам, вдоль которых тянулись лавки и магазины. Голод давал о себе знать, и я откликнулся на приглашение, которое настойчиво посылала мне с другой стороны реки вывеска ресторана «Никита», этого нижегородского «Колло и Вефура» *.

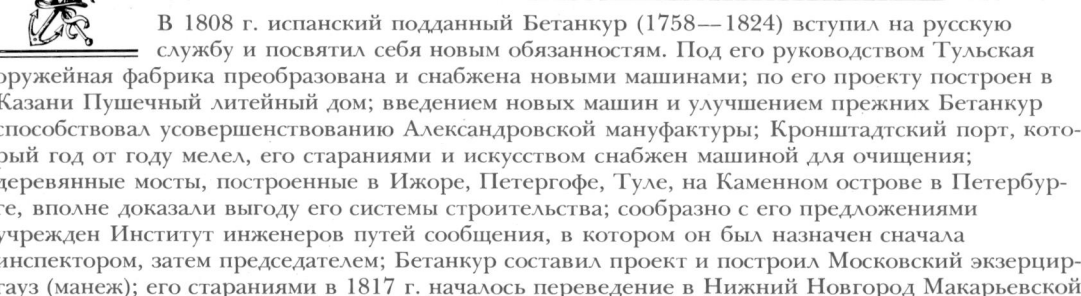

В 1808 г. испанский подданный Бетанкур (1758—1824) вступил на русскую службу и посвятил себя новым обязанностям. Под его руководством Тульская оружейная фабрика преобразована и снабжена новыми машинами; по его проекту построен в Казани Пушечный литейный дом; введением новых машин и улучшением прежних Бетанкур способствовал усовершенствованию Александровской мануфактуры; Кронштадтский порт, который год от году мелел, его стараниями и искусством снабжен машиной для очищения; деревянные мосты, построенные в Ижоре, Петергофе, Туле, на Каменном острове в Петербурге, вполне доказали выгоду его системы строительства; сообразно с его предложениями учрежден Институт инженеров путей сообщения, в котором он был назначен сначала инспектором, затем председателем; Бетанкур составил проект и построил Московский экзерциргауз (манеж); его стараниями в 1817 г. началось переведение в Нижний Новгород Макарьевской ярмарки, расположенной в месте, которое год от года становилось хуже от разливов Волги; заложил фундамент Исаакиевского собора и руководил строительством Петербурга во втором десятилетии XIX в.

О ресторане «Никита» в Нижнем Новгороде вспоминает известный русский писатель, фольклорист и этнограф С. В. Максимов (1831—1901) в биографическом очерке «Павел Иванович Якушкин»:

«...тогда в Нижнем Новгороде собралось одновременно несколько представителей литературы... в числе которых в то время были, сколько помнится, П. И. Мельников (Печерский), В. П. Безбородов, И. А. Арсеньев и еще кое-кто, кроме нашего повсюдного скитальца (П. И. Якушкин). Обед задался на славу. Готовил сам Никита Егоров, имя которого как знаменитого повара и ресторатора известно всей России».

Максимов С. В. Литературные путешествия. М., 1986.

---

* «Колло и Вефур» — фирма известнейших рестораторов в Париже.

Попов А. А. Татары-грузчики на Нижегородской ярмарке. 1860. Акварель. ГРМ

Мужики, стоя на оси между колесами повозок, которые служили им для перевозки длинных бревен, стараясь перегнать друг друга, неслись по мосту во весь опор. Какова же была их уверенность в себе! Какая отвага! Какое изящество! От быстрой езды рубахи развевались, как хламиды древних, ноги были напряжены, волосы — по ветру. Они походили на греческих героев, будто передо мною происходило соревнование на колесницах во время Олимпийских игр. Ресторан «Никита» — это деревянный дом с широкими окнами, сквозь стекла которых видны большие листья комнатных растений. Казалось, что этими растениями было уставлено все это достаточно фешенебельное заведение. Русские любят зеленый цвет и зелень.

Официанты в английской форме подали мне уху из стерляди, бифштексы с хреном, рагу из рябчиков (рябчики неизбежны!), цыпленка по-охотничьи, которого не одобрил бы Маньи, желе — блестящее, слишком много в нем было клея из рыбьих костей, мороженое с сосновыми зернышками — изысканный деликатес. Обед сопровождался взбитой сельтерской водой и вполне правдоподобным бордо «Лаффит». Но больше всего мне доставило удовольствие то, что я мог закурить сигару, ибо на ярмарке строго-настрого

Боголюбов А. П. Нижний Новгород. Буксирный пароход «Работник». Холст, масло. ГРМ

запрещалось курить. Там допускался только огонь лампад, горевших перед образа́ми в каждой лавке.

    После обеда я возвратился на ярмарку, надеясь увидеть еще что-нибудь новое. Чувство, подобное тому, что удерживает вас на балу в опере, несмотря на жару, пыль и скуку, помешало мне вернуться в гостиницу. Пройдя несколько улочек, я вышел на площадь, где с одной стороны была церковь, с другой — мечеть. Церковь венчалась крестом, мечеть — полумесяцем, и оба символа разной веры мирно сияли в чистом вечернем небе, золотясь в луче беспристрастного и безразличного, что, впрочем, одно и то же, солнца. Оба вероисповедания, казалось, жили в добрососедских отношениях, ибо религиозная терпимость велика в России, где среди ее подданных есть еще и идолопоклонники, и почитатели огня.

Дверь в православную церковь была открыта, там шла вечерняя служба. Войти туда было нелегко. Густая толпа заполнила помещение, как вода заполняет вазу. Однако несколькими маневрами плечами мне удалось проложить себе дорогу. Внутри церковь имела вид золотой печи. Леса свечей, созвездия люстр разжигали золото иконостасов, внезапные молнии металлических отблесков смешивались с лучами света, создавая ослепительное свечение. От всех этих огней под куполом образовался густой красный туман, куда возносились прекрасные песнопения православной литургии.

Через несколько минут я вышел, так как уже почувствовал, как, словно в паровой бане, проступили у меня на коже капельки пота. Мне бы очень хотелось проникнуть и в мечеть, но, к сожалению, к этому времени не наступил еще час аллаха.

Как провести остаток вечера? Проехали дрожки, и я остановил извозчика. Не спрашивая, куда я направляюсь, он помчался галопом. У извозчиков вообще такая манера: они редко справляются о месте, куда должны везти седока. «Налево», «направо» в нужном случае направляют их на путь истинный. Этот же, проехав мост, который вел к «Никите», пустился через поля по бездорожью и грязи. Я не препятствовал ему, думая, что куда-нибудь он меня все-таки отвезет. И действительно, смышленый извозчик про себя решил, что господа такого сорта, как я, в вечерний час никуда больше не могут стремиться, как в квартал чайных, музыки и развлечений.

Ночь начинала спускаться. Я с устрашающей скоростью в полутьме пересек кочковатые пустыри в лужах. Но вот наконец я стал различать некие намеки на деревянные строения. Вот и огни красноватыми точками стали прорезать темноту. До моего слуха донеслись звуки духовых инструментов, выдавая присутствие оркестров: мы приехали. Сквозь открытые двери, освещенные окна домов, в жужжании балалаек вперемешку с гортанными выкриками вырисовывались причудливые силуэты людей. По узким доскам тротуаров двигались нетвердой походкой тени пьяных или волочились особы в экстравагантных туалетах, то утопая во тьме, то возникая в бичующем свете. Если античную Киферу опоясывали лазоревые воды Средиземного моря, то здешняя Кифера была повязана кушаком грязи, который я не стал бы трудиться развязывать*.

На перекрестках, не находя уклона, стояла вода, образуя глубокие лужи, в которые, взметая миазмы нечистот, уходили до осей колеса повозок. Не желая более плескаться в этакой топи среди скопления дрожек, до половины залитых водой, я

---

* Одна из легенд древнегреческой мифологии гласит, что Афродита родилась из пены морской у берегов острова Кифера в Эгейском море. Поэтому богиню называли Киферой.

приказал извозчику повернуть обратно и отвезти меня в гостиницу Смирнова. По его удивленному взгляду я понял, что он счел меня посредственным клиентом, смешным праведником, но все же он послушался, и, таким образом, я провел остаток вечера в прогулках по аллеям вокруг Кремля. Луна взошла, и время от времени в ее серебряном луче вдруг возникала обнимающаяся или идущая медленным шагом в тени деревьев пара. Там был разврат, а здесь царила любовь.

Следующий день я посвятил посещению верхней части Нижнего Новгорода. Из бельведера на внешнем углу Кремля, возвышавшегося над прекрасным публичным садом и выходившего на холм, покрытый массивами свежей зелени и извилистыми аллеями, посыпанными желтым песком, я открыл безграничную панораму, великолепнейший вид: по слегка волнистым равнинам, окрашенным в далях сиреневыми, перламутрово-серыми и голубовато-стальными тонами, широкими кольцами извивалась Волга, то темная, то светлая, отражая то лазурное небо, то тень облаков. На берегу реки с моей стороны глаз различал несколько домиков, отсюда они казались еще меньше, чем знаменитые нюрнбергские игрушечные деревни в коробках. Стоящие на якоре у берега суда походили на флот лилипутов. Все терялось, стиралось, таяло в безмятежной лазоревой шири ландшафта, немного печальной и напоминающей морскую безграничность. Это был поистине русский пейзаж.

Мне не на что уже было смотреть, и я отправился в Москву, освободившись от наваждения, заставившего меня предпринять столь длительное паломничество. Итак, демон путешествий не нашептывал мне больше на ухо: «Нижний Новгород».

Список сокращений

ВМП	— Всесоюзный музей А. С. Пушкина (Ленинград)
ГБЛ	— Государственная публичная библиотека им. В. И. Ленина
ГИМ	— Государственный Исторический музей
ГЛМ	— Государственный Литературный музей
ГМИИ	— Государственный музей изобразительных искусств им. А. С. Пушкина
ГМП	— Государственный музей А. С. Пушкина (Москва)
ГМТ	— Государственный музей Л. Н. Толстого
ГНИМА	— Государственный научно-исследовательский музей архитектуры
ГРМ	— Государственный Русский музей
ГТГ	— Государственная Третьяковская галерея
ГЦММКГ	— Государственный центральный музей музыкальной культуры им. М. И. Глинки
ГЦТБ	— Государственная центральная театральная библиотека
ГЭ	— Государственный Эрмитаж
ЛГМТМИ	— Ленинградский государственный музей театрального и музыкального искусства
ЛГТБ	— Ленинградская городская театральная библиотека
МИРГЛ	— Музей истории и реконструкции г. Ленинграда
МИРМ	— Музей истории и реконструкции г. Москвы
МК	— Музей коневодства
ПБСЩ	— Публичная библиотека им. М. Е. Салтыкова-Щедрина
РИХМ	— Рыбинский историко-художественный музей

Оглавление

Теофиль Готье — писатель и путешественник. *А. Михайлов* 5

Часть первая. Зима в России

Глава I. По морю 17

Глава II. Санкт-Петербург 29

Глава III. Зима — Нева 57

Глава IV. Зима 73

Глава V. Бега на Неве 91

Глава VI. В домах 101

Глава VII. Бал в Зимнем дворце 115

Глава VIII. Театры 125

Глава IX. Щукин двор 141

Глава X. Зичи 149

Глава XI. Исаакиевский собор 179

Глава XII. Москва 209

Глава XIII. Кремль 235

Глава XIV. Троица 263

Глава XV. Византийское искусство 281

Глава XVI. Санкт-Петербургский оперный театр 307

Глава XVII. Возвращение во Францию 325

Часть вторая. Лето в России

Волга. От Твери до Нижнего Новгорода 349

Список сокращений 397

Готье Т.

Г74 Путешествие в Россию / Пер. с франц. и коммент. Н. В. Шапошниковой; Предисл. А. Д. Михайлова.— М.: Мысль, 1990.— 396,[2] с.: ил.
ISBN 5—244—00187—6

Классик французской литературы Теофиль Готье (1811—1872) дважды посетил Россию. В Москве и Петербурге он был зимой 1858/59 г. Летом 1861 г. писатель проплыл на пароходе от Твери до Нижнего Новгорода. Данная книга — поэтическое и красочное изложение впечатлений Т. Готье о его путешествиях в Россию.

$$\text{Г}\frac{1805030000-074}{004(01)-90}145-88$$

ББК 26.8г

Научно-художественное издание

Теофиль Готье
Путешествие в Россию

Заведующий редакцией Ю. О. Гнатовский
Редактор Н. В. Боровицкая
Художественный редактор Е. М. Омельяновская
Технические редакторы В. Н. Корнилова, Л. П. Гришина
Корректор Т. М. Шпиленко

ИБ № 3654

Подписано в печать 04.07.90.
Формат $84 \times 100^{1}/_{16}$.
Бумага мелованная.
Гарнитура «Баскервиль».
Офсетная печать.
Условных печатных листов 39.
Усл. кр.-отт. 234,78.
Учетно-издательских листов 33,14.
Тираж 35000 экз.
Заказ № 866. Цена 13 р.

Издательство «Мысль».
117071. Москва, В-71, Ленинский проспект, 15.

Ордена Октябрьской Революции и ордена Трудового Красного Знамени МПО «Первая Образцовая типография» Государственного комитета СССР по печати. 113054, Москва, Валовая, 28.